Dabar Yahuah – Escrituras de Yahuah

La Biblia de Yahuah – Apókryfos – Escrituras Escondidas

Dr. Yeral E. Ogando

Sitio Oficial

Para más información, recursos adicionales y otras publicaciones, visite:

www.yahuahbible.com/es

Aplicación Oficial

Acceda a la Biblia de Yahuah en cualquier momento descargando la aplicación oficial:

www.yahuahbible.com/download

Fuentes de Texto

Esta edición se basa en textos de dominio público, incluyendo:

- **King James Version 1611** (dominio público)
- **Libros de Jubileos y Chănôk** (Enoc) traducidos del texto etiópico por R.H. Charles (dominio público)

Edición y Restauración

Restaurados y editados por:
Dr. Yeral E. Ogando

Esta edición busca restaurar el Nombre sagrado de **Yahuah** en las Escrituras, conforme a la convicción y propósito del autor.

Identificadores

ISBN (Tapa blanda): 978-1-946249-64-7
ISBN (Tapa dura): 978-1-946249-84-5

Continúa tu estudio

Lleva las Escrituras contigo en todo momento.

Accede a la Biblia de Yahuah desde tu dispositivo móvil y profundiza en el conocimiento restaurado.

Sitio oficial:
www.yahuahbible.com/es

Descarga la aplicación:
www.yahuahbible.com/download

Tabla de contenido

Dabar Yahuah – Escrituras de Yahuah

La Biblia de Yahuah – Apókryfos – Escrituras Escondidas

Los Libros Escondidos de la Biblia — Ahora Restaurados con el Nombre Sagrado de Yahuah | Yahusha

Por siglos, los creyentes solo han conocido una Biblia incompleta, faltando libros claves—las escrituras sagradas llamadas *Apokryfa* (del griego Apókryfos, que significa "escondido, apartado"). Lejos de ser "prohibidos" o "ocultistas", estos libros fueron apartados para mantener a la humanidad en ceguera espiritual, lejos de la plenitud del conocimiento verdadero y de la fe restaurada en Yahuah.

El mundo ha leído una Biblia incompleta. Libros enteros, una vez atesorados y guardados por los sacerdotes de Tsadoq en Qumram, fueron escondidos—etiquetados como *Apókryfos* (ἀπόκρυφος), "apartados, ocultos". Estas escrituras fueron intencionalmente veladas para mantener a la humanidad en tinieblas espirituales, lejos de la plenitud de la verdad y de las verdaderas prácticas del pueblo de Yahuah.

Ahora, en Dabar Yahuah – Escrituras de Yahuah, estas antiguas escrituras ocultas regresan. Restauradas desde los Rollos del Mar Muerto hallados en Qumram—los mismos textos preservados por los sacerdotes de Tsadoq y usados por Yahusha Ha'Mashiyach y sus seguidores—experimentarás la Biblia como la conocieron los primeros creyentes.

Yahusha mismo citó y enseñó de estos libros inspirados, y ahora vuelven a ser revelados para el pueblo de Yahuah.

Esta colección restaurada se basa en la edición King James 1611 (dominio público), junto con los antiguos Libros de Jubileos y Chănôk (Enoc), traducidos del texto Etiópico por R.H. Charles (dominio público). Cada página ha sido preparada con reverencia para restaurar el verdadero Nombre de Yahuah—borrado por la tradición, pero preservado por la profecía para este tiempo señalado.

Como profetizó Daniy'ĕl 12, "la ciencia aumentará" en los últimos días. Lo que antes estaba oculto ya no está oculto. Lo que estaba escondido ahora es revelado.

Dentro de Dabar Yahuah – Escrituras de Yahuah encontrarás:

- Los libros *Apokryfos* restaurados, que alguna vez fueron parte del canon bíblico en Qumram
- El Nombre de Yahuah restaurado en cada pasaje para una adoración auténtica
- Escritos y enseñanzas usados en tiempos del Antiguo y Nuevo Testamento
- Una comprensión más profunda de las palabras de Yahusha a través de los textos que Él mismo conocía

No es solo otra Biblia. Es la restauración de la Palabra inspirada antigua, guardada por siglos y ahora revelada para el pueblo de Yahuah.

Abre las páginas de la verdad. Entra en la era del conocimiento. Y camina en la luz restaurada de Yahuah.

Guía de Estudio: ¿Por qué estudiar los Libros Escondidos/Apokryfos de la Biblia?

Introducción

Los Libros Escondidos o *Apokryfos*—incluyendo Chănôk (Enoc), Yôbêl (Jubileos), Sirach, Sabiduría de Shelomoh (Salomón), Tobit, Baruk, Oración de Azaryâhû (Azarías), Bel y el Dragón, entre otros—proveen percepciones profundas de la historia, teología, ética y profecía bíblica.

Estudiarlos enriquece la comprensión de la Palabra de Êlôhîym, Su plan y Su relación con la humanidad.

1. Contexto Histórico y Cultural

- Perspectiva Cultural: Los *Apokryfos* revelan costumbres Yahûdîy, interpretación de la Torah, expectativas escatológicas y prácticas espirituales durante el exilio, el período post-exílio y la era pre-Mesiánica.
- Custodia: Muchos de estos escritos fueron preservados en Qumram por los sacerdotes del Templo, particularmente los hijos de Tsadoq y la línea de Aharon, reconocidos como los verdaderos custodios del canon bíblico.
- Uso Mesiánico y Apostólico: El Mesías (Yahusha) y Sus apóstoles conocían y en ocasiones citaron estos escritos. Ejemplo: Yahudah (Judas) 14–15 cita directamente 1 Chănôk 1:9.
- Valor Canónico y Espiritual: Libros como Chănôk, Jubileos y Sirach moldearon el pensamiento religioso, la ética y la profecía. Su preservación por los sacerdotes muestra que fueron considerados escritura inspirada.

2. Perspectivas Teológicas

- Justicia y Misericordia Divina: La Oración de Azaryâhû y *Bel y el Dragón* muestran el rescate y justicia de Êlôhîym.
- Literatura de Sabiduría: *Sabiduría de Shelomoh* y *Sirach* enseñan virtudes, ética y vida práctica.
- Profecía y Escatología: Chănôk, Jubileos y 2 Esdras contienen visiones sobre juicio, ángeles y el Mesías.

3. Paralelos Escriturales y Pruebas

(Tabla resumida de referencias ya incluida en el original, mantenida con paralelos entre Apokryfos y libros canónicos).

4. Lecciones Morales y Espirituales

- Fidelidad en la persecución: Daniy'ěl, Azaryâhû, Shadrak, Meyshak, Aved-Nego.
- Arrepentimiento e intercesión: Chănôk, Azaryâhû, Jubileos.
- Sabiduría para la vida diaria: Sirach, Sabiduría de Shelomoh.
- Rechazo de la idolatría: *Bel y el Dragón*, Oración de Azaryâhû.

5. Valor Académico y Erudito

- Estudios textuales entre Apokryfos y canónicos.
- Contexto del Nuevo Testamento (ideas en Yahudah, Kefa, Mattityahu).
- Creencias Yahûdîy: angelología, escatología, demonología.
- Evidencia arqueológica: Rollos del Mar Muerto incluyen fragmentos de Chănôk y Jubileos.

6. Custodia y Preservación

- Muchos textos Apokryfos y canónicos fueron hallados en Qumram y Bethabara.
- Los hijos de Tsadoq, descendientes de Aharon, fueron los custodios verdaderos del canon.
- Solo los hijos de Aharon tenían autoridad para preservar el canon bíblico.

7. Razones Prácticas para Estudiarlos

1. Profundiza la alfabetización bíblica.
2. Fortalece la fe.
3. Expande la visión moral y espiritual.
4. Prepara para estudios teológicos.
5. Revela sabiduría perdida (genealogías, jerarquías angélicas, pactos).

Conclusión

Los *Apókryfos* no son olvidados ni prohibidos—son escrituras inspiradas, escondidas por siglos para apartar la sabiduría verdadera de Yahuah de la humanidad.

"Apókryfos" significa *apartado, escondido,* no *oculto esotérico.*

Hoy resurgen, en esta era de conocimiento, para mostrar el camino de la verdad, la justicia y la visión divina reservada a los fieles.

Estudiarlos es entrar en la luz, recuperar la sabiduría de Yahuah y caminar en el conocimiento eterno preparado para Su pueblo.

Libro de Chănôk (Enoc) **y Paralelos Bíblicos**

(Guía de Estudio – Dabar Yahuah - Escrituras de Yahuah)

Esta guía de estudio presenta una comparación entre el Libro de Chănôk (Enoc) y los libros de la Biblia (Antiguo y Nuevo Testamento).

Incluye resúmenes de cada sección de Chănôk (Enoc), así como una tabla capítulo por capítulo mostrando paralelos con los textos bíblicos.

Tabla de Comparación

Capítulo(s) **de Chănôk**	**Resumen**	**Paralelos AT**	**Paralelos NT**
1	Yahuah viene con Sus qâdôsh para ejecutar juicio.	Deut 33:2, Isa 66:15–16	Yahudah (Judas) 14–15 (cita directa)
6–7	Los Vigilantes descienden, toman mujeres y producen Nefelinos.	Gen 6:1–4	1 Kefa (Pedro) 3:19–20
8	Los Vigilantes enseñan conocimiento prohibido (hechicería, armas, astrología).	Gen 4:22, Deut 18:10–12	Rev 9:21
9–10	Los ángeles interceden; se decreta juicio; Azazel es atado.	Dan 10:13, Isa 24:21–22	2 Kefa 2:4, Yahudah 6
12–16	Chănôk intercede; visiones del destino de los Vigilantes.	Gen 6:5–7	Heb 11:5
17–19	Chănôk ve la prisión de los ángeles.	Isa 14:12–15	Rev 20:1–3
20	Lista de arcángeles y sus funciones.	Dan 10:13, 12:1	Rev 12:7
22	Cuatro lugares huecos de Sheol (para las almas).	Job 21:30, Sal 9:17	Luke 16:19–31
25	Visión del Árbol de Vida en el monte qâdôsh.	Gen 2:9, Ezek 47:12	Rev 22:2
36	Fin de la primera visión: juicio y paraíso.	Isa 65:17–25	Rev 21
37–71	El Ben Âdâm/Elegido revelado; trono de gloria; juicio de reyes.	Dan 7:9–14	Matt 25:31, Rev 20:11–15
40	Ángeles alrededor del trono.	Isa 6:2–3	Rev 4:6–8
46–48	El Ben Âdâm preexistente, sentado en el trono.	Dan 7:13–14	John 1:1–3, Rev 1:13
54–56	Cadenas preparadas para reyes; juicio de ángeles caídos.	Sal 149:8–9	Rev 20:1–3
60	Juicio del diluvio; Leviatán y Behemot.	Job 40–41	Rev 13:1
62–63	Las naciones se inclinan ante el Ben Âdâm; los reyes atemorizados.	Sal 2:10–12	Phil 2:10–11, Rev 6:15–17

Capítulo(s) de Chănôk	Resumen	Paralelos AT	Paralelos NT
69	Ángeles caídos nombrados; el Ben Âdâm exaltado.	Gen 6:1–4	Rev 12:9
72–82	Leyes del sol, la luna y las estrellas; calendario de 364 días.	Gen 1:14–18	Rev 21:23
83–84	Sueño del juicio del diluvio.	Gen 7	2 Kefa 2:5
85–90	Historia de Yasharal como animales; el Mesías como Toro Blanco.	Ezek 34	John 10:11
91–93	Historia en 10 semanas (épocas).	Lev 25	Acts 1:7
94–105	Ayes para los pecadores, bendiciones para los justos.	Sal 1, Prov 10	Matt 5–7
106–107	Nacimiento milagroso de Noaj (Nôach), resplandeciente como un ángel.	Gen 5:29, 6:8–9	Luke 3:36
108	Recompensa final para justos, castigo para pecadores.	Isa 66:24	Rev 21–22

Resumen de Secciones

- Libro de los Vigilantes (1–36)
  Caída de los Vigilantes, aparición de los Nefelinos, juicio, divisiones de Sheol, Árbol de la Vida.
- Libro de las Parábolas (37–71)
  El Ben Âdâm, visiones del trono, juicio final de reyes y pecadores.
- Libro Astronómico (72–82)
  Los luminares celestes, sistema del calendario.
- Visiones de Sueños (83–90)
  Visión del diluvio + historia de Yasharal como animales (Apocalipsis Animal).
- Epístola de Chănôk (91–108)
  Exhortaciones, *Apocalipsis de las Semanas*, bendiciones/maldiciones, visión de Noaj, juicio final.

Chănôk (חֲנוֹךְ) - Enoc

Parte 1

Capítulo 1

1 Las palabras de bendición con las que bendijo Chănôk a los elegidos justos que vivirán en el día de la tribulación, cuando serán erradicados todos los malvados e impíos.

2 Y comenzó a explicar su parábola: Chănôk, un hombre justo, a quien Êlôhîym (אֱלֹהִים) abrió los ojos, vió la visión del Qâdôsh (קָדוֹשׁ) en los shâmayim, la cual los ángeles me mostraron. De ellos oí todo y comprendí lo que vi, pero no para esta generación, sino para una generación futura.

3 Es acerca de los elegidos que hablo y a causa de ellos que pronuncio mi parábola: El Qâdôsh Gibbôr (גִּבּוֹר) ÊL (אֵל) vendrá desde su morada,

4 Êlôhîym Ôlâm (עוֹלָם) pisará sobre la tierra, incluso sobre el monte Sîynay (סִינַי) aparecerá con su gran ejército y aparecerá en la fuerza de su poder desde shâmayim de shâmayim.

5 Y todos serán presa del terror, los Vigilantes temblarán, y un gran temor y pavor invadirá a todos hasta los confines de la tierra.

6 Y las altas montañas se estremecerán, y las colinas quedarán arrasadas, y se derretirán como la cera ante la llama.

7 Y la tierra se partirá por completo, y todo lo que hay sobre la tierra perecerá, y habrá un juicio para todos los hombres.

8 Pero con los justos él hará la paz y protegerá a los elegidos y sobre ellos recaerá la misericordia y todos ellos pertenecerán a Êlôhîym, serán prosperados y benditos, y los ayudará a todos y para ellos brillará la luz y él establecerá la paz con ellos.

9 ¡Y he aquí que viene con diez mil de sus qâdôsh para impartir juicio a todos y destruir a todos los impíos! Para condenar a toda la humanidad por todas las obras de su impiedad y por todas las palabras malvadas que los pecadores impíos han pronunciado contra él.

Capítulo 2

1 Observa todas las cosas que ocurren en el shâmayim, cómo las luminarias del shâmayim no cambian su ruta en las posiciones de sus luces y cómo todas se levantan y se ponen, ordenadas cada una según su estación y no desobedecen su orden.

2 Mira la tierra y presta atención a sus obras, desde el principio hasta el fin, cómo ninguna obra de Êlôhîym sobre la tierra cambia, y todas son visibles para ustedes.

3 Mira las señales del verano y las señales del invierno, cómo la tierra entera se llena de agua y las nubes rocían la lluvia sobre ella.

Capítulo 3

1 Observa y ve cómo en invierno todos los árboles parecen estar secos y sin hojas, excepto catorce árboles que no las pierden, sino que conservan las hojas viejas durante dos o tres años hasta que brotan las nuevas.

Capítulo 4

1 Y de nuevo, observa cómo en los días de verano el sol se sitúa directamente sobre la tierra. Y buscas sombra y refugio para protegerte del calor del sol, y la tierra también se calienta cada vez más, hasta el punto de que resulta imposible caminar sobre ella o sobre las rocas debido a su elevada temperatura.

Capítulo 5

1 Observa y ve cómo los árboles se cubren de hojas verdes y dan frutos; por lo tanto, presta atención y reflexiona sobre todas sus obras, y reconoce cómo el que vive para siempre las ha creado.

2 Y todas sus obras se continúan así año tras año, eternamente, y todas las tareas que realizan para él permanecen inalterables; todo se lleva a cabo tal como lo ha ordenado Êlôhîym.

3 Y ve como los mares y los ríos de igual forma cumplen y no cambian sus tareas, según los mandamientos de Él.

4 Pero ustedes no han sido firmes ni han cumplido los mandamientos de Yahuah, sino que se han desviado y han proferido palabras soberbias y duras con sus impuras bocas contra su grandeza. ¡Oh, duros de corazón! No hallarán paz.

5 Por ello maldecirán ustedes días y los años de su vida se perderán; pero los años de su destrucción se multiplicarán como una maldición eterna, y no habrá misericordia ni paz para ustedes.

6 En esos días sus nombres significarán maldición eterna para todos los justos y en ustedes serán malditos todos los malditos y por ustedes jurarán todos los pecadores y malvados.

7 Para los elegidos habrá luz, alegría y paz y heredarán la tierra, pero para ustedes impíos habrá maldición.

8 Y entonces la sabiduría se dará a los elegidos y vivirán todos, y no pecarán más ni por olvido ni por orgullo, sino que en cambio los que sean sabios serán humildes

9 No transgredirán más ni pecarán el resto de su vida, ni morirán por el castigo o por la ira divina, sino que completarán el número de los días de su vida. Su vida será aumentada en paz y sus años de regocijo serán multiplicados en eterna alegría y paz por todos los días de su vida.

Capítulo 6

1 Y aconteció, que cuando en aquellos días se multiplicaron los hijos de los hombres, les nacieron hijas hermosas y bonitas;

2 y los Vigilantes, hijos del shâmayim las vieron y las desearon, y se dijeron unos a otros: Vayamos y escojamos mujeres de entre las hijas de los hombres y engendremos hijos.

3 Entonces Semyaza que era su jefe, les dijo: Temo que no quieran cumplir con esta acción y sea yo el único responsable de un gran pecado.

4 Pero ellos le respondieron: Hagamos todos, un juramento y comprometámonos todos bajo una maldición a no retroceder en este proyecto hasta ejecutarlo realmente.

5 Entonces todos reunidos juntos, juraron y se comprometieron al respecto los unos con los otros, bajo maldición.

6 Y eran en total doscientos los que descendieron sobre la cima del monte que llamaron Chermôn (חֶרְמוֹן) en los días de Yârad (יָרֶד), porque sobre él habían jurado y se habían comprometido mutuamente bajo maldición.

7 Estos son los nombres de sus jefes: Semyaza, quien era el principal y en orden con relación a él, Arakiba, Rameel, Kokabiel, Tamiel, Ramiel, Danel, Ezeqeel, Baraqiyal,

Ăzâzêl, Armaros, Batarel, Ananel, Zaqiel, Samsapeel, Satarel, Turel, Yomyael, Ûrîyêl.

8 Estos son los jefes de decena.

Capítulo 7

1 Todos y sus jefes tomaron para sí mujeres y cada uno escogió entre todas y comenzaron a entrar en ellas y a contaminarse con ellas, a enseñarles la brujería, la magia y el corte de raíces y a enseñarles sobre las plantas.

2 Quedaron embarazadas de ellos y parieron nephîyl (נְפִיל) de unos tres mil codos de altura que nacieron sobre la tierra y conforme a su niñez crecieron;

3 y devoraban el trabajo de todos los hijos de los hombres hasta que los humanos ya no lograban abastecerles.

4 Entonces, los nephîyl se volvieron contra los humanos para matarlos y devorarlos,

5 y empezaron a pecar contra todos los pájaros del shâmayim y contra todas las bestias de la tierra, contra los reptiles y contra los peces del mar y se devoraban los unos la carne de los otros y bebían sangre.

6 Entonces la tierra lanzó acusación en contra de los malvados.

Capítulo 8

1 Y Ăzâzêl enseñó a los hombres a fabricar espadas de hierro y corazas de cobre y les mostró cómo se extrae y se trabaja el oro hasta dejarlo listo y en lo que respecta a la plata a repujarla para brazaletes y otros adornos. A las mujeres les enseñó sobre el antimonio, el maquillaje de los ojos, las piedras preciosas y las tinturas.

2 Y surgió mucha impiedad, y cometieron fornicación, y se extraviaron y se corrompieron en todos sus caminos.

3 Semyaza enseñó encantamientos y cortar raíces, Armaros a romper hechizos de encantamientos, Baraqiyal enseñó astrología, Kokhebel las constelaciones, Ezeqeel el conocimiento de las nubes, Araqiel los signos de la tierra, Shamsiel los signos del sol y Ûrîyêl el curso de la luna.

4 Y mientras los hombres perecían, ellos clamaban, y su clamor subía hasta el shâmayim. . .

Capítulo 9

1 Entonces Mîykâêl (מִיכָאֵל), Ûrîyêl (אוּרִיאֵל), Râphâêl y Gabrîyêl (גַּבְרִיאֵל) observaron la tierra desde el santuario de los shâmayim y vieron mucha sangre derramada sobre la tierra y estaba toda llena de la injusticia y de la violencia que se cometía sobre ella.

2 Y se dijeron el uno al otro: La tierra, que quedó sin habitantes, clama la voz de su clamor hasta las puertas del shâmayim:

3 Y ahora a ustedes, los qâdôsh de shâmayim, las almas de los hombres les presentan sus demandas, diciendo: «Lleva nuestra causa ante Elyôn (עֶלְיוֹן) Êl (אֵל)».

4 Y Râphâêl, Mîykâêl, Ûrîyêl y Gabrîyêl dijeron a Yahuah de los Siglos: Âdôn (אָדוֹן) de âdôn (אָדוֹן), Êl de Êlôhîym, Melek de Melakim, y Êlôhîym de los Siglos; los shâmayim son el trono de tu gloria por todas las generaciones que existen desde siempre; el trono de tu gloria permanece por todas las generaciones de los siglos; ¡y tu nombre es Qâdôsh y glorioso y bendito por todos los siglos!

5 Tú has creado todas las cosas, y tienes poder sobre todas las cosas; y todas las cosas están desnudas y abiertas delante de tus ojos, y tú ves todas las cosas, y nada se puede esconder de ti.

6 Tú has visto lo que ha hecho Ăzâzêl, como ha enseñado toda injusticia sobre la tierra y revelado los secretos eternos que se cumplen en los shâmayim;

7 y lo que ha enseñado a los humanos Semyaza, al que tú habías dado la facultad de gobernar sobre sus compañeros.

8 «Ellos han ido hacia las hijas de los hombres y se han acostado con ellas y se han profanado a sí mismos descubriéndoles todo pecado.

9 Luego, estas mujeres han parido en el mundo nephîyl, por lo que la tierra se ha llenado de sangre e injusticia.

10 Y ahora mira que las almas de los que han muerto gritan y se lamentan hasta las puertas del shâmayim y su gemido ha subido y no puede cesar debido a la injusticia que se comete en la tierra.

11 Pero tú que conoces todas las cosas antes de que sucedan, tú que las ves, tú los toleras y no nos dices qué debemos hacerles al ver eso.

Capítulo 10

1 Entonces Elyôn Êl, Gibbôr Êl y Qâdôsh habló y envió a Ûrîyêl al hijo de Lemek (לֶמֶךְ).

2 Y le dijo: Ve hacia Nôach (נֹחַ) y dile en mi nombre, "escóndete"; y revélale el final que viene, pues la tierra entera va a perecer, un diluvio está por venir sobre toda la tierra y todo lo que se encuentre sobre ella perecerá.

3 Y ahora enséñale a escapar y a preservar su descendencia para todas las generaciones del mundo.

4 Y además, Yahuah le dijo a Râphâêl: Encadena a Ăzâzêl de pies y manos, arrójalo en las tinieblas, abre el desierto que está en Dudael y arrójalo en él;

5 Coloca sobre él piedras ásperas y cortantes, cúbrelo de tinieblas, déjalo allí eternamente sin que pueda ver la luz,

6 y en el gran día del Juicio que sea arrojado al fuego.

7 Después, sana la tierra que los ángeles Vigilantes han corrompido y anuncia su sanidad, a fin de que se sanen de la plaga y que todos los hijos de los hombres no se pierdan debido al misterio que los Vigilantes descubrieron y han enseñado a sus hijos.

8 Toda la tierra ha sido corrompida por medio de las obras que fueron enseñadas por Ăzâzêl, impútale entonces todo pecado.

9 Y Yahuah dijo a Gabrîyêl: Procede contra los bastardos y réprobos hijos de la fornicación y haz desaparecer a los hijos de los Vigilantes de entre los humanos y hazlos entrar en una guerra de destrucción, pues no habrá para ellos muchos días.

10 Ninguna petición de sus padres en su favor será concedida, pues esperan vivir una vida eterna, que cada uno viva quinientos años.

11 Y Yahuah le dio a Mîykâêl: Ve y anuncia a Semyaza y a todos sus cómplices que se unieron con mujeres y se contaminaron con ellas en su impureza,

12 ¡Que sus hijos perecerán y ellos verán la destrucción de sus queridos! Encadénalos durante setenta generaciones en los valles de la tierra hasta el gran día de su juicio.

13 En esos días se les llevará al abismo de fuego, a los tormentos y al encierro en la prisión eterna.

14 Todo el que sea condenado, estará perdido de ahí en adelante y será encadenado con ellos hasta la destrucción de su generación. Y en la época del juicio que yo juzgaré, perecerán por todas las generaciones.

15 Destruye todos los espíritus reprobados y de los hijos de los Vigilantes porque han hecho obrar mal a los humanos.

16 Destruye la opresión de la faz de la tierra, haz perecer toda obra de impiedad y haz que aparezca la planta de justicia; ella será una bendición y las obras de los justos serán plantadas en alegría para siempre.

17 En ese tiempo todos los justos escaparán y vivirán hasta que engendren millares. Completarán todos los días de su juventud y su vejez en paz.

18 Entonces toda la tierra será cultivada en justicia y toda ella será plantada de árboles y llena de bendición.

19 Todos los árboles de la tierra que deseen serán plantados en ella y sembrarán allí viñas y cada una de ellas producirá mil jarras de vino y cada semilla producirá mil medidas por una, y una medida de aceitunas producirá diez lagares de aceite.

20 Y limpia tú la tierra de toda opresión, de toda violencia, de todo pecado, de toda impiedad y de toda maldad que ocurre en ella y hazles desaparecer de la tierra.

21 Y todos los hijos de los hombres llegarán a ser justos y todas las naciones me adorarán, se dirigirán en oración a mí y me alabarán.

22 Y la tierra estará limpia de toda corrupción, de todo pecado, de todo castigo y de todo dolor y yo no enviaré más plagas sobre la tierra, hasta las generaciones de las generaciones ni por toda la eternidad.

Capítulo 11

1 Y en esos días abriré los tesoros de bendición que están en el shâmayim, para hacerlos descender sobre la tierra, sobre las obras y el trabajo de los hijos de los hombres

2 Y la paz y la verdad estarán unidas todos los días del mundo y por todas las generaciones

Capítulo 12

1 Antes de estas cosas, Chănôk estaba escondido, y ninguno de los hijos de los hombres sabía dónde estaba escondido, ni dónde moraba, ni qué había sido de él.

2 Y sus actividades tenían que ver con los Vigilantes, y sus días eran con los qâdôsh.

3 Así, yo Chănôk estaba comenzando a bendecir a Yahuah Kâbôd, al Rey de los tiempos, y he aquí que el Vigilante dQâdôsh Gibbôr Êl me llamó a mí, Chănôk el escribiente y me dijo:

4 Chănôk, escriba de justicia, ve a los Vigilantes del shâmayim que han abandonado las alturas del shâmayim, el eterno lugar qâdôsh y que se han contaminado con las mujeres haciendo como hacen los hijos de los hombres, y han tomado mujeres y han forjado una gran obra de corrupción sobre la tierra, y hazles saber

5 que no habrá para ellos paz ni redención de su pecado.

6 Y así como gozaron a causa de sus hijos ellos verán la muerte de sus bien amados y llorarán por la pérdida de sus hijos y suplicarán eternamente, pero no habrá para ellos misericordia ni paz.

Capítulo 13

1 Luego, Chănôk se fue y le dijo a Ăzâzêl: No habrá paz para ti, contra ti ha sido pronunciado un gran juicio para encadenarte.

2 No habrá para ti ni tregua ni intercesión, porque has enseñado la injusticia y a causa de todas las obras de impiedad, violencia y pecado que has enseñado a los humanos.

3 Y avanzando les hablé a todos ellos y todos temieron y se espantaron y el temblor se apoderó de ellos.

4 Me suplicaron que elevara una petición por ellos para que pudieran encontrar perdón por sus pecados y que la leyera en presencia de Yahuah del shâmayim.

5 Porque desde entonces ellos no pueden hablar a Êlôhîym ni levantar sus ojos al shamayim, debido a la vergüenza por los pecados por los cuales fueron condenados.

6 Entonces escribí su oración con todas sus peticiones por sus almas y por cada una de sus obras y por lo que suplicaban todos, que hubiera para ellos perdón y larga vida.

7 Fui y me senté junto a las aguas de Dan, en la tierra de Dan, al sur del Chermôn a su lado occidental y estuve leyendo el libro donde anoté sus peticiones, hasta que me dormí.

8 Y he aquí que tuve un sueño, y cayeron sobre mí visiones, y vi visiones de castigo, y vino una voz que me ordenó que se lo contara a los hijos del Shamayim y que los reprendiera.

9 Cuando desperté fui a ellos. Todos estaban reunidos juntos y sentados llorando, en Hebelsyail que está entre el Lebânôn y Seneser, con los rostros cubiertos.

10 Conté delante de ellos todas las visiones que había visto en sueños y me puse a hablar con palabras de justicia y de visión y a reprender a los Vigilantes celestiales.

Capítulo 14

1 Este es el libro de las palabras de la verdad y de la reprensión de los Vigilantes que existen desde siempre según lo ordenó Qâdôsh Gibbôr Êl en el sueño que tuve.

2 En esta visión vi en mi sueño lo que digo ahora con la lengua de carne, con el aliento de mi boca, que Gibbôr Êl ha dado a los humanos para que hablen con ella y para que comprendan en el corazón.

3 Así como Êlôhîym ha creado y dado a los hijos de los hombres para que entiendan las palabras de conocimiento, así me ha creado, hecho y destinado a mí para que reprenda a los Vigilantes, a los hijos del shâmayim.

4 Escribí su petición, y en mi visión apareció así, que su petición no les será concedida durante todos los días de la eternidad, y que el juicio finalmente ha sido emitido sobre ustedes: Sí, su petición no te será concedida.

5 Y desde ahora en adelante no subirán al shamayim por toda la eternidad, y en los lazos de la tierra ha salido el decreto para atarlos por todos los días del mundo.

6 Y que antes habrán visto la destrucción de sus hijos amados y no tendrán complacencia en ellos, sino que caerán a espada delante de ustedes.

7 Y su petición por ellos no será concedida, ni tampoco por su propia petición, aunque lloren y oren, y digan todas las palabras contenidas en las escrituras que he escrito.

8 Y la visión me fue mostrada así: He aquí, en la visión las nubes me invitaban y una niebla me llamaba, y el curso de las estrellas y los relámpagos me aceleraban y me apresuraban, y los rûach en la visión me hacían volar y me elevaban hacia arriba, y me llevaban al shamayim.

9 Y entré hasta que llegué cerca de una pared que está construida de cristales y rodeada de lenguas de fuego que comenzaron a asustarme.

10 Y entré en las lenguas de fuego, y me acerqué a una casa grande que estaba construida de cristales; y las paredes de la casa eran como un piso de mosaico hecho de cristales, y su cimiento era de cristal.

11 Su techo era como relámpagos y trueno y entre ellos Kerûb (כְּרוּב) de fuego y su shâmayim era claro como el agua.

12 Un fuego ardiente rodeaba todos sus muros cercándolos por completo y las puertas eran de fuego ardiente.

13 Entré en esta casa que era caliente como fuego y fría como nieve. No había en ella ninguno de los placeres de la vida. Me consumió el miedo y el temblor se apoderó de mí.

14 Y mientras yo me estremecía y temblaba, caí sobre mi rostro:

15 He aquí que vi una puerta que se abría delante de mí y otra casa que era más grande que la anterior, construida toda con lenguas de fuego.

16 Toda ella era superior a la otra en esplendor, gloria y majestad, tanto que no puedo describir su esplendor y majestad.

17 Y su suelo era de fuego, y por encima de él había relámpagos y la senda de las estrellas, y su techo también era llama de fuego.

18 Y miré, y vi allí un trono alto, cuyo aspecto era como el cristal, y sus ruedas como el sol resplandeciente; y allí estaba la visión de Kerûb.

19 Por encima del trono salían ríos de fuego ardiente y yo no resistía mirar hacia allá.

20 Y el Gibbôr (גִּבּוֹר) Kâbôd (כָּבוֹד) se sentaba en el trono y su vestido brillaba más que el sol y era más blanco que la nieve;

21 Ninguno de los ángeles podía entrar y contemplar su rostro debido a la magnificencia y gloria y ninguna carne podía contemplarlo.

22 Un fuego ardiente le rodeaba y un gran fuego se levantaba ante él. Ninguno de los que le rodeaba podía acercársele y multitudes y multitudes estaban de pie ante él y él no necesitaba consejeros.

23 Y los más qâdôsh que estaban cerca de él no lo dejaban de noche ni se apartaron de él.

24 Yo hasta este momento estaba postrado sobre mi rostro, temblando y Yahuah por su propia boca me llamó y me dijo: Ven aquí Chănôk y escucha mi Palabra.

25 Y vino a mí uno de los qâdôsh, me despertó, me hizo levantar y acercarme a la puerta e incliné hacia abajo mi cabeza.

Capítulo 15

1 Y él me correspondió y me habló y yo oí su voz: No temas Chănôk, hombre justo, escriba de justicia; acércate y escucha mi voz.

2 Ve y dile a los Vigilantes del shâmayim que te han enviado a suplicar por ellos: A ustedes corresponde interceder por los humanos y no a los humanos por ustedes.

3 ¿Por qué han abandonado el shâmayim alto, qâdôsh y eterno, se han acostado con mujeres y profanado a ustedes mismos con las hijas de los hombres y tomado mujeres como los hijos de la tierra y han engendrado nephîyl como sus hijos?

4 Y aunque eran qâdôsh, espirituales, viviendo la vida eterna, se han contaminado con la sangre de mujeres, y han engendrado hijos con sangre de carne, y, como hijos de hombres, han codiciado carne y sangre, como también lo hacen los que mueren y perecen.

5 Por eso yo les he dado a ellos mujeres para que las fecunden y engendren hijos por ellas y para que así no falten ellos sobre la tierra.

6 En cuanto a ustedes, fueron primero espirituales, viviendo una vida eterna, inmortal por todas las generaciones del mundo;

7 Por eso no se les han atribuido mujeres, pues la morada de los espíritus del shâmayim es el shâmayim.

8 Y ahora, los nephîyl que han nacido de los espíritus y de la carne, serán llamados en la tierra espíritus malignos y sobre la tierra estará su morada.

9 Los espíritus malignos han procedido de sus cuerpos, porque ellos han nacido de los hombres y de los Vigilantes qadôsh es su principio y origen primordial; ellos serán espíritus malignos en la tierra, y espíritus malignos serán llamados.

10 Los espíritus del shâmayim tienen su morada en el shâmayim y los espíritus de la tierra que fueron engendrados sobre la tierra tienen su morada en la tierra.

11 Y los espíritus de los nephîyl afligen, oprimen, destruyen, atacan, hacen guerra y causan destrucción en la tierra y causan problemas. No comen alimento, sino que tienen hambre y sed, y causan ofensas.

12 Estos espíritus se levantarán contra los hijos de los hombres y contra las mujeres porque de ellos proceden.

Capítulo 16

1 Desde los días de la matanza, destrucción y muerte de los nephîyl, de las almas de cuya carne los espíritus, habiendo salido, destruirán sin incurrir en juicio, así destruirán hasta el día de la consumación, el gran juicio en el que la era será consumada, sobre los Vigilantes y los impíos, sí, será completamente consumada.

2 Y ahora, a los Vigilantes, que te han enviado a suplicar por ellos, que en otra época habitaban en el shâmayim, diles:

3 Ustedes estaban en el shâmayim pero todos los misterios no se les habían revelado. No han conocido sino un misterio indigno y en el endurecimiento de sus corazones lo han comunicado a las mujeres y por ese misterio ellas y los hombres han multiplicado el mal sobre la tierra.

4 Diles pues: No tendrán paz.

Capítulo 17

1 Después me llevaron a un sitio cuyos habitantes son como el fuego ardiente, pero cuando desean aparecen como humanos.

2 Me llevaron un lugar de oscuridad, sobre una montaña cuya cima tocaba el shâmayim,

3 y vi los lugares de las luminarias y los tesoros de las estrellas y del trueno, en los extremos del abismo donde están el arco de fuego, sus flechas y carcaj, la espada de fuego y todos los relámpagos.

4 Y me llevaron a las aguas vivas, y al fuego del oeste, que recibe cada puesta del sol.

5 Y llegué a un río de fuego en el cual el fuego fluye como agua y se descarga en el gran mar hacia el oeste;

6 Vi grandes ríos y llegué a una gran oscuridad y hasta donde ningún ser carnal camina;

7 Vi las montañas de la oscuridad del invierno y el lugar de donde fluyen todas las aguas de las profundidades.

8 Vi las bocas de todos los ríos de la tierra y la boca del abismo.

Capítulo 18

1 Vi los tesoros de todos los rûach; vi cómo con ellos había provisto a toda la creación y los firmes cimientos de la tierra.

2 Y vi la piedra angular de la tierra, los cuatro rûach que sostienen la tierra y el firmamento de los cielos shâmayim.

3 vi como los rûach extienden el velo del shâmayim en lo alto y cómo tienen su puesto entre el shâmayim y la tierra: son las columnas del shâmayim;

4 vi los rûach que hacen girar y que conducen por las órbitas del sol y de los astros en sus estancias;

5 Vi los rûach sobre la tierra que arrastraban las nubes; vi los caminos de los ángeles. Vi en los confines de la tierra el firmamento de los shâmayim.

6 Después fui al sur y vi un sitio que ardía día y noche, en donde se encontraban siete montañas de piedras preciosas, tres del lado oriental y tres del lado del sur.

7 Y en cuanto a los que estaban hacia el este, uno era de piedra coloreada, y uno de perla, y uno de jacinto, y los que estaban hacia el sur, de piedra roja.

8 La del medio se elevaba hasta el shâmayim como el trono de Êlôhîym y la parte alta del trono era de zafiro.

9 Yo vi un fuego ardiente,

10 Y más allá de esas montañas está una región donde termina la gran tierra, y ahí culminan los shâmayim.

11 Luego me fue mostrado un profundo abismo entre columnas de fuego celeste, y vi en él columnas de fuego que descendían al fondo y cuya altura y profundidad eran inconmensurables;

12 y más allá de este abismo vi un sitio sobre el cual no se extendía el firmamento, bajo el cual no había tampoco cimientos de la tierra; sobre el que no había ni agua ni pájaros, sino que era un lugar desierto y terrible.

13 Allí vi siete estrellas parecidas a grandes montañas, que ardían, y cuando pregunté sobre esto,

14 El ángel me dijo: Este sitio es el final del shâmayim y de la tierra; ha llegado a ser la prisión de las estrellas y de los poderes del shâmayim.

15 Y las estrellas que ruedan sobre el fuego son las que transgredieron el mandamiento de Yahuah en el principio de su ascenso, porque no salieron a su tiempo.

16 Y se enfureció contra ellos, y los ató hasta el tiempo en que su culpa fuese consumada, es decir, por diez mil años.

Capítulo 19

1 Después Ûrîyêl me dijo: Aquí estarán los Vigilantes que se han conectado por su propia cuenta con mujeres. Sus espíritus asumiendo muy diversas apariencias se han corrompido y han descarriado a los humanos para que sacrifiquen a demonios como a dioses, hasta el día del gran juicio, en que serán juzgados y sean destruidos.

2 En cuanto a sus mujeres, las que fueron seducidas por los Vigilantes, se volverán sirenas.

3 Yo Chănôk, solo, he visto la visión, el final de todas las cosas y ningún humano ha visto lo que yo he visto.

Capítulo 20

1 He aquí los nombres de los qâdôsh ángeles que vigilan:(Ap 8:2)

2 Ûrîyêl, uno de los ángeles qâdôsh, que está sobre el mundo y sobre Tartaróo (ταρταρόω);

3 Râphâêl, otro de los qâdôsh ángeles, que está sobre los espíritus de los hombres.

4 Reûêl, uno de los ángeles qâdôsh que se venga del mundo de las luminarias;

5 Mîykâêl, otro de los qâdôsh ángeles, que está puesto sobre la mejor parte de la humanidad y sobre el caos.

6 Ûrîyêl (Śârâhqael), otro de los ángeles qâdôsh, que está puesto sobre los espíritus, que pecan en el espíritu;

7 Gabrîyêl, uno de los ángeles qâdôsh, que está sobre el paraíso, los nâchâsh y los Kerûb.

8 Remiyêl, uno de los ángeles qâdôsh, a quien Êlôhîym puso sobre aquellos que resucitan.

Capítulo 21

1 Después volví hasta donde todo era caótico;

2 Y vi allí algo horrible: no vi ni un shâmayim arriba ni una tierra firmemente fundada, sino un lugar caótico y horrible.

3 *Vi allí siete estrellas del shâmayim encadenadas que parecían grandes montañas ardiendo como fuego.*

4 Entonces pregunté: ¿Por qué pecado están encadenadas y por qué motivo han sido arrojadas acá?.

5 Ûrîyêl el Vigilante y el qâdôsh que estaba conmigo y me guiaba, me dijo: Chănôk ¿por qué preguntas y por qué estás ansioso por la verdad?.

6 Esta cantidad de estrellas de los shâmayim son las que han transgredido el mandamiento de Yahuah y han sido encadenadas aquí hasta que pasen diez mil años, el tiempo impuesto según sus pecados.

7 Desde allí pasé a otro lugar más terrible que el anterior y vi algo horrible: había allá un gran fuego ardiendo y flameando y el lugar tenía grietas hasta el abismo, llenas de columnas descendentes de fuego, pero no pude ver ni sus dimensiones ni su magnitud ni haría conjeturas.

8 Entonces dije: ¡Qué espantoso y terrible es mirar este lugar!.

9 Me contestó, Ûrîyêl el Vigilante y el qâdôsh, que estaba conmigo y me dijo: Chănôk ¿Por qué estás tan atemorizado y espantado? Le respondí: Es por este lugar terrible y por el espectáculo del sufrimiento.

10 Y él me dijo: Este sitio es la prisión de los ángeles y aquí estarán prisioneros por siempre.

Capítulo 22

1 Y de allí fui a otro lugar, y me mostró en el oeste otra montaña grande y alta y de roca dura. 2 había ahí cuatro pozos profundos, anchos y muy lisos. Y dije: ¡Qué lisos son estos huecos y qué profundos y oscuros se ven!

3 En ese momento, Râphâêl el Vigilante y el qâdôsh, que estaba conmigo, me respondió diciendo: Estas cavidades han sido creadas con el siguiente propósito; que los espíritus de las almas de los muertos puedan reunirse y que todas las almas de los hijos de los hombres se reúnan ahí.

4 Y estos lugares han sido hechos para recibirlos hasta el día de su juicio y hasta el período señalado, hasta que el gran juicio venga sobre ellos.

5 Vi allí al espíritu de un hombre muerto acusando, y su lamento subía hasta el shâmayim, gritando y acusando.

6 Entonces pregunté a Râphâêl el Vigilante y el qâdôsh, que estaba conmigo: ¿De quién es este espíritu que está acusando que se queja de tal modo que sube hasta el shâmayim gritando y acusando?

7 Me respondió diciendo: Este es el espíritu que salió de Hebel (הֶבֶל), a quien su hermano Qayin (קַיִן) asesinó; él lo acusa hasta que su semilla sea eliminada de la faz de la tierra y su semilla desaparezca del linaje de los hombres.

8 Entonces pregunté observando todos los pozos: ¿Por qué están separados unos de otros?

9 Me respondió diciendo: Esos tres han sido hechos para que los espíritus de los muertos puedan estar separados. Así una división ha sido hecha para los espíritus de los justos, en la cual brota una fuente de agua viva.

10 Y este ha sido hecho para los pecadores cuando mueren y son enterrados en la tierra y el juicio no ha sido ejecutado sobre ellos durante su vida.

11 Aquí sus espíritus serán apartados en este gran dolor, hasta el gran día del juicio, azotes y tormentos de los malditos para siempre, para que haya retribución para sus espíritus. Allí los atará para siempre.

12 Y esta división se ha hecho para los espíritus de aquellos que presentan su pleito, quienes hacen revelaciones concernientes a su destrucción, cuando fueron asesinados en los días de los pecadores.

13 Y este ha sido hecho para los espíritus de los hombres que no serán justos, sino pecadores, que son impíos, y de los sin ley serán compañeros: pero sus espíritus no serán castigados en el día del juicio, ni serán resucitados de allí.

14 Entonces bendije a Yahuah Kâbôd y dije: Bendito sea el juicio de justicia y bendito sea Yahuah Tsedâqâh (צְדָקָה) que gobiernan el mundo.

Capítulo 23

1 De allí fui a otro lugar al oeste de los confines de la tierra;

2 Y vi un fuego ardiente que corría sin descanso, y no se detenía en su curso ni de día ni de noche, sino que corría con regularidad.

3 Yo pregunté diciendo: ¿Qué es esto que no tiene reposo alguno?

4 Entonces Reûêl, uno de los ángeles qâdôsh que estaba conmigo, me respondió y me dijo: Este curso de fuego que has visto es el fuego en el oeste que persigue a todas las luminarias del shâmayim.

Capítulo 24

1 Y de allí fui a otro lugar de la tierra, y me mostró una cordillera de fuego que ardía día y noche.

2 Fui hacia allá y vi siete montañas magníficas, diferentes entre sí y de piedras preciosas y hermosas y todas eran espléndidas, de apariencia gloriosa y bello aspecto: tres por el oriente, apoyadas una contra la otra; y tres por el sur, una bajo la otra; y vi cañadas profundas y sinuosas, ninguna de las cuales se unía a las demás.

3 La séptima montaña estaba en medio de todas, superándolas en altura a la manera de un trono, rodeada por árboles aromáticos,

4 Y entre ellos había un árbol tal como nunca lo había olido, ni había entre ellos ni había otros como él: tenía una fragancia más allá de toda fragancia, y sus hojas y flores y madera no se marchitan para siempre: y su fruto es hermoso, y su fruto se parece a los dátiles de una palmera.

5 Entonces dije: ¡Qué hermoso es este árbol, y qué fragante, y sus hojas son hermosas, y sus flores de muy deliciosa apariencia!

6 Entonces, Mîykâêl el Vigilante y qâdôsh, que estaba conmigo y que estaba encargado de esos árboles, me contestó.

Capítulo 25

1 Y él me dijo: Chănôk, para qué me preguntas por el perfume de ese árbol y para qué quieres saber la verdad?

2 Entonces, yo, Chănôk, le respondí así: Deseo aprender de todo, pero especialmente acerca de este árbol.

3 Y él me contestó diciendo: Esta montaña alta que has visto y cuya cima es como el trono de Êlôhîym, es su trono, donde se sentará el Qâdôsh Gibbôr Êl, Yahuah Kâbôd, el Melek Ôlâm, cuando descienda a visitar la tierra con bondad.

4 Y en cuanto a este árbol fragante, a ningún mortal se le permitirá tocarlo hasta el gran juicio, cuando se vengará de todos y llevará todo a su consumación eterna. Entonces será entregado a los justos y a los qadosh.

5 Su fruto servirá como alimento a los elegidos y será trasplantado al lugar qâdôsh, al templo de Yahuah, el Melek Ôlâm.

6 Entonces ellos se regocijarán y estarán alegres; entrarán en el lugar qâdôsh y la fragancia penetrará sus huesos; y ellos vivirán una larga vida, tal y como la que sus antepasados vivieron. En sus días no los tocará ningún sufrimiento ni plaga ni tormento ni calamidad.

7 Entonces bendije al Êlôhîym Kâbôd, al Melek Ôlâm, porque había preparado tales cosas para los humanos, para los justos. Estas cosas él las ha creado y ha prometido dárselas.

Capítulo 26

1 Y pasé de allí al centro de la tierra, y vi un lugar bendito en el cual había árboles con ramas que permanecían y florecían como las de un árbol desmembrado.

2 Y allí vi un monte qadôsh, y debajo del monte, al este, había un arroyo que fluía hacia el sur.

3 Y vi al oriente otra montaña más alta que aquella y entre ellas un cañón profundo y angosto por el que corría el agua que salía de la montaña.

4 Y al oeste de ella había otra montaña, más baja que la anterior y de pequeña elevación, y un barranco profundo y seco entre ellas; y otro barranco profundo y seco estaba en los extremos de las tres montañas.

5 Todas eran barrancos profundos de roca dura y no había árboles plantados en ellos.

6 Y me maravillé de las rocas, y me maravillé del barranco, sí, me maravillé mucho.

Capítulo 27

1 Entonces dije: ¿Para qué sirve esta tierra bendita, que está toda llena de árboles, y este valle maldito en medio?

2 Entonces Ûrîyêl, uno de los ángeles vigilantes y qâdôsh que estaba conmigo, respondió y dijo: Este valle maldito es para los malditos para siempre. Aquí se reunirán todos los malditos que profieren palabras indecorosas contra Yahuah y hablan cosas duras de su gloria. Aquí se reunirán, y aquí será su morada.

3 En los últimos tiempos, en los días del verdadero juicio, en presencia de los justos para siempre: Aquí los piadosos bendecirán a Yahuah Kâbôd, el Melek Ôlâm.

4 En los días del juicio sobre aquellos, le bendecirán por la misericordia con que les ha asignado su porción.

5 Entonces bendije a Yahuah Kâbôd y mostré su gloria y lo alabé gloriosamente.

Capítulo 28

1 Y de allí fui hacia el este, en medio de la cordillera del desierto, y vi un desierto solitario, lleno de árboles y plantas.

2 brotaba agua desde arriba,

3 Corriendo como un caudaloso curso de agua que fluía hacia el noroeste, hizo que nubes y rocío ascendieran por todos lados.

Capítulo 29

1 Desde allí fui a otro lugar en el desierto y me alejé mucho, hacia el oriente de este sitio.

2 Y vi allí árboles aromáticos que exhalaban fragancia de lebônâh (לְבוֹנָה) y de mirra, y los árboles también eran semejantes al almendro.

Capítulo 30

1 Y más allá de éstos, me fui más allá hacia el este, y vi otro lugar, un valle lleno de agua.

2 Y allí había un árbol, del color de los árboles fragantes, como el lentisco.

3 Y en las laderas de aquellos valles vi canela fragante.

4. Y más allá de estos valles me alejé hacia el oriente.

Capítulo 31

1 Y vi otras montañas, y entre ellas había ăshêrâh de árboles, y de ellos fluía néctar, que se llama Śârâhra y gálbano.

2 Y más allá de estos montes vi otro monte al oriente de los confines de la tierra, en el cual había árboles de áloe, y todos los árboles estaban llenos de estacte, semejantes a almendros.

3 Y cuando se quemaba, olía más dulce que cualquier olor fragante.

Capítulo 32

1 Al noreste vi siete montañas llenas de nardo selecto, lentisco, canela y pimienta.

2 Y desde allí pasé por encima de las cumbres de todas estas montañas, lejos hacia el este de la tierra, y pasé por encima del Mar Rojo y me alejé de él, y pasé por encima del ángel Zotiyêl.

3 Y llegué al Jardín de Tsedâqâh, y de lejos árboles más numerosos que estos árboles y dos grandes árboles allí, muy grandes, hermosos y gloriosos y magníficos, y el árbol del conocimiento, de cuyo fruto qâdôsh comen y conocen gran sabiduría.

4 Aquel árbol era como el abeto en su altura, y sus hojas como las del algarrobo, y su fruto como los racimos de la uva, muy hermoso, y el olor de su árbol penetraba hasta lejos.

5 Entonces dije: ¡Qué hermoso es el árbol y qué atractivo su aspecto!

6 Entonces el qâdôsh ángel Râphâêl, que estaba conmigo, me respondió y dijo: Este es el árbol de la sabiduría, del cual comieron tu padre, ya anciano, y tu madre, que fueron antes de ti, y aprendieron sabiduría, y se les abrieron los ojos, y supieron que estaban desnudos, y fueron echados fuera del jardín.

Capítulo 33

1 Y desde allí fui a los confines de la tierra, y vi allí grandes bestias, cada una diferente de la otra; y vi también aves que diferían en apariencia, belleza y voz, y que diferían unas de otras.

2 Al oriente de esas bestias vi el final de la tierra, donde el shâmayim descansa, y donde se abren los portales del shâmayim.

3 Y vi cómo salen las estrellas del shâmayim, y conté los portales de donde proceden, y escribí todas sus salidas, de cada estrella individual por sí misma, según su número y sus nombres, sus cursos y sus posiciones, y sus tiempos y sus meses, como me mostró Ûrîyêl el ángel qâdôsh que estaba conmigo.

4 Me mostró todas las cosas y me las escribió; también me escribió sus nombres, sus leyes y sus compañías.

Capítulo 34

1 Y desde allí fui hacia el norte, a los confines de la tierra, y allí vi un dispositivo grande y glorioso en los confines de toda la tierra.

2 Vi tres puertas del shâmayim abiertas; a través de cada una de ellas vienen los rûach del norte y cuando soplan hay frío, granizo, escarcha, nieve, rocío y lluvia.

3 Y por una puerta soplan para bien; pero cuando soplan por las otras dos puertas, es con violencia y aflicción sobre la tierra, y soplan con violencia.

Capítulo 35

1 Y desde allí fui hacia el oeste hasta los confines de la tierra, y vi allí tres portales del shamayim abiertos como los que había visto en el este, el mismo número de portales y el mismo número de salidas.

Capítulo 36

1 Y de allí fui hacia el sur, a los confines de la tierra, y vi allí tres portales abiertos del shamayim: y de allí venían el rocío, la lluvia y el viento.

2 Y desde allí fui hacia el este hasta los extremos del shâmayim, y vi aquí los tres portales orientales del shâmayim abiertos y pequeños portales encima de ellos.

3 Por cada una de estas puertas pequeñas pasan las estrellas del shâmayim y corren por el curso trazado para ellas hacia el oeste.

4 Y cuantas veces lo vi, siempre bendije a Yahuah Kâbôd, y continué bendiciendo a Yahuah Kâbôd, quien ha obrado grandes y gloriosas maravillas, para mostrar la grandeza de su obra a los ángeles, a los espíritus y a los hombres, para que alaben su obra y toda su creación; para que vean la obra de su poder y alaben la gran obra de sus manos y lo bendigan para siempre.

Libro de las Parábolas

Capítulo 37

1 La segunda visión que vio, la visión de sabiduría que vio Chănôk hijo de Yârad, hijo de Mahălalêl, hijo de Qêynân (קֵינָן), hijo de Ěnôsh (אֱנוֹשׁ), hijo de Shêth (שֵׁת), hijo de Âdâm.

2 Y este es el principio de las palabras de sabiduría que alcé mí voz para hablar y decir a los que moran en la tierra: Oigan, ustedes los hombres de la antigüedad, y vean, ustedes los que vienen después, las palabras del Qâdôsh que yo hablaré delante de Yahuah de los rûach.

3 Sería mejor declararlos sólo a los hombres de la antigüedad, pero incluso a los que vengan después no les negaremos el comienzo de la sabiduría.

4 Hasta el día de hoy nunca ha sido dada por Yahuah de los rûach tanta sabiduría como la que yo he recibido según mi entendimiento, conforme al beneplácito de Yahuah de los rûach por quien me ha sido dada la porción de la vida eterna.

5 Me fueron dadas tres parábolas, y alcé mi voz y las conté a los moradores de la tierra.

Capítulo 38
Primera Parábola.

1 Cuando se presente la congregación de los justos, y los pecadores sean juzgados por

sus pecados, y sean arrojados de la faz de la tierra;

2 Y cuando el Tsedâqâh Êl aparezca ante los ojos de los justos, cuyas obras elegidas dependen de Yahuah de los rûach, y la luz se manifieste a los justos y a los elegidos que moran en la tierra, ¿dónde estará entonces la morada de los pecadores, y dónde el lugar de descanso de quienes han negado a Yahuah de los rûach? Les habría sido mejor no haber nacido.

3 Cuando los secretos de los justos sean revelados y los pecadores juzgados, y los impíos expulsados de la presencia de los justos y elegidos,

4 Desde entonces los que poseen la tierra ya no serán poderosos ni exaltados, ni podrán contemplar la faz del Qadôsh, porque Yahuah de los rûach ha hecho aparecer su luz sobre la faz de los qadôsh, justos y elegidos.

5 Entonces los reyes y los poderosos perecerán y serán entregados en manos de los justos y los qadôsh.

6 Y de ahí en adelante nadie buscará para sí la misericordia de Yahuah de los rûach, pues su vida ha llegado a su fin.

Capítulo 39

1 Y acontecerá en aquellos días que hijos elegidos y qadôsh descenderán del alto shâmayim, y su descendencia será una con los hijos de los hombres.

2 Y en aquellos días, Chănôk recibió libros de celo e ira, y libros de inquietud y expulsión. Y no se les concederá misericordia, dice Yahuah de los rûach.

3 Y en aquellos días un torbellino me arrancó de la tierra y me puso al final del shâmayim.

4 Allí tuve otra visión: vi el lugar donde habitan los qâdôsh y el lugar de descanso de los justos.

5 Aquí mis ojos vieron sus moradas con sus ángeles justos, y sus lugares de descanso con el Qadôsh. Y suplicaron, intercedieron y oraron por los hijos de los hombres, y la justicia fluyó ante ellos como agua, y la misericordia como rocío sobre la tierra: Así es entre ellos por los siglos de los siglos.

6 Y en ese lugar mis ojos vieron al Bâchîyr Êl de la justicia y de la fe,

7 Y vi su morada bajo las alas de Yahuah de los rûach. Y la justicia prevalecerá en sus días, y los justos y elegidos serán innumerables ante él para siempre jamás. Y todos los justos y elegidos ante él serán fuertes como luces de fuego, y su boca estará llena de bendición, y sus labios exaltarán el nombre de Yahuah de los rûach; y la justicia ante él nunca fallará, y la rectitud nunca fallará ante Él.

8 Allí quise morar, y mi espíritu anhelaba esa morada; y allí hasta ahora ha sido mi porción, porque así se ha establecido acerca de mí delante de Yahuah de los rûach.

9 En aquellos días alabé y ensalcé el nombre de Yahuah de los rûach con bendiciones y alabanzas, porque me había destinado para bendición y gloria conforme al beneplácito de Yahuah de los rûach.

10 Por mucho tiempo mis ojos contemplaron aquel lugar, y lo bendije y lo alabé, diciendo: Bendito sea él, y sea bendito desde el principio y para siempre.

11 Y ante él no hay cesar. Él sabe, antes de la creación del mundo, lo que es eterno y lo que será de generación en generación.

12 Los que no duermen te bendicen; están ante tu gloria y bendicen, alaban y ensalzan, diciendo: *"Qadôsh, Qadôsh, Qadôsh, es Yahuah de los rûach; Él llena la tierra de espíritus."*

13 Y aquí mis ojos vieron a todos los que no duermen: Están delante de él y bendicen y dicen: Bendito seas tú, y bendito sea el nombre de Yahuah por los siglos de los siglos.

14 Y mi rostro se transformó, porque ya no podía mirar.

Capítulo 40

1 Y después de esto vi millares de millares, y millones de millones, vi una multitud incontable que estaba delante de Yahuah de los rûach.

2 Y a los cuatro lados de Yahuah de los rûach vi cuatro presencias, diferentes de las que no duermen, y aprendí sus nombres; porque el ángel que iba conmigo me hizo saber sus nombres, y me mostró todas las cosas ocultas.

3 Y escuché las voces de esas cuatro presencias y cómo ellas pronuncian alabanzas ante Yahuah Kâbôd.

4 La primera voz bendice a Yahuah de los rûach por los siglos de los siglos.

5 Y oí la segunda voz bendiciendo al Bâchîyr Êl y a los elegidos que dependen de Yahuah de los rûach.

6 Y la tercera voz oí: Orar e interceder por los que moran en la tierra, y suplicar en el nombre de Yahuah de los rûach.

7 Y oí la cuarta voz que expulsaba a los adversarios y les prohibía venir delante de Yahuah de los rûach para acusar a los que moran en la tierra.

8 Después de eso pregunté al ángel de paz que iba conmigo y me mostraba todas las cosas que están ocultas: ¿Quiénes son esas cuatro presencias que he visto y cuyas palabras he oído y escrito abajo?

9 Y me dijo: Este primero es Mîykâêl, el misericordioso y sufrido; y el segundo, que está sobre todas las enfermedades y todas las heridas de los hijos de los hombres, es Râphâêl; y el tercero, que está sobre todos los poderes, es Gabrîyêl; y el cuarto, que está sobre el arrepentimiento para la esperanza de los que heredan la vida eterna, se llama Phanuêl (Ûrîyêl).

10 Estos son los cuatro ángeles de Yahuah de los rûach y las cuatro voces que he escuchado esos días.

Capítulo 41

1 Y después de esto vi todos los secretos del shamayim, y cómo se divide el reino, y cómo se pesan en la balanza las acciones de los hombres.

2 Y allí vi las mansiones de los elegidos y las mansiones de los qadôsh, y mis ojos vieron allí a todos los pecadores que eran expulsados de allí, los que negaban el nombre de Yahuah de los rûach, y eran arrastrados: y no podían permanecer a causa del castigo que procede de Yahuah de los rûach.

3 Y allí mis ojos vieron los secretos del relámpago y del trueno, y los secretos de los rûach, cómo se dividen para soplar sobre la tierra, y los secretos de las nubes y del rocío, y allí vi de dónde proceden en ese lugar y de dónde saturan la tierra polvorienta.

4 Y allí vi recámaras cerradas, de donde se reparten los rûach: la cámara del granizo y de los vientos, la cámara de la niebla y de las nubes, y sus nubes se ciernen sobre la tierra desde el principio del mundo.

5 Y vi las recámaras del sol y de la luna, de dónde proceden y adónde vuelven, y su glorioso retorno, y cómo uno es superior al otro, y su majestuosa órbita, y cómo no abandonan su órbita, y no añaden nada a su órbita ni le quitan nada, y se mantienen fieles el uno al otro, de acuerdo con el juramento por el cual están unidos.

6 Y primero sale el sol y recorre su camino conforme al mandamiento de Yahuah de los rûach, y poderoso es su nombre por los siglos de los siglos.

7 Y después vi el camino oculto y visible de la luna, y ella recorre su camino en ese lugar de día y de noche, el que ocupa una posición opuesta al otro delante de Yahuah de los rûach. Y dan gracias y alabanzas, y no descansan; porque para ellos el dar gracias es descanso.

8 Porque el sol a menudo se cambia para bendición o para maldición, y el curso de la senda de la luna es luz para los justos y tinieblas para los pecadores en el nombre de Yahuah, el cual hizo separación entre la luz y las tinieblas, y dividió los espíritus de los hombres, y fortaleció los espíritus de los justos, en el nombre de su justicia.

9 Porque ningún ángel lo impide, ni ningún poder puede impedirlo; pues él les pone juez a todos, y a todos juzga delante de él.

Capítulo 42

1 La sabiduría no encontró lugar donde morar; entonces se le asignó una morada en el shamayim.

2 La sabiduría salió para hacer su morada entre los hijos de los hombres, y no halló morada; volvió a su lugar, y se sentó entre los ángeles.

3 Y la injusticia salió de sus aposentos; Halló a los que no buscó; Y habitó con ellos, como la lluvia en el desierto, y el rocío en la tierra sedienta.

Capítulo 43

1 Y vi otros relámpagos y las estrellas del shâmayim, y vi cómo las llamaba a todas por sus nombres y le escuchaban.

2 Y vi cómo son pesadas en balanzas justas según la proporción de su luz; vi la anchura de sus espacios, el día de su aparición y cómo su revolución produce relámpagos; y vi su revolución según el número de los ángeles, y cómo se mantienen fieles los unos con los otros.

3 Y pregunté al ángel que iba conmigo y me mostraba lo que estaba escondido: ¿Qué es esto?

4 Y me dijo: Yahuah de los rûach te ha mostrado el significado de su parábola: Estos son los nombres de los qâdôsh que moran en la tierra y creen en el nombre de Yahuah de los rûach por los siglos de los siglos.

Capítulo 44

1 También vi otro fenómeno con respecto a los relámpagos: cómo algunas estrellas surgen y se convierten en relámpagos y no pueden desprenderse de su nueva forma.

Capítulo 45
Segunda Parábola

1 Y esta es la segunda parábola acerca de aquellos que niegan el nombre de la morada de los qâdôsh y a Yahuah de los rûach.

2 Y no subirán al shâmayim, ni llegarán a la tierra: Tal será la porción de los pecadores, que han negado el nombre de Yahuah de los rûach, quienes son así serán preservados para el día del sufrimiento y de la tribulación.

3 Ese día, mi Bâchîyr Êl se sentará en el trono de gloria y probará sus obras, y sus lugares de descanso serán innumerables. Y sus almas se fortalecerán al ver a mis elegidos y a quienes han invocado mi glorioso nombre.

4 Entonces haré que mi Bâchîyr Êl more entre ellos. Y transformaré el shâmayim y lo convertiré en una bendición y luz eternas;

5 Y transformaré la tierra y la convertiré en bendición, y haré que mis escogidos habiten sobre ella, pero los pecadores y los que hacen iniquidad no la pisarán.

6 Porque yo he provisto de paz a mis justos, y los he hecho morar delante de mí; más a los pecadores les aguardaré juicio, y los destruiré de sobre la faz de la tierra.

Capítulo 46

1 Y allí vi a Uno que tenía una Attîyq (עַתִּיק) Yôm (יוֹם), y su cabeza era blanca como la lana, y con él había otro ser cuyo semblante tenía la apariencia de un hombre, y su rostro estaba lleno de gracia, como uno de los ángeles qâdôsh.

2 Y pregunté al ángel que iba conmigo y me mostró todas las cosas ocultas, acerca de ese Bên (בֵּן) Âdâm (אָדָם), ¿quién era, y de dónde venía, y por qué iba con el Attîyq (עַתִּיק) Yôm (יוֹם)?

3 Y él respondió y me dijo: Este es el Ben Âdâm que tiene justicia, con quien mora la justicia, y que revela todos los tesoros de lo que está oculto, porque Yahuah de los rûach lo ha escogido, y cuya porción tiene la preeminencia delante de Yahuah de los rûach en rectitud para siempre.

4 El Ben Âdâm que has visto, levantará a los reyes y a los poderosos de sus lechos y a los fuertes de sus tronos; desatará los frenos de los fuertes y les partirá los dientes a los pecadores;

5 Y derrocará a los reyes de sus tronos y reinos, porque ellos no le han ensalzado y alabado ni reconocieron humildemente de dónde les fue otorgada la realeza.

6 Y humillará el rostro de los fuertes y los llenará de vergüenza. La oscuridad será su morada, y los gusanos su lecho, y no tendrán esperanza de levantarse de sus lechos, porque no ensalzan el nombre de Yahuah de los rûach.

7 Y estos son los que juzgan las estrellas del shâmayim, y alzan sus manos contra Elyôn Êl, y pisotean la tierra y moran en ella. Y todas sus obras manifiestan injusticia, y su poder reside en sus riquezas, y su fe está en los dioses que han hecho con sus manos, y niegan el nombre de Yahuah de los rûach;

8 Y persiguen las casas de sus congregaciones, y a los fieles que se aferran al nombre de Yahuah de los rûach.

Capítulo 47

1 Y en aquellos días subirá la oración de los justos, y la sangre de los justos de la tierra delante de Yahuah de los rûach.

2 En aquellos días los qadôsh que moran arriba en el shâmayim, se unirán con una sola voz y suplicarán y orarán y alabarán, y darán gracias y bendecirán el nombre de Yahuah de los rûach por la sangre de los justos que ha sido derramada, y para que la oración de los justos no sea en vano ante Yahuah de los rûach, para que se les haga juicio, y para que no tengan que sufrir eternamente.

3 En aquellos días vi al Attîyq Yôm cuando se sentó en el trono de su gloria, y los libros de los vivientes fueron abiertos delante de él; y todo su ejército que está en el shâmayim de arriba, y sus consejeros estaban delante de él.

4 Y los corazones de los qadôsh se llenaron de alegría, porque el número de los justos había sido ofrecido, y la oración de los justos había sido oída, y la sangre de los justos había sido demandada delante de Yahuah de los rûach.

Capítulo 48

1 En ese lugar vi la fuente de la justicia, la cual era inagotable, y a su alrededor había

muchas fuentes de sabiduría, todos los sedientos bebían de ellas y se llenaban de sabiduría y habitaban con los qâdôsh, los justos y los elegidos.

2 En ese momento ese Ben Âdâm fue nombrado en presencia de Yahuah de los rûach y su nombre ante el Attîyq Yôm.

3 Sí, antes que el sol y las señales fuesen creados, antes que las estrellas del shâmayim fuesen hechas, su nombre fue nombrado delante de Yahuah de los rûach.

4 Él será para los justos un bastón en el que puedan apoyarse y no caer; será luz para las naciones y esperanza para los que sufren.

5 Todos los que habitan en la tierra se postrarán y adorarán delante de él, y alabarán, bendecirán y celebrarán con cánticos a Yahuah de los rûach.

6 Y por esta razón ha sido elegido y escondido delante de él, antes de la creación del mundo y para siempre.

7 Y la sabiduría de Yahuah de los rûach le ha revelado a los qadôsh y justos; porque él ha preservado la porción de los justos, porque ellos han odiado y menospreciado este mundo de injusticia, y han odiado todas sus obras y caminos en el nombre de Yahuah de los rûach: Porque en su nombre son salvos, y conforme a su buen placer ha sido con relación a sus vidas.

8 En estos días los reyes de la tierra y los fuertes que dominan la tierra estarán abatidos a causa de las obras de sus manos; porque en el día de su angustia y de su aflicción no podrán salvarse.

9 Y los entregaré en manos del Bâchîyr Êl; como paja en el fuego, así arderán ante la presencia del Qâdôsh; como plomo en el agua, se hundirán ante la presencia de los justos, y no se hallará más de ellos rastro alguno.

10 Y en el día de su aflicción habrá reposo en la tierra, y ante ellos caerán y no volverán a levantarse; y no habrá quien los tome con sus manos y los levante, porque han negado a Yahuah de los rûach y a su Mâshîyach (מָשִׁיחַ). ¡Sea bendito el nombre de Yahuah de los rûach!

Capítulo 49

1 Porque la sabiduría se derrama como agua, y la gloria no falla delante de él para siempre.

2 Porque él es poderoso en todos los secretos de la justicia, y la injusticia desaparecerá como una sombra, y no tendrá continuidad; porque el Bâchîyr Êl está delante de Yahuah de los rûach, y su gloria es por los siglos de los siglos, y su poder por todas las generaciones.

3 En el habita el rûach de la sabiduría, el rûach que ilumina y da discernimiento, el rûach de entendimiento y de poder, el rûach de quienes han dormido en justicia.

4 Él es quien juzga las cosas secretas y nadie puede pronunciar palabras vanas frente a él, porque es el Bâchîyr Êl ante Yahuah de los rûach, según su voluntad.

Capítulo 50

1 Y en aquellos días se producirá un cambio para los qadôsh y los elegidos, y el Bâchîyr Êl permanecerá sobre ellos, y la gloria y el honor regresarán al Qadôsh,

2 En el día de la aflicción, cuando el mal se haya acumulado contra los pecadores, los justos saldrán victoriosos en el nombre de Yahuah de los rûach. Él hará que los demás sean testigos de esto para que se arrepientan y abandonen las obras de sus manos.

3 No tendrán honra en el nombre de Yahuah de los rûach; sin embargo, en su nombre serán

salvos, y Yahuah de los rûach tendrá compasión de ellos, porque es grande su compasión.

4 Y él también es justo en su juicio, y delante de su gloria la injusticia tampoco se mantendrá; en su juicio los pecadores perecerán delante de él.

5 Y de ahora en adelante no tendré misericordia de ellos, dice Yahuah de los rûach.

Capítulo 51

1 Y en aquellos días la tierra devolverá lo que se le ha confiado, y el Sheôl devolverá lo que ha recibido, y el Tártaro devolverá lo que debe. Porque en aquellos días se levantará el Bâchîyr Êl.

2 y de entre ellos seleccionará a los justos y a los qâdôsh, porque se acerca el día en que serán salvados.

3 El Bâchîyr Êl se sentará en mi trono en esos días y de su boca fluirán todos los misterios de la sabiduría y consejo, porque Yahuah de los rûach se lo ha concedido y lo ha glorificado.

4 Y en aquellos días los montes saltarán como carneros, y las colinas también brincarán como corderos saciados de leche, y los rostros de todos los ángeles en el cielo se iluminarán de alegría;

5 la tierra se regocijará, los justos la habitarán y los elegidos se pasearán por ella.

Capítulo 52

1 Y después de aquellos días en aquel lugar donde había visto todas las visiones de lo oculto, pues había sido arrebatado en un torbellino y me habían llevado hacia el oeste,

2 allí mis ojos vieron los todos secretos del shâmayim que será: una montaña de cobre, otra de plata, otra de oro, otra de estaño y otra de plata.

3 Pregunté al ángel que iba conmigo, diciendo: "¿Qué cosas son éstas que he visto en secreto?".

4 Me dijo: "Todo lo que has visto servirá para el gobierno de su Mâshîyach, para que pueda ser fuerte y poderoso sobre la tierra".

5 Y luego este ángel de paz dijo: Espera un poco y te serán revelados todos los misterios que rodean a Yahuah de los rûach:

6 Y estas montañas que tus ojos han visto, la montaña de hierro, y la montaña de cobre, y la montaña de plata, y la montaña de oro, y la montaña de metal blando, y la montaña de plomo, todas estas serán en presencia del Bâchîyr Êl como cera: ante el fuego, y como el agua que corre desde lo alto sobre esas montañas, y se volverán impotentes ante sus pies.

7 Y sucederá en aquellos días que nadie será salvo, ni por oro ni por plata, y nadie podrá escapar;

8 No habrá hierro para la guerra, ni nadie se revestirá con coraza. El bronce no servirá para nada, ni el estaño será apreciado, ni el plomo será deseado.

9 "Todas estas cosas serán eliminadas de la superficie de la tierra cuando aparezca el Bâchîyr Êl ante el rostro de Yahuah de los rûach".

Capítulo 53

1 Allí mis ojos vieron un valle profundo con bocas abiertas, y todos los que habitan sobre la tierra, el mar y las islas le traerán regalos, presentes y muestras de homenaje, pero aquel valle profundo no se llenará.

2 Y sus manos cometen actos inicuos, y los pecadores devoran a todos aquellos a quienes oprimen sin ley; pero los pecadores serán destruidos delante del rostro de Yahuah de

los ruach, y serán desterrados de la faz de su tierra, y perecerán para siempre jamás.

3 Porque vi a todos los ángeles del castigo allí reunidos, preparando todos los instrumentos del adversario.

4 Y le pregunté al ángel de paz que iba conmigo: "¿Para quién preparan estos instrumentos?".

5 Y me dijo: Esto lo preparan para los reyes y los poderosos de esta tierra, para que por medio de ello sean destruidos.

6 Y después de esto, el Tsaddîyq (צַדִּיק) Êl y Bâchîyr Êl harán aparecer la casa de su congregación: De ahora en adelante no serán más obstaculizados en el nombre de Yahuah de los rûach.

7 Y estos montes no permanecerán como la tierra ante su justicia, sino que las colinas serán como una fuente de agua, y los justos tendrán descanso de la opresión de los pecadores.

Capítulo 54

1 Volví la mirada hacia otra parte de la tierra y vi allí un valle profundo con fuego ardiente,

2 y llevaron a los reyes y a los poderosos y comenzaron a arrojarlos en este valle profundo.

3 Allí mis ojos vieron cómo fabricaban sus instrumentos: cadenas de un peso inconmensurable.

4 Le pregunté al ángel de paz que iba conmigo, diciendo: "¿Para quién están siendo preparadas esas cadenas?".

5 Y me dijo: Esas están siendo preparadas para las tropas de Ăzâzêl, para que puedan agarrarlos y lanzarlos al abismo de total condenación y cubrir sus quijadas con piedras ásperas tal como mandó Yahuah de los rûach.

6 Mîykâêl, Gabrîyêl, Râphâêl y Ûrîyêl en ese gran día los agarrarán y los arrojarán en el horno ardiente, para que Yahuah de los rûach pueda vengarse de ellos por convertirse en súbditos del adversario y descarriar a aquellos que habitan sobre la tierra.

7 Y en aquellos días vendrá el castigo de Yahuah de los ruach, y abrirá todas las cámaras de aguas que están sobre los shâmayim, y las fuentes que están debajo de la tierra..

8 Y todas las aguas se unirán con las aguas: lo que está sobre el shâmayim es masculino, y el agua que está debajo de la tierra es femenina.

9 Y destruirán a todos los que habitan sobre la tierra y a los que habitan bajo los confines de los shâmayim,

10 Y cuando hayan reconocido la injusticia que han cometido sobre la tierra, entonces por ellas perecerán.

Capítulo 55

1 Y después de eso, el Attîyq Yôm se arrepintió y dijo: En vano he destruido a todos los que habitan en la tierra.

2 Y juró por su gran nombre: De ahora en adelante no haré así con todos los que habitan sobre la tierra, y pondré una señal en el shâmayim: y esta será una promesa de buena fe entre mí y ellos para siempre, mientras el shâmayim esté sobre la tierra. Y esto es conforme a mi mandato.

3 Cuando yo haya deseado tomarlos de la mano de los ángeles en el día de la tribulación y el dolor a causa de esto, haré que mi castigo y mi ira permanezcan sobre ellos, dice Êlôhîym, Yahuah de los rûach;

4 ¡Oh poderosos reyes que habitan sobre la tierra, tendrán que contemplar a mi Bâchîyr Êl, cómo se sienta en el trono de gloria y juzga a Ăzâzêl, y a todos sus asociados, y a todos sus ejércitos en el nombre de Yahuah de los rûach!

Capítulo 56

1 Vi las huestes de los ángeles de castigo que iban sosteniendo látigos y cadenas de hierro y bronce.

2 Y pregunté al ángel de la paz que iba conmigo, diciendo: ¿A quiénes van estos que llevan los azotes?

3 Y me dijo: A sus elegidos y amados, para que sean arrojados al abismo del valle.

4 Y entonces ese valle se llenará de sus elegidos y amados, y los días de sus vidas llegarán a su fin, y los días de su extravío no serán contados desde entonces.

5 Y en aquellos días los ángeles volverán y se lanzarán al oriente sobre Parthos (Πάρθος) y Mâday (מָדַי): Incitarán a los reyes, de modo que un espíritu de inquietud vendrá sobre ellos, y los despertarán de sus tronos, para que salgan como leones de sus guaridas, y como lobos hambrientos entre sus rebaños.

6 Y subirán y hollarán la tierra de sus escogidos, y la tierra de sus escogidos será delante de ellos era y calzada;

7 Pero la ciudad de mis justos será un obstáculo para sus caballos. Y comenzarán a luchar entre sí, y su diestra se alzará contra ellos mismos, y nadie reconocerá a su hermano, ni el hijo a su padre ni a su madre, hasta que no haya número de cadáveres por su matanza, y su castigo no sea en vano.

8 En aquellos días el Sheôl abrirá sus garras, y serán tragados por ellas, y su destrucción llegará a su fin; el Sheôl devorará a los pecadores en presencia de los elegidos.

Capítulo 57

1 Y sucedió después de esto que vi otra multitud de carros, y hombres que cabalgaban en ellos, que venían con los rûach del este y del oeste hacia el sur.

2 Se escuchaba el ruido de los carros y cuando ocurrió tal alboroto los qâdôsh notaron que las columnas de la tierra se movieron de su sitio y el sonido que se produjo se oyó de un extremo al otro del shâmayim durante un día.

3 Y todos ellos se postrarán y adorarán a Yahuah de los rûach. *Este es el fin de la segunda parábola.*

Capítulo 58

1 Comencé a recitar la tercera parábola acerca de los justos y de los elegidos.

2 ¡Felices ustedes justos y elegidos pues su porción será gloriosa!

3 Los justos estarán a la luz del sol y los elegidos en la luz de la vida eterna; los días de su vida no tendrán fin y los días de los qâdôsh serán innumerables.

4 Buscarán la luz y encontrarán justicia con Yahuah de los rûach: habrá paz para los justos en nombre de Yahuah Ôlâm (עוֹלָם).

5 Después de esto serán enviados los qâdôsh del shâmayim a buscar los misterios de la justicia, patrimonio de la fe, pues brilla como el sol sobre la tierra y las tinieblas están desapareciendo.

6 Y habrá una luz que nunca se extinguirá, y por muchos días no vendrá, porque primero serán destruidas las tinieblas, y establecida la luz delante de Yahuah de los rûach, y la

luz de la rectitud establecida para siempre delante de Yahuah de los rûach.

Capítulo 59

1 En aquellos días mis ojos vieron los secretos de los relámpagos, y de las luces, y sus juicios ejecutan: Y alumbran para bendición o maldición según Yahuah de los rûach.

2 Y allí vi los secretos del trueno, y cómo cuando resuena en lo alto, en los cielos, se oye su sonido, y me hizo ver los juicios ejecutados en la tierra, ya sean para bienestar y bendición, o para maldición, según la palabra de Yahuah de los rûach.

3 Y después de esto todos los misterios de las luces y de los relámpagos me fueron mostrados: ellos brillan para bendecir y satisfacer.

Capítulo 60
Un fragmento del Libro de Nôach

1 En el año 500, en el séptimo mes, a los catorce días del mes, en la vida de Nôach. En esa parábola vi cómo un poderoso temblor hizo temblar a los cielos, y a la hueste de Elyôn Êl, y a los ángeles, millares de millares y millones de millones, se turbaron con gran turbación.

2 El Attîyq Yôm estaba sentado sobre el trono de su gloria y los ángeles y los justos permanecían a su alrededor.

3 Se apoderó de mí un gran temblor y me sobrecogió el temor: mis entrañas se abrieron, mis riendas se derritieron y caí sobre mi rostro.

4 Entonces Mîykâêl otro de los ángeles qâdôsh, fue enviado para levantarme. Cuando me levantó mi espíritu retornó, pero yo no era capaz de soportar la visión de estas huestes, de su agitación y de las sacudidas del shâmayim.

5 Y Mîykâêl me dijo: " "¿Por qué te asusta la visión de estas cosas? Hasta ahora ha sido el tiempo de su misericordia y Él ha sido misericordioso y lento para la ira para aquellos que viven sobre la tierra.

6 Pero cuando venga el día, del poder, del castigo, del juicio que Yahuah de los rûach ha preparado para aquellos que no se inclinan ante la ley de la justicia, para aquellos que rechazan el juicio de la justicia y para aquellos que toman su nombre en vano, ese día está preparado, para los elegidos un pacto, pero para los pecadores castigo.

7 Ese día se harán salir separados dos monstruos, unos femenino y otro masculino. El monstruo femenino se llama Liwyâthân (לִוְיָתָן) y habita en el fondo del mar sobre la fuente de las aguas.

8 El monstruo masculino se llama Behêmôth, se posa sobre su pecho en un desierto inmenso llamado Duindaín, al oriente del jardín que habitan los elegidos y los justos, donde mi abuelo fue tomado, el séptimo desde Âdâm el primer hombre a quien Yahuah de los rûach creó.

9 Le supliqué a otro ángel que me revelara el poder de esos monstruos, cómo fueron separados en un solo día y arrojados uno al fondo del mar y el otro al suelo seco del desierto.

10 Me dijo: Bên Âdâm, aquí vas a conocer los que es un misterio.

11 Me habló otro ángel que iba conmigo, que me revelaba lo que estaba oculto, el principio y el fin, en lo alto del shâmayim y bajo la tierra en lo profundo, en las extremidades del shâmayim y en sus cimientos;

12 y en los depósitos de los rûach, cómo los rûach son divididos, cómo son pesados y cómo en sus puertas los rûach son registrados de acuerdo con su fuerza; y el poder de la

luz de la luna cómo es el poder que le corresponde; y la diferencia entre las estrellas de acuerdo con sus nombres y cómo están subdivididas y clasificadas;

13 y el trueno en los lugares donde retumba y toda la división que es hecha entre los relámpagos para que ellos brillen y entre sus huestes para que ellas obedezcan rápidamente.

14 Porque el trueno tiene lugares de reposo que le son asignados mientras espera su repicar; y el trueno y el relámpago son inseparables, y aunque no son uno ni indivisos, ambos van juntos a través del espíritu y no se separan,

15 Porque cuando el relámpago ilumina el cielo, el trueno emite su voz, y el espíritu impone una pausa durante el repique, y lo divide equitativamente entre ellos; porque el tesoro de sus repiques es como la arena, y cada uno de ellos, al repicar, es sujeto con un freno, y vuelto hacia atrás por el poder del espíritu, y empujado hacia adelante según los muchos puntos cardinales de la tierra.

16 Y el espíritu del mar es masculino y fuerte, y según la fuerza de su poder lo retiene con una rienda, y de igual manera es impulsado hacia adelante y se dispersa entre todas las montañas de la tierra.

17 Y el espíritu de la escarcha es su propio ángel, y el espíritu del granizo es un ángel bueno.

18 Y el espíritu de la nieve ha abandonado sus aposentos a causa de su fuerza; hay un espíritu especial en ella, y lo que asciende de ella es como humo, y su nombre es escarcha.

19 Y el espíritu de la niebla no está unido a ellos en sus aposentos, sino que tiene un aposento especial; porque su curso es glorioso tanto en la luz como en la oscuridad, y en invierno como en verano, y en su aposento hay un ángel.

20 Y el espíritu del rocío tiene su morada en los confines de los shâmayim, y está conectado con las cámaras de la lluvia, y su curso es en invierno y verano: Y sus nubes y las nubes de la niebla están conectadas, y una da a la otra.

21 Y cuando el espíritu de la lluvia sale de su cámara, los ángeles vienen y abren la cámara y lo guían afuera, y cuando se difunde sobre toda la tierra se une al agua de la tierra. Y siempre que se une al agua de la tierra {...}

22 Porque las aguas son para los que habitan en la tierra; pues son alimento para la tierra de Elyôn Êl que está en shâmayim: Por tanto, hay una medida para la lluvia, y los ángeles se encargan de ella.

23 Y estas cosas vi hacia el Jardín del Tsaddîyq.

24 Y el ángel de paz que estaba conmigo me dijo: Estos dos monstruos, preparados conforme a la grandeza de Êlôhîym, se alimentarán...

25 Cuando el castigo de Yahuah de los rûach repose sobre ellos, repose para que dicho castigo no sea en vano, pues matará a los hijos con sus madres y a los hijos con sus padres. Después, el juicio tendrá lugar según su misericordia y su paciencia.

Capítulo 61

1 Y vi en aquellos días cuán largas cuerdas fueron dadas a aquellos ángeles, y tomaron alas y volaron, y fueron hacia el norte.

2 Le pregunté al ángel diciéndole: ¿Por qué han tomado esas cuerdas y se han ido? Él me dijo: Se han ido a medir.

3 Y el ángel que iba conmigo me dijo: Estas traerán las medidas de los justos, y las cuerdas de los justos a los justos, para que se

aferren al nombre de Yahuah de los rûach para siempre jamás.

4 Los elegidos comenzarán a morar con el Bâchîyr Êl, y esas son las medidas que se darán a la fe y que fortalecerán la rectitud.

5 Y estas medidas revelarán todos los secretos de las profundidades de la tierra, y a aquellos que han sido destruidos por el desierto, y a aquellos que han sido devorados por las bestias, y a aquellos que han sido devorados por los peces del mar, para que puedan regresar y permanecer en el día del Bâchîyr Êl; porque nadie será destruido delante de Yahuah de los rûach, y nadie puede ser destruido.

6 Todos los que habitan en lo alto del shâmayim han recibido un mandamiento, un poder, una sola voz y una luz como fuego.

7 Y a *Aquel* con sus primeras palabras lo bendijeron, lo ensalzaron y lo alabaron con sabiduría, y fueron sabios en palabra y en espíritu de vida.

8 "Yahuah de los rûach colocó al Bâchîyr Êl sobre el trono de gloria y el juzgará todas las obras de los qâdôsh y sus acciones serán pesadas en la balanza.

9 Y cuando él alce su rostro para juzgar sus caminos secretos según la palabra del nombre de Yahuah de los rûach, y su senda según el camino del justo juicio de Yahuah de los rûach, entonces todos ellos a una voz hablarán y bendecirán, y glorificarán, y exaltarán, y santificarán el nombre de Yahuah de los rûach.

10 Y convocará a todo el ejército de los shâmayim, y a todos los qâdôsh de arriba, y al ejército de Êlôhîym, el Kerûb, Śârâph (שָׂרָף) y Ôphân (אוֹפָן), y a todos los ángeles de poder, y a todos los ángeles de principados, y al Bâchîyr Êl, y a los demás poderes sobre la tierra y sobre las aguas.

11 En aquel día, todos alzarán una sola voz, y bendecirán, glorificarán y exaltarán en el espíritu de fe, y en el espíritu de sabiduría, y en el espíritu de paciencia, y en el espíritu de misericordia, y en el espíritu de justicia y de paz, y en el espíritu de bondad; y dirán todos a una voz: Bendito sea él, y sea bendito el nombre de Yahuah de los rûach por los siglos de los siglos.

12 Todos los que no duermen en el shâmayim alto le bendecirán; todos los qâdôsh que están en el shâmayim te bendecirán; todos los elegidos que habitan en el jardín de la vida y todo espíritu de luz que sea capaz de bendecir, alabar, ensalzar y proclamar qâdôsh tu nombre y toda carne glorificará y bendecirá tu nombre más allá de toda medida por los siglos de los siglos.

13 Porque grande es la misericordia de Yahuah de los rûach, él es paciente y todas sus obras y toda su creación las ha revelado a los justos y a los elegidos, en nombre de Yahuah de los rûach.

Capítulo 62

1 Y así Yahuah mandó a los reyes, a los poderosos, a los exaltados y a los que habitan en la tierra, y dijo: «Abran sus ojos y levanten sus cuernos si son capaces de reconocer al Bâchîyr Êl».

2 Y Yahuah de los rûach lo sentó en el trono de su gloria, y el espíritu de justicia fue derramado sobre él, y la palabra de su boca mata a todos los pecadores, y todos los injustos son destruidos de delante de su presencia.

3 Y en aquel día se levantarán todos los reyes, los poderosos, los excelsos y los que gobiernan la tierra, y verán y reconocerán cómo él se sienta en el trono de su gloria, y la justicia será juzgada delante de él, y no se pronunciará palabra mentirosa delante de él.

4 El dolor vendrá sobre ellos como a una mujer en un parto difícil, cuando su hijo viene por la abertura de la pelvis y tiene dolor al dar a luz.

5 Y una parte de ellos mirará a la otra, y quedarán aterrorizados, y su semblante se entristecerá, y el dolor se apoderará de ellos, cuando vean a aquel Hijo del Hombre sentado en el trono de su gloria.

6 Y los reyes, los poderosos y todos los que poseen la tierra bendecirán, glorificarán y exaltarán a aquel que gobierna sobre todo, quien estaba oculto.

7 Porque desde el principio el Ben Âdâm fue ocultado y Elyôn Êl lo preservó en medio de su poder y lo reveló a los elegidos.

8 Y la congregación de los elegidos y qâdôsh será sembrada, y todos los elegidos estarán delante de él en aquel día;

9 Y todos los reyes, los poderosos, los exaltados y los que gobiernan la tierra se postrarán ante él rostro en tierra, y adorarán y pondrán su esperanza en ese Bên Âdâm, y le rogarán y suplicarán misericordia de sus manos.

10 Sin embargo, Yahuah de los rûach los presionará de tal manera que saldrán apresuradamente de su presencia, y sus rostros se llenarán de vergüenza, y la oscuridad se hará más profunda en sus rostros.

11 Y los entregará a los ángeles para que los castiguen, para que ejecuten venganza sobre ellos porque han oprimido a sus hijos y a sus elegidos.

12 Y serán un espectáculo para los justos y para sus elegidos: Se regocijarán sobre ellos, porque la ira de Yahuah de los rúach reposa sobre ellos, y su espada está embriagada con su sangre.

13 Y los justos y elegidos serán salvados en aquel día, y nunca más volverán a ver el rostro de los pecadores e injustos.

14 Y Yahuah de los rûach morará sobre ellos, y con ese Bên Âdâm comerán, se acostarán y se levantarán por los siglos de los siglos.

15 Y los justos y elegidos se levantarán de la tierra, y dejarán de estar abatidos. Y serán revestidos con vestiduras de gloria.

16 Y estas serán las vestiduras de vida de Yahuah de los rúach: y sus vestiduras no envejecerán, ni su gloria pasará delante de Yahuah de los rûach.

Capítulo 63

1 En esos días los reyes, los poderosos y los que dominan la tierra suplicarán a los ángeles del castigo, a quienes habrán sido entregados, para que les den un poco de descanso, y puedan postrarse ante Yahuah de los rûach, adorarlo y reconocer sus pecados ante Él.

2 Y bendecirán y glorificarán a Yahuah de los rûach, y dirán: Bendito sea Yahuah de los rûach y Yahuah de Melāḵīm, y Yahuah del Gibbôr y Yahuah del Kâbêd (כָּבֵד), y Yahuah del Kâbôd y Yahuah de Chokmâh (חָכְמָה),

3 Y espléndido en todo lo secreto es tu poder de generación en generación, y tu gloria por los siglos de los siglos: profundos son todos tus secretos e innumerables, y tu justicia es incalculable.

4 Ahora hemos aprendido que debemos glorificar y bendecir a Yahuah de Melāḵīm y a aquel que es rey sobre todos los reyes.

5 Y dirán: ¡Ojalá tuviéramos descanso para glorificar, dar gracias y confesar nuestra fe ante su gloria!

6 Y ahora anhelamos un poco de descanso, pero no lo hallamos; lo buscamos con ahínco, pero no lo obtenemos; y la luz se ha desvanecido ante nosotros, y la oscuridad es nuestra morada por los siglos de los siglos.

7 Porque no hemos creído delante de él ni hemos glorificado el nombre de Yahuah de los rûach, ni hemos glorificado a nuestro Yahuah, sino que nuestra esperanza estaba en el cetro de nuestro reino y en nuestra gloria.

8 Y en el día de nuestro sufrimiento y tribulación no nos salva, y no hallamos respiro para confesar que nuestro Yahuah es veraz en todas sus obras, y en sus juicios y su justicia, y sus juicios no hacen acepción de personas.

9 Y pasamos de delante de su presencia a causa de nuestras obras, y todos nuestros pecados son imputados en justicia.

10 Ahora se dirán a sí mismos: Nuestras almas están llenas de ganancias injustas, pero eso no nos impide descender de en medio de ellas al peso del Sheôl.

11 Y después de eso sus rostros se llenarán de oscuridad y vergüenza ante ese Bên Âdâm, y serán expulsados de su presencia, y la espada permanecerá delante de su rostro en medio de ellos.

12 Entonces dijo Yahuah de los rûach: Tal es la sentencia y el juicio con respecto a los poderosos, los reyes, los dignatarios y aquellos que dominaron la tierra frente a Yahuah de los rûach.

Capítulo 64

1 Después, vi otras figuras ocultas en ese lugar.

2 Escuché la voz de un ángel diciendo: Estos son los Vigilantes que descendieron sobre la tierra y le revelaron a los humanos lo que era secreto y los indujeron a pecar.

Capítulo 65

1 En esos días Nôach vio que la tierra se hundía y que su destrucción estaba cerca;

2 Y se levantó de allí y fue hasta los confines de la tierra, y clamó a voz en cuello a su abuelo Chănôk: Y Nôach dijo tres veces con voz amarga: ¡Escúchame, Escúchame, Escúchame!

3 Y le dije: Dime qué es lo que está sucediendo en la tierra para que la tierra esté en tan mala situación y convulsionada, no sea que yo perezca con ella.

4 Y entonces hubo una gran conmoción en la tierra, y se oyó una voz del Shâmayim, y caí sobre mi rostro.

5 Y Chănôk, mi abuelo vino, se mantuvo cerca de mí y me dijo: ¿Por qué me has gritado con amargura y llanto?

6 Y ha salido de la presencia de Yahuah una orden acerca de los que habitan sobre la tierra: su ruina se ha consumado, por cuanto han aprendido todos los secretos de los ángeles, y toda la violencia de los adversarios, y todos sus poderes, los más secretos, y todo el poder de los que practican la hechicería, y el poder de la brujería, y el poder de los que hacen imágenes fundidas para toda la tierra;

7 Y cómo se produce la plata a partir del polvo de la tierra, y cómo se origina el metal blando en la tierra,

8 Porque el plomo y el estaño no se producen de la tierra como el primero: es una fuente la que los produce, y en ella está un ángel, y ese ángel es preeminente.

9 Y después de eso mi abuelo Chănôk me tomó de la mano y me levantó, y me dijo: Ve, porque le he pedido a Yahuah de los rûach que intervenga en esta conmoción en la tierra;

10 Y me dijo: Por su maldad, su juicio ya está dictado y no lo retendré jamás. Por las hechicerías que han investigado y aprendido, la tierra y sus habitantes serán destruidos.

11 Y estos, no tienen lugar de arrepentimiento para siempre, porque les han mostrado lo que estaba oculto, y ellos son los condenados; pero en cuanto a ti, hijo mío, Yahuah de los rûach sabe que eres puro y sin culpa de este reproche acerca de los secretos.

12 Y él ha destinado que tu nombre esté entre los qâdôsh, y te preservará entre los que habitan en la tierra, y ha destinado a tu descendencia justa tanto para la realeza como para grandes honores, y de tu descendencia procederá una fuente de qâdôsh e incansables para siempre.

Capítulo 66

1 Y después de eso me mostró a los ángeles del castigo que están preparados para venir y desatar todos los poderes de las aguas que están debajo de la tierra, para traer juicio y destrucción sobre todos los que habitan y moran en la tierra.

2 Y Yahuah de los rûach dio orden a los ángeles que salían, que no hicieran subir las aguas, sino que las contuvieran; porque aquellos ángeles estaban sobre los poderes de las aguas.

3 Y yo me retiré de la presencia de Chănôk.

Capítulo 67

1 Y en aquellos días vino a mí la palabra de Êlôhîym, y me dijo: Nôach, tu porción ha llegado delante de mí, una porción sin mancha, una porción de amor y rectitud.

2 Y ahora los ángeles están construyendo un edificio de madera, y cuando hayan terminado esa tarea, pondré mi mano sobre él y lo preservaré, y de él brotará la semilla de la vida, y se producirá un cambio de modo que la tierra no quedará sin habitantes.

3 Yo consolidaré tu linaje ante mí para siempre, diseminaré a los que viven contigo y no será estéril, sino será bendecida y multiplicada sobre la superficie de la tierra en el nombre de Yahuah.

4 Y aprisionará a aquellos ángeles que han mostrado injusticia, en aquel valle ardiente que mi abuelo Chănôk me había mostrado antaño en el oeste, entre las montañas de oro, plata, hierro, metal blando y estaño.

5 Vi ese valle donde había gran perturbación y agitación de aguas.

6 Cuando todo esto ocurrió, de aquel ardiente metal fundido y desde la agitación, en ese lugar se produjo un olor a azufre y se mezcló con las aguas y ese valle donde estaban los Vigilantes que habían seducido a la humanidad, arde bajo la tierra.

7 De sus valles salen ríos de fuego donde son castigados esos ángeles Vigilantes que han seducido a quienes habitan sobre la tierra.

8 Pero aquellas aguas en aquellos días servirán para los reyes, los poderosos, los excelsos y los que habitan en la tierra, para la curación del cuerpo, pero para el castigo del espíritu; ahora su espíritu está lleno de lujuria, para que sean castigados en su cuerpo, porque han negado a Yahuah de los rûach y ven su castigo cada día, y sin embargo no creyeron en su nombre.

9 Y en la medida en que el fuego de sus cuerpos se vuelva severo, un cambio correspondiente tendrá lugar en su espíritu para siempre jamás; porque ante Yahuah de los rûach nadie pronunciará palabra ociosa.

10 Porque el juicio vendrá sobre ellos, porque creen en los deseos de su carne y niegan el rûach de Yahuah.

11 Y esas mismas aguas sufrirán un cambio en aquellos días; pues cuando esos ángeles sean castigados en estas aguas, estas fuentes cambiarán de temperatura, y cuando los

ángeles asciendan, el agua de las fuentes cambiará y se enfriará.

12 Y oí a Mîykâêl responder y decir: Este juicio con el que son juzgados los ángeles es un testimonio para los reyes y los poderosos que poseen la tierra.

13 Dado que estas aguas del juicio sirven para sanar el cuerpo de los reyes y la lujuria de su cuerpo, no verán ni creerán que esas aguas se transformarán en un fuego que arde para siempre.

Capítulo 68

1 Y después de eso, mi abuelo Chănôk me transmitió todos los secretos del libro de las Parábolas que le habían sido revelados, y los reunió para mí en las palabras del libro de las Parábolas.

2 Y aquel día Mîykâêl respondió a Râphâêl y dijo: El poder del espíritu me transporta y me hace temblar por la severidad del juicio de los secretos, el juicio de los ángeles: ¿Quién puede soportar el severo juicio que se ha ejecutado, y ante el cual se deshacen?

3 Y Mîykâêl respondió de nuevo, y dijo a Râphâêl: ¿Quién es aquel cuyo corazón no se conmueve ante esto, y cuyas entrañas no se perturban por esta palabra de juicio que ha salido sobre ellos a causa de aquellos que así los han conducido?

4 Y sucedió que cuando se presentó ante Yahuah de los rûach, Mîykâêl le dijo a Râphâêl: No los tomaré por parte de Yahuah; porque Yahuah de los rûach se ha enojado con ellos porque actúan como si fueran Yahuah.

5 Por tanto, todo lo que está oculto vendrá sobre ellos por los siglos de los siglos; porque ni ángel ni hombre tendrán parte en ello, sino que solo ellos han recibido su juicio por los siglos de los siglos.

Capítulo 69

1 Y después de este juicio los aterrorizarán y los harán temblar, porque esto lo han mostrado a los habitantes de la tierra.

2 Y he aquí los nombres de aquellos ángeles vigilantes, y estos son sus nombres: El primero de ellos es Samyaza, el segundo Artaqifa, el tercero Armen, el cuarto Kokaebel, el quinto Turael, el sexto Rumyal, el séptimo Danyal, el octavo Neqael, el noveno Baraqel, el décimo Ăzâzêl, el undécimo Armaros, el duodécimo Bataryal, el decimotercero Busaseyal, el decimocuarto Hananel, el decimoquinto Turel, el decimosexto Simapesiel, el decimoséptimo Yetrel, el decimoctavo Tumael, el decimonoveno Turel, el vigésimo Rumael, el vigésimo primero Ăzâzêl.

3 Y estos son los jefes de sus ángeles y sus nombres, y sus jefes sobre centenas, sobre cincuenta y sobre diez.

4 El nombre del primer Yeqon: Es decir, aquel que hizo pecar a todos los hijos de Êlôhîym, y los hizo descender a la tierra, y los hizo pecar a través de las hijas de los hombres.

5 Y el segundo se llamaba Asbeel: Él dio malos consejos a los qâdôsh hijos de Êlôhîym, y los hizo pecar de tal manera que contaminaron sus cuerpos con las hijas de los hombres.

6 Y el tercero se llamaba Gadreel: Él es quien mostró a los hijos de los hombres todos los golpes de la muerte, e hizo pecar a Chawwâh (חַוָּה), y mostró las armas de la muerte a los hijos de los hombres, el escudo y la cota de malla, y la espada para la batalla, y todas las armas de la muerte a los hijos de los hombres;

7 Y de su mano han procedido contra los que habitan sobre la tierra desde aquel día y para siempre.

8 Y el cuarto se llamaba Penemuel: Él enseñó a los hijos de los hombres lo amargo y lo

dulce, y les enseñó todos los secretos de su sabiduría.

9 Y enseñó a la humanidad a escribir con tinta y papel, y por ello muchos pecaron desde la eternidad hasta la eternidad y hasta el día de hoy.

10 Porque los hombres no fueron creados para tal propósito, para dar testimonio de su buena fe con pluma y tinta,

11 Porque los hombres fueron creados exactamente como los ángeles, para que permanecieran puros y justos, y la muerte, que destruye todo, no pudo alcanzarlos; pero por este conocimiento están pereciendo, y por este poder me está consumiendo.

12 Y el quinto se llamaba Kasdeya: Este es el que mostró a los hijos de los hombres todos los golpes malvados de los espíritus y demonios, y los golpes al embrión en el vientre, para que muera, y los golpes al alma, las mordeduras de la serpiente, y los golpes que sobrevienen por el calor del mediodía, el hijo de la serpiente llamado Tabaêt.

13 Y esta es la tarea de Kasbeel, el jefe del juramento que mostró a los qâdôsh cuando habitó en lo alto en gloria, y su nombre es Biqa.

14 Este ángel pidió a Mîykâêl que le mostrara el nombre oculto para que pudiera enunciarlo en el juramento, de modo que aquellos que revelaran todo lo que estaba en secreto a los hijos de los hombres temblaran ante ese nombre y juramento.

15 Y este es el poder de este juramento, porque es poderoso y fuerte, y él puso este juramento Akae en la mano de Mîykâêl.

16 Y estos son los secretos de este juramento {...} y son fuertes a través de su juramento: Y el shamayim fue suspendido antes de que el mundo fuera creado, y para siempre.

17 Y a través de él la tierra fue fundada sobre el agua, y de los rincones secretos de las montañas brotan hermosas aguas, desde la creación del mundo y hasta la eternidad.;

18 Y mediante ese juramento fue creado el mar, y como fundamento puso para él la arena contra el tiempo de su ira, y no se atreve a traspasarla desde la creación del mundo hasta la eternidad.

19 Y mediante ese juramento quedan fijas las profundidades, y permanecen y no se mueven de su lugar desde la eternidad hasta la eternidad.

20 Y mediante ese juramento, el sol y la luna completan su curso y no se desvían de su ordenanza desde la eternidad hasta la eternidad.

21 Y mediante ese juramento las estrellas completan su curso, y él las llama por sus nombres, y ellas le responden desde la eternidad hasta la eternidad.

22 Y de igual modo los espíritus del agua, y de los vientos, y de todos los céfiros, y sus caminos desde todos los puntos cardinales de los vientos.

23 Y allí se conservan las voces del trueno y la luz de los relámpagos; y allí se conservan las cámaras del granizo y las cámaras de la escarcha, y las cámaras de la niebla, y las cámaras de la lluvia y del rocío.

24 Y todos estos creen y dan gracias delante de Yahuah de los rûach, y le glorifican con todas sus fuerzas, y su alimento consiste en todo acto de acción de gracias: Dan gracias, glorifican y exaltan el nombre de Yahuah de los rûach por los siglos de los siglos.

25 Y este juramento es poderoso sobre ellos, y por medio de él son preservados, y sus caminos son preservados, y su curso no es destruido.

26 Y hubo gran alegría entre ellos, y bendijeron, glorificaron y ensalzaron, porque el nombre de aquel Bên Âdâm les había sido revelado.

27 Y se sentó en el trono de su gloria, y la suma del juicio fue dada al Bên Âdâm, e hizo que los pecadores pasaran y fueran destruidos de la faz de la tierra, y aquellos que han hecho pecar al mundo.

28 Con cadenas serán atados, y en su lugar de destrucción serán encarcelados, y todas sus obras desaparecerán de la faz de la tierra.

29 Y de aquí en adelante no habrá nada corruptible; porque ese Bên Âdâm ha aparecido, y se ha sentado en el trono de su gloria, y todo mal pasará delante de su presencia, y la palabra de ese Bên Âdâm saldrá y será fuerte delante de Yahuah de los rûach. Esta es la tercera parábola de Chănôk.

Capítulo 70

1 Y sucedió después de esto que su nombre, durante su vida, fue exaltado a aquel Bên Âdâm y a Yahuah de los rûach de entre los que habitan en la tierra.

2 Y fue elevado en los carros del espíritu, y su nombre se desvaneció entre ellos.

3 Y desde aquel día ya no fui contado entre ellos; y me puso entre los dos rûach, entre el norte y el oeste, donde los ángeles tomaron las cuerdas para medirme el lugar para los escogidos y justos.

4 Allí vi a los primeros padres y a los justos que desde el comienzo habitan en ese lugar.

Capítulo 71

1 Y ocurrió entonces que mi espíritu fue trasladado y ascendió a los shâmayim y vi a los hijos de Êlôhîym. Ellos caminaban sobre llamas de fuego, sus ropas eran blancas y su cara resplandecía como el cristal.

2 Vi dos ríos de fuego, la luz de este fuego brillaba como el jacinto y caí sobre mi rostro ante Yahuah de los rûach.

3 Y el ángel Mîykâêl, uno de los arcángeles, me tomó de la mano derecha, me levantó y me condujo a todos los secretos, y me mostró todos los secretos de la justicia.

4 Y me mostró todos los secretos de los confines de los shâmayim, y todas las cámaras de todas las estrellas, y todos los astros, de donde proceden ante el rostro de los qâdôsh.

5 Y él trasladó mi espíritu al shâmayim de shâmayim, y vi allí como una estructura construida de cristales, y entre esos cristales lenguas de fuego vivo.

6 Y mi espíritu vio el cinturón que ceñía aquella casa de fuego, y en sus cuatro lados había arroyos llenos de fuego vivo, que ceñían aquella casa.

7 Y alrededor estaban Śârâph, Kerûb y Ôphân: Y estos son los que no duermen y custodian el trono de su gloria.

8 Y vi ángeles que no se podían contar, millares de millares, y millones de millones, rodeando aquella casa. Y Mîykâêl, Râphâêl, Gabrîyêl, Ûrîyêl y los ángeles de la justicia que están por encima de los ángeles, entraban y salían de aquella casa.

9 Y salieron de aquella casa, y Mîykâêl y Gabrîyêl, Râphâêl y Ûrîyêl, y muchos ángeles qâdôsh sin número.

10 Con ellos estaba El Attîyq Yôm, su cabeza era blanca y pura como la lana y sus vestidos eran indescriptibles.

11 Caí sobre mi rostro, todo mi cuerpo desmayó, mi espíritu fue trasfigurado, grité con

voz fuerte, con espíritu de poder y bendije, alabé y exalté.

12 Y estas bendiciones que salieron de mi boca fueron muy agradables ante aquel Attîyq Yôm.

13 Y que Attîyq Yôm vino con Mîykâêl y Gabrîyêl, Râphâêl y Phanuêl, miles y decenas de miles de ángeles sin número. [Pasaje perdido donde se describía al Bên Âdâm acompañando al Attîyq Yôm, y Chănôk preguntó a uno de los ángeles (como en xlvi. 3) acerca del Bên Âdâm quién era.]

14 Y él (el ángel) vino a mí y me saludó con su voz, y me dijo: Este es el Bên Âdâm, nacido para la justicia, y la justicia permanece sobre él, y la justicia del Attîyq Yôm no lo abandona.

15 Me dijo: Él proclamará sobre ti la paz, en nombre del mundo por venir, porque desde allí ha provenido la paz desde la creación del mundo y así la paz estará sobre ti para siempre y por toda la eternidad.

16 Y todos andarán en sus caminos, porque la justicia nunca lo abandona; con él estarán sus moradas, y con él su herencia, y no serán separados de él para siempre jamás.

17 Y así habrá larga vida con ese Bên Âdâm, y los justos tendrán paz y un camino recto en el nombre de Yahuah de los rûach por siempre jamás.

Capítulo 72

1 El Libro de los Cursos de las Luminarias de los shâmayim, las relaciones de cada una, según sus clases, su dominio y sus estaciones, según sus nombres y lugares de origen, y según sus meses, que Ûrîyêl, el ángel qâdôsh, que estaba conmigo, que es su guía, me mostró; y me mostró todas sus leyes exactamente como son, y cómo es con respecto a todos los años del mundo y a la eternidad, hasta que se complete la nueva creación que perdura hasta la eternidad.

2 Esta es la primera ley de las luminarias, la luminaria del sol, que tiene su nacimiento en las puertas orientales del shâmayim y su puesta en las puertas occidentales del shâmayim.

3 Vi seis puertas donde el sol nace y seis puertas donde el sol se oculta, y la luna nace y se oculta por esas puertas, así como los líderes de las estrellas y quienes los guían a ellos. Son seis puertas al oriente y seis al oeste, una tras la otra en riguroso orden y además muchas ventanas a la derecha y a la izquierda de esas puertas.

4 Primero allí aparecía la gran luminaria cuyo nombre es el sol y cuya circunferencia es como la circunferencia del shâmayim y está totalmente lleno de un fuego que alumbra y abrasa.

5 El viento lleva el carro en el que él asciende y el sol se oculta y retorna a través del norte para regresar al oriente y es conducido para que entre por esa puerta y brille en la faz del shâmayim.

6 En esta forma nace en el primer mes por la gran puerta que es la cuarta.

7 En esta cuarta puerta por la cual el sol nace el primer mes hay doce ventanas abiertas de las cuales procede una llama cuando están abiertas en su estación.

8 Cuando el sol nace viene desde esa cuarta puerta por treinta mañanas seguidas y se pone exactamente por la cuarta puerta en el oeste del shâmayim.

9 Durante este período cada día llega a ser más largo que el anterior y cada noche llega a ser más corta que la anterior:

10 Ese día el día es más largo que la noche en una novena parte, y el día equivale

exactamente a diez partes y la noche a ocho partes.

11 El sol nace por esa cuarta puerta y se pone por la cuarta y vuelve a la quinta puerta oriental a las treinta mañanas y nace por la quinta puerta y se pone por la quinta puerta.

12 Entonces el día se ha alargado en dos partes y es de once partes y la noche es más corta y es de siete partes.

13 Y retorna al oriente y entra en la sexta puerta y nace; y se oculta por la sexta puerta durante treinta y una mañanas, por cuenta de su signo.

14 En ese momento el día es más largo que la noche, el día llega a ser el doble de la noche y equivale a doce partes y la noche es acortada y equivale a seis partes.

15 Entonces el sol se eleva para acortar el día y alargar la noche y el sol regresa al oriente para entrar por la sexta puerta y nace por ella, y se pone, durante treinta mañanas.

16 Y cuando las treinta mañanas han pasado el sol ha disminuido en una parte exactamente y equivale a once partes y la noche a siete.

17 El sol sale del oeste por esa sexta puerta y va al oriente y nace por la quinta puerta durante treinta mañanas y se pone en el oeste, de nuevo por la quinta puerta.

18 En ese momento el día disminuye en otra parte y equivale a diez partes y la noche a ocho.

19 El sol va desde esa quinta puerta y se oculta por la quinta puerta del oeste y nace por la cuarta puerta durante treinta y un mañanas a causa de su signo y se oculta por el oeste.

20 En ese momento el día es igual a la noche, llegan a ser equivalentes: la noche tiene nueve partes y el día nueve partes.

21 El sol que nace por esa puerta y se oculta por el oeste, nace por la tercera puerta por treinta mañanas y se pone al oeste por la tercera puerta.

22 En ese momento la noche es más larga que el día y que las noches anteriores y cada día es más corto que el día anterior hasta la trigésima mañana; la noche equivale exactamente a diez partes y el día a ocho.

23 El sol que nace por aquella tercera puerta y se pone por la tercera puerta en el oeste, regresa para salir por el oriente y nace por la segunda puerta durante treinta mañanas y así mismo se pone por la segunda puerta al oeste del shâmayim.

24 En ese momento la noche equivale a once partes y el día a siete.

25 El sol que sale durante ese período por esa segunda puerta y se pone al oeste por la segunda puerta, vuelve al oriente por la primera puerta durante treinta y una mañanas y se oculta por la primera puerta al oeste del shâmayim.

26 En ese momento la noche se ha alargado hasta llegar a ser dos veces el día: la noche equivale exactamente a doce partes y el día a seis.

27 El sol que ha recorrido las secciones de sus órbitas, vuelve de nuevo sobre ellas y entra por cada una de sus puertas durante treinta mañanas y se pone al oeste por la opuesta.

28 Entonces la noche disminuye una parte su duración y la noche equivale a once partes y el día a siete.

29 El sol ha regresado y ha entrado por la segunda puerta del oriente y retorna por las secciones de su órbita durante treinta mañanas naciendo y ocultándose.

30 En ese momento la duración de la noche disminuye y equivale a diez partes y el día a ocho.

31 Entonces el sol nace por la segunda puerta y se pone por el oeste y vuelve al oriente y nace por la tercera puerta durante treinta y una mañana y se pone al oeste del shâmayim.

32 En ese momento la noche se ha acortado y equivale a nueve partes y el día equivale a nueve partes, la noche es igual al día y el año tiene exactamente trescientos sesenta y cuatro días.

33 La duración del día y de la noche y el acortamiento del día o de la noche, son señaladas por el recorrido del sol.

34 Así en ese recorrido el día se alarga y la noche se acorta.

35 Ésta es la ley del recorrido del sol y su retorno, según la cual el vuelve y nace sesenta veces, así la gran luminaria que se llama sol, por los siglos de los siglos.

36 La que se levanta es la gran luminaria, nombrada según su propia apariencia, como lo ha ordenado Yahuah.

37 Así como nace se oculta, sin decrecer ni descansar, sino recorriendo día y noche; y su luz brilla siete veces más que la de la luna, aunque al observarlos a ambos tengan igual tamaño.

Capítulo 73

1 Después de esta ley, vi otra ley, que trata sobre la pequeña luminaria, cuyo nombre es luna.

2 Y su circunferencia es como la circunferencia del shâmayim, y su carro en el que viaja es impulsado por el rûach, y la luz le es dada en medida definida.

3 Y su salida y su puesta cambian cada mes; y sus días son como los días del sol, y cuando su luz es uniforme (llena) equivale a la séptima parte de la luz del sol.

4 Y así se alza. Y su primera fase en el este aparece la mañana del día treinta: Y ese día se hace visible, y constituye para ustedes la primera fase de la luna del día treinta junto con el sol en el portal por donde sale el sol.

5 Y la mitad de ella se extiende en una séptima parte, y toda su circunferencia está vacía, sin luz, con excepción de una séptima parte de ella, y la decimocuarta parte de su luz.

6 Y cuando ella recibe una séptima parte de la mitad de su luz, su luz equivale a una séptima parte y la mitad de ella.

7 Y ella se pone con el sol, y cuando sale el sol la luna sale con él y recibe la mitad de una parte de luz, y en esa noche, al comienzo de su mañana, la luna se pone con el sol, y es invisible esa noche con las catorce partes y la mitad de una de ellas.

8 Y ella se levanta ese día con exactamente una séptima parte, y sale y se retira desde la salida del sol, y en sus días restantes se vuelve brillante en las trece partes restantes.

Capítulo 74

1 He visto otra ruta, una ley para ella, cómo por medio de esta ley se cumple el movimiento de sus meses.

2 Todo esto me lo mostró Ûrîyêl, el ángel qâdôsh que el el líder de todos ellos, anotó su posición tal y como él me la ha revelado y anotó sus meses tal y como son y el aspecto de su luz hasta que se cumplan quince días.

3 En cada séptima parte ella cumple su luz al oriente y en cada séptima parte ella cumple su oscuridad al oeste.

4 En ciertos meses ella altera sus puestas y en ciertos meses ella sigue su propio curso.

5 Son dos los meses en que la luna se oculta con el sol, por las dos puertas que está en la mitad, la tercera y la cuarta.

6 Ella sale por siete días, vira y retorna por la puerta por donde sale el sol.

7 Cuando el sol sale por la séptima puerta, ella sale por siete días, hasta que nace por la quinta y vira y regresa de nuevo durante siete días por la cuarta puerta, completa toda su luz, se aleja y entra por la primera puerta durante ocho días.

8 Ella retorna durante siete días por la cuarta puerta por la que sale el sol.

9 Así he visto su posición, cómo la luna sale y el sol se pone durante esos días.

10 Si añadimos cinco años el sol tiene un excedente de treinta días y todos los días que suma uno de estos cinco años al completarse, son trescientos sesenta y cuatro días.

11 El excedente del sol y las estrellas llega a seis días, en cinco años de a seis días por año son treinta días y a la luna le faltan treinta días con respecto al sol y las estrellas.

12 El sol y las estrellas llevan completo el año exactamente, tanto que ellos no adelantan ni retroceden su posición ni un sólo día por toda la eternidad y completan los años con perfecta justicia cada trescientos sesenta y cuatro días.

13 En tres años hay mil noventa y dos días, en cinco años, mil ochocientos veinte días y en ocho años dos mil novecientos doce días.

14 Pero para la luna sola sus días en tres años llegan a mil sesenta y dos y a los cinco años le faltan cincuenta días,

15 Ella tiene en cinco años mil setecientos setenta días y así hay para la luna durante ocho años, dos mil ochocientos treinta y dos días.

16 A los ocho años le faltan ochenta días.

17 El año se cumple regularmente según las estaciones del mundo y la posición del sol, que sale por las puertas por las cuales nace y se oculta durante treinta días.

Capítulo 75

1 Los jefes de las cabezas de mil que están encargados de toda la creación y de todas las estrellas tienen qué hacer con los cuatro días intercalados, siendo inseparables de su obra de acuerdo con el cómputo del año, tienen que prestar servicio durante cuatro días que no son contabilizados.

2 Por esta causa los hombres se equivocan pues estas luminarias prestan servicio exactamente a las estaciones del mundo, una por la primera puerta, otra por la tercera, otra por la cuarta y otra por la sexta puerta y la armonía del mundo se cumple en trescientos sesenta y cuatro estaciones.

3 Porque los signos, los tiempos, los años y los días me los mostró Ûrîyêl, el Vigilante a quien Yahuah de gloria ha encargado de todas las luminarias del shâmayim y en el mundo, para que reinen sobre la faz del shâmayim, sean vistas desde la tierra y sean las guías del día y de la noche, así el sol la luna, las estrellas y todas las criaturas auxiliares que recorren sus órbitas en los carros del shâmayim.

4 De la misma forma Ûrîyêl me mostró doce puertas abiertas en el recorrido de los carros del sol en los shâmayim; por ellas salen los rayos del sol y se expande el calor sobre la tierra cuando están abiertas en las estaciones que le son asignadas.

5 [Ellas sirven también para los vientos y el espíritu del rocío cuando están abiertas en los límites de los shâmayim.]

6 Son doce las puertas del shâmayim en los confines de la tierra, de las cuales salen el sol, la luna, las estrellas y toda creación en el shâmayim al oriente y al oeste;

7 y hay numerosas ventanas abiertas a su derecha y a su izquierda y cada ventana esparce calor en su estación; ellas corresponden a esas puertas por las que salen las estrellas y se ocultan de acuerdo con su número, según lo ha mandado Él.

8 He visto en los shâmayim carros que recorren el mundo por encima de esas puertas y en ellos ruedan las estrellas que no se ocultan.

9 Hay uno más grande que todos, que le da la vuelta al mundo entero.

Capítulo 76

1 En los límites de la tierra he visto doce puertas abiertas para todas las regiones; por ellas salen los rûach y desde ellas soplan sobre la tierra.

2 Tres de ellas están abiertas sobre la faz del shâmayim, tres al oeste, tres a la derecha del shâmayim y tres a la izquierda.

3 Las tres primeras son las que están al oriente, las tres siguientes al al sur, las tres siguientes al norte y las tres siguientes al oeste.

4 Por cuatro de ellas salen los rûach que son para la sanidad de la tierra y para su vivificación, y por ocho salen los rûach perjudiciales que cuando son enviados destruyen toda la tierra, las aguas y todo lo que hay en ellas, lo que crece, florece o repta, tanto en las aguas como en la tierra seca y todo lo que vive en ella.

5 Primero sale el viento del oriente por la primera puerta oriental y se inclina hacia el sur. Por allí sale la destrucción, la sequía, el calor y la desolación

6 Por la segunda puerta, la del medio, sale el viento del Este-Este: la lluvia, los frutos, la reanimación y el rocío. Por la tercera puerta sale el viento del nororiente que está cerca del viento del norte: frío y sequía.

7 Detrás de ellos, por las tres puertas que están al sur de los shâmayim, sale en primer lugar por la primera puerta un viento del sur que está al sur y al oriente un viento de calor.

8 Por la segunda puerta sale un viento del sur al que llaman sur: rocío, lluvia, bienestar, reanimación.

9 Por la tercera puerta sale un viento del suroeste: rocío, lluvia, langosta y destrucción.

10 Tras este, sale un viento norte que viene de la séptima puerta, hacia el oriente, con rocío, lluvia, langostas y desolación.

11 De la puerta del medio sale directamente un viento con salud, lluvia, rocío y prosperidad. Por la tercera puerta, la que se inclina al oeste, viene un viento con nubes, escarcha, nieve, lluvia, rocío y langostas.

12 Después de estos están los rûach del oeste. Por la primera puerta, que está inclinada hacia el norte, sale un viento con rocío, escarcha, frío, nieve y helada.

13 Por la puerta de en medio sale un viento con rocío, lluvia, prosperidad y bendición. A través de la última puerta, la que se inclina al sur, sale un viento con carestía, ruina, quema y desolación.

14 Se acabaron las doce puertas de los cuatro puntos cardinales del shâmayim. Te he enseñado su explicación completa ¡Oh, hijo mío, Methûshelach (מְתוּשֶׁלַח)!.

Capítulo 77

1 Y al primer cuarto se le llama el oriente, porque es el primero; y al segundo, el sur, porque allí descenderá Elyôn Êl; sí, allí, en un sentido muy especial, descenderá el que es bendito para siempre.

2 Al gran punto cardinal lo llaman oeste porque allí van las estrellas del shâmayim, por allí se ponen y por allí se ocultan, por eso lo llaman oeste.

3 Y el cuarto sector, llamado el norte, está dividido en tres partes: la primera de ellas es para la morada de los hombres; y la segunda contiene mares de agua, y abismos y bosques y ríos, y oscuridad y nubes; y la tercera parte contiene el Jardín de la justicia.

4 Vi siete montañas más altas que todas las montañas que hay sobre la tierra, la nieve las cubre y de ellas vienen los días, las estaciones y los años.

5 Vi siete ríos sobre la tierra, más grandes que todos los ríos, uno de los cuales viene del oeste y sus aguas desembocan en el Gran Mar.

6 Otros dos vienen desde el norte hacia el mar y sus aguas desembocan en el Mar de Eritrea.

7 Los otros cuatro salen del lado del norte cada uno hacia su respectivo mar: dos de ellos hacia el Mar de Rojo y dos dentro del Gran Mar.

8 Vi siete grandes islas en el mar y el continente, dos hacia el continente y cinco en alta mar.

Capítulo 78

1. Y los nombres del sol son estos: el primero Oryares, y el segundo Tâôm (תָּאוֹם).

2. Y la luna tiene cuatro nombres: el primer nombre Asonya, el segundo Ebla, el tercero Benase, y el cuarto Erae.

3. Estos son los dos grandes luminares: y la circunferencia de ambos es como la circunferencia del shâmayim, y el tamaño de la circunferencia de ambos es igual.

4. Y en la circunferencia del sol hay siete porciones de luz, que son añadidas a él más que a la luna; y en medidas determinadas es transferida hasta que la séptima porción del sol se agota.

5. Y ellos se ponen y entran por los portales del occidente, y hacen su giro por el norte, y salen por los portales del oriente sobre la faz del shâmayim.

6. Y cuando la luna se levanta, una catorceava parte aparece en el shâmayim; y su luz llega a estar completa en ella; y en el día catorce ella cumple su luz.

7. Y quince partes de luz son transferidas a ella hasta el día quince, cuando su luz es cumplida, conforme a la señal del año; y ella llega a ser quince partes, y la luna crece por la adición de partes catorceavas.

8. Y en su menguar la luna disminuye: en el primer día a catorce partes de su luz, en el segundo a trece partes de luz, en el tercero a doce, en el cuarto a once, en el quinto a diez, en el sexto a nueve, en el séptimo a ocho, en el octavo a siete, en el noveno a seis, en el décimo a cinco, en el undécimo a cuatro, en el duodécimo a tres, en el decimotercero a dos, en el decimocuarto a la mitad de una séptima, y toda su luz restante desaparece completamente en el día quince.

9. Y en ciertos meses el mes tiene veintinueve días, y una vez veintiocho.

10. Y Ûrîyêl me mostró otra ley: cuándo la luz es transferida a la luna, y de qué lado es transferida a ella por el sol.

11. Durante todo el período en que la luna crece en su luz, ella la transfiere a sí misma

cuando está frente al sol; durante catorce días su luz es cumplida en el shâmayim; y cuando ella es iluminada completamente, su luz es cumplida plenamente en el shâmayim.

12. Y en el primer día ella es llamada luna nueva, porque en ese día la luz se levanta sobre ella.

13. Ella llega a ser luna llena exactamente en el día cuando el sol se pone en el occidente; y desde el oriente ella se levanta en la noche; y la luna brilla toda la noche hasta que el sol se levanta frente a ella, y la luna es vista frente al sol.

14. Y del lado de donde sale la luz de la luna, de ese mismo lado ella nuevamente mengua, hasta que toda la luz desaparece y todos los días del mes llegan a su fin; y su circunferencia queda vacía, sin luz.

15. Y tres meses ella hace de treinta días, y en su tiempo hace tres meses de veintinueve días cada uno, en los cuales cumple su menguar en el primer período de tiempo, y en el primer portal por ciento setenta y siete días.

16. Y en el tiempo de su salida ella aparece por tres meses de treinta días cada uno, y por tres meses aparece de veintinueve cada uno.

17. De noche aparece como un hombre por veinte días cada vez, y de día aparece como el shâmayim, y no hay nada más en ella excepto su luz.

Capítulo 79

1. Y ahora, hijo mío, te he mostrado todo, y la ley de todas las estrellas del shâmayim es completada.

2. Y él me mostró todas las leyes de estas para cada día, y para cada estación de dominio, y para cada año, y para su salida, y para el orden prescrito a ella cada mes y cada semana.

3. Y el menguar de la luna que tiene lugar en el sexto portal: porque en este sexto portal su luz es cumplida, y después de eso hay el comienzo del menguar.

4. Y el menguar que tiene lugar en el primer portal en su estación, hasta que ciento setenta y siete días son cumplidos: contados según semanas, veinticinco semanas y dos días.

5. Ella queda atrás del sol y del orden de las estrellas exactamente cinco días en el curso de un período, y cuando este lugar que tú ves ha sido atravesado.

6. Tal es la figura y el esquema de todo luminar que Ûrîyêl, el arcángel, quien es su líder, me mostró.

Capítulo 80

1. Y en aquellos días el ángel Ûrîyêl respondió y me dijo: He aquí, te he mostrado todo, Chănôk, y te he revelado todo para que veas este sol y esta luna, y los líderes de las estrellas del shâmayim y todos aquellos que las hacen girar, sus tareas y tiempos y partidas.

2. Y en los días de los pecadores los años serán acortados, y su semilla será tardía en sus tierras y campos, y todas las cosas sobre la tierra serán alteradas, y no aparecerán en su tiempo: y la lluvia será retenida y el shâmayim la retendrá.

3. Y en aquellos tiempos los frutos de la tierra serán tardíos, y no crecerán en su tiempo, y los frutos de los árboles serán retenidos en su tiempo.

4. Y la luna alterará su orden, y no aparecerá en su tiempo.

5. Y en aquellos días el sol será visto y él viajará en la tarde en la extremidad del gran carro en el occidente, y brillará más intensamente de lo que corresponde al orden de la luz.

6. Y muchos jefes de las estrellas transgredirán el orden prescrito. Y estos alterarán sus órbitas y tareas, y no aparecerán en las estaciones prescritas para ellos.

7. Y todo el orden de las estrellas será ocultado de los pecadores, y los pensamientos de aquellos sobre la tierra errarán acerca de ellas, y serán apartados de todos sus caminos, sí, errarán y las tomarán por dioses.

8. Y el mal será multiplicado sobre ellos, y castigo vendrá sobre ellos para destruir a todos.

Capítulo 81

1. Y él me dijo: Observa, Chănôk, estas tabletas del shâmayim, y lee lo que está escrito sobre ellas, y considera cada hecho individual.

2. Y observé las tabletas del shâmayim, y leí todo lo que estaba escrito sobre ellas y entendí todo, y leí el libro de todas las obras de la humanidad, y de todos los hijos de carne que estarán sobre la tierra hasta las generaciones más lejanas.

3. Y enseguida bendije a Yahuah Gibbôr Êl, el Melek Kâbôd para siempre, porque él ha hecho todas las obras del mundo, y exalté a Yahuah a causa de su paciencia, y lo bendije a causa de los hijos de los hombres.

4. Y después de eso dije: Bendito es el hombre que muere en justicia y bondad, acerca de quien no hay libro de injusticia escrito, y contra quien no será hallado día de juicio.

5. Y esos siete qâdôsh me llevaron y me colocaron sobre la tierra delante de la puerta de mi casa, y me dijeron: Declara todo a tu hijo Methûshelach, y muestra a todos tus hijos que ninguna carne es justa a la vista de Yahuah, porque él es su Bârâ (בָּרָא).

6. Un año te dejaremos con tu hijo, hasta que des tus últimos mandamientos, para que enseñes a tus hijos y lo registres para ellos, y testifiques a todos tus hijos; y en el segundo año te tomarán de en medio de ellos.

7. Sea fuerte tu corazón, porque los buenos anunciarán justicia a los buenos; el justo con el justo se alegrará, y se felicitarán unos a otros.

8. Pero los pecadores morirán con los pecadores, y el apóstata descenderá con el apóstata.

9. Y aquellos que practican justicia morirán a causa de las obras de los hombres, y serán llevados a causa de los hechos de los impíos.

10. Y en aquellos días cesaron de hablar conmigo, y vine a mi pueblo, bendiciendo a Yahuah del Têbêl (תֵּבֵל).

Capítulo 82

1. Y ahora, hijo mío Methûshelach, todas estas cosas te estoy relatando y escribiendo para ti. Y te he revelado todo, y te he dado libros acerca de todas estas cosas; así que guarda, hijo mío Methûshelach, los libros de la mano de tu padre, y mira que los entregues a las generaciones del mundo.

2. He dado sabiduría a ti y a tus hijos, y a tus hijos que serán para ti, para que la den a sus hijos por generaciones, esta sabiduría que sobrepasa su pensamiento.

3. Y aquellos que la entienden no dormirán, sino que escucharán con el oído para que aprendan esta sabiduría, y agradará a aquellos que comen de ella más que buen alimento.

4. Benditos son todos los justos, benditos todos los que caminan en el camino de la justicia y no pecan como los pecadores, en el cómputo de todos sus días en los cuales el sol atraviesa el shâmayim, entrando y saliendo por los portales por treinta días con las cabezas de millares del orden de las estrellas,

junto con los cuatro que son intercalados que dividen las cuatro porciones del año, que los guían y entran con ellos cuatro días.

5. A causa de ellos los hombres estarán en error y no los contarán en todo el cómputo del año; sí, los hombres estarán en error, y no los reconocerán con exactitud.

6. Porque ellos pertenecen al cómputo del año y están verdaderamente registrados allí para siempre: uno en el primer portal y uno en el tercero, y uno en el cuarto y uno en el sexto, y el año se completa en trescientos sesenta y cuatro días.

7. Y el relato de ello es exacto y el cómputo registrado de ello preciso; porque los luminares, y meses y festividades, y años y días, Ûrîyêl me los ha mostrado y revelado, a quien Yahuah de toda la creación del mundo ha sometido el ejército del shâmayim.

8. Y él tiene autoridad sobre noche y día en el shâmayim para hacer que la luz dé luz a los hombres: sol, luna y estrellas, y todos los poderes del shâmayim que giran en sus carros circulares.

9. Y estos son los órdenes de las estrellas, que se ponen en sus lugares, y en sus estaciones y festividades y meses.

10. Y estos son los nombres de aquellos que las conducen, quienes vigilan que entren en sus tiempos, en sus órdenes, en sus estaciones, en sus meses, en sus períodos de dominio, y en sus posiciones.

11. Sus cuatro líderes que dividen las cuatro partes del año entran primero; y después de ellos los doce líderes de los órdenes que dividen los meses; y para los trescientos sesenta días hay cabezas sobre millares que dividen los días; y para los cuatro días intercalarios hay los líderes que separan las cuatro partes del año.

12. Y estas cabezas sobre millares están intercaladas entre líder y líder, cada uno detrás de una estación, pero sus líderes hacen la división.

13. Y estos son los nombres de los líderes que dividen las cuatro partes del año que están ordenadas: Milkiêl, Helêmmelek, y Melêyal, y Narêl.

14. Y los nombres de aquellos que los conducen: Adnarêl, y Iyasusaêl, y Elomeêl; estos tres siguen a los líderes de los órdenes, y hay uno que sigue a los tres líderes de los órdenes que siguen a aquellos líderes de estaciones que dividen las cuatro partes del año.

15. En el comienzo del año Melkeyal se levanta primero y gobierna, quien es llamado Tamâini y sol, y todos los días de su dominio mientras gobierna son noventa y un días.

16. Y estos son los signos de los días que son vistos sobre la tierra en los días de su dominio: sudor, y calor, y calma; y todos los árboles dan fruto, y hojas son producidas en todos los árboles, y la cosecha de trigo, y las flores de la rosa, y todas las flores que salen en el campo, pero los árboles de la estación del invierno se marchitan.

17. Y estos son los nombres de los líderes que están bajo ellos: Berkaêl, Zelebsêl, y otro que es añadido como cabeza de mil, llamado Hiluyaseph; y los días del dominio de este líder llegan a su fin.

18. El siguiente líder después de él es Helêmmelek, a quien uno llama el sol brillante, y todos los días de su luz son noventa y un días.

19. Y estos son los signos de sus días sobre la tierra: calor ardiente y sequedad, y los árboles maduran sus frutos y producen todos sus

frutos maduros y listos, y las ovejas se aparean y quedan preñadas, y todos los frutos de la tierra son recogidos, y todo lo que está en los campos, y el lagar: estas cosas ocurren en los días de su dominio.

20. Estos son los nombres, y los órdenes, y los líderes de aquellas cabezas de millares: Gidâlyal, Keêl, y Heêl, y el nombre de la cabeza de mil que es añadida a ellos, Asfaêl: y los días de su dominio llegan a su fin.

Parte Cuatro
Libro de los Sueños
Capítulos 83–90

Capítulo 83

1. Y ahora, hijo mío Methûshelach, te mostraré todas mis visiones que he visto, relatándolas delante de ti.

2. Dos visiones vi antes de tomar mujer, y la una era muy distinta de la otra: la primera cuando estaba aprendiendo a escribir; la segunda antes de tomar a tu madre, cuando vi una visión terrible. Y acerca de ellas oré a Yahuah.

3. Me había acostado en la casa de mi abuelo Mahălalêl, cuando vi en una visión cómo el shâmayim colapsó y fue llevado y cayó a la tierra.

4. Y cuando cayó a la tierra vi cómo la tierra fue tragada en un gran abismo, y montañas fueron suspendidas sobre montañas, y colinas se hundieron sobre colinas, y árboles altos fueron desgarrados de sus troncos, y arrojados abajo y hundidos en el abismo.

5. Y entonces una palabra cayó en mi boca, y levanté mi voz para clamar en voz alta, y dije: La tierra es destruida.

6. Y mi abuelo Mahălalêl me despertó mientras yo yacía cerca de él, y me dijo: ¿Por qué lloras así, hijo mío, y por qué haces tal lamentación?

7. Y le relaté toda la visión que había visto, y él me dijo: Una cosa terrible has visto, hijo mío, y de gran importancia es tu visión de sueño acerca de los secretos de todo el pecado de la tierra: debe hundirse en el abismo y ser destruida con gran destrucción.

8. Y ahora, hijo mío, levántate y haz petición a Yahuah Kâbôd, puesto que eres creyente, para que un remanente permanezca sobre la tierra, y para que él no destruya toda la tierra.

9. Hijo mío, desde shâmayim todo esto vendrá sobre la tierra, y sobre la tierra habrá gran destrucción.

10. Después de eso me levanté y oré e imploré y supliqué, y escribí mi oración para las generaciones del mundo, y te mostraré todo, hijo mío Methûshelach.

11. Y cuando salí abajo y vi el shâmayim, y el sol levantándose en el oriente, y la luna poniéndose en el occidente, y unas pocas estrellas, y toda la tierra, y todo como él lo había conocido en el principio, entonces bendije a Yahuah de juicio y lo exalté porque había hecho al sol salir de las ventanas del oriente, y él ascendió y se levantó sobre la faz del shâmayim, y salió y siguió atravesando el camino mostrado a él.

Capítulo 84

1. Y levanté mis manos en justicia y bendije al Qâdôsh y Gibbôr Êl, y hablé con el aliento

de mi boca, y con la lengua de carne, la cual Êlôhîym ha hecho para los hijos de la carne de los hombres, para que hablen con ella, y él les dio aliento y lengua y boca para que hablen con ella:

2. Bendito eres tú, oh Yahuah, Melek, grande y poderoso en tu grandeza, Yahuah de toda la creación del shâmayim, Âdôn de âdôn y Êlôhîym de todo el mundo. Y tu poder y reinado y grandeza permanecen para siempre y para siempre, y a través de todas las generaciones tu dominio; y todo el shâmayim es tu trono para siempre, y toda la tierra tu estrado para siempre y para siempre.

3. Porque tú has hecho y tú gobiernas todas las cosas, y nada es demasiado difícil para ti, la sabiduría no se aparta del lugar de tu trono, ni se aparta de tu presencia. Y tú conoces y ves y oyes todo, y no hay nada escondido de ti porque tú ves todo.

4. Y ahora los ángeles de tu shâmayim son culpables de transgresión, y sobre la carne de los hombres permanece tu ira hasta el gran día de juicio.

5. Y ahora, oh Êlôhîym y Yahuah y Gibbôr Melek, imploro y te suplico que cumplas mi oración, que me dejes una posteridad sobre la tierra, y no destruyas toda la carne del hombre, y hagas la tierra sin habitante, para que haya destrucción eterna.

6. Y ahora, mi Yahuah, destruye de la tierra la carne que ha despertado tu ira, pero la carne de justicia y rectitud establece como planta de la semilla eterna, y no escondas tu rostro de la oración de tu siervo, oh Yahuah.

Capítulo 85

1. Y después de esto vi otro sueño, y te mostraré todo el sueño, hijo mío.

2. Y Chănôk levantó su voz y habló a su hijo Methûshelach: A ti, hijo mío, hablaré: oye mis palabras, inclina tu oído a la visión de sueño de tu padre.

3. Antes de tomar a tu madre Edna, vi en una visión sobre mi lecho, y he aquí un toro salió de la tierra, y ese toro era blanco; y después de él salió una novilla, y junto con esta última salieron dos toros, uno de ellos negro y el otro rojo.

4. Y ese toro negro corneó al rojo y lo persiguió sobre la tierra, y entonces ya no pude ver más a ese toro rojo.

5. Pero ese toro negro creció y la novilla fue con él, y vi que muchos bueyes procedieron de él que se parecían y lo seguían.

6. Y esa vaca, esa primera, salió de la presencia de ese primer toro para buscar a ese rojo, pero no lo encontró, y lamentó con gran lamentación por él y lo buscó.

7. Y miré hasta que ese primer toro vino a ella y la calmó, y desde ese tiempo ya no lloró más.

8. Y después de eso ella dio a luz otro toro blanco, y después de él dio a luz muchos toros y vacas negras.

9. Y vi en mi sueño que ese toro blanco igualmente creció y llegó a ser un gran toro blanco, y de él procedieron muchos toros blancos, y se parecían a él. Y comenzaron a engendrar muchos toros blancos, que se parecían a ellos, uno siguiendo a otro, aun muchos.

Capítulo 86

1. Y otra vez vi con mis ojos mientras dormía, y vi el shâmayim arriba, y he aquí una estrella cayó de shâmayim, y se levantó y comió y pastó entre esos bueyes.

2. Y después de eso vi los grandes y los bueyes negros, y he aquí todos cambiaron sus establos y sus pastos y su ganado, y comenzaron a vivir unos con otros.

3. Y otra vez vi en la visión, y miré hacia el shâmayim, y he aquí vi muchas estrellas descender y arrojarse desde shâmayim a esa primera estrella, y se hicieron toros entre ese ganado y pastaron con ellos entre ellos.

4. Y los miré y vi, y he aquí todos sacaron sus miembros secretos, como caballos, y comenzaron a cubrir a las vacas de los bueyes, y todas quedaron preñadas y dieron a luz elefantes, camellos y asnos.

5. Y todos los bueyes les temieron y se espantaron de ellos, y comenzaron a morder con sus dientes y a devorar, y a cornear con sus cuernos.

6. Y comenzaron además a devorar a esos bueyes; y he aquí todos los hijos de la tierra comenzaron a temblar y estremecerse delante de ellos y a huir de ellos.

Capítulo 87

1. Y otra vez vi cómo comenzaron a cornearse unos a otros y a devorarse unos a otros, y la tierra comenzó a clamar en voz alta.

2. Y levanté mis ojos otra vez hacia shâmayim, y vi en la visión, y he aquí salieron de shâmayim seres que eran como hombres blancos: y cuatro salieron de ese lugar y tres con ellos.

3. Y esos tres que habían salido al último me tomaron de la mano y me llevaron, lejos de las generaciones de la tierra, y me levantaron a un lugar elevado, y me mostraron una torre levantada alta sobre la tierra, y todas las colinas eran más bajas.

4. Y uno me dijo: Permanece aquí hasta que veas todo lo que sucede a esos elefantes, camellos y asnos, y a las estrellas y a los bueyes, y a todos ellos.

Capítulo 88

1. Y vi a uno de esos cuatro que habían salido primero, y él tomó a esa primera estrella que había caído de shâmayim, y la ató de manos y pies y la arrojó en un abismo: ahora ese abismo era estrecho y profundo, y horrible y oscuro.

2. Y uno de ellos sacó una espada, y la dio a esos elefantes y camellos y asnos: entonces comenzaron a golpearse unos a otros, y toda la tierra tembló a causa de ellos.

3. Y mientras yo miraba en la visión, he aquí uno de esos cuatro que habían salido los apedreó desde shâmayim, y reunió y tomó todas las grandes estrellas cuyos miembros secretos eran como los de caballos, y los ató todos de manos y pies, y los arrojó en un abismo de la tierra.

Capítulo 89

1. Y uno de esos cuatro fue a ese toro blanco y lo instruyó en un secreto, sin que él estuviera aterrorizado: él nació toro y llegó a ser hombre, y construyó para sí una gran embarcación y habitó sobre ella; y tres toros habitaron con él en esa embarcación y fueron cubiertos.

2. Y otra vez levanté mis ojos hacia shâmayim y vi un techo elevado, con siete torrentes de agua sobre él, y esos torrentes fluían con mucha agua hacia un recinto.

3. Y vi otra vez, y he aquí fuentes fueron abiertas sobre la superficie de ese gran recinto, y esa agua comenzó a hincharse y subir sobre la superficie, y vi ese recinto hasta que toda su superficie fue cubierta con agua.

4. Y el agua, la oscuridad, y la niebla aumentaron sobre él; y mientras miraba la altura

de esa agua, esa agua había subido sobre la altura de ese recinto, y corría sobre ese recinto, y se mantenía sobre la tierra.

5. Y todo el ganado de ese recinto fue reunido hasta que vi cómo se hundieron y fueron tragados y perecieron en esa agua.

6. Pero esa embarcación flotó sobre el agua, mientras todos los bueyes y elefantes y camellos y asnos se hundieron hasta el fondo con todos los animales, de modo que ya no pude verlos más, y no pudieron escapar, sino que perecieron y se hundieron en las profundidades.

7. Y otra vez vi en la visión hasta que esos torrentes de agua fueron removidos de ese techo alto, y las hendiduras de la tierra fueron niveladas y otros abismos fueron abiertos.

8. Entonces el agua comenzó a descender hacia estos, hasta que la tierra se hizo visible; pero esa embarcación se asentó sobre la tierra, y la oscuridad se retiró y apareció la luz.

9. Pero ese toro blanco que se había hecho hombre salió de esa embarcación, y los tres toros con él, y uno de esos tres era blanco como ese toro, y uno de ellos era rojo como sangre, y uno negro: y ese toro blanco se apartó de ellos.

10. Y comenzaron a producir bestias del campo y aves, de modo que surgieron diferentes géneros: leones, tigres, lobos, perros, hienas, jabalíes salvajes, zorros, ardillas, cerdos, halcones, buitres, milanos, águilas, y cuervos; y entre ellos nació un toro blanco.

11. Y comenzaron a morderse unos a otros; pero ese toro blanco que nació entre ellos engendró un asno salvaje y un toro blanco con él, y los asnos salvajes se multiplicaron.

12. Pero ese toro que nació de él engendró un jabalí salvaje negro y una oveja blanca; y el primero engendró muchos jabalíes, pero esa oveja engendró doce ovejas.

13. Y cuando esas doce ovejas crecieron, entregaron una de ellas a los asnos, y esos asnos nuevamente entregaron esa oveja a los lobos, y esa oveja creció entre los lobos.

14. Y Yahuah trajo a las once ovejas para vivir con ella y para pastar con ella entre los lobos: y se multiplicaron y llegaron a ser muchos rebaños de ovejas.

15. Y los lobos comenzaron a temerlas, y las oprimieron hasta que destruyeron a sus pequeños, y arrojaron a sus crías en un río de mucha agua: pero esas ovejas comenzaron a clamar en voz alta a causa de sus pequeños, y a quejarse a su Yahuah.

16. Y una oveja que había sido salvada de los lobos huyó y escapó hacia los asnos salvajes; y vi a las ovejas cómo lamentaban y clamaban, y suplicaban a su Yahuah con toda su fuerza, hasta que ese Âdônây de las ovejas descendió a la voz de las ovejas desde una morada elevada, y vino a ellas y las pastoreó.

17. Y llamó a esa oveja que había escapado de los lobos, y habló con ella acerca de los lobos para que los amonestara de no tocar a las ovejas.

18. Y la oveja fue a los lobos según la palabra de Yahuah, y otra oveja la encontró y fue con ella, y las dos fueron y entraron juntas en la asamblea de esos lobos, y hablaron con ellos y los amonestaron de no tocar a las ovejas desde entonces.

19. Y entonces vi a los lobos, y cómo oprimían a las ovejas en gran manera con todo su poder; y las ovejas clamaron en voz alta.

20. Y Yahuah vino a las ovejas y ellas comenzaron a golpear a esos lobos: y los lobos comenzaron a lamentarse; pero las ovejas se tranquilizaron y enseguida dejaron de clamar.

21. Y vi a las ovejas hasta que se apartaron de entre los lobos; pero los ojos de los lobos fueron cegados, y esos lobos partieron en persecución de las ovejas con todo su poder.

22. Y Âdônây de las ovejas fue con ellas, como su líder, y todas sus ovejas lo siguieron: y su rostro era deslumbrante y glorioso y terrible de ver.

23. Pero los lobos comenzaron a perseguir a esas ovejas hasta que alcanzaron un mar de agua.

24. Y ese mar fue dividido, y el agua se mantuvo de este lado y de aquel delante de su rostro, y su Yahuah las guió y se colocó entre ellas y los lobos.

25. Y como esos lobos aún no veían a las ovejas, procedieron en medio de ese mar, y los lobos siguieron a las ovejas, y esos lobos corrieron tras ellas dentro de ese mar.

26. Y cuando vieron a Âdônây de las ovejas, se volvieron para huir delante de su rostro, pero ese mar se reunió otra vez, y llegó a ser como había sido creado, y el agua se hinchó y subió hasta cubrir a esos lobos.

27. Y vi hasta que todos los lobos que perseguían a esas ovejas perecieron y fueron ahogados.

28. Pero las ovejas escaparon de esa agua y salieron a un desierto, donde no había agua ni hierba; y comenzaron a abrir sus ojos y a ver; y vi a Âdônây de las ovejas pastoreándolas y dándoles agua y hierba, y esa oveja yendo y guiándolas.

29. Y esa oveja subió a la cumbre de esa roca elevada, y Âdônây de las ovejas la envió a ellas.

30. Y después de eso vi a Âdônây de las ovejas que estaba delante de ellas, y su apariencia era grande y terrible y majestuosa, y todas esas ovejas lo vieron y tuvieron miedo delante de su rostro.

31. Y todas temieron y temblaron a causa de él, y clamaron a esa oveja con ellas que estaba entre ellas: No somos capaces de permanecer delante de nuestro Yahuah ni de contemplarlo.

32. Y esa oveja que las guiaba subió otra vez a la cumbre de esa roca, pero las ovejas comenzaron a cegarse y a desviarse del camino que él les había mostrado, pero esa oveja no lo supo.

33. Y Âdônây de las ovejas se enojó grandemente contra ellas, y esa oveja lo descubrió, y descendió de la cumbre de la roca, y vino a las ovejas, y encontró que la mayor parte de ellas estaban cegadas y habían caído.

34. Y cuando la vieron temieron y temblaron a su presencia, y desearon volver a sus rediles.

35. Y esa oveja tomó otras ovejas con ella, y vino a esas ovejas que habían caído, y comenzó a matarlas; y las ovejas temieron su presencia, y así esa oveja hizo volver a esas ovejas que habían caído, y ellas regresaron a sus rediles.

36. Y vi en esta visión hasta que esa oveja llegó a ser hombre y construyó una casa para Âdônây de las ovejas, y colocó todas las ovejas en esa casa.

37. Y vi hasta que esta oveja que había encontrado a esa oveja que las guiaba se durmió: y vi hasta que todas las grandes ovejas perecieron y pequeñas se levantaron en su lugar, y llegaron a un pasto, y se acercaron a un arroyo de agua.

38. Entonces esa oveja, su líder que había llegado a ser hombre, se apartó de ellas y se durmió, y todas las ovejas la buscaron y clamaron sobre ella con gran clamor.

39. Y vi hasta que dejaron de clamar por esa oveja y cruzaron ese arroyo de agua, y se levantaron dos ovejas como líderes en lugar de aquellas que se habían dormido y las guiaron.

40. Y vi hasta que las ovejas llegaron a un lugar hermoso, y una tierra agradable y gloriosa, y vi hasta que esas ovejas quedaron satisfechas; y esa casa estaba entre ellas en la tierra agradable.

41. Y a veces sus ojos se abrían, y a veces se cegaban, hasta que otra oveja se levantó y las guió y las hizo volver a todas, y sus ojos fueron abiertos.

42. Y los perros y los zorros y los jabalíes salvajes comenzaron a devorar a esas ovejas hasta que Âdônây de las ovejas levantó otra oveja —un carnero— de entre ellas, el cual las guió.

43. Y ese carnero comenzó a embestir a ambos lados a esos perros, zorros y jabalíes salvajes hasta que los destruyó a todos.

44. Y esa oveja cuyos ojos fueron abiertos vio a ese carnero, que estaba entre las ovejas, hasta que dejó su gloria y comenzó a embestir a esas ovejas, y las pisoteó, y se comportó indecorosamente.

45. Y Âdônây de las ovejas envió al cordero a otro cordero y lo levantó para ser carnero y líder de las ovejas en lugar de ese carnero que había abandonado su gloria.

46. Y fue a él y habló con él a solas, y lo levantó para ser carnero, y lo hizo príncipe y líder de las ovejas; pero durante todas estas cosas esos perros oprimían a las ovejas.

47. Y el primer carnero persiguió a ese segundo carnero, y ese segundo carnero se levantó y huyó delante de él; y vi hasta que esos perros derribaron al primer carnero.

48. Y ese segundo carnero se levantó y guió a las pequeñas ovejas.

49. Y esas ovejas crecieron y se multiplicaron; pero todos los perros, y zorros, y jabalíes salvajes temieron y huyeron delante de él, y ese carnero embestía y mataba a las bestias salvajes, y esas bestias salvajes ya no tuvieron más poder entre las ovejas y ya no las despojaron de nada. Y ese carnero engendró muchas ovejas y se durmió; y una pequeña oveja llegó a ser carnero en su lugar, y llegó a ser príncipe y líder de esas ovejas.

50. Y esa casa llegó a ser grande y ancha, y fue construida para esas ovejas: y una torre elevada y grande fue construida sobre la casa para Âdônây de las ovejas, y esa casa era baja, pero la torre era elevada y alta, y Âdônây de las ovejas estaba sobre esa torre y colocaron una mesa llena delante de él.

51. Y otra vez vi a esas ovejas que nuevamente erraron y fueron por muchos caminos, y abandonaron esa su casa, y Âdônây de las ovejas llamó a algunos de entre las ovejas y los envió a las ovejas, pero las ovejas comenzaron a matarlos.

52. Y uno de ellos fue salvado y no fue muerto, y huyó y clamó en voz alta sobre las ovejas; y buscaron matarlo, pero Âdônây de las ovejas lo salvó de las ovejas, y lo llevó hasta mí, y lo hizo habitar allí.

53. Y muchas otras ovejas envió a esas ovejas para testificarles y lamentarse sobre ellas.

54. Y después de eso vi que cuando abandonaron la casa de Yahuah y su torre se apartaron completamente, y sus ojos fueron cegados; y vi a Âdônây de las ovejas cómo hizo gran matanza entre ellas en sus rebaños hasta que esas ovejas invitaron esa matanza y traicionaron su lugar.

55. Y él las entregó en manos de los leones y tigres, y lobos y hienas, y en manos de los zorros, y a todas las bestias salvajes, y esas bestias salvajes comenzaron a despedazar a esas ovejas.

56. Y vi que él abandonó esa su casa y su torre y las entregó todas en manos de los leones, para despedazarlas y devorarlas, en manos de todas las bestias salvajes.

57. Y comencé a clamar en voz alta con todo mi poder, y a apelar a Âdônây de las ovejas, y a representarle acerca de las ovejas que estaban siendo devoradas por todas las bestias salvajes.

58. Pero él permaneció inmóvil, aunque lo vio, y se alegró de que fueran devoradas y tragadas y despojadas, y las dejó para ser devoradas en manos de todas las bestias.

59. Y llamó a setenta pastores, y les entregó esas ovejas para que las pastorearan, y habló a los pastores y a sus compañeros: Que cada uno de ustedes pastoree las ovejas desde ahora, y todo lo que yo les mande, eso hagan.

60. Y yo se las entregaré debidamente contadas, y les diré cuáles de ellas han de ser destruidas y esas destruyan.

61. Y les entregó esas ovejas. Y llamó a otro y le dijo: Observa y marca todo lo que los pastores harán a esas ovejas; porque destruirán más de ellas de lo que yo les he mandado.

62. Y todo exceso y la destrucción que será hecha por los pastores, a saber cuántas destruyen según mi mandato, y cuántas según su propio capricho: registra contra cada pastor individual toda la destrucción que haga.

63. Y lee delante de mí por número cuántas destruyen, y cuántas entregan para destrucción, para que yo tenga esto como testimonio contra ellos, y conozca toda obra de los pastores, para que comprenda y vea lo que hacen, si permanecen o no en mi mandato que les he mandado.

64. Pero ellos no lo sabrán, y tú no se lo declararás, ni los amonestarás, sino solo registra contra cada uno toda la destrucción que los pastores hagan cada uno en su tiempo y ponlo todo delante de mí.

65. Y vi hasta que esos pastores pastorearon en su tiempo, y comenzaron a matar y destruir más de lo que les fue ordenado, y entregaron esas ovejas en manos de los leones.

66. Y los leones y tigres comieron y devoraron la mayor parte de esas ovejas, y los jabalíes salvajes comieron junto con ellos; y quemaron esa torre y demolieron esa casa.

67. Y me entristecí grandemente por esa torre porque esa casa de las ovejas fue demolida, y después ya no pude ver si esas ovejas entraban en esa casa.

68. Y los pastores y sus asociados entregaron esas ovejas a todas las bestias salvajes para devorarlas, y cada uno de ellos recibió en su tiempo un número definido: fue escrito por el otro en un libro cuántas cada uno de ellos destruyó de ellas.

69. Y cada uno mató y destruyó muchas más de lo que estaba prescrito; y comencé a llorar y lamentarme a causa de esas ovejas.

70. Y así en la visión vi a aquel que escribía, cómo escribía cada uno que era destruido por esos pastores, día por día, y lo llevaba arriba y lo ponía y mostraba realmente todo el libro a Âdônây de las ovejas, todo lo que habían hecho, y todo lo que cada uno había eliminado, y todo lo que habían entregado para destrucción.

71. Y el libro fue leído delante de Âdônây de las ovejas, y él tomó el libro de su mano y lo leyó y lo selló y lo puso.

72. Y enseguida vi cómo los pastores pastorearon por doce horas, y he aquí tres de esas ovejas volvieron y vinieron y entraron y comenzaron a reconstruir todo lo que había caído de esa casa; pero los jabalíes salvajes trataron de impedírselo, pero no pudieron.

73. Y comenzaron otra vez a construir como antes, y levantaron esa torre, y fue llamada la torre alta; y comenzaron otra vez a colocar una mesa delante de la torre, pero todo el pan sobre ella estaba contaminado y no era puro.

74. Y en cuanto a todo esto los ojos de esas ovejas fueron cegados de modo que no veían, y los ojos de sus pastores igualmente; y las entregaron en gran número a sus pastores para destrucción, y pisotearon a las ovejas con sus pies y las devoraron.

75. Y Âdônây de las ovejas permaneció inmóvil hasta que todas las ovejas fueron dispersadas por el campo y mezcladas con ellas, las bestias, y ellos, los pastores, no las salvaron de las manos de las bestias.

76. Y ese que escribía el libro lo llevó arriba, y lo mostró y lo leyó delante de Âdônây de las ovejas, y imploró por ellas, y suplicó por ellas mientras le mostraba todas las obras de los pastores, y dio testimonio delante de él contra todos los pastores.

77. Y tomó el libro mismo y lo puso a su lado y se fue.

Capítulo 90

1. Y vi hasta que de esta manera treinta y cinco pastores emprendieron el pastoreo de las ovejas, y ellos por separado completaron sus períodos como el primero; y otros las recibieron en sus manos, para pastorearlas por su período, cada pastor en su propio período.

2. Y después de eso vi en mi visión a todas las aves de shâmayim viniendo, las águilas, los buitres, los milanos, los cuervos; pero las águilas conducían a todas las aves; y comenzaron a devorar a esas ovejas, y a sacarles los ojos y a devorar su carne.

3. Y las ovejas clamaron porque su carne era devorada por las aves, y en cuanto a mí, miré y me lamenté en mi sueño por ese pastor que pastoreaba las ovejas.

4. Y vi hasta que esas ovejas fueron devoradas por los perros y águilas y milanos, y no dejaron ni carne ni piel ni tendón restante en ellas hasta que solo sus huesos quedaron allí: y sus huesos también cayeron a la tierra y las ovejas llegaron a ser pocas.

5. Y vi hasta que veintitrés habían emprendido el pastoreo y completado en sus diversos períodos cincuenta y ocho veces.

6. Pero he aquí corderos fueron nacidos de esas ovejas blancas, y comenzaron a abrir sus ojos y a ver, y a clamar a las ovejas.

7. Sí, clamaron a ellas, pero no escucharon lo que les decían, sino que eran extremadamente sordas, y sus ojos estaban muy extremadamente cegados.

8. Y vi en la visión cómo los cuervos volaban sobre esos corderos y tomaban a uno de esos corderos, y despedazaban las ovejas y las devoraban.

9. Y vi hasta que cuernos crecieron sobre esos corderos, y los cuervos derribaron sus cuernos; y vi hasta que brotó un gran cuerno de una de esas ovejas, y sus ojos fueron abiertos.

10. Y miró hacia ellos y sus ojos se abrieron, y clamó a las ovejas, y los carneros lo vieron y todos corrieron hacia él.

11. Y no obstante todo esto esas águilas y buitres y cuervos y milanos todavía seguían desgarrando a las ovejas y lanzándose sobre ellas y devorándolas: todavía las ovejas permanecían en silencio, pero los carneros lamentaban y clamaban.

12. Y esos cuervos lucharon y pelearon con él y buscaron derribar su cuerno, pero no tenían poder sobre él.

13. Y vi hasta que los pastores y águilas y esos buitres y milanos vinieron, y clamaron a los cuervos que quebraran el cuerno de ese carnero, y lucharon y pelearon con él, y él luchó con ellos y clamó para que viniera su ayuda.

14. Y vi hasta que ese hombre, que escribía los nombres de los pastores y los llevaba a la presencia de Âdônây de las ovejas vino y lo ayudó y le mostró todo: él había descendido para ayuda de ese carnero.

15. Y vi hasta que Âdônây de las ovejas vino a ellos con ira, y todos los que lo vieron huyeron, y todos cayeron en su sombra de delante de su rostro.

16. Todas las águilas y buitres y cuervos y milanos fueron reunidos, y vinieron con ellos todas las ovejas del campo, sí, todos vinieron juntos, y se ayudaron unos a otros para quebrar ese cuerno del carnero.

17. Y vi a ese hombre, que escribía el libro según el mandato de Yahuah, hasta que abrió ese libro acerca de la destrucción que esos doce últimos pastores habían hecho, y mostró que habían destruido mucho más que sus predecesores, delante de Âdônây de las ovejas.

18. Y vi hasta que Âdônây de las ovejas vino a ellos y tomó en su mano el bastón de su ira, y golpeó la tierra, y la tierra se partió, y todas las bestias y todas las aves del shâmayim cayeron de entre esas ovejas, y fueron tragadas por la tierra y ella las cubrió.

19. Y vi hasta que una gran espada fue dada a las ovejas, y las ovejas procedieron contra todas las bestias del campo para matarlas, y todas las bestias y las aves del shâmayim huyeron delante de su rostro.

20. Y vi hasta que un trono fue erigido en la tierra agradable, y Âdônây de las ovejas se sentó sobre él, y el otro tomó los libros sellados y abrió esos libros delante de Âdônây de las ovejas.

21. Y Yahuah llamó a esos hombres, los siete primeros blancos, y mandó que trajeran delante de Él, comenzando con la primera estrella que conducía el camino, todas las estrellas cuyos miembros secretos eran como los de caballos, y las trajeron todas delante de él.

22. Y dijo a ese hombre que escribía delante de él, siendo uno de esos siete blancos, y le dijo: Toma a esos setenta pastores a quienes entregué las ovejas, y quienes tomándolas por su propia autoridad mataron más de lo que yo les mandé.

23. Y he aquí, todos fueron atados, vi, y todos estuvieron delante de él.

24. Y el juicio fue sostenido primero sobre las estrellas, y fueron juzgadas y halladas culpables, y fueron al lugar de condenación, y fueron arrojadas en un abismo, lleno de fuego y llameante, y lleno de columnas de fuego.

25. Y esos setenta pastores fueron juzgados y hallados culpables, y fueron arrojados en ese abismo de fuego.

26. Y vi en ese tiempo cómo un abismo semejante fue abierto en medio de la tierra, lleno de fuego, y trajeron a esas ovejas cegadas, y

todas fueron juzgadas y halladas culpables y arrojadas en este abismo de fuego, y ardieron; ahora este abismo estaba a la derecha de esa casa.

27. Y vi a esas ovejas ardiendo y sus huesos ardiendo.

28. Y me levanté para ver hasta que plegaron esa casa antigua; y llevaron todas las columnas, y todas las vigas y adornos de la casa fueron al mismo tiempo plegados con ella, y la llevaron y la pusieron en un lugar en el sur de la tierra.

29. Y vi hasta que Âdônây de las ovejas trajo una casa nueva mayor y más elevada que la primera, y la puso en el lugar de la primera que había sido plegada: todas sus columnas eran nuevas, y sus adornos eran nuevos y más grandes que los de la primera, la antigua que Él había quitado, y todas las ovejas estaban dentro de ella.

30. Y vi a todas las ovejas que habían quedado, y a todas las bestias sobre la tierra, y a todas las aves del shâmayim, cayendo y rindiendo homenaje a esas ovejas y haciendo petición a y obedeciéndoles en todo.

31. Y después de eso esos tres que estaban vestidos de blanco y que me habían tomado de la mano, que me habían levantado antes, y la mano de ese carnero también agarrándome, me tomaron y me pusieron en medio de esas ovejas antes de que el juicio tuviera lugar.

32. Y esas ovejas eran todas blancas, y su lana era abundante y limpia.

33. Y todo lo que había sido destruido y dispersado, y todas las bestias del campo, y todas las aves del shâmayim, se reunieron en esa casa, y Âdônây de las ovejas se regocijó con gran gozo porque todas eran buenas y habían regresado a su casa.

34. Y vi hasta que pusieron esa espada, que había sido dada a las ovejas, y la trajeron de vuelta a la casa, y fue sellada delante de la presencia de Yahuah, y todas las ovejas fueron invitadas a esa casa, pero no las contenía.

35. Y los ojos de todas fueron abiertos, y vieron lo bueno, y no había una entre ellas que no viera.

36. Y vi que esa casa era grande y ancha y muy llena.

37. Y vi que nació un toro blanco, con grandes cuernos, y todas las bestias del campo y todas las aves del aire le temían y le hacían petición todo el tiempo.

38. Y vi hasta que todas sus generaciones fueron transformadas, y todas llegaron a ser toros blancos; y el primero entre ellas llegó a ser un cordero, y ese cordero llegó a ser un gran animal y tenía grandes cuernos negros sobre su cabeza; y Âdônây de las ovejas se regocijó sobre él y sobre todos los bueyes.

39. Y dormí en medio de ellos: y desperté y vi todo.

40. Esta es la visión que vi mientras dormía, y desperté y bendije a Yahuah Tsedâqâh y le di gloria.

41. Entonces lloré con un gran llanto y mis lágrimas no cesaron hasta que ya no pude soportarlo: cuando vi, fluían a causa de lo que había visto; porque todo vendrá y será cumplido, y todas las obras de los hombres en su orden me fueron mostradas.

42. En esa noche recordé el primer sueño, y a causa de él lloré y fui turbado, porque había visto esa visión.

Parte Cinco
Libro de las Semanas
Capítulos 91–105

Capítulo 91

1. Y ahora, hijo mío Methûshelach, llámame a todos tus hermanos y reúne conmigo a todos los hijos de tu madre; porque la palabra me llama, y el espíritu es derramado sobre mí, para que yo te muestre todo lo que te sucederá para siempre.

2. Y allí Methûshelach fue y convocó a él a todos sus hermanos y reunió a sus parientes.

3. Y él habló a todos los hijos de justicia y dijo: Oíd, ustedes hijos de Chănôk, todas las palabras de su padre, y escuchen rectamente a la voz de mi boca; porque yo los exhorto y les digo, amados:

4. Amen la rectitud y anden en ella. Y no se acerquen a la rectitud con corazón doble, y no se asocien con los de corazón doble, sino anden en justicia, hijos míos. Y ella los guiará por buenos caminos, y la justicia será su compañera.

5. Porque yo sé que la violencia debe aumentar sobre la tierra, y un gran castigo ser ejecutado sobre la tierra, y toda injusticia llegar a su fin: sí, será cortada de sus raíces, y toda su estructura será destruida.

6. Y la injusticia otra vez será consumada sobre la tierra, y todas las obras de injusticia y de violencia y transgresión prevalecerán en grado doble.

7. Y cuando el pecado y la injusticia y la blasfemia y la violencia en toda clase de obras aumenten, y la apostasía y la transgresión y la inmundicia aumenten, un gran castigo vendrá desde shâmayim sobre todas estas, y Yahuah Qâdôsh saldrá con ira y castigo para ejecutar juicio sobre la tierra.

8. En aquellos días la violencia será cortada de sus raíces, y las raíces de la injusticia junto con el engaño, y serán destruidas de debajo de shâmayim.

9. Y todos los ídolos de los paganos serán abandonados, y los templos quemados con fuego, y los quitarán de toda la tierra, y ellos, los paganos, serán arrojados al juicio de fuego, y perecerán en ira y en juicio grave para siempre.

10. Y los justos se levantarán de su sueño, y la sabiduría se levantará y les será dada.

11. Y después de eso las raíces de la injusticia serán cortadas, y los pecadores serán destruidos por la espada { . . . } serán cortados de los blasfemos en todo lugar, y aquellos que planean violencia y aquellos que cometen blasfemia perecerán por la espada.

12. Y después de eso habrá otro, la octava semana, esa de justicia, y una espada le será dada para que un juicio justo sea ejecutado sobre los opresores, y los pecadores serán entregados en manos de los justos.

13. Y en su fin adquirirán casas por su justicia, y una casa será construida para el Gibbôr Melek en gloria para siempre jamás, y toda la humanidad mirará al camino de la rectitud.

14. Y después de eso, en la novena semana, el juicio justo será revelado a todo el mundo, y todas las obras de los impíos desaparecerán de toda la tierra, y el mundo será escrito para

destrucción. Y toda la humanidad mirará al camino de la rectitud,

15. Y después de esto, en la décima semana en la séptima parte, habrá el gran juicio eterno, en el cual él ejecutará venganza entre los ángeles.

16. Y el primer shâmayim partirá y pasará, y un nuevo shâmayim aparecerá, y todos los poderes del shâmayim darán luz siete veces.

17. Y después de eso habrá muchas semanas sin número para siempre, y todo será en bondad y justicia, y el pecado ya no será mencionado para siempre.

18. Y ahora les digo, hijos míos, y les muestro los caminos de justicia y los caminos de violencia. Sí, se los mostraré otra vez para que sepan lo que ha de acontecer.

19. Y ahora, escúchenme, hijos míos, y anden en los caminos de justicia, y no anden en los caminos de violencia; porque todos los que andan en los caminos de injusticia perecerán para siempre.

Capítulo 92

1. El libro escrito por Chănôk: Chănôk ciertamente escribió esta doctrina completa de sabiduría, la cual es alabada de todos los hombres y juez de toda la tierra, para todos mis hijos que habitarán sobre la tierra. Y para las generaciones futuras que observarán rectitud y paz.

2. No dejen que su espíritu sea turbado a causa de los tiempos; porque el Qâdôsh y Gibbôr Êl ha señalado días para todas las cosas.

3. Y el Tsedâqâh Êl se levantará del sueño, se levantará y andará en los caminos de justicia, y todo su camino y conversación será en bondad eterna y gracia.

4. Él será benigno con el justo y le dará rectitud eterna, y le dará poder para que sea dotado de bondad y justicia. Y andará en luz eterna.

5. Y el pecado perecerá en oscuridad para siempre, y ya no será visto desde ese día para siempre jamás.

Capítulo 93

1. Y después de eso Chănôk dio y comenzó a relatar desde los libros.

2. Y Chănôk dijo: Acerca de los hijos de justicia y acerca de los elegidos del mundo, y acerca de la planta de rectitud, hablaré estas cosas, sí, yo Chănôk las declararé a ustedes, hijos míos: según aquello que me apareció en la visión del shâmayim, y que he conocido por medio de la palabra de los ángeles qâdôsh, y he aprendido de las tabletas del shâmayim.

3. Y Chănôk comenzó a relatar desde los libros y dijo: Yo nací el séptimo en la primera semana, mientras el juicio y la justicia todavía permanecían.

4. Y después de mí surgirá en la segunda semana gran maldad, y el engaño habrá brotado; y en ella habrá el primer fin. Y en ella un hombre será salvado; y después de que termine la injusticia crecerá, y una ley será hecha para los pecadores.

5. Y después de eso en la tercera semana, en su fin, un hombre será elegido como la planta de juicio justo, y su posteridad llegará a ser la planta de justicia para siempre.

6. Y después de eso en la cuarta semana, en su fin, visiones de los qâdôsh y justos serán vistas, y una ley para todas las generaciones y un recinto será hecho para ellos.

7. Y después de eso en la quinta semana, en su fin, la casa de gloria y dominio será construida para siempre.

8. Y después de eso en la sexta semana todos los que viven en ella serán cegados, y los corazones de todos ellos impíamente abandonarán la sabiduría. Y en ella un hombre ascenderá; y en su fin la casa de dominio será quemada con fuego, y toda la raza de la raíz escogida será dispersada.

9. Y después de eso en la séptima semana surgirá una generación apóstata, y muchas serán sus obras, y todas sus obras serán apostasía.

10. Y en su fin serán elegidos los elegidos justos de la planta eterna de justicia, para recibir instrucción siete veces acerca de toda su creación.

11. Porque ¿quién hay de todos los hijos de los hombres que pueda oír la voz del Qâdôsh sin ser turbado? ¿Y quién puede pensar sus pensamientos? ¿Y quién hay que pueda contemplar todas las obras del shâmayim?

12. ¿Y cómo podría haber uno que pudiera contemplar el shâmayim, y quién hay que pudiera entender las cosas del shâmayim y ver un alma o un espíritu y pudiera hablar de ello, o ascender y ver todos sus fines y pensarlos o hacer como ellos?

13. ¿Y quién hay de todos los hombres que pudiera conocer cuál es la anchura y la longitud de la tierra, y a quién le ha sido mostrada la medida de todas ellas?

14. ¿O hay alguno que pudiera discernir la longitud del shâmayim y cuán grande es su altura, y sobre qué está fundado, y cuán grande es el número de las estrellas, y dónde todos los luminares reposan?

Capítulo 94

1. Y ahora les digo a ustedes, hijos míos, amen la justicia y anden en ella; porque los caminos de la justicia son dignos de aceptación, pero los caminos de la injusticia serán repentinamente destruidos y desaparecerán.

2. Y a ciertos hombres de una generación les serán revelados los caminos de violencia y de muerte, y ellos se mantendrán lejos de ellos, y no los seguirán.

3. Y ahora les digo a ustedes los justos: No anden en los caminos de maldad, ni en los caminos de muerte, y no se acerquen a ellos, para que no sean destruidos.

4. Sino busquen y escojan para ustedes justicia y una vida escogida, y anden en los caminos de paz, y vivirán y prosperarán.

5. Y retengan mis palabras en los pensamientos de sus corazones, y no permitan que sean borradas de sus corazones; porque sé que los pecadores tentarán a los hombres para tratar mal a la sabiduría, para que no se halle lugar para ella, y ninguna clase de tentación disminuya.

6. ¡Ay de aquellos que edifican injusticia y opresión y ponen el engaño como fundamento! porque repentinamente serán derribados, y no tendrán paz.

7. ¡Ay de aquellos que edifican sus casas con pecado! porque desde todos sus fundamentos serán derribados, y por la espada caerán. Y aquellos que adquieren oro y plata en juicio repentinamente perecerán.

8. ¡Ay de ustedes, ustedes ricos! porque han confiado en sus riquezas, y de sus riquezas se apartarán, porque no han recordado a Elyôn Êl en los días de sus riquezas.

9. Han cometido blasfemia e injusticia, y se han preparado para el día de la matanza, y el día de oscuridad y el día del gran juicio.

10. Así hablo y declaro a ustedes: Él que los ha creado los derribará, y para su caída no habrá compasión, y su Bârâ se regocijará en su destrucción.

11. Y sus justos en aquellos días serán un reproche para los pecadores y los impíos.

Capítulo 95

1. ¡Oh que mis ojos fueran una nube de aguas para que pudiera llorar sobre ustedes, y derramar mis lágrimas como una nube de aguas! para que así pudiera descansar de mi angustia del corazón.

2. ¿Quién les ha permitido practicar reproches y maldad? y así el juicio los alcanzará, pecadores.

3. No teman a los pecadores, ustedes justos; porque otra vez Yahuah los entregará en sus manos, para que ejecuten juicio sobre ellos según sus deseos.

4. ¡Ay de ustedes que fulminan anatemas que no pueden ser revocados! sanidad estará Por tanto, lejos de ustedes a causa de sus pecados.

5. ¡Ay de ustedes que pagan a su prójimo con mal! porque serán pagados conforme a sus obras.

6. ¡Ay de ustedes, testigos mentirosos, y de aquellos que pesan injusticia, porque repentinamente perecerán!

7. ¡Ay de ustedes, pecadores, porque persiguen a los justos! porque serán entregados y perseguidos a causa de la injusticia, y pesado será su yugo sobre ustedes.

Capítulo 96

1. Tengan esperanza, ustedes justos; porque repentinamente los pecadores perecerán delante de ustedes, y ustedes tendrán dominio sobre ellos según sus deseos.

2. Y en el día de la tribulación de los pecadores, sus hijos montarán y se levantarán como águilas, y más alto que los buitres será su nido, y ustedes ascenderán y entrarán en las grietas de la tierra, y en las hendiduras de la roca para siempre como conejos delante de los injustos, y las sirenas suspirarán a causa de ustedes y llorarán.

3. Por tanto, no teman, ustedes que han sufrido; porque sanidad será su porción, y una luz brillante los iluminará, y la voz de descanso oirán desde shâmayim.

4. ¡Ay de ustedes, pecadores, porque sus riquezas los hacen parecer como los justos, pero sus corazones los acusan de ser pecadores, y este hecho será testimonio contra ustedes como memorial de sus malas obras!

5. ¡Ay de ustedes que devoran lo mejor del trigo, y beben vino en grandes copas, y pisan al humilde con su poder!

6. ¡Ay de ustedes que beben agua de toda fuente, porque repentinamente serán consumidos y se marchitarán, porque han abandonado la fuente de vida!

7. ¡Ay de ustedes que obran injusticia y engaño y blasfemia! será memorial contra ustedes para mal.

8. ¡Ay de ustedes, ustedes poderosos, que con poder oprimen al justo! porque el día de su destrucción viene. En aquellos días muchos y buenos días vendrán a los justos, en el día de su juicio.

Capítulo 97

1. Crean, ustedes justos, que los pecadores llegarán a ser vergüenza y perecerán en el día de la injusticia.

2. Sepan ustedes pecadores que Elyôn Êl se acuerda de su destrucción, y los ángeles del shâmayim se regocijan sobre su destrucción.

3. ¿Qué harán ustedes pecadores, y a dónde huirán en ese día de juicio, cuando oigan la voz de la oración de los justos?

4. Sí, ustedes serán como aquellos contra quienes esta palabra será testimonio: Ustedes han sido compañeros de pecadores.

5. Y en aquellos días la oración de los justos llegará hasta Yahuah, y para ustedes vendrán los días de su juicio.

6. Y todas las palabras de su injusticia serán leídas delante del Gibbôr Qâdôsh Êl, y sus rostros serán cubiertos con vergüenza, y él rechazará toda obra que esté fundada en injusticia.

7. ¡Ay de ustedes, pecadores, que viven en medio del océano y sobre la tierra seca, cuyo recuerdo es malo contra ustedes!

8. ¡Ay de ustedes que adquieren plata y oro en injusticia y dicen: Nos hemos hecho ricos con riquezas y tenemos posesiones; y hemos adquirido todo lo que hemos deseado!

9. Y ahora hagamos lo que hemos pensado: porque hemos reunido plata, y muchos son los labradores en nuestras casas. Y nuestros graneros están llenos como con agua,

10. Sí, y como agua sus mentiras fluirán; porque sus riquezas no permanecerán sino que pronto se elevarán de ustedes; porque todo lo han adquirido en injusticia, y serán entregados a una gran maldición.

Capítulo 98

1. Y ahora juro a ustedes, a los sabios y a los necios, porque ustedes tendrán muchas experiencias sobre la tierra.

2. Porque ustedes hombres se pondrán más adornos que una mujer, y vestidos de colores más que una virgen: en realeza y en grandeza y en poder, y en plata y en oro y en púrpura, y en esplendor y en alimento serán derramados como agua.

3. Por lo tanto carecerán de doctrina y sabiduría, y perecerán por ello junto con sus posesiones; y con toda su gloria y su esplendor, y en vergüenza y en matanza y en gran miseria, sus espíritus serán arrojados al horno de fuego.

4. Les he jurado a ustedes, pecadores, así como una montaña no ha llegado a ser esclava, y una colina no llega a ser sierva de una mujer, así tampoco el pecado ha sido enviado sobre la tierra, sino que el hombre por sí mismo lo ha creado, y bajo gran maldición caerán quienes lo cometen.

5. Y la esterilidad no ha sido dada a la mujer, sino que a causa de las obras de sus propias manos muere sin hijos.

6. Les he jurado a ustedes, pecadores, por el Qâdôsh Gibbôr Êl que todas sus malas obras son reveladas en el shâmayim, y que ninguna de sus obras de opresión está cubierta ni escondida.

7. Y no piensen en su espíritu ni digan en su corazón que no saben y que no ven que todo pecado es cada día registrado en el shâmayim en la presencia de Elyôn Êl.

8. Desde ahora ustedes saben que toda su opresión con la cual oprimen está escrita cada día hasta el día de su juicio.

9. ¡Ay de ustedes, necios! porque por su necedad perecerán; y transgreden contra los sabios, y así la buena fortuna no será su porción.

10. Y ahora, ustedes saben que están preparados para el día de destrucción: Por tanto, no esperen vivir, ustedes pecadores, sino que partirán y morirán; porque no conocen rescate; porque están preparados para el día del gran juicio, para el día de tribulación y gran vergüenza para sus espíritus.

11. ¡Ay de ustedes, obstinados de corazón, que obran maldad y comen sangre! ¿de dónde tienen cosas buenas para comer y

beber y saciarse? De todas las cosas buenas que Yahuah Elyôn Êl ha puesto en abundancia sobre la tierra; Por tanto, ustedes no tendrán paz.

12. ¡Ay de ustedes que aman las obras de injusticia! ¿por qué esperan buena fortuna para ustedes? sepan que serán entregados en manos de los justos, y ellos cortarán sus cuellos y los matarán, y no tendrán misericordia de ustedes.

13. ¡Ay de ustedes que se regocijan en la tribulación de los justos! porque ninguna tumba será cavada para ustedes.

14. ¡Ay de ustedes que tienen en nada las palabras de los justos! porque no tendrán esperanza de vida.

15. ¡Ay de ustedes que escriben palabras mentirosas e impías! porque escriben sus mentiras para que los hombres las oigan y obren impíamente contra su prójimo.

16. Por tanto, no tendrán paz sino que morirán muerte repentina.

Capítulo 99

1. ¡Ay de ustedes que obran impiedad, y se glorían en la mentira y la exaltan! ustedes perecerán, y no será suya una vida feliz.

2. ¡Ay de aquellos que pervierten las palabras de rectitud, y transgreden la ley eterna, y se transforman en lo que no eran —en pecadores—! ellos serán pisoteados sobre la tierra.

3. En aquellos días prepárense, ustedes justos, para levantar sus oraciones como memorial, y colóquenlas como testimonio delante de los ángeles, para que ellos coloquen el pecado de los pecadores como memorial delante de Elyôn Êl.

4. En aquellos días las naciones serán agitadas, y las familias de las naciones se levantarán en el día de destrucción.

5. Y en aquellos días los desamparados saldrán y se llevarán a sus hijos, y los abandonarán, de modo que sus hijos perecerán por ellos: sí, abandonarán a sus hijos que aún maman, y no volverán a ellos, y no tendrán compasión de sus amados.

6. Y otra vez les juro a ustedes, pecadores, que el pecado está preparado para un día de derramamiento de sangre sin cesar.

7. Y aquellos que adoran piedras, y graban imágenes de oro y plata y madera y piedra y barro, y aquellos que adoran espíritus impuros y demonios, y toda clase de ídolos no conforme a conocimiento, no recibirán ninguna clase de ayuda de ellos.

8. Y se volverán impíos por la necedad de sus corazones, y sus ojos serán cegados por el temor de sus corazones y por visiones en sus sueños.

9. Por medio de estas cosas se volverán impíos y temerosos; porque habrán hecho toda su obra en mentira, y habrán adorado una piedra: Por tanto, en un instante perecerán.

10. Pero en aquellos días benditos son todos los que aceptan las palabras de sabiduría, y las entienden, y observan los caminos de Elyôn Êl, y andan en el camino de su justicia, y no se vuelven impíos con los impíos; porque serán salvados.

11. ¡Ay de ustedes que esparcen mal a sus prójimos! porque serán muertos en Sheôl.

12. ¡Ay de ustedes que hacen medidas engañosas y falsas, y de aquellos que causan amargura sobre la tierra! porque por ello serán completamente consumidos.

13. ¡Ay de ustedes que edifican sus casas mediante el duro trabajo de otros, y todos sus materiales de construcción son ladrillos y piedras de pecado! les digo, no tendrán paz.

14. ¡Ay de aquellos que rechazan la medida y la heredad eterna de sus padres y cuyas almas siguen a los ídolos! porque no tendrán descanso.

15. ¡Ay de aquellos que obran injusticia y ayudan a la opresión, y matan a sus prójimos hasta el día del gran juicio!

16. Porque él derribará su gloria, y traerá aflicción sobre sus corazones, y despertará su ardiente indignación y los destruirá a todos con la espada; y todos los qâdôsh y justos recordarán sus pecados.

Capítulo 100

1. Y en aquellos días en un lugar los padres junto con sus hijos serán heridos y los hermanos, unos con otros caerán en muerte hasta que los arroyos fluyan con su sangre.

2. Porque un hombre no retendrá su mano de matar a sus hijos y a los hijos de sus hijos, y el pecador no retendrá su mano de su hermano honrado: desde el amanecer hasta la puesta del sol se matarán unos a otros.

3. Y el caballo caminará hasta el pecho en la sangre de los pecadores, y el carro será sumergido hasta su altura.

4. En aquellos días los ángeles descenderán a los lugares secretos y reunirán en un lugar a todos aquellos que trajeron el pecado abajo y Elyôn Êl se levantará en ese día de juicio para ejecutar gran juicio entre los pecadores.

5. Y sobre todos los justos y qâdôsh, él pondrá guardianes de entre los ángeles qâdôsh para guardarlos como la niña de un ojo, hasta que haga fin de toda maldad y de todo pecado, y aunque los justos duerman un largo sueño, no tienen nada que temer.

6. Y entonces los hijos de la tierra verán a los sabios en seguridad, y entenderán todas las palabras de este libro, y reconocerán que sus riquezas no podrán salvarlos en el derribo de sus pecados.

7. ¡Ay de ustedes, pecadores, en el día de fuerte angustia, ustedes que afligen a los justos y los queman con fuego! serán pagados conforme a sus obras.

8. ¡Ay de ustedes, obstinados de corazón, que vigilan para idear maldad! Por tanto, vendrá temor sobre ustedes y no habrá quien los ayude.

9. ¡Ay de ustedes, pecadores, a causa de las palabras de su boca, y a causa de las obras de sus manos que su impiedad ha hecho, en llamas ardientes peores que el fuego arderán!

10. Y ahora, ustedes saben que de los ángeles él preguntará acerca de sus obras en shâmayim, del sol y de la luna y de las estrellas respecto a sus pecados porque sobre la tierra ustedes ejecutan juicio sobre los justos.

11. Y él llamará para testificar contra ustedes a toda nube y niebla y rocío y lluvia; porque todos serán retenidos por causa de ustedes de descender sobre ustedes, y recordarán sus pecados.

12. Y ahora den presentes a la lluvia para que no sea retenida de descender sobre ustedes, ni tampoco el rocío, cuando haya recibido oro y plata de ustedes para que descienda.

13. Cuando la escarcha y la nieve con su frialdad, y todas las tormentas de nieve con todas sus plagas caigan sobre ustedes, en aquellos días no podrán permanecer delante de ellas.

Capítulo 101

1. Observen el shâmayim, ustedes hijos del shâmayim, y toda obra de Elyôn Êl, y témanlo y no obren mal en su presencia.

2. Si él cierra las ventanas del shâmayim, y retiene la lluvia y el rocío de descender sobre la tierra por causa de ustedes, ¿qué harán entonces?

3. Y si envía su ira sobre ustedes a causa de sus obras, no podrán suplicarle; porque hablaron palabras orgullosas e insolentes contra su justicia: Por tanto, no tendrán paz.

4. ¿Y no ven a los marineros de los barcos, cómo sus barcos son sacudidos de un lado a otro por las olas, y son agitados por los vientos, y están en gran angustia?

5. Y Por tanto, temen porque todas sus hermosas posesiones van sobre el mar con ellos, y tienen malos presagios en su corazón de que el mar los tragará y perecerán en él.

6. ¿No son todo el mar y todas sus aguas, y todos sus movimientos, obra de Elyôn Êl, y no ha puesto él límites a sus obras y lo ha confinado completamente con la arena?

7. Y a su reprensión teme y se seca, y todos sus peces mueren y todo lo que está en él; pero ustedes pecadores que están sobre la tierra no lo temen.

8. ¿No ha hecho él el shâmayim y la tierra, y todo lo que está en ellos? ¿Quién ha dado entendimiento y sabiduría a todo lo que se mueve sobre la tierra y en el mar?

9. ¿No temen los marineros de los barcos al mar? sin embargo los pecadores no temen a Elyôn Êl.

Capítulo 102

1. En aquellos días cuando él haya traído un fuego terrible sobre ustedes, ¿a dónde huirán y dónde hallarán liberación? Y cuando él lance su palabra contra ustedes, ¿no se espantarán y temerán?

2. Y todos los luminares se espantarán con gran temor, y toda la tierra se espantará y temblará y se alarmará.

3. Y todos los ángeles ejecutarán sus mandatos y buscarán esconderse de la presencia del Gibbôr Kâbôd, y los hijos de la tierra temblarán y se estremecerán; y ustedes pecadores serán maldecidos para siempre, y no tendrán paz.

4. No teman, ustedes almas de los justos, y tengan esperanza ustedes que han muerto en justicia.

5. Y no se entristezcan si su alma ha descendido a Sheôl en tristeza, y que en su vida su cuerpo no prosperó conforme a su bondad, sino esperen el día del juicio de los pecadores y el día de maldición y castigo.

6. Y sin embargo cuando mueren los pecadores hablan sobre ustedes: Como morimos nosotros, así mueren los justos, ¿y qué beneficio obtienen por sus obras?

7. He aquí, como nosotros, así mueren ellos en tristeza y oscuridad, ¿y qué tienen ellos más que nosotros? desde ahora somos iguales.

8. ¿Y qué recibirán y qué verán para siempre? he aquí ellos también han muerto, y desde ahora para siempre no verán luz.

9. Les digo a ustedes pecadores: ustedes están contentos de comer y beber, y robar y pecar, y despojar a los hombres, y adquirir riqueza y ver buenos días.

10. ¿Han visto ustedes a los justos cómo termina su fin, que ninguna clase de violencia se encuentra en ellos hasta su muerte?

11. Sin embargo perecieron y llegaron a ser como si no hubieran sido, y sus espíritus descendieron a Sheôl en tribulación.

Capítulo 103

1. Ahora Por tanto, les juro a ustedes, los justos, por la gloria del Gibbôr y Hădar (הָדָר) y Gâbar (גָּבַר) Êl en dominio, y por su grandeza les juro.

2. Conozco un misterio y he leído las tabletas del shâmayim, y he visto los libros qâdôsh, y he encontrado escrito en ellos e inscrito acerca de ellos:

3. Que toda bondad y gozo y gloria están preparados para ellos, y escritos para los espíritus de aquellos que han muerto en justicia, y que abundante bien les será dado en recompensa por sus trabajos, y que su porción es abundante más allá de la porción de los vivos.

4. Y los espíritus de ustedes que han muerto en justicia vivirán y se regocijarán, y sus espíritus no perecerán, ni su memoria delante del rostro del Gibbôr Êl por todas las generaciones del mundo: Por tanto, no teman más su desprecio.

5. ¡Ay de ustedes, pecadores, cuando hayan muerto, si mueren en la riqueza de sus pecados, y aquellos que son como ustedes dicen acerca de ustedes: Benditos son los pecadores: han visto todos sus días!

6. Y cómo han muerto en prosperidad y en riqueza, y no han visto tribulación ni muerte violenta en su vida; y han muerto en honor, y el juicio no fue ejecutado sobre ellos durante su vida.

7. Sepan que sus almas serán hechas descender a Sheôl y serán miserables en su gran tribulación.

8. Y en oscuridad y cadenas y llama ardiente donde hay juicio grave entrarán sus espíritus; y el gran juicio será para todas las generaciones del mundo. ¡Ay de ustedes! porque no tendrán paz.

9. No digan respecto a los justos y buenos que están en vida: En nuestros días de angustia hemos trabajado arduamente y experimentado toda tribulación, y hemos encontrado mucho mal y hemos sido consumidos, y hemos llegado a ser pocos y nuestro espíritu pequeño.

10. Y hemos sido destruidos y no encontramos nadie que nos ayudara ni siquiera con una palabra: hemos sido torturados y destruidos, y no esperamos ver vida de día en día.

11. Esperamos ser cabeza y hemos llegado a ser cola: hemos trabajado arduamente y no hemos tenido satisfacción en nuestro trabajo; y hemos llegado a ser alimento de los pecadores y de los injustos, y ellos han puesto su yugo pesadamente sobre nosotros.

12. Han tenido dominio sobre nosotros los que nos odiaban y nos golpeaban; y ante aquellos que nos odiaban hemos inclinado nuestros cuellos, pero ellos no tuvieron compasión de nosotros.

13. Deseamos alejarnos de ellos para escapar y estar en descanso, pero no encontramos lugar donde pudiéramos huir y estar seguros de ellos.

14. Y nos quejamos a los gobernantes en nuestra tribulación, y clamamos contra aquellos que nos devoraban, pero no atendieron a nuestros clamores ni quisieron escuchar nuestra voz.

15. Y ayudaron a aquellos que nos robaban y nos devoraban y a aquellos que nos hicieron pocos; y ocultaron su opresión, y no quitaron de nosotros el yugo de aquellos que nos devoraban y nos dispersaban y nos asesinaban, y ocultaron su asesinato, y no recordaron que habían levantado sus manos contra nosotros.

Capítulo 104

1. Les juro a ustedes, que en shâmayim los ángeles los recuerdan para bien delante de la gloria del Gibbôr Êl: y sus nombres están escritos delante de la gloria del Gibbôr Êl.

2. Tengan esperanza; porque antes ustedes fueron avergonzados por mal y aflicción; pero ahora ustedes brillarán como las luces del shâmayim, ustedes brillarán y ustedes serán vistos, y los portales del shâmayim les serán abiertos.

3. Y en su clamor, clamen por juicio, y se les manifestará; porque toda su tribulación será visitada sobre los gobernantes, y sobre todos los que ayudaron a aquellos que los despojaron.

4. Tengan esperanza, y no desechen sus esperanzas, porque tendrán gran gozo como los ángeles del shâmayim.

5. ¿Qué están obligados a hacer? ustedes no tendrán que esconderse en el día del gran juicio y no serán hallados como pecadores, y el juicio eterno estará lejos de ustedes por todas las generaciones del mundo.

6. Y ahora no teman, ustedes justos, cuando vean a los pecadores creciendo fuertes y prosperando en sus caminos: no sean compañeros con ellos, sino manténganse lejos de su violencia; porque ustedes llegarán a ser compañeros de los ejércitos del shâmayim.

7. Y, aunque ustedes pecadores dicen: todos nuestros pecados no serán buscados y escritos, sin embargo escribirán todos sus pecados cada día.

8. Y ahora les muestro que luz y oscuridad, día y noche, ven todos sus pecados.

9. No sean impíos en sus corazones, y no mientan y no alteren las palabras de rectitud, ni acusen de mentira las palabras del Qâdôsh Gibbôr Êl, ni tomen en cuenta sus ídolos; porque toda su mentira y toda su impiedad no resulta en justicia sino en gran pecado.

10. Y ahora conozco este misterio, que los pecadores alterarán y pervertirán las palabras de justicia de muchas maneras, y hablarán palabras malvadas, y mentirán, y practicarán grandes engaños, y escribirán libros acerca de sus palabras.

11. Pero cuando ellos escriban fielmente todas mis palabras en sus lenguas, y no cambien ni disminuyan nada de mis palabras sino que las escriban todas fielmente, todo lo que yo primero testifiqué acerca de ellos.

12. Entonces, conozco otro misterio, que libros serán dados a los justos y a los sabios para llegar a ser causa de gozo y rectitud y mucha sabiduría.

13. Y a ellos les serán dados los libros, y creerán en ellos y se regocijarán sobre ellos, y entonces todos los justos que han aprendido de allí todos los caminos de rectitud serán recompensados.

Capítulo 105

1. En aquellos días Yahuah les mandó convocar y testificar a los hijos de la tierra acerca de su sabiduría: muéstrensela; porque ustedes son sus guías, y una recompensa sobre toda la tierra.

2. Porque yo y mi hijo seremos unidos con ellos para siempre en los caminos de rectitud en sus vidas; y ustedes tendrán paz: regocíjense, ustedes hijos de rectitud. Âmên.

Parte Seis

Capítulos 106–107

Fragmento del Libro de Nôach

Capítulo 106

1. Y después de algunos días mi hijo Methûshelach tomó una mujer para su hijo Lemek, y ella quedó embarazada por él y dio a luz un hijo.

2. Y su cuerpo era blanco como nieve y rojo como el florecimiento de una rosa, y el cabello de su cabeza y sus largas guedejas eran blancos como lana, y sus ojos hermosos. Y cuando abrió sus ojos, iluminó toda la casa como el sol, y toda la casa estaba muy brillante.

3. Y entonces él se levantó en las manos de la partera, abrió su boca, y conversó con Yahuah Tsedâqâh.

4. Y su padre Lemek tuvo miedo de él y huyó, y vino a su padre Methûshelach.

5. Y le dijo: He engendrado un hijo extraño, diferente y no semejante al hombre, y semejante a los hijos de los Êlôhîym de shâmayim; y su naturaleza es diferente y no es como nosotros, y sus ojos son como los rayos del sol, y su rostro es glorioso.

6. Y me parece que no procede de mí sino de los ángeles, y temo que en sus días una maravilla pueda ser obrada sobre la tierra.

7. Y ahora, padre mío, estoy aquí para suplicarte y rogarte que vayas a Chănôk, nuestro padre, y aprendas de él la verdad, porque su morada está entre los ángeles.

8. Y cuando Methûshelach oyó las palabras de su hijo, vino a mí a los confines de la tierra; porque había oído que yo estaba allí, y clamó en voz alta, y oí su voz y vine a él. Y le dije: He aquí, aquí estoy, hijo mío, ¿por qué has venido a mí?

9. Y él respondió y dijo: A causa de una gran razón de ansiedad he venido a ti, y a causa de una visión perturbadora me he acercado.

10. Y ahora, padre mío, escúchame: a Lemek mi hijo le ha nacido un hijo, tal como no hay ninguno, y su naturaleza no es como la naturaleza del hombre, y el color de su cuerpo es más blanco que la nieve y más rojo que el florecimiento de una rosa, y el cabello de su cabeza es más blanco que lana blanca, y sus ojos son como los rayos del sol, y abrió sus ojos y entonces iluminó toda la casa.

11. Y se levantó en las manos de la partera, y abrió su boca y bendijo a Yahuah de shâmayim.

12. Y su padre Lemek tuvo miedo y huyó a mí, y no creyó que procedía de él, sino que era semejante a los ángeles de shâmayim; y he aquí he venido a ti para que me hagas conocer la verdad.

13. Y yo, Chănôk, respondí y le dije: Yahuah hará una cosa nueva sobre la tierra, y esto ya lo he visto en una visión, y te hago saber que en la generación de mi padre Yârad algunos de los ángeles de shâmayim transgredieron la palabra de Yahuah.

14. Y he aquí ellos cometen pecado y transgreden la ley, y se han unido con mujeres y cometen pecado con ellas, y se han casado con algunas de ellas, y han engendrado hijos por ellas.

15. Sí, vendrá una gran destrucción sobre toda la tierra, y habrá un diluvio y una gran destrucción por un año.

16. Y este hijo que ha nacido para ti será dejado sobre la tierra, y sus tres hijos serán salvados con él: cuando toda la humanidad que está sobre la tierra muera, él y sus hijos serán salvados.

17. Y ellos producirán sobre la tierra nephîyl no según el espíritu, sino según la carne, y habrá un gran castigo sobre la tierra, y la tierra será limpiada de toda impureza.

18. Y ahora haz saber a tu hijo Lemek que aquel que ha nacido es verdaderamente su hijo, y llama su nombre Nôach; porque él será dejado para ti, y él y sus hijos serán salvados de la destrucción, que vendrá sobre la tierra a causa de todo el pecado y toda la injusticia, que será consumada sobre la tierra en sus días.

19. Y después de eso habrá todavía más injusticia que la que fue primero consumada sobre la tierra; porque conozco los misterios de los qâdôsh; porque él, Yahuah, me los ha mostrado y me ha informado, y yo los he leído en las tabletas del shâmayim.

Capítulo 107

1. Y vi escrito en ellas que generación tras generación transgredirá, hasta que una generación de justicia surja, y la transgresión sea destruida y el pecado desaparezca de la tierra, y toda clase de bien venga sobre ella.

2. Y ahora, hijo mío, ve y haz saber a tu hijo Lemek que este hijo que ha nacido es verdaderamente su hijo, y que esto no es mentira.

3. Y cuando Methûshelach oyó las palabras de su padre Chănôk, pues él le había mostrado todo en secreto, regresó y se lo mostró a él y llamó el nombre de ese hijo Nôach; porque él consolará la tierra después de toda la destrucción.

Parte Siete

Capítulo 108

Apéndice al Libro de Chănôk

Capítulo 108

1. Otro libro que Chănôk escribió para su hijo Methûshelach y para aquellos que vendrán después de él, y guardarán la ley en los últimos días.

2. Ustedes que han hecho el bien esperen aquellos días hasta que se haga fin de aquellos que obran el mal; y un fin del poder de los transgresores.

3. Y esperen ustedes ciertamente hasta que el pecado haya desaparecido, porque sus nombres serán borrados del libro de la vida y de los libros qâdôsh, y su descendencia será destruida para siempre, y sus espíritus serán muertos, y ellos clamarán y harán lamentación en un lugar que es un desierto caótico, y en el fuego arderán; porque no hay tierra allí.

4. Y vi allí algo como una nube invisible; porque debido a su profundidad no pude mirar más allá, y vi una llama de fuego ardiendo brillantemente, y cosas como montañas resplandecientes girando y moviéndose de un lado a otro.

5. Y pregunté a uno de los ángeles qâdôsh que estaba conmigo y le dije: ¿Qué es esta cosa resplandeciente? porque no es un shâmayim sino solo la llama de un fuego ardiente, y la voz de llanto y clamor y lamentación y fuerte dolor.

6. Y él me dijo: Este lugar que ves aquí son arrojados los espíritus de los pecadores y blasfemos, y de aquellos que obran maldad, y de aquellos que pervierten todo lo que Yahuah ha hablado por boca del Nâbîy, incluso las cosas que han de ser.

7. Porque algunos de ellos están escritos e inscritos arriba en el shâmayim, para que los ángeles los lean y sepan lo que sucederá a los pecadores, y a los espíritus de los humildes, y de aquellos que han afligido sus cuerpos, y han sido recompensados por Êlôhîym; y de aquellos que han sido avergonzados por hombres malvados:

8. Que aman a Êlôhîym y no amaron ni oro ni plata ni ninguna de las cosas buenas que están en el mundo, sino que entregaron sus cuerpos al tormento.

9. Que, desde que llegaron a existir, no anhelaron alimento terrenal, sino que consideraron todo como un aliento pasajero, y vivieron conforme a ello, y Yahuah los probó mucho, y sus espíritus fueron hallados puros para que bendijeran su nombre.

10. Y todas las bendiciones destinadas para ellos las he relatado en los libros. Y él les ha asignado su recompensa, porque han sido hallados como aquellos que amaron shâmayim más que su vida en el mundo, y aunque fueron pisoteados por hombres malvados, y experimentaron abuso y afrenta de ellos y fueron avergonzados, sin embargo me bendijeron.

11. Y ahora llamaré a los espíritus de los buenos que pertenecen a la generación de la luz, y transformaré a aquellos que nacieron en oscuridad, que en la carne no fueron recompensados con tal honor como su fidelidad merecía.

12. Y sacaré en luz resplandeciente a aquellos que han amado mi nombre Qâdôsh, y sentaré a cada uno en el trono de su honor.

13. Y ellos serán resplandecientes por tiempos sin número; porque la justicia es el juicio de Êlôhîym; porque al fiel él dará fidelidad en la morada de caminos rectos.

14. Y ellos verán a aquellos que fueron nacidos en oscuridad conducidos a la oscuridad, mientras los justos serán resplandecientes.

15. Y los pecadores clamarán en voz alta y los verán resplandecientes, y ellos ciertamente irán donde días y tiempos están prescritos para ellos.

Traducido por R. H. Charles, D.Litt., D.D. y restaurado por Dr. Yeral E. Ogando.

Libro De Los Jubileos

Libro de Jubileos & Berēšhīṯh (Genesis)

Paralelos (Secciones Ausentes y Aclaradas)

Esta guía de estudio resalta las secciones en el Libro de Jubileos que aclaran, expanden, o proporcionan detalles ausentes del Libro de Berēšhīṯh (Genesis).

El Libro de Jubileos, a veces llamado "Pequeño Berēšhīṯh (Genesis)", vuelve a relatar Berēšhīṯh (Genesis) con detalles adicionales acerca de ángeles, pactos, leyes, cronología, e historias patriarcales que no se encuentran en Berēšhīṯh (Genesis).

Tabla de Comparación: Jubileos vs. Berēšhīṯh (Genesis)

Sección de Jubileos	Paralelo en Berēšhīṯh (Genesis)	Aclaración / Expansión en Jubileos
Jub. 2	Gen 1–2	Ángeles creados en el Día 1; Shabbath santificado desde la creación.
Jub. 3	Gen 2–3	Adam y Chawwâh permanecieron en Eden 7 años antes del pecado; ángeles enseñaron a Adam la agricultura.
Jub. 4	Gen 4–5	Fechas precisas para Qayin, Shêth; genealogía detallada.
Jub. 5	Gen 6–9	Los Vigilantes pecaron con mujeres; gigantes causaron corrupción que condujo al Diluvio.
Jub. 6	Gen 9	Pacto de Nôach vinculado a la Fiesta de las Semanas (Shâbûa).
Jub. 7	Gen 9–10	Nôach dio leyes: reglas dietéticas, prohibición de sangre, moralidad.
Jub. 8–9	Gen 10	Nôach dividió la tierra entre Shêm, Châm, Yepheth con límites.
Jub. 8	Gen 11	Qeynan encontró escritos de los Vigilantes; conocimiento prohibido.
Jub. 11–12	Gen 11–12	Abraham rechazó la idolatría, destruyó ídolos, oró a Yahuah.
Jub. 14	Gen 15	Aclara que la profecía de 400 años comienza con Abraham, no solo con Mitsrayim.
Jub. 16–17	Gen 18–21	Detalles sobre la risa de Sarah; pacto de circuncisión reafirmado.
Jub. 17–18	Gen 22	Mastema (figura adversaria) probó a Abraham con el sacrificio de Yitschâq.
Jub. 19–20	Gen 23	Mandamientos finales de Abraham e instrucciones éticas.
Jub. 21–22	Gen 25	Abraham instruye a Yitschâq / Yaăqôb sobre ofrendas y sacerdocio.
Jub. 28–29	Gen 29–30	Historia de Dîynâh ampliada; Lêwîy consagrado al sacerdocio.
Jub. 32	Gen 35	Visión de Bêythêl de Yaăqôb ampliada; instrucciones sobre diezmos y sacerdocio.
Jub. 33–34	Gen 34	Sacerdocio de Lêwîy justificado mediante la venganza de Dîynâh.
Jub. 44–45	Gen 37–50	Añade fechas y tiempos de los años de hambruna; ayuda angelical en el ascenso de Yôsêph.
Jub. 50	Exod 20	Leyes del Shabbâth ampliadas; ciclos de Jubileo (49 años) explicados.

Temas Clave de las Aclaraciones de Jubileos

1. Los ángeles estuvieron presentes desde el primer día de la creación, guiando a la humanidad.
2. Jubileos proporciona cronología precisa (años, jubileos, semanas) ausente en Berēšhīṯh (Genesis).
3. Los Vigilantes y los gigantes se integran en la historia del Diluvio de Berēšhīṯh (Genesis).
4. Pactos ampliados: el pacto de Nôach ligado a Shâbûa; el de Abraham aclarado con años exactos.
5. Mastema es introducido como adversario que influye en el pecado y prueba a Abraham.
6. Las leyes (Shabbâth, circuncisión, sacrificios, pureza, y diezmos) son reveladas antes de Sîynay.
7. Historias patriarcales adicionales: Abraham destruye ídolos, Yaăqôb consagra a Lêwîy, Nôach divide la tierra.
8. La historia está estructurada por ciclos de jubileo de 49 años, dando un marco calendárico a los eventos de Berēšhīṯh (Genesis).

Introducción

Esta es la historia de la división de los días de la ley y del testimonio, de los acontecimientos de los años, de sus semanas (de años), de sus Jubileos a lo largo de todos los años del mundo, tal como Yahuah habló a Môsheh (מֹשֶׁה) en el Monte Sîynay cuando él subió para recibir las tablas de la ley y del mandamiento, conforme a la voz de Êlôhîym cuando le dijo:

Sube a la cima del Monte.

Sêpher (סֵפֶר) Yôbêl (יוֹבֵל) – Libro de Jubileo

(El Libro de Jubileos — por R. H. Charles, Oxford: Clarendon Press, 1913), *editado y revisado por Dr. Yeral E. Ogando*

Capítulo 1

1. Y aconteció en el primer año del éxodo de los hijos de Yâshâral (יִשְׂרָאֵל) fuera de Mitsrayim (מִצְרַיִם), en el tercer mes, en el día dieciséis del mes, que Êlôhîym habló a Môsheh, diciendo: Sube a mí en el Monte, y te daré dos tablas de piedra de la ley y del mandamiento, que he escrito, para que tú les enseñes.

2. Y Môsheh subió al monte de Êlôhîym, y la gloria de Yahuah reposó sobre el Monte Sîynay, y una nube lo cubrió por seis días.

3. Y él llamó a Môsheh en el séptimo día desde en medio de la nube, y la apariencia de la gloria de Yahuah era como fuego llameante en la cima del monte.

4. Y Môsheh estuvo en el Monte cuarenta días y cuarenta noches, y Êlôhîym le enseñó la historia más antigua y la posterior de la división de todos los días de la ley y del testimonio.

5. Y él dijo: Inclina tu corazón a cada palabra que te hablaré en este monte, y escríbelas en un libro para que sus generaciones vean cómo no los he abandonado por todo el mal que han obrado al transgredir el pacto que establezco entre mí y ti para sus generaciones en este día sobre el Monte Sîynay.

6. Y así sucederá cuando todas estas cosas vengan sobre ellos, que reconocerán que yo soy más justo que ellos en todos sus juicios y en todas sus acciones, y reconocerán que verdaderamente he estado con ellos.

7. Y tú escribe para ti todas estas palabras que te declaro hoy, porque conozco su rebelión y su cerviz dura, antes de introducirlos en la tierra de la cual juré a sus padres, a Abrâhâm, y a Yitschâq (יִצְחָק), y a Yaăqôb (יַעֲקֹב), diciendo: A tu descendencia daré una tierra que fluye leche y miel.

8. Y ellos comerán y se saciarán, y se volverán a dioses extraños, a dioses que no pueden librarlos de ninguna de sus tribulaciones: y este testimonio será oído como testimonio contra ellos.

9. Porque olvidarán todos mis mandamientos, todo lo que les mando, y caminarán tras los gentiles, y tras su impureza, y tras su vergüenza, y servirán a sus dioses, y estos resultarán para ellos ofensa y tribulación y aflicción y lazo.

10. Y muchos perecerán y serán llevados cautivos, y caerán en manos del enemigo, porque han abandonado mis ordenanzas y mis mandamientos, y las festividades de mi pacto, y mi Shabbâth (שַׁבָּת), y mi lugar qâdôsh que he santificado para mí en medio de ellos, y mi tabernáculo, y mi santuario, que he santificado para mí en medio de la tierra, para poner mi nombre sobre él, y para que habite allí.

11. Y se harán para sí lugares altos y ăshêrâh (אֲשֵׁרָה) e imágenes talladas, y adorarán, cada uno su propia imagen tallada, para extraviarse, y sacrificarán sus hijos a demonios, y a todas las obras del error de sus corazones.

12. Y enviaré testigos a ellos para que testifiquen contra ellos, pero no escucharán, y también matarán a los testigos, y perseguirán a aquellos que buscan la ley, y abrogarán y cambiarán todo para obrar mal delante de mis ojos.

13. Y esconderé mi rostro de ellos, y los entregaré en manos de los gentiles para cautiverio, y para presa, y para devoración, y los removeré de en medio de la tierra, y los dispersaré entre los gentiles.

14. Y olvidarán toda mi ley y todos mis mandamientos y todos mis juicios, y se extraviarán respecto a lunas nuevas, y Shabbâth, y festividades, y jubileos, y ordenanzas.

15. Y después de esto se volverán a mí desde entre los gentiles con todo su corazón y con toda su alma y con toda su fuerza, y los reuniré de entre todos los gentiles, y me buscarán, de modo que seré hallado por ellos, cuando me busquen con todo su corazón y con toda su alma.

16. Y les revelaré abundante paz con justicia, y los plantaré, la planta de rectitud, con todo mi corazón y con toda mi alma, y serán para bendición y no para maldición, y serán cabeza y no cola.

17. Y edificaré mi santuario en medio de ellos, y habitaré con ellos, y seré su Êlôhîym y ellos serán mi pueblo en verdad y justicia.

18. Y no los abandonaré ni les fallaré; porque yo soy Yahuah su Êlôhîym.

19. Y Môsheh cayó sobre su rostro y oró y dijo: Oh Yahuah mi Êlôhîym, no abandones a tu pueblo y tu heredad, para que no vaguen en el error de sus corazones, y no los entregues en manos de sus enemigos, los gentiles, para que no gobiernen sobre ellos y los hagan pecar contra ti.

20. Que tu misericordia, oh Yahuah, sea levantada sobre tu pueblo, y crea en ellos un espíritu recto, y no permitas que el espíritu de Belîyaal (בְּלִיַּעַל) gobierne sobre ellos para acusarlos delante de ti, y para atraparlos lejos de todos los caminos de justicia, para que perezcan delante de tu rostro.

21. Porque ellos son tu pueblo y tu heredad, que has librado con tu gran poder de las manos de los Mitsrîy (מִצְרִי): crea en ellos un corazón limpio y un espíritu qâdôsh, y no permitas que sean atrapados en sus pecados desde ahora hasta la eternidad.

22. Y Yahuah dijo a Môsheh: Conozco su obstinación y sus pensamientos y su cerviz dura, y no serán obedientes hasta que confiesen su propio pecado y el pecado de sus padres.

23. Y después de esto se volverán a mí con toda rectitud y con todo su corazón y con toda su alma, y circuncidaré el prepucio de su corazón y el prepucio del corazón de su descendencia, y crearé en ellos un espíritu qâdôsh, y los limpiaré para que no se aparten de mí desde ese día hasta la eternidad.

24. Y sus almas se adherirán a mí y a todos mis mandamientos, y cumplirán mis mandamientos, y yo seré su padre y ellos serán mis hijos.

25. Y todos serán llamados hijos del Êlôhîym viviente, y todo ángel y todo espíritu sabrá, sí, sabrán que estos son mis hijos, y que yo soy su padre en rectitud y justicia, y que yo los amo.

26. Y tú escribe para ti todas estas palabras que te declaro en este monte, las primeras y las últimas, que acontecerán en todas las divisiones de los días en la ley y en el testimonio y en las semanas y los jubileos hasta la eternidad, hasta que yo descienda y habite con ellos por toda la eternidad.

27. Y dijo al ángel de la presencia: Escribe para Môsheh desde el principio de la creación

hasta que mi santuario haya sido edificado entre ellos para toda la eternidad.

28. Y Yahuah aparecerá a los ojos de todos, y todos sabrán que yo soy el Êlôhîym de Yâshâral y el padre de todos los hijos de Yaăqôb, y Melek en el Monte Tsîyôn (צִיּוֹן) por toda la eternidad. Y Tsîyôn y Yerûshâlaim (יְרוּשָׁלַםִ) serán qâdôsh.

29. Y el ángel de la presencia que iba delante del campamento de Yâshâral tomó las tablas de las divisiones de los años desde el tiempo de la creación de la ley y del testimonio de las semanas de los jubileos, conforme a los años individuales, conforme a todo el número de los jubileos, desde el día de la creación cuando el shâmayim y la tierra serán renovados y toda su creación conforme a los poderes del shâmayim, y conforme a toda la creación de la tierra, hasta que el santuario de Yahuah sea hecho en Yarûshâlaim sobre el Monte Tsîyôn, y todos los luminares sean renovados para sanidad y para paz y para bendición para todos los escogidos de Yâshâral, y que así sea desde ese día y hasta todos los días de la tierra.

Capítulo 2

1. Y el ángel de la presencia habló a Môsheh conforme a la palabra de Yahuah, diciendo: Escribe la historia completa de la creación, cómo en seis días Yahuah Êlôhîym terminó todas sus obras y todo lo que creó, y guardó Shabbâth en el séptimo día y lo santificó para todas las edades, y lo designó como señal para todas sus obras.

2. Porque en el primer día creó el shâmayim que están arriba y la tierra y las aguas y todos los espíritus que sirven delante de él, los ángeles de la presencia, y los ángeles de santificación, y los ángeles del espíritu de fuego y los ángeles del espíritu de los vientos, y los ángeles del espíritu de las nubes, y de oscuridad, y de nieve y de granizo y de escarcha, y los ángeles de las voces y del trueno y del relámpago, y los ángeles de los espíritus del frío y del calor, y del invierno y de la primavera y del otoño y del verano y de todos los espíritus de sus criaturas que están en el shâmayim y en la tierra, creó los abismos y la oscuridad, el anochecer y la noche, y la luz, el amanecer y el día, que ha preparado en el conocimiento de su corazón.

3. Y entonces vimos sus obras, y lo alabamos, y lo exaltamos delante de él a causa de todas sus obras; porque siete grandes obras creó en el primer día.

4. Y en el segundo día creó el firmamento en medio de las aguas, y las aguas fueron divididas en ese día, la mitad de ellas subió arriba y la mitad de ellas descendió debajo del firmamento que estaba en medio sobre la faz de toda la tierra. Y esta fue la única obra que Êlôhîym creó en el segundo día.

5. Y en el tercer día mandó a las aguas pasar de sobre la faz de toda la tierra a un solo lugar, y aparecer la tierra seca.

6. Y las aguas hicieron así como él les mandó, y se retiraron de sobre la faz de la tierra a un solo lugar fuera de este firmamento, y apareció la tierra seca.

7. Y en ese día creó para ellas todos los mares según sus lugares de reunión separados, y todos los ríos, y las reuniones de las aguas en las montañas y sobre toda la tierra, y todos los lagos, y todo el rocío de la tierra, y la semilla que es sembrada, y todas las cosas que brotan, y árboles que dan fruto, y árboles del bosque, y el Jardin del Eden, en Eden y todas las plantas según su especie.

8. Estas cuatro grandes obras Êlôhîym creó en el tercer día. Y en el cuarto día creó el sol y la luna y las estrellas, y los colocó en el firmamento del shâmayim, para dar luz sobre

toda la tierra, y para gobernar sobre el día y la noche, y dividir la luz de la oscuridad.

9. Y Êlôhîym designó el sol para ser una gran señal sobre la tierra para días y para Shabbâth y para meses y para fiestas y para años y para Shabbâth de años y para jubileos y para todas las estaciones de los años.

10. Y divide la luz de la oscuridad y para prosperidad, para que todas las cosas prosperen que brotan y crecen sobre la tierra.

11. Estos tres tipos hizo en el cuarto día. Y en el quinto día creó grandes monstruos marinos en las profundidades de las aguas, porque estas fueron las primeras cosas de carne que fueron creadas por sus manos, los peces y todo lo que se mueve en las aguas, y todo lo que vuela, las aves y toda su especie.

12. Y el sol se levantó sobre ellos para hacerlos prosperar, y sobre todo lo que estaba en la tierra, todo lo que brota de la tierra, y todos los árboles que dan fruto, y toda carne.

13. Estos tres tipos creó en el quinto día. Y en el sexto día creó todos los animales de la tierra, y todo el ganado, y todo lo que se mueve sobre la tierra.

14. Y después de todo esto creó al hombre, hombre y mujer los creó, y le dio dominio sobre todo lo que está sobre la tierra, y en los mares, y sobre todo lo que vuela, y sobre bestias y sobre ganado, y sobre todo lo que se mueve sobre la tierra, y sobre toda la tierra, y sobre todo esto le dio dominio.

15. Y estos cuatro tipos creó en el sexto día. Y hubo en total veintidós tipos.

16. Y terminó toda su obra en el sexto día, todo lo que está en el shâmayim y en la tierra, y en los mares y en los abismos, y en la luz y en la oscuridad, y en todo.

17. Y nos dio una gran señal, el día Shabbâth, para que trabajemos seis días, pero guardemos Shabbâth en el séptimo día de toda obra.

18. Y todos los ángeles de la presencia, y todos los ángeles de santificación, estas dos grandes clases, nos ha mandado guardar el Shabbâth con él en el shâmayim y en la tierra.

19. Y nos dijo: He aquí, separaré para mí un pueblo de entre todos los pueblos, y estos guardarán el día Shabbâth, y los santificaré para mí como mi pueblo, y los bendeciré; como he santificado el día Shabbâth y lo santifico para mí, así los bendeciré, y ellos serán mi pueblo y yo seré su Êlôhîym.

20. Y he escogido la descendencia de Yaǎqôb de entre todo lo que he visto, y lo he escrito como mi hijo primogénito, y lo he santificado para mí para siempre y para siempre; y les enseñaré el día Shabbâth, para que guarden Shabbâth en él de toda obra.

21. Y así creó en él una señal conforme a la cual deben guardar Shabbâth con nosotros en el séptimo día, para comer y beber, y bendecir a aquel que creó todas las cosas como ha bendecido y santificado para sí un pueblo especial sobre todos los pueblos, y para que guarden Shabbâth junto con nosotros.

22. Y hizo subir sus mandamientos como olor dulce aceptable delante de él todos los días.

23. Hubo veintidós cabezas de la humanidad desde Âdâm hasta Yaǎqôb, y veintidós tipos de obra fueron hechos hasta el séptimo día; este es bendito y qâdôsh; y el anterior también es bendito y qâdôsh; y este sirve con aquel para santificación y bendición.

24. Y a este, Yaǎqôb y su descendencia, se les concedió que siempre fueran benditos y qâdôsh del primer testimonio y ley, así

como él había santificado y bendecido el día Shabbâth en el séptimo día.

25. Creó shâmayim y tierra y todo lo que creó en seis días, y Êlôhîym hizo el séptimo día qâdôsh, para todas sus obras; Por tanto, mandó respecto a él que quien haga cualquier obra en él morirá, y que quien lo profane ciertamente morirá.

26. Por tanto, tú manda a los hijos de Yâshâral observar este día para que lo mantengan qâdôsh y no hagan en él ninguna obra, y no lo profanen, pues es más santo que todos los otros días.

27. Y cualquiera que lo profane ciertamente morirá, y cualquiera que haga en él cualquier obra ciertamente morirá eternamente, para que los hijos de Yâshâral observen este día por todas sus generaciones, y no sean arrancados de la tierra; porque es un día qâdôsh y un día bendito.

28. Y todo aquel que lo observe y guarde Shabbâth en él de toda su obra, será qâdôsh y bendito por todos los días como nosotros.

29. Declara y di a los hijos de Yâshâral la ley de este día para que guarden Shabbâth en él, y para que no lo abandonen en el error de sus corazones; y que no es lícito hacer en él ninguna obra que sea impropia, hacer en él su propio placer, ni preparar en él nada para comer o beber, ni sacar agua, ni introducir ni sacar por sus puertas carga alguna que no hayan preparado para sí en el sexto día en sus moradas.

30. Y no traerán ni sacarán de casa en casa en ese día; porque ese día es más qâdôsh y bendito que cualquier día de jubileo de los jubileos; en este guardamos Shabbâth en el shâmayim antes de que fuese conocido a cualquier carne para guardarlo en la tierra.

31. Y el Bârâ de todas las cosas lo bendijo, pero no santificó a todos los pueblos y naciones para guardar Shabbâth en él, sino a Yâshâral solamente: solo a ellos permitió comer y beber y guardar Shabbâth en la tierra.

32. Y el Bârâ (בָּרָא) de todas las cosas bendijo este día que había creado para bendición y qôdesh y gloria sobre todos los días.

33. Esta ley y testimonio fue dado a los hijos de Yâshâral como ley para siempre por todas sus generaciones.

Capítulo 3

1. Y en los seis días de la segunda semana trajimos, conforme a la palabra de Êlôhîym, a Âdâm todos los animales, y todo el ganado, y todas las aves, y todo lo que se mueve sobre la tierra, y todo lo que se mueve en el agua, según sus especies, y según sus tipos: las bestias en el primer día; el ganado en el segundo día; las aves en el tercer día; y todo lo que se mueve sobre la tierra en el cuarto día; y lo que se mueve en el agua en el quinto día.

2. Y Âdâm los nombró a todos por sus nombres respectivos, y como él los llamó, así fue su nombre.

3. Y en estos cinco días Âdâm vio todo esto, macho y hembra, según cada especie que estaba en la tierra, pero él estaba solo y no encontró ayuda adecuada para él.

4. Y Yahuah nos dijo: No es bueno que el hombre esté solo: hagamos una ayuda para él.

5. Y Yahuah nuestro Êlôhîym hizo caer sobre él un profundo sueño, y durmió, y tomó para la mujer una costilla de entre sus costillas, y esta costilla fue el origen de la mujer de entre sus costillas, y edificó carne en su lugar, y edificó la mujer.

6. Y despertó Âdâm de su sueño y al despertar se levantó en el sexto día, y la trajo a él, y la conoció, y dijo a ella: Esta ahora es hueso

de mis huesos y carne de mi carne; ella será llamada mi mujer; porque fue tomada de su marido.

7. Por tanto, hombre y mujer serán uno y Por tanto, el hombre dejará a su padre y a su madre, y se unirá a su mujer, y serán una sola carne.

8. En la primera semana fue creado Âdâm, y la costilla, su mujer, en la segunda semana le fue mostrada; y por esta razón fue dado el mandamiento de guardar en su impureza, para un varón siete días, y para una hembra dos veces siete días.

9. Y después de que Âdâm completó cuarenta días en la tierra donde había sido creado, lo trajimos al Jardin del Eden para cultivarlo y guardarlo, pero a su mujer la trajeron en el día ochenta, y después de esto ella entró en el Jardin del Eden.

10. Y por esta razón el mandamiento está escrito en las tabletas del shâmayim respecto a la que da a luz: si da a luz varón permanecerá en su impureza siete días según la primera semana de días, y treinta y tres días permanecerá en la sangre de su purificación, y no tocará cosa santificada, ni entrará en el santuario hasta que cumpla estos días que son ordenados en el caso de un hijo varón.

11. Pero en el caso de una hija permanecerá en su impureza dos semanas de días, según las primeras dos semanas, y sesenta y seis días en la sangre de su purificación, y serán en total ochenta días.

12. Y cuando completó estos ochenta días la trajimos al Jardin del Eden, porque es más santo que toda la tierra y todo árbol que es plantado en él es qâdôsh.

13. Por tanto, fue ordenado respecto a la que da a luz varón o hembra el estatuto de estos días, que no toque cosa santificada ni entre en el santuario hasta que estos días para el varón o la hembra sean cumplidos.

14. Esta es la ley y testimonio que fue escrito para Yâshâral, para que lo observen todos los días.

15. Y en la primera semana del primer jubileo Âdâm y su mujer estuvieron en el Jardin del Eden siete años cultivándolo y guardándolo, y le dimos trabajo y le instruimos a hacer todo lo que es apropiado para el cultivo.

16. Y él cultivó, y estaba desnudo y no lo sabía, y no se avergonzaba, y protegía el Jardín de las aves y bestias y ganado, y recogía su fruto y comía, y guardaba el resto para sí y para su mujer.

17. Y después de completar los siete años que había completado allí, exactamente siete años, en el segundo mes, en el día diecisiete del mes, el Nâchâsh (נָחָשׁ) vino y se acercó a la mujer, y el Nâchâsh dijo a la mujer: ¿Ha mandado Êlôhîym diciendo que no coman de todo árbol del Jardín?

18. Y ella le dijo: De todo fruto de los árboles del Jardín Êlôhîym nos ha dicho: coman; pero del fruto del árbol que está en medio del Jardín Êlôhîym nos ha dicho: no comerán de él, ni lo tocarán, para que no mueran.

19. Y el Nâchâsh dijo a la mujer: ciertamente no morirán; porque Êlôhîym sabe que el día que coman de él se abrirán sus ojos y serán como dioses y conocerán el bien y el mal.

20. Y la mujer vio el árbol que era agradable y placentero a los ojos y que su fruto era bueno para alimento, y tomó de él y comió.

21. Y después de cubrir primero su vergüenza con hojas de higuera, dio también a Âdâm y él comió, y sus ojos fueron abiertos y vio que estaba desnudo.

22. Y tomó hojas de higuera y las cosió juntas y se hizo un delantal y cubrió su vergüenza.

23. Y Êlôhîym maldijo al Nâchâsh, y se enojó con él para siempre.

24. Y se enojó con la mujer porque escuchó la voz del Nâchâsh y comió; y le dijo: multiplicaré en gran manera tu dolor y tus dolores; con dolor darás a luz hijos y tu deseo será para tu marido y él gobernará sobre ti.

25. Y a Âdâm también dijo: porque escuchaste la voz de tu mujer y comiste del árbol del cual te mandé que no comieras, maldita será la tierra por tu causa; espinos y cardos producirá para ti y comerás tu pan con el sudor de tu rostro hasta que vuelvas a la tierra de donde fuiste tomado; porque polvo eres y al polvo volverás.

26. Y les hizo túnicas de piel y los vistió y los envió fuera del Jardin del Eden.

27. Y en ese día en que Âdâm salió del Jardín ofreció como olor agradable una ofrenda, lebônâh, galbanum, stacte, y especias por la mañana con la salida del sol desde el día en que cubrió su vergüenza.

28. Y en ese día fue cerrada la boca de todas las bestias, y del ganado, y de las aves, y de todo lo que camina y de todo lo que se mueve, de modo que ya no podían hablar; porque todos habían hablado entre sí con un solo labio y una sola lengua.

29. Y sacó del Jardin del Eden toda carne que estaba en el Jardín, y toda carne fue dispersada según sus especies y según sus tipos a los lugares que habían sido creados para ellos.

30. Y solo a Âdâm le dio con qué cubrir su vergüenza de entre todas las bestias y ganado.

31. Por esta razón está prescrito en las tabletas del shâmayim respecto a todos los que conocen el juicio de la ley que cubran su vergüenza y no se descubran como los gentiles se descubren.

32. Y al comienzo del cuarto mes Âdâm y su mujer salieron del Jardin del Eden, y habitaron en la tierra de Eldâ en la tierra de su creación.

33. Y Âdâm llamó el nombre de su mujer Chawwâh (חַוָּה).

34. Y no tuvieron hijo hasta el primer jubileo, y después de esto la conoció.

35. Y él cultivó la tierra como había sido instruido en el Jardin del Eden.

Capítulo 4

1. Y en la tercera semana del segundo jubileo ella dio a luz a Qayin, y en la cuarta dio a luz a Hebel, y en la quinta dio a luz a su hija Âwân.

2. Y en el primer año del tercer jubileo, Qayin mató a Hebel porque Êlôhîym aceptó el sacrificio de Hebel, y no aceptó la ofrenda de Qayin.

3. Y lo mató en el campo: y su sangre clamó desde la tierra hasta el shâmayim, quejándose porque lo había matado.

4. Y Yahuah reprendió a Qayin a causa de Hebel, porque lo había matado, y lo hizo fugitivo sobre la tierra a causa de la sangre de su hermano, y lo maldijo sobre la tierra.

5. Y por esta causa está escrito en las tablas del shâmayim, maldito es el que hiere a su prójimo traicioneramente, y que todos los que han visto y oído digan: así sea; y el hombre que ha visto y no lo ha declarado, sea maldito como el otro.

6. Y por esta razón nosotros anunciamos cuando venimos delante de Yahuah nuestro Êlôhîym todo el pecado que es cometido

en el shâmayim y en la tierra, y en luz y en oscuridad, y en todas partes.

7. Y Âdâm y su mujer hicieron duelo por Hebel cuatro semanas de años, y en el cuarto año de la quinta semana se alegraron, y Âdâm conoció a su mujer otra vez, y ella le dio a luz un hijo, y llamó su nombre Shêth; porque dijo Êlôhîym nos ha levantado una segunda semilla sobre la tierra en lugar de Hebel; porque Qayin lo mató.

8. Y en la sexta semana engendró a su hija Azûrâ.

9. Y Qayin tomó a Âwân su hermana para ser su mujer y ella le dio a luz a Chănôk al cierre del cuarto jubileo. Y en el primer año de la primera semana del quinto jubileo, casas fueron edificadas sobre la tierra, y Qayin edificó una ciudad, y llamó su nombre según el nombre de su hijo Chănôk.

10. Y Âdâm conoció a Chawwâh su mujer y ella le dio a luz todavía nueve hijos.

11. Y en la quinta semana del quinto jubileo Shêth tomó a Azûrâ su hermana para ser su mujer, y en el cuarto año de la sexta semana ella le dio a luz a Ĕnôsh (אֱנוֹשׁ).

12. Él comenzó a invocar el nombre de Yahuah sobre la tierra.

13. Y en el séptimo jubileo en la tercera semana Ĕnôsh tomó a Nôâm su hermana para ser su mujer, y ella le dio a luz un hijo en el tercer año de la quinta semana, y llamó su nombre Qêynân (קֵינָן).

14. Y al cierre del octavo jubileo Qêynân tomó a Mûalêlêth su hermana para ser su mujer, y ella le dio a luz un hijo en el noveno jubileo, en la primera semana en el tercer año de esta semana, y llamó su nombre Mahălalêl.

15. Y en la segunda semana del décimo jubileo Mahălalêl tomó para sí por mujer a Dîynâh (דִּינָה), la hija de Barâkîêl, la hija del hermano de su padre, y ella le dio a luz un hijo en la tercera semana en el sexto año, y llamó su nombre Yârad, porque en sus días los ángeles de Yahuah descendieron sobre la tierra, aquellos que son llamados los Vigilantes, para que instruyeran a los hijos de los hombres, y para que hicieran juicio y rectitud sobre la tierra.

16. Y en el undécimo jubileo Yârad tomó para sí una mujer, y su nombre era Bâraka, la hija de Râsûyâl, hija del hermano de su padre, en la cuarta semana de este jubileo, y ella le dio a luz un hijo en la quinta semana, en el cuarto año del jubileo, y llamó su nombre Chănôk.

17. Y él fue el primero entre los hombres que nacen sobre la tierra que aprendió escritura y conocimiento y sabiduría y que escribió las señales del shâmayim según el orden de sus meses en un libro para que los hombres conocieran las estaciones de los años según el orden de sus meses separados.

18. Y él fue el primero en escribir un testimonio, y testificó a los hijos de los hombres entre las generaciones de la tierra, y relató las semanas de los jubileos, e hizo conocer a ellos los días de los años, y ordenó los meses, y contó los Shabbâth de los años como nosotros se los hicimos conocer.

19. Y lo que fue y lo que será vio en una visión de su sueño, como acontecerá a los hijos de los hombres por todas sus generaciones hasta el Día del Juicio; vio y entendió todo, y escribió su testimonio, y puso el testimonio sobre la tierra para todos los hijos de los hombres y para sus generaciones.

20. Y en el duodécimo jubileo, en la séptima semana de él, tomó para sí una mujer, y su nombre era Ednî, la hija de Dânêl, la hija del hermano de su padre, y en el sexto año de

esta semana ella le dio a luz un hijo y llamó su nombre Methûshelach.

21. Y él estuvo además con los ángeles de Êlôhîym estos seis jubileos de años, y le mostraron todo lo que está sobre la tierra y en el shâmayim, el gobierno del sol, y él escribió todo.

22. Y testificó a los Vigilantes, que habían pecado con las hijas de los hombres; porque estos habían comenzado a unirse, para contaminarse, con las hijas de los hombres, y Chănôk testificó contra todos ellos.

23. Y fue tomado de entre los hijos de los hombres, y lo condujimos al Jardin del Eden en majestad y honor, y he aquí allí escribe la condenación y el juicio del mundo, y toda la maldad de los hijos de los hombres.

24. Y a causa de esto, Êlôhîym trajo las aguas del diluvio sobre toda la tierra de Eden; porque allí fue puesto como señal y para que testificara contra todos los hijos de los hombres, para que relatara todas las obras de las generaciones hasta el día de condenación.

25. Y quemó el incienso del santuario, incluso especias dulces aceptables delante de Yahuah sobre el Monte.

26. Porque Yahuah tiene cuatro lugares sobre la tierra, el Jardin del Eden, y el Monte del Oriente, y este monte sobre el cual tú estás hoy, el Monte Sîynay, y el Monte Tsîyôn que será santificado en la nueva creación para santificación de la tierra; por medio de él la tierra será santificada de toda su culpa y su impureza por todas las generaciones del mundo.

27. Y en el decimocuarto jubileo Methûshelach tomó para sí una mujer, Ednâ la hija de Azrîyêl (עֲזְרִיאֵל), la hija del hermano de su padre, en la tercera semana, en el primer año de esta semana, y engendró un hijo y llamó su nombre Lemek.

28. Y en el decimoquinto jubileo en la tercera semana Lemek tomó para sí una mujer, y su nombre era Bêtênôs la hija de Bârâki'îl, la hija del hermano de su padre, y en esta semana ella le dio a luz un hijo y llamó su nombre Nôach, diciendo: este me consolará de mi aflicción y de toda mi obra, y de la tierra que Yahuah ha maldecido.

29. Y al cierre del decimonoveno jubileo, en la séptima semana en el sexto año de él, Âdâm murió, y todos sus hijos lo enterraron en la tierra de su creación, y fue el primero en ser enterrado en la tierra.

30. Y le faltaron setenta años de mil años; porque mil años son como un día en el testimonio del shâmayim y Por tanto, fue escrito acerca del árbol del conocimiento: En el día que comas de él morirás. Por esta razón no completó los años de este día; porque murió durante él.

31. Al cierre de este jubileo Qayin fue muerto después de él en el mismo año; porque su casa cayó sobre él y murió en medio de su casa, y fue muerto por sus piedras; porque con una piedra había matado a Hebel, y por una piedra fue muerto en juicio justo.

32. Por esta razón fue ordenado en las tabletas del shâmayim: Con el instrumento con el cual un hombre mata a su prójimo, con ese mismo será muerto; según la manera en que lo hirió, de igual manera tratarán con él.

33. Y en el vigésimo quinto jubileo Nôach tomó para sí una mujer, y su nombre era Emzârâ, la hija de Râkêêl, la hija del hermano de su padre, en el primer año en la quinta semana: y en el tercer año de ella le dio a luz a Shêm, en el quinto año de ella le dio a luz a Châm (חָם), y en el primer año en la sexta semana le dio a luz a Yapheth (יֶפֶת).

Capítulo 5

1. Y aconteció cuando los hijos de los hombres comenzaron a multiplicarse sobre la faz de la tierra y les nacieron hijas, que los ángeles de Êlôhîym las vieron en cierto año de este jubileo, que eran hermosas de ver; y tomaron para sí mujeres de todas las que escogieron, y ellas les dieron a luz hijos y eran nephîyl.

2. Y la anarquía aumentó sobre la tierra y toda carne corrompió su camino, por igual hombres y ganado y bestias y aves y todo lo que camina sobre la tierra, todos ellos corrompieron sus caminos y sus órdenes, y comenzaron a devorarse unos a otros, y la anarquía aumentó sobre la tierra y toda imaginación de los pensamientos de todos los hombres era así mala continuamente.

3. Y Êlôhîym miró sobre la tierra, y he aquí estaba corrompida, y toda carne había corrompido sus órdenes, y todos los que estaban sobre la tierra habían obrado toda clase de mal delante de sus ojos.

4. Y dijo que destruiría al hombre y a toda carne sobre la faz de la tierra que había creado.

5. Pero Nôach halló gracia delante de los ojos de Yahuah.

6. Y contra los ángeles que él había enviado sobre la tierra, estuvo sobremanera airado, y dio mandamiento de arrancarlos de todo su dominio, y nos mandó atarlos en las profundidades de la tierra, y he aquí están atados en medio de ellas, y son guardados separados.

7. Y contra sus hijos salió un mandamiento de delante de su rostro, que fueran heridos con la espada, y quitados de debajo del shâmayim.

8. Y dijo: Mi espíritu no permanecerá para siempre sobre el hombre; porque ellos también son carne y sus días serán ciento veinte años.

9. Y envió su espada en medio de ellos para que cada uno matara a su prójimo, y comenzaron a matarse unos a otros hasta que todos cayeron por la espada y fueron destruidos de la tierra.

10. Y sus padres fueron testigos de su destrucción, y después de esto fueron atados en las profundidades de la tierra para siempre, hasta el día de la gran condenación, cuando el juicio es ejecutado sobre todos aquellos que han corrompido sus caminos y sus obras delante de Yahuah.

11. Y destruyó a todos de sus lugares, y no quedó uno de ellos a quien no juzgara según toda su maldad.

12. Y hizo para todas sus obras una naturaleza nueva y justa, para que no pecaran en toda su naturaleza para siempre, sino que fueran todos justos cada uno en su especie siempre.

13. Y el juicio de todos está ordenado y escrito en las tabletas del shâmayim en justicia, incluso el juicio de todos los que se apartan del camino que está ordenado para que caminen en él; y si no caminan en él, el juicio es escrito para toda criatura y para cada especie para siempre.

14. Y no hay nada en el shâmayim ni en la tierra, ni en luz ni en oscuridad, ni en Sheôl ni en la profundidad, ni en el lugar de oscuridad, que no sea juzgado; y todos sus juicios están ordenados y escritos y grabados.

15. En cuanto a todos él juzgará, al grande según su grandeza, y al pequeño según su pequeñez, y a cada uno según su camino.

16. Y no es uno que mirará la persona de alguno, ni es uno que recibirá dones, si él dice que ejecutará juicio sobre cada uno: si

uno diera todo lo que está sobre la tierra, no mirará los dones ni la persona de alguno, ni aceptará nada de su mano, porque él es juez justo.

17. Y de los hijos de Yâshâral ha sido escrito y ordenado: si se vuelven a él en justicia él perdonará todas sus transgresiones y absolverá todos sus pecados.

18. Está escrito y ordenado que él mostrará misericordia a todos los que se vuelven de toda su culpa una vez cada año.

19. Y en cuanto a todos los que corrompieron sus caminos y sus pensamientos antes del diluvio, no fue aceptada la persona de ningún hombre salvo la de Nôach solamente; porque su persona fue aceptada en favor de sus hijos, a quienes Êlôhîym salvó de las aguas del diluvio por causa de él; porque su corazón era justo en todos sus caminos, conforme a lo que fue mandado respecto a él, y no se apartó de nada que fue ordenado para él.

20. Y Yahuah dijo que destruiría todo lo que estaba sobre la tierra, tanto hombres como ganado, y bestias, y aves del aire, y lo que se mueve sobre la tierra.

21. Y mandó a Nôach que hiciera para él un arca para que pudiera salvarse de las aguas del diluvio.

22. Y Nôach hizo el arca en todo conforme le mandó, en el vigésimo séptimo jubileo de años, en la quinta semana en el quinto año al comienzo del primer mes.

23. Y entró en el sexto año de él, en el segundo mes, al comienzo del segundo mes, hasta el día dieciséis; y entró, y todo lo que nosotros le trajimos, en el arca, y Yahuah la cerró por fuera en la tarde del diecisiete.

24. Y Yahuah abrió siete compuertas del diluvio del shâmayim, y las bocas de las fuentes del gran abismo, siete bocas en número.

25. Y las compuertas del diluvio comenzaron a derramar agua desde el shâmayim cuarenta días y cuarenta noches, y las fuentes del abismo también hicieron subir aguas, hasta que todo el mundo estuvo lleno de agua.

26. Y las aguas crecieron sobre la tierra: quince codos se alzaron las aguas sobre todas las altas montañas, y el arca fue levantada sobre la tierra, y se movía sobre la faz de las aguas.

27. Y el agua prevaleció sobre la faz de la tierra cinco meses, ciento cincuenta días.

28. Y el arca fue y reposó sobre la cima de Lûbâr, una de las montañas de Ărâraṭ.

29. Y al comienzo del cuarto mes las fuentes del gran abismo fueron cerradas y las compuertas del diluvio del shâmayim fueron restringidas; y al comienzo del séptimo mes todas las bocas de los abismos de la tierra fueron abiertas, y el agua comenzó a descender al abismo de abajo.

30. Y al comienzo del décimo mes se vieron las cimas de las montañas, y al comienzo del primer mes la tierra se hizo visible.

31. Y las aguas desaparecieron de sobre la tierra en la quinta semana en el séptimo año de él, y en el día diecisiete del segundo mes la tierra estaba seca.

32. Y en el día veintisiete de él abrió el arca, y envió fuera de ella bestias, y ganado, y aves, y toda cosa que se mueve.

Capítulo 6

1. Y al comienzo del tercer mes él salió del arca, y edificó un altar en aquel monte.

2. Y hizo expiación por la tierra, y tomó un cabrito y hizo expiación por su sangre por toda la culpa de la tierra; porque todo lo que

había estado sobre ella había sido destruido, salvo aquellos que estaban en el arca con Nôach.

3. Y puso la grasa de ello sobre el altar, y tomó un buey, y un macho cabrío, y una oveja y cabritos, y sal, y una tórtola, y el polluelo de una paloma, y puso un sacrificio quemado sobre el altar, y derramó sobre ello una ofrenda mezclada con aceite, y roció vino y esparció lebônâh sobre todo, e hizo subir un buen olor, aceptable delante de Yahuah.

4. Y Yahuah olió el buen olor, y hizo un pacto con él que no habría ya más un diluvio para destruir la tierra; que todos los días de la tierra, tiempo de siembra y cosecha, nunca cesarían; frío y calor, y verano e invierno, y día y noche no cambiarían su orden, ni cesarían para siempre.

5. Y ustedes, ustedes aumenten y multiplíquense sobre la tierra, y vuélvanse muchos sobre ella, y sean bendición sobre ella. El temor de ustedes y el terror de ustedes inspiraré en todo lo que está en la tierra y en el mar.

6. Y he aquí les he dado a ustedes todas las bestias, y todas las cosas aladas, y todo lo que se mueve sobre la tierra, y los peces en las aguas, y todas las cosas para alimento; como las hierbas verdes, les he dado a ustedes todas las cosas para comer.

7. Pero carne, con su vida, con la sangre, no comerán; porque la vida de toda carne está en la sangre, no sea que su sangre de sus vidas sea requerida. De la mano de todo hombre, de la mano de toda bestia requeriré la sangre del hombre.

8. Quien derrama sangre de hombre, por hombre su sangre será derramada, porque en la imagen de Êlôhîym él hizo al hombre.

9. Y ustedes, ustedes aumenten, y multiplíquense en la tierra.

10. Y Nôach y sus hijos juraron que no comerían ninguna sangre que estuviera en alguna carne, y él hizo un pacto delante de Yahuah Êlôhîym para siempre por todas las generaciones de la tierra en este mes.

11. Por esta causa él te habló para que hicieras un pacto con los hijos de Yâshâral en este mes sobre el monte con juramento, y que rociaras sangre sobre ellos a causa de todas las palabras del pacto, que Yahuah hizo con ellos para siempre.

12. Y este testimonio está escrito respecto a ti para que lo observes continuamente, para que no comas en ningún día ninguna sangre de bestias o aves o ganado durante todos los días de la tierra, y el hombre que come la sangre de bestia o de ganado o de aves durante todos los días de la tierra, él y su descendencia serán arrancados de la tierra.

13. Y tú manda a los hijos de Yâshâral no comer sangre, para que sus nombres y su descendencia estén delante de Yahuah nuestro Êlôhîym continuamente.

14. Y para esta ley no hay límite de días, porque es para siempre. La observarán por todas sus generaciones, para que continúen suplicando a tu favor con sangre delante del altar; cada día y en el tiempo de la mañana y de la tarde buscarán perdón a tu favor perpetuamente delante de Yahuah para que lo guarden y no sean arrancados.

15. Y dio a Nôach y a sus hijos una señal de que no habría otra vez un diluvio sobre la tierra.

16. Puso su arco en la nube como señal del pacto eterno de que no habría otra vez un diluvio sobre la tierra para destruirla todos los días de la tierra.

17. Por esta razón está ordenado y escrito en las tabletas del shâmayim, que deben

celebrar la fiesta de semanas en este mes una vez al año, para renovar el pacto cada año.

18. Y esta fiesta entera fue celebrada en el shâmayim desde el día de la creación hasta los días de Nôach, veintiséis jubileos y cinco semanas de años: y Nôach y sus hijos la observaron por siete jubileos y una semana de años, hasta el día de la muerte de Nôach, y desde el día de la muerte de Nôach sus hijos la eliminaron hasta los días de Abrâhâm, y comieron sangre.

19. Pero Abrâhâm la observó, y Yitschâq y Yaăqôb y sus hijos la observaron hasta tus días, y en tus días los hijos de Yâshâral la olvidaron hasta que tú la celebraste de nuevo en este monte.

20. Y tú manda a los hijos de Yâshâral observar esta fiesta en todas sus generaciones como mandamiento para ellos: un día en el año en este mes celebrarán la fiesta.

21. Porque es la fiesta de semanas y la fiesta de primicias: esta fiesta es doble y de doble naturaleza: conforme a lo que está escrito y grabado acerca de ella, celébrala.

22. Porque he escrito en el libro de la primera ley, en aquello que he escrito para ti, que la celebres en su estación, un día en el año, y te expliqué sus sacrificios para que los hijos de Yâshâral recuerden y la celebren por todas sus generaciones en este mes, un día en cada año.

23. Y al comienzo del primer mes, y al comienzo del cuarto mes, y al comienzo del séptimo mes, y al comienzo del décimo mes están los días de memoria, y los días de las estaciones en las cuatro divisiones del año. Estos están escritos y ordenados como testimonio para siempre.

24. Y Nôach los ordenó para sí como fiestas para las generaciones para siempre, para que se hayan hecho por ello memorial para él.

25. Y al comienzo del primer mes se le mandó hacerse un arca, y en ese día la tierra se secó y él abrió el arca y vio la tierra.

26. Y al comienzo del cuarto mes las bocas de las profundidades del abismo debajo fueron cerradas. Y al comienzo del séptimo mes todas las bocas de los abismos de la tierra fueron abiertas, y las aguas comenzaron a descender en ellas.

27. Y al comienzo del décimo mes se vieron las cimas de las montañas, y Nôach se alegró.

28. Y por esta causa los ordenó para sí como fiestas para memorial para siempre, y así están ordenados.

29. Y los pusieron en las tabletas del shâmayim, cada uno tenía trece semanas; de uno a otro pasaba su memorial, del primero al segundo, y del segundo al tercero, y del tercero al cuarto.

30. Y todos los días del mandamiento serán cincuenta y dos semanas de días, y estos harán el año entero completo. Así está grabado y ordenado en las tabletas del shâmayim.

31. Y no hay descuido de este mandamiento por un solo año ni de año en año.

32. Y tú mandas a los hijos de Yâshâral que observen los años según este cómputo, trescientos sesenta y cuatro días, y estos constituirán un año completo, y no perturbarán su tiempo de sus días y de sus fiestas; porque todo sucederá en ellos según su testimonio, y no omitirán ningún día ni perturbarán ninguna fiesta.

33. Pero si ellos sí descuidan y no los observan según su mandamiento, entonces perturbarán todas sus estaciones y los años

serán desplazados de este orden, y perturbarán las estaciones y los años serán desplazados y descuidarán sus ordenanzas.

34. Y todos los hijos de Yâshâral olvidarán y no hallarán el camino de los años, y olvidarán los nuevos meses, y estaciones, y Shabbâth y errarán respecto a todo el orden de los años.

35. Porque yo sé y desde ahora lo declararé a ti, y no es de mi propio invento; porque el libro yace escrito delante de mí, y en las tabletas del shâmayim la división de días está ordenada, para que no olviden las fiestas del pacto y anden conforme a las fiestas de los gentiles tras su error y tras su ignorancia.

36. Porque habrá aquellos que ciertamente harán observaciones de la luna, cómo perturba las estaciones y entra de año en año diez días demasiado pronto.

37. Por esta razón los años vendrán sobre ellos cuando perturben el orden, y hagan un día abominable, el día de testimonio, y un día impuro un día de fiesta, y confundirán todos los días, lo qâdôsh con lo impuro, y el día impuro con lo qâdôsh; porque errarán respecto a los meses y Shabbâth y fiestas y jubileos.

38. Por esta razón yo mando y testifico a ti para que tú testifiques a ellos; porque después de tu muerte tus hijos los perturbarán, de modo que no harán el año solo de trescientos sesenta y cuatro días, y por esta razón errarán respecto a los nuevos meses y estaciones y Shabbâth y festividades, y comerán toda clase de sangre con toda clase de carne.

Capítulo 7

1. Y en la séptima semana en el primer año de ella, en este jubileo, Nôach plantó viñas en el monte sobre el cual el arca había reposado, llamado Lûbâr, una de las montañas de Ărâraţ, y produjeron fruto en el cuarto año, y él guardó su fruto, y lo recogió en este año en el séptimo mes.

2. Y hizo vino de ello y lo puso en un recipiente, y lo guardó hasta el quinto año, hasta el primer día, al comienzo del primer mes.

3. Y celebró con gozo el día de esta fiesta, y ofreció un sacrificio quemado a Yahuah, un buey joven y un carnero, y siete ovejas, cada una de un año, y un cabrito de machos cabríos, para que hiciera expiación por ello por sí mismo y por sus hijos.

4. Y preparó el cabrito primero, y puso algo de su sangre sobre la carne que estaba sobre el altar que había hecho, y toda la grasa la puso sobre el altar donde hizo el sacrificio quemado, y el buey y el carnero y las ovejas, y puso toda su carne sobre el altar.

5. Y puso todas sus ofrendas mezcladas con aceite sobre él, y después roció vino sobre el fuego que había hecho previamente sobre el altar, y puso incienso sobre el altar e hizo subir un olor dulce aceptable delante de Yahuah su Êlôhîym.

6. Y se alegró y bebió de este vino, él y sus hijos con gozo.

7. Y fue tarde, y entró en su tienda, y estando ebrio se acostó y durmió, y fue descubierto en su tienda mientras dormía.

8. Y Châm vio a Nôach su padre desnudo, y salió y lo dijo a sus dos hermanos afuera.

9. Y Shêm tomó su vestidura y se levantó, él y Yapheth, y pusieron la vestidura sobre sus hombros y fueron hacia atrás y cubrieron la vergüenza de su padre, y sus rostros estaban hacia atrás.

10. Y Nôach despertó de su sueño y supo todo lo que su hijo menor le había hecho, y maldijo a su hijo y dijo: Maldito sea Kenaan (כְּנַעַן); siervo esclavizado será a sus hermanos.

11. Y bendijo a Shêm, y dijo: Bendito sea Yahuah Êlôhîym de Shêm, y Kenaan será su siervo.

12. Êlôhîym ensanchará a Yapheth, y Êlôhîym habitará en la morada de Shêm, y Kenaan será su siervo.

13. Y Châm supo que su padre había maldecido a su hijo menor, y se disgustó de que hubiera maldecido a su hijo. Y se apartó de su padre, él y sus hijos con él, Kûsh (כּוּשׁ) y Mitsrayim y Pût y Kenaan.

14. Y edificó para sí una ciudad y llamó su nombre según el nombre de su mujer Nêêlâtâmâûk.

15. Y Yapheth lo vio, y tuvo envidia de su hermano, y él también edificó para sí una ciudad, y llamó su nombre según el nombre de su mujer Âdatanêsês.

16. Y Shêm habitó con su padre Nôach, y edificó una ciudad cerca de su padre en el monte, y él también llamó su nombre según el nombre de su mujer Sêdêqêtêlêbâb.

17. Y he aquí estas tres ciudades están cerca del Monte Lûbâr; Sêdêqêtêlêbâb frente al monte en su oriente; y Nêêlâtâmâûk al sur; Âdatanêsês hacia el occidente.

18. Y estos son los hijos de Shêm: Êylâm (עֵילָם), y Ashshûr, y Arpakshad, este hijo nació dos años después del diluvio, y Lûd, y Ărâm.

19. Los hijos de Yapheth: Gômer y Mâgôg y Mâday y Yâwân (יָוָן), Tûbal y Meshek y Tîyrâs: estos son los hijos de Nôach.

20. Y en el vigésimo octavo jubileo Nôach comenzó a ordenar a los hijos de sus hijos las ordenanzas y mandamientos, y todos los juicios que conocía, y exhortó a sus hijos a observar justicia, y a cubrir la vergüenza de su carne, y a bendecir a su Bârâ, y honrar padre y madre, y amar a su prójimo, y guardar sus almas de fornicación e impureza y toda iniquidad.

21. Porque por causa de estas tres cosas vino el diluvio sobre la tierra, a saber, por causa de la fornicación en la cual los Vigilantes contra la ley de sus ordenanzas fueron en prostitución tras las hijas de los hombres, y tomaron para sí mujeres de todas las que escogieron: y ellos hicieron el comienzo de la impureza.

22. Y engendraron hijos los Nâphîdîm, y eran todos distintos, y se devoraron unos a otros: y el Nephîyl mató al Nâphîl, y el Nâphîl mató al Elyô, y el Elyô a la humanidad, y un hombre a otro.

23. Y cada uno se vendió para obrar iniquidad y para derramar mucha sangre, y la tierra fue llenada de iniquidad.

24. Y después de esto pecaron contra las bestias y aves, y todo lo que se mueve y camina sobre la tierra: y mucha sangre fue derramada sobre la tierra, y toda imaginación y deseo de los hombres imaginaba vanidad y mal continuamente.

25. Y Yahuah destruyó todo de sobre la faz de la tierra; a causa de la maldad de sus obras, y a causa de la sangre que habían derramado en medio de la tierra destruyó todo.

26. Y quedamos, yo y tú, mis hijos, y todo lo que entró con nosotros en el arca, y he aquí yo veo sus obras delante de mí que ustedes no caminan en justicia: porque en el camino de destrucción han comenzado a caminar, y se están separando uno de otro, y tienen envidia uno del otro, y así acontece que no están en armonía, mis hijos, cada uno con su hermano.

27. Porque yo veo, y he aquí los demonios han comenzado sus seducciones contra ustedes y contra sus hijos y ahora temo por

ustedes, que después de mi muerte derramarán la sangre de hombres sobre la tierra, y que ustedes también serán destruidos de sobre la faz de la tierra.

28. Porque quien derrama sangre de hombre, y quien come la sangre de cualquier carne, todos serán destruidos de la tierra.

29. Y no quedará ningún hombre que coma sangre, o que derrame la sangre del hombre sobre la tierra, ni quedará para él semilla o descendientes viviendo bajo shâmayim; porque a Sheôl irán, y al lugar de condenación descenderán, y a la oscuridad del profundo todos serán removidos por muerte violenta.

30. No será vista sobre ustedes sangre alguna de toda la sangre; será todos los días en que han matado cualquier bestia o ganado o lo que vuele sobre la tierra, y obren ustedes una buena obra para sus almas cubriendo aquello que ha sido derramado sobre la faz de la tierra.

31. Y no serán como aquel que come con sangre, sino guárdense ustedes para que nadie coma sangre delante de ustedes: cubran la sangre, porque así me ha sido mandado testificar a ustedes y a sus hijos, juntamente con toda carne.

32. Y no permitan que el alma sea comida con la carne, para que su sangre, que es su vida, no sea requerida de la mano de cualquier carne que la derrama sobre la tierra.

33. Porque la tierra no será limpia de la sangre que ha sido derramada sobre ella; porque solo por la sangre de aquel que la derramó será la tierra purificada por todas sus generaciones.

34. Y ahora, mis hijos, oigan: obren juicio y justicia para que sean plantados en justicia sobre la faz de toda la tierra, y su gloria sea levantada delante de mi Êlôhîym, que me salvó de las aguas del diluvio.

35. Y he aquí, ustedes irán y edificarán para ustedes ciudades, y plantarán en ellas todas las plantas que están sobre la tierra, y además todos los árboles que dan fruto.

36. Por tres años el fruto de todo lo que se come no será recogido: y en el cuarto año su fruto será contado qâdôsh y ofrecerán las primicias, aceptables delante de Êlôhîym Elyôn Êl, que creó shâmayim y tierra y todas las cosas. Que ofrezcan en abundancia lo primero del vino y del aceite como primicias sobre el altar de Yahuah, que lo recibe, y lo que queda que los siervos de la casa de Yahuah coman delante del altar que lo recibe.

37. Y en el quinto año ustedes hacen la liberación para que la liberen en justicia y rectitud, y serán justos, y todo lo que planten prosperará.

38. Porque así mandó Chănôk, el padre de su padre, a Methûshelach, su hijo, y Methûshelach a su hijo Lemek, y Lemek me mandó a mí todas las cosas que sus padres le mandaron.

39. Y yo también les daré mandamiento, mis hijos, como Chănôk mandó a su hijo en los primeros jubileos: estando aún vivo, el séptimo en su generación, mandó y testificó a su hijo y a los hijos de su hijo hasta el día de su muerte.

Capítulo 8

1. En el vigésimo noveno jubileo, en la primera semana, al comienzo de ella Arpakshad tomó para sí una mujer y su nombre era Râsûêyâ, hija de Shûshan (שׁוּשַׁן), hija de Êylâm, y ella le dio a luz un hijo en el tercer año de esta semana, y llamó su nombre Qêynân.

2. Y el hijo creció, y su padre le enseñó escritura, y él fue a buscar para sí un lugar donde pudiera apoderarse para sí de una ciudad.

3. Y halló una escritura que generaciones anteriores habían tallado en la roca, y leyó lo que estaba sobre ella, y la transcribió y pecó a causa de ello; porque contenía la enseñanza de los Vigilantes conforme a la cual solían observar los presagios del sol y la luna y las estrellas en todas las señales del shâmayim.

4. Y lo escribió y no dijo nada acerca de ello; porque tenía temor de hablar con Nôach acerca de ello, no sea que él se enojara con él a causa de ello.

5. Y en el trigésimo jubileo, en la segunda semana, en el primer año de ella, tomó para sí una mujer, y su nombre era Mêlkâ, hija de Mâday, hijo de Yapheth, y en el cuarto año engendró un hijo, y llamó su nombre Shêlâh; porque dijo: Verdaderamente he sido enviado.

6. Y en el cuarto año nació, y Shêlâh creció y tomó para sí una mujer, y su nombre era Mûâk, hija de Keśed, hermano de su padre, en el trigésimo primer jubileo, en la quinta semana, en el primer año de ella.

7. Y ella le dio a luz un hijo en el quinto año de ella, y llamó su nombre Êber: y tomó para sí una mujer, y su nombre era Azûrâd, hija de Nêbrôd, en el trigésimo segundo jubileo, en la séptima semana, en el tercer año de ella.

8. Y en el sexto año de ella, ella le dio a luz un hijo, y llamó su nombre Peleg; porque en los días en que él nació los hijos de Nôach comenzaron a dividir la tierra entre sí: por esta razón llamó su nombre Peleg.

9. Y la dividieron secretamente entre sí, y se lo dijeron a Nôach.

10. Y aconteció al comienzo del trigésimo tercer jubileo que dividieron la tierra en tres partes, para Shêm y Châm y Yapheth, conforme a la herencia de cada uno, en el primer año en la primera semana, cuando uno de nosotros que había sido enviado, estaba con ellos.

11. Y llamó a sus hijos, y se acercaron a él, ellos y sus hijos, y dividió la tierra en los lotes, que sus tres hijos habían de tomar en posesión, y extendieron sus manos, y tomaron la escritura del seno de Nôach, su padre.

12. Y salió en la escritura como el lote de Shêm el centro de la tierra que él debía tomar como herencia para sí y para sus hijos por las generaciones de la eternidad, desde el centro de la cordillera de Râphâ (רָפָא), desde la boca del agua del río Tînâ, y su porción va hacia el occidente por medio de este río, y se extiende hasta que alcanza el agua de los abismos, de la cual este río sale y derrama sus aguas en el mar Mêat, y este río fluye al gran mar. Y todo lo que está hacia el norte es de Yapheth, y todo lo que está hacia el sur pertenece a Shêm.

13. Y se extiende hasta que alcanza Kârâsô: esto está en el seno de la lengua que mira hacia el sur.

14. Y su porción se extiende a lo largo del gran mar, y se extiende en línea recta hasta que alcanza el occidente de la lengua que mira hacia el sur: porque este mar es nombrado la lengua del Mar de Mitsrîy.

15. Y se vuelve desde aquí hacia el sur hacia la boca del gran mar en la orilla de sus aguas, y se extiende al occidente hasta Afrâ, y se extiende hasta que alcanza las aguas del río Gîychôn (גִּיחוֹן), y al sur de las aguas de Gîychôn, a las riberas de este río.

16. Y se extiende hacia el oriente, hasta que alcanza el Jardín del Eden, al sur de él, al sur y desde el oriente de toda la tierra de Eden y de todo el oriente, se vuelve al oriente y prosigue hasta que alcanza el oriente del monte llamado Râphâ, y desciende a la ribera de la boca del río Tînâ.

17. Esta porción salió por suerte para Shêm y sus hijos, para que la poseyeran para siempre hasta sus generaciones para siempre.

18. Y Nôach se alegró de que esta porción saliera para Shêm y para sus hijos, y recordó todo lo que había hablado con su boca en profecía; porque había dicho: Bendito sea Yahuah Êlôhîym de Shêm y que Yahuah habite en la morada de Shêm.

19. Y supo que el Jardín del Eden es el Qâdôsh Qâdôsh, y la morada de Yahuah, y el Monte Sîynay el centro del desierto, y el Monte Tsîyôn, el centro del ombligo de la tierra: estos tres fueron creados como lugares Qâdôsh enfrentados unos a otros.

20. Y bendijo al Êl de Êlôhîym, que había puesto la palabra de Yahuah en su boca, y a Yahuah por siempre.

21. Y supo que una porción bendita y una bendición había venido a Shêm y a sus hijos hasta las generaciones para siempre, toda la tierra de Eden y toda la tierra del Mar Rojo, y toda la tierra del oriente y India, y sobre el Mar Rojo y sus montañas, y toda la tierra de Bâshân, y toda la tierra de Lebânôn y las islas de Kaftûr, y todas las montañas de Sanîr y Amânâ, y las montañas de Ashshûr en el norte, y toda la tierra de Êylâm, Ashshûr, y Bâbel, y Shûshan y Mâêdâi, y todas las montañas de Ărâraṭ, y toda la región más allá del mar, que está más allá de las montañas de Ashshûr hacia el norte, una tierra bendita y espaciosa, y todo lo que está en ella es muy bueno.

22. Y para Châm salió la segunda porción, más allá de Gîychôn hacia el sur a la derecha del Jardín, y se extiende hacia el sur y se extiende a todas las montañas de fuego, y se extiende hacia el occidente al mar de Atel y se extiende hacia el occidente hasta que alcanza el mar de Mâûk, ese mar en el cual desciende todo lo que no es destruido.

23. Y sale hacia el norte hasta los límites de Gâdîr, y sale a la costa de las aguas del mar hasta las aguas del gran mar hasta que se acerca al río Gîychôn, y va a lo largo del río Gîychôn hasta que alcanza la derecha del Jardín del Eden.

24. Y esta es la tierra que salió para Châm como la porción que él había de ocupar para siempre para sí y para sus hijos hasta sus generaciones para siempre.

25. Y para Yapheth salió la tercera porción más allá del río Tînâ al norte de la salida de sus aguas, y se extiende hacia el noreste a toda la región de Gôg, y a todo el país al oriente de ella.

26. Y se extiende hacia el norte al norte, y se extiende a las montañas de Qêlt hacia el norte, y hacia el mar de Mâûk, y sale al oriente de Gâdîr hasta la región de las aguas del mar.

27. Y se extiende hasta que se acerca al occidente de Fârâ y vuelve hacia Afêrâg, y se extiende al oriente a las aguas del mar de Mêat.

28. Y se extiende a la región del río Tînâ en dirección noreste hasta que se acerca al límite de sus aguas hacia el monte Râphâ, y se vuelve alrededor hacia el norte.

29. Esta es la tierra que salió para Yapheth y sus hijos como la porción de su herencia que él debía poseer para sí y para sus hijos, para sus generaciones para siempre; cinco grandes islas, y una gran tierra en el norte.

30. Pero es fría, y la tierra de Châm es caliente, y la tierra de Shêm no es ni caliente ni fría, sino que es de frío y calor mezclados.

Capítulo 9

1. Y Châm dividió entre sus hijos, y la primera porción salió para Kûsh (כוש) hacia el

oriente, y al occidente de él para Mitsrayim, y al occidente de él para Pût, y al occidente de él y al occidente de ello sobre el mar para Kenaan.

2. Y Shêm también dividió entre sus hijos, y la primera porción salió para Châm y sus hijos, al oriente del río Chiddeqel (חִדֶּקֶל) hasta que se acerca al oriente, toda la tierra de India, y sobre el Mar Rojo en su costa, y las aguas de Dedân, y todas las montañas de Mêbrî y Êlâa, y toda la tierra de Shûshan y todo lo que está al lado de Pharnâk hasta el Mar Rojo y el río Tînâ.

3. Y para Ashshûr salió la segunda porción, toda la tierra de Ashshûr y Nîynewêh (נִינְוֵה) y Shinâr y hasta el borde de India, y asciende y bordea el río.

4. Y para Arpakshad salió la tercera porción, toda la tierra de la región de los Kaśdîy (כַּשְׂדִּי) al oriente del Perâth (פְּרָת), lindando con el Mar Rojo, y todas las aguas del desierto cerca de la lengua del mar que mira hacia Mitsrayim, toda la tierra de Lebânôn y Sânîr y Amânâ hasta el borde del Perâth.

5. Y para Ărâm salió la cuarta porción, toda la tierra de Ăram Nahărayim (אֲרַם נַהֲרַיִם) entre el Chiddeqel y el Perâth al norte de los Kaśdîy hasta el borde de las montañas de Ashshûr y la tierra de Arârâ.

6. Y salió para Lûd la quinta porción, las montañas de Ashshûr y todo lo perteneciente a ellas hasta que alcanza el Gran Mar, y hasta que alcanza el oriente de Ashshûr su hermano.

7. Y Yapheth también dividió la tierra de su herencia entre sus hijos.

8. Y la primera porción salió para Gômer al oriente desde el lado norte hasta el río Tînâ; y en el norte salió para Mâgôg toda la parte interior del norte hasta que alcanza el mar de Mêat.

9. Y para Mâday salió como su porción que él debía poseer desde el occidente de sus dos hermanos hasta las islas, y hasta las costas de las islas.

10. Y para Yâwân salió la cuarta porción, toda isla y las islas que están hacia el borde de Lûd.

11. Y para Tûbal salió la quinta porción en medio de la lengua que se acerca hacia el borde de la porción de Lûd hasta la segunda lengua, a la región más allá de la segunda lengua hasta la tercera lengua.

12. Y para Meshek salió la sexta porción, toda la región más allá de la tercera lengua hasta que se acerca al oriente de Gâdîr.

13. Y para Tîyrâs salió la séptima porción, cuatro grandes islas en medio del mar, que alcanzan la porción de Châm y las islas de Kâmâtûrî salieron por suerte para los hijos de Arpakshad como su herencia.

14. Y así los hijos de Nôach dividieron a sus hijos en presencia de Nôach su padre, y los ató a todos con juramento, imponiendo una maldición sobre todo aquel que buscara apoderarse de la porción que no le había caído por su suerte.

15. Y todos dijeron: "Así sea; así sea" para sí mismos y para sus hijos para siempre por todas sus generaciones hasta el día del juicio, en el cual Yahuah Êlôhîym los juzgará con espada y con fuego por toda la maldad impura de sus errores, con la cual han llenado la tierra de transgresión e impureza y fornicación y pecado.

Capítulo 10

1. Y en la tercera semana de este jubileo los demonios impuros comenzaron a extraviar a los hijos de los hijos de Nôach, y a hacerlos errar y destruirlos.

2. Y los hijos de Nôach vinieron a Nôach su padre, y le dijeron acerca de los demonios que estaban extraviando y cegando y matando a los hijos de sus hijos.

3. Y él oró delante de Yahuah su Êlôhîym, y dijo: Êlôhîym de los espíritus de toda carne, que han mostrado misericordia a mí y me han salvado a mí y a mis hijos de las aguas del diluvio, y no me han hecho perecer como hiciste a los hijos de perdición; porque tu gracia ha sido grande hacia mí, y grande ha sido tu misericordia para mi alma; sea tu gracia levantada sobre mis hijos, y no dejes que espíritus malvados gobiernen sobre ellos para que no los destruyan de la tierra.

4. Pero tú bendíceme y a mis hijos, para que aumentemos y nos multipliquemos y llenemos la tierra.

5. Y tú sabes cómo tus Vigilantes, los padres de estos espíritus, actuaron en mis días: y en cuanto a estos espíritus que están vivos, enciérralos y retenlos firmes en el lugar de condenación, y no dejes que traigan destrucción sobre los hijos de tu siervo, mi Êlôhîym; porque estos son malignos, y creados para destruir.

6. Y no dejes que gobiernen sobre los espíritus de los vivientes; porque tú solo puedes ejercer dominio sobre ellos. Y no dejes que tengan poder sobre los hijos de los justos desde ahora y para siempre.

7. Y Yahuah nuestro Êlôhîym nos mandó atar a todos.

8. Y el jefe de los espíritus, Mastêmâ, vino y dijo: Yahuah, Bârâ, deja que algunos de ellos permanezcan delante de mí, y que oigan mi voz, y hagan todo lo que yo les diga; porque si algunos de ellos no me son dejados, no podré ejecutar el poder de mi voluntad sobre los hijos de los hombres; porque estos son para corrupción y para extraviar delante de mi juicio, porque grande es la maldad de los hijos de los hombres.

9. Y él dijo: Deja que la décima parte de ellos permanezca delante de él, y que nueve partes desciendan al lugar de condenación.

10. Y a uno de nosotros mandó que enseñáramos a Nôach todos sus remedios; porque sabía que no caminarían en rectitud, ni se esforzarían en justicia.

11. Y nosotros hicimos conforme a todas sus palabras: a todos los malignos malos los atamos en el lugar de condenación y una décima parte de ellos dejamos para que estuvieran sujetos delante del Adversario sobre la tierra.

12. Y explicamos a Nôach todos los remedios de sus enfermedades, juntamente con sus seducciones, cómo podría sanarlos con hierbas de la tierra.

13. Y Nôach escribió todas las cosas en un libro como lo instruimos respecto a toda clase de remedio. Así los espíritus malos fueron impedidos de dañar a los hijos de Nôach.

14. Y dio todo lo que había escrito a Shêm, su hijo mayor; porque lo amaba sobremanera por encima de todos sus hijos.

15. Y Nôach durmió con sus padres, y fue enterrado en el Monte Lûbâr en la tierra de Ărâraṭ.

16. Novecientos cincuenta años completó en su vida, diecinueve jubileos y dos semanas y cinco años.

17. Y en su vida sobre la tierra excedió a los hijos de los hombres salvo Chănôk por causa de la justicia, en la cual fue perfecto. Porque el oficio de Chănôk fue ordenado como testimonio a las generaciones del mundo, para que relatara todas las obras de generación en generación, hasta el Día del Juicio.

18. Y en el trigésimo tercer jubileo, en el primer año en la segunda semana, Peleg tomó para sí una mujer, cuyo nombre era Lômnâ hija de Shinâr, y ella le dio a luz un hijo en el cuarto año de esta semana, y llamó su nombre Rêû; porque dijo: He aquí los hijos de los hombres se han vuelto malos por el propósito malvado de edificarse una ciudad y una torre en la tierra de Shinâr.

19. Porque se apartaron de la tierra de Ărâraṭ hacia el oriente a Shinâr; porque en sus días edificaron la ciudad y la torre, diciendo, vamos, subamos por medio de ella al shâmayim.

20. Y comenzaron a edificar, y en la cuarta semana hicieron ladrillo con fuego, y los ladrillos les sirvieron por piedra, y el barro con que los cementaron era asfalto que sale del mar, y de las fuentes de agua en la tierra de Shinâr.

21. Y la edificaron: cuarenta y tres años estuvieron edificándola; su anchura era 203 ladrillos, y la altura de un ladrillo era la tercera parte de uno; su altura ascendía a 5433 codos y 2 palmas, y la extensión de un muro era trece estadios y del otro treinta estadios.

22. Y Yahuah nuestro Êlôhîym nos dijo: He aquí, son un pueblo, y esto comienzan a hacer, y ahora nada les será retenido. Vamos, bajemos y confundamos su lengua para que no entiendan el habla el uno del otro, y sean dispersados en ciudades y naciones, y un propósito ya no permanecerá con ellos hasta el Día del Juicio.

23. Y Yahuah descendió, y nosotros descendimos con él para ver la ciudad y la torre que los hijos de los hombres habían edificado.

24. Y confundió su lengua, y ya no entendían el habla el uno del otro, y cesaron entonces de edificar la ciudad y la torre.

25. Por esta razón toda la tierra de Shinâr se llama Bâbel, porque Yahuah allí confundió toda la lengua de los hijos de los hombres, y desde allí fueron dispersados a sus ciudades, cada uno conforme a su lengua y su nación.

26. Y Yahuah envió un viento poderoso contra la torre y la derribó sobre la tierra, y he aquí estaba entre Ashshûr y Bâbel (בָּבֶל) en la tierra de Shinâr, y llamaron su nombre “Derrocamiento”.

27. En la cuarta semana en el primer año al comienzo de ella, en el trigésimo cuarto jubileo, fueron dispersados de la tierra de Shinâr.

28. Y Châm y sus hijos fueron a la tierra que él había de ocupar, que adquirió como su porción en la tierra del sur.

29. Y Kenaan vio la tierra de Lebânôn hasta el río de Mitsrayim, que era muy buena, y no fue a la tierra de su herencia al occidente, esto es al mar, y habitó en la tierra de Lebânôn, al oriente y al occidente desde el límite de Yardên (יַרְדֵּן) y desde el límite del mar.

30. Y Châm, su padre, y Kûsh y Mitsrayim sus hermanos le dijeron: Te has asentado en una tierra que no es tuya, y que no nos cayó a nosotros por suerte: no hagas así; porque si haces así, tú y tus hijos caerán en la tierra y serán malditos por sedición; porque por sedición te has asentado, y por sedición caerán tus hijos, y serás arrancado para siempre.

31. No habites en la morada de Shêm; porque a Shêm y a sus hijos les vino por su suerte.

32. Maldito eres tú, y maldito serás más allá de todos los hijos de Nôach, por la maldición con que nos ligamos con juramento en presencia del juez Qâdôsh, y en presencia de Nôach nuestro padre.

33. Pero no les escuchó, y habitó en la tierra de Lebânôn desde Chămâth (חֲמָת) hasta la

entrada de Mitsrayim, él y sus hijos hasta este día.

34. Y por esta razón esa tierra es llamada Kenaan.

35. Y Yapheth y sus hijos fueron hacia el mar y habitaron en la tierra de su porción, y Mâday vio la tierra del mar y no le agradó, y pidió una porción de Châm y Ashshûr y Arpakshad, hermano de su mujer, y habitó en la tierra de Mâday (מָדַי), cerca del hermano de su mujer hasta este día.

36. Y llamó su lugar de morada, y el lugar de morada de sus hijos, Mâday, según el nombre de su padre Mâday.

Capítulo 11

1. Y en el trigésimo quinto jubileo, en la tercera semana, en el primer año de ella, Rêû tomó para sí una mujer, y su nombre era Ôrâ, hija de Ûr, hijo de Keśed, y ella le dio a luz un hijo, y llamó su nombre Sêrôh, en el séptimo año de esta semana en este jubileo.

2. Y los hijos de Nôach comenzaron a guerrear unos contra otros, a tomar cautivos y a matar unos a otros, y a derramar la sangre de los hombres sobre la tierra, y a comer sangre, y a edificar ciudades fuertes, y muros, y torres, y los individuos comenzaron a exaltarse por encima de la nación, y a fundar los comienzos de reinos, y a ir a la guerra, pueblo contra pueblo, y nación contra nación, y ciudad contra ciudad, y todos comenzaron a hacer mal, y a adquirir armas, y a enseñar a sus hijos la guerra, y comenzaron a capturar ciudades, y a vender esclavos varones y hembras.

3. Y Ûr, hijo de Keśed, edificó la ciudad de Ărâ de los Kaśdîy, y llamó su nombre conforme a su propio nombre y al nombre de su padre.

4. Y se hicieron para sí imágenes fundidas, y adoraron cada uno al ídolo, la imagen fundida que se habían hecho para sí, y comenzaron a hacer imágenes talladas y simulacros impuros, y espíritus malignos los asistían y los seducían para cometer transgresión e impureza.

5. Y el príncipe Mastêmâ se esforzó para hacer todo esto, y envió otros espíritus, aquellos que estaban puestos bajo su mano, para hacer toda clase de mal y pecado, y toda clase de transgresión, para corromper y destruir, y para derramar sangre sobre la tierra.

6. Por esta razón llamó el nombre de Sêrôh, Śerûg, porque cada uno se volvió a hacer toda clase de pecado y transgresión.

7. Y él creció, y habitó en Ûr de los Kaśdîy, cerca del padre de la madre de su mujer, y adoró ídolos, y tomó para sí una mujer en el trigésimo sexto jubileo, en la quinta semana, en el primer año de ella y su nombre era Mêlkâ, hija de Kâbêr, hija del hermano de su padre.

8. Y ella le dio a luz Nâchôr (נָחוֹר), en el primer año de esta semana, y él creció y habitó en Ûr de los Kaśdîy, y su padre le enseñó las investigaciones de los Kaśdîy para adivinar y pronosticar, conforme a las señales del shâmayim.

9. Y en el trigésimo séptimo jubileo en la sexta semana, en el primer año de ella, tomó para sí una mujer, y su nombre era Iyâskâ, hija de Nêstâg de los Kaśdîy.

10. Y ella le dio a luz Terach en el séptimo año de esta semana.

11. Y el príncipe Mastêmâ envió cuervos y aves para devorar la semilla que era sembrada en la tierra, para destruir la tierra, y robar a los hijos de los hombres de sus

labores. Antes que pudieran arar en la semilla, los cuervos la recogían de la superficie del suelo.

12. Y por esta razón llamó su nombre Terach porque los cuervos y las aves los redujeron a indigencia y devoraron su semilla.

13. Y los años comenzaron a ser estériles, a causa de las aves, y devoraron todo el fruto de los árboles de los árboles: solo con gran esfuerzo podían salvar un poco de todo el fruto de la tierra en sus días.

14. Y en este trigésimo noveno jubileo, en la segunda semana en el primer año, Terach tomó para sí una mujer, y su nombre era Ednâ, hija de Abrâm, hija de la hermana de su padre.

15. Y en el séptimo año de esta semana ella le dio a luz un hijo, y llamó su nombre Abrâm, conforme al nombre del padre de su madre; porque él había muerto antes que su hija hubiera concebido un hijo.

16. Y el niño comenzó a entender los errores de la tierra, que todos se descarriaban tras imágenes talladas y tras impureza, y su padre le enseñó escritura, y él tenía dos semanas de años, y se separó de su padre, para no adorar ídolos con él.

17. Y comenzó a orar al Bârâ de todas las cosas para que lo salvara de los errores de los hijos de los hombres, y para que su porción no cayera en error tras impureza y vileza.

18. Y vino el tiempo de siembra para sembrar semilla sobre la tierra, y todos salieron juntos para proteger su semilla contra los cuervos, y Abrâm salió con los que salían, y el niño era un muchacho de catorce años.

19. Y una nube de cuervos vino para devorar la semilla, y Abrâm corrió para salirles al encuentro antes que se posaran sobre el suelo, y les gritó antes que se posaran sobre el suelo para devorar la semilla, y dijo, no desciendan: vuelvan al lugar de donde vinieron, y procedieron a volverse atrás.

20. Y hizo volver las nubes de cuervos aquel día setenta veces, y de todos los cuervos por toda la tierra donde Abrâm estaba, no se asentó allí ni siquiera uno.

21. Y todos los que estaban con él por toda la tierra vieron que él gritaba, y que todos los cuervos volvían atrás, y su nombre se hizo grande en toda la tierra de los Kaśdîy.

22. Y vinieron a él este año todos los que §que cesó el tiempo de sembrar: y sembraron su tierra, y ese año trajeron suficiente grano a casa y comieron y quedaron satisfechos.

23. Y en el primer año de la quinta semana Abrâm enseñó a los que hacían implementos para bueyes, los artífices en madera, y ellos hicieron un recipiente sobre el suelo, frente al armazón del arado, para poner allí la semilla, y la semilla caía de allí sobre la reja del arado, y quedaba escondida en la tierra, y ya no temían a los cuervos.

24. Y después de esta manera hicieron recipientes sobre el suelo en todos los armazones de los arados, y sembraron y labraron toda la tierra, conforme a como Abrâm les mandó, y ya no temieron a las aves.

Capítulo 12

1. Y aconteció en la sexta semana, en el séptimo año de ella, que Abrâm dijo a Terach su padre, diciendo: Padre.

2. Y él dijo, he aquí, aquí estoy, mi hijo. Y él dijo, ¿qué ayuda y provecho tenemos de esos ídolos que tú adoras, y ante los cuales tú te inclinas?

3. Porque no hay espíritu en ellos, porque son formas mudas, y un extravío del corazón. No los adores:

4. Adora al Êlôhîym del shâmayim, que hace descender la lluvia y el rocío sobre la tierra y hace todo sobre la tierra, y ha creado todo por su palabra, y toda vida es de delante de su rostro.

5. ¿Por qué adoras cosas que no tienen espíritu en ellas? Porque son obra de manos de hombres, y sobre tus hombros las llevas, y no tienes ayuda de ellas, sino que son una gran causa de vergüenza para los que las hacen, y un extravío del corazón para los que las adoran: no las adores.

6. Y su padre le dijo: yo también lo sé, mi hijo, pero ¿qué he de hacer con un pueblo que me ha hecho servir delante de ellos?

7. Y si les digo la verdad, me matarán; porque su alma se pega a ellas para adorarlas y honrarlas.

8. Guarda silencio, mi hijo, no sea que te maten. Y estas palabras las habló a sus dos hermanos, y ellos se enojaron con él y él guardó silencio.

9. Y en el cuadragésimo jubileo, en la segunda semana, en el séptimo año de ella, Abrâm tomó para sí una mujer, y su nombre era Śâray, hija de su padre, y ella llegó a ser su mujer.

10. Y Chârân, su hermano, tomó para sí una mujer en el tercer año de la tercera semana, y ella le dio a luz un hijo en el séptimo año de esta semana, y llamó su nombre Lôt.

11. Y Nâchôr, su hermano, tomó para sí una mujer.

12. Y en el sexagésimo año de la vida de Abrâm, esto es, en la cuarta semana, en el cuarto año de ella, Abrâm se levantó de noche, y quemó la casa de los ídolos, y quemó todo lo que había en la casa y ningún hombre lo supo.

13. Y se levantaron en la noche y buscaron salvar a sus dioses de en medio del fuego.

14. Y Chârân se apresuró para salvarlos, pero el fuego flameó sobre él, y fue quemado en el fuego, y murió en Ûr de los Kaśdîy antes de Terach su padre, y lo enterraron en Ûr de los Kaśdîy.

15. Y Terach salió de Ûr de los Kaśdîy, él y sus hijos, para ir a la tierra de Lebânôn y a la tierra de Kenaan, y habitó en la tierra de Chârân, y Abrâm habitó con Terach su padre en Chârân dos semanas de años.

16. Y en la sexta semana, en el quinto año de ella, Abrâm se sentó despierto durante toda la noche al comienzo del séptimo mes para observar las estrellas desde la tarde hasta la mañana, para ver cuál sería el carácter del año respecto a las lluvias, y estaba solo mientras se sentaba y observaba.

17. Y una palabra vino a su corazón y dijo: Todas las señales de las estrellas, y las señales de la luna y del sol están todas en la mano de Yahuah. ¿Por qué las investigo?

18. Si él desea, hace llover, mañana y tarde; y si él desea, lo retiene, y todas las cosas están en su mano.

19. Y oró esa noche y dijo: mi Êlôhîym, Êlôhîym Elyôn Êl, tú solo eres mi Êlôhîym, y a ti y a tu dominio he escogido. Y tú has creado todas las cosas, y todas las cosas que son la obra de tus manos.

20. Líbrame de las manos de espíritus malos que tienen dominio sobre los pensamientos de los corazones de los hombres, y no dejes que me extravíen de ti, mi Êlôhîym. Y establéceme a mí y a mi simiente para siempre para que no nos extraviemos desde ahora y para siempre jamás.

21. Y dijo: ¿volveré a Ûr de los Kaśdîy que buscan mi rostro para que yo vuelva a ellos, he de permanecer aquí en este lugar? El camino recto delante de ti hazlo prosperar

en las manos de tu siervo para que lo cumpla y para que yo no ande en el engaño de mi corazón, oh mi Êlôhîym.

22. Y terminó de hablar y orar, y he aquí la palabra de Yahuah le fue enviada por medio de mí, diciendo: Levántate de tu país, y de tu parentela y de la casa de tu padre a una tierra que yo te mostraré, y haré de ti una nación grande y numerosa.

23. Y te bendeciré y haré grande tu nombre, y serás bendición en la tierra, y en ti serán benditas todas las familias de la tierra, y bendeciré a los que te bendigan, y maldeciré a los que te maldigan.

24. Y seré un Êlôhîym para ti y para tu hijo, y para el hijo de tu hijo, y para toda tu simiente: no temas, desde ahora y hasta todas las generaciones de la tierra yo soy tu Êlôhîym.

25. Y Yahuah Êlôhîym dijo: Abre su boca y sus oídos para que oiga y hable con su boca, con la lengua que ha sido revelada; porque había cesado de las bocas de todos los hijos de los hombres desde el día del derrocamiento de Bâbel.

26. Y abrí su boca, y sus oídos y sus labios, y comencé a hablar con él en Êber (עֵבֶר) en la lengua de la creación.

27. Y tomó los libros de sus padres, y estos estaban escritos en Êber, y los transcribió, y desde entonces comenzó a estudiarlos, y le di a conocer aquello que no podía entender, y los estudió durante los seis meses lluviosos.

28. Y aconteció en el séptimo año de la sexta semana que habló a su padre y le informó que dejaría Chârân para ir a la tierra de Kenaan para verla y volver a él.

29. Y Terach su padre le dijo; ve en paz: que Êlôhîym Ôlâm enderece tu camino. Y Yahuah sea contigo, y te proteja de todo mal, y te conceda gracia, misericordia y favor delante de los que te ven, y que ninguno de los hijos de los hombres tenga poder sobre ti para dañarte; ve en paz.

30. Y si ves una tierra agradable a tus ojos para habitar en ella, entonces levántate y llévame contigo y lleva contigo a Lôt, hijo de Chârân tu hermano como tu propio hijo: Yahuah sea contigo.

31. Y a Nâchôr tu hermano déjalo conmigo hasta que vuelvas en paz, y iremos contigo todos juntos.

Capítulo 13

1. Y Abrâm viajó desde Chârân, y tomó a Śâray, su mujer, y a Lôt, hijo de Chârân su hermano, hacia la tierra de Kenaan, y llegó a Ashshûr, y avanzó hasta Shekem, y habitó cerca de una encina elevada.

2. Y vio, y he aquí, la tierra era muy agradable desde la entrada de Chămâth hasta la encina elevada.

3. Y Yahuah le dijo: A ti y a tu simiente daré esta tierra.

4. Y edificó allí un altar, y ofreció sobre él un holocausto a Yahuah, quien se le había aparecido.

5. Y se movió de allí hacia el monte . . . Bêythêl al occidente y Ay al oriente, y plantó allí su tienda.

6. Y vio y he aquí, la tierra era muy ancha y buena, y todo crecía en ella, vides e higueras y granados, encinas y ilexes, y terebintos y olivos, y cedros y cipreses y palmeras datileras, y todos los árboles del campo, y había agua en las montañas.

7. Y bendijo a Yahuah que lo había sacado de Ûr de los Kaśdîy, y lo había traído a esta tierra.

8. Y aconteció en el primer año, en la séptima semana, al comienzo del primer mes, que edificó un altar en este monte, e invocó el nombre de Yahuah: Tú, Êlôhîym Ôlâm, eres mi Êlôhîym.

9. Y ofreció sobre el altar un holocausto a Yahuah para que estuviera con él y no lo desamparara todos los días de su vida.

10. Y se movió de allí y fue hacia el sur, y llegó a Chebrôn; y Chebrôn fue edificada en ese tiempo, y habitó allí dos años, y de allí fue a la tierra del sur, a Beâlôth, y hubo hambre en la tierra.

11. Y Abrâm bajó a Mitsrayim en el tercer año de la semana, y habitó en Mitsrayim cinco años antes de que su mujer le fuera arrebatada.

12. Ahora Tanais en Mitsrayim fue edificada en ese tiempo, siete años después de Chebrôn.

13. Y aconteció cuando Parôh (פַּרְעֹה) tomó a Śâray, la mujer de Abrâm, que Yahuah hirió a Parôh y a su casa con grandes plagas a causa de Śâray, mujer de Abrâm.

14. Y Abrâm fue muy glorioso por sus posesiones de ovejas, y ganado, y asnos, y caballos, y camellos, y siervos y siervas, y en plata y oro en gran manera. Y Lôt también, el hijo de su hermano, era rico.

15. Y Parôh devolvió a Śâray, la mujer de Abrâm, y lo envió fuera de la tierra de Mitsrayim, y él viajó al lugar donde al comienzo había plantado su tienda, al lugar del altar, con Ay al oriente, y Bêythêl al occidente, y bendijo a Yahuah su Êlôhîym que lo había traído de vuelta en paz.

16. Y aconteció en el jubileo cuadragésimo primero, en el tercer año de la primera semana, que volvió a este lugar y ofreció allí un holocausto, e invocó el nombre de Yahuah, y dijo: Tú, Êlôhîym Elyôn Êl, eres mi Êlôhîym por los siglos de los siglos.

17. Y en el cuarto año de esta semana Lôt se apartó de él, y Lôt habitó en Sedôm (סְדֹם), y los hombres de Sedôm eran pecadores en gran manera.

18. Y se le entristeció el corazón porque el hijo de su hermano se había apartado de él; pues no tenía hijos.

19. En ese año cuando Lôt fue tomado cautivo, Yahuah dijo a Abrâm, después que Lôt se había apartado de él, en el cuarto año de esta semana: Alza ahora tus ojos desde el lugar donde habitas, hacia el norte y hacia el sur, y hacia el occidente y hacia el oriente.

20. Porque toda la tierra que ves, a ti y a tu simiente la daré para siempre, y haré tu simiente como la arena del mar: aunque un hombre pueda contar el polvo de la tierra, con todo tu simiente no será contada.

21. Levántate, recorre la tierra a lo largo de ella y a lo ancho de ella, y mírala toda; porque a tu simiente la daré. Y Abrâm fue a Chebrôn, y habitó allí.

22. Y en este año vino Kedorlâômer, rey de Êylâm, y Amrâphel, rey de Shinâr, y Ăryôk rey de Ellâsâr, y Tidâl (תִּדְעָל), rey de naciones, y mataron al rey de Ămôrâh (עֲמֹרָה), y el rey de Sedôm huyó, y muchos cayeron heridos en el valle de Śiddîym, junto al Mar Salado.

23. Y tomaron cautivas Sedôm y Âdâm y Tsebôîym, y tomaron cautivo también a Lôt, el hijo del hermano de Abrâm, y todas sus posesiones, y fueron a Dân.

24. Y uno que había escapado vino y dijo a Abrâm que el hijo de su hermano había sido tomado cautivo, y Abrâm armó a los siervos de su casa . . .

25. . . . para Abrâm, y para su simiente, una décima parte de las primicias para Yahuah, y Yahuah lo ordenó como estatuto para siempre, que la dieran al Kôhên (כֹּהֵן) que servía delante de él, para que la poseyeran para siempre.

26. Y para esta ley no hay límite de días; porque la ha ordenado para las generaciones para siempre, que den a Yahuah el diezmo de todo, de la semilla y del vino y del aceite y del ganado y de las ovejas.

27. Y lo dio a su Kôhên para comer y beber con gozo delante de él.

28. Y el rey de Sedôm vino a él y se inclinó delante de él, y dijo: Nuestro señor Abrâm, danos las almas que has rescatado, pero sea tuyo el botín.

29. Y Abrâm le dijo: Alzo mis manos a Êlôhîym Elyôn Êl, que ni de un hilo hasta una correa de calzado tomaré nada que sea tuyo, no sea que digas: Yo enriquecí a Abrâm; salvo solamente lo que los jóvenes han comido, y la porción de los hombres que fueron conmigo, Ânêr, Eshkôl, y Mamrê. Estos tomarán su porción.

Capítulo 14

1. Después de estas cosas, en el cuarto año de esta semana, al comienzo del tercer mes, la palabra de Yahuah vino a Abrâm en un sueño, diciendo: No temas, Abrâm; yo soy tu defensor, y tu recompensa será muy grande.

2. Y él dijo: Yahuah, Yahuah, ¿qué me darás, viendo que me voy sin hijos, y el hijo de Mâsêq, el hijo de mi sierva, es el Dammeśeq Ělîyezer: él será mi heredero, y a mí no me has dado simiente.

3. Y le dijo: Este hombre no será tu heredero, sino uno que saldrá de tus entrañas; él será tu heredero.

4. Y lo sacó afuera, y le dijo: Mira hacia el shâmayim y cuenta las estrellas si puedes contarlas.

5. Y miró hacia el shâmayim, y contempló las estrellas. Y le dijo: Así será tu simiente.

6. Y creyó en Yahuah, y le fue contado por justicia.

7. Y le dijo: Yo soy Yahuah que te saqué de Ûr de los Kaśdîy, para darte la tierra del Kenaanîy para poseerla para siempre; y seré Êlôhîym para ti y para tu simiente después de ti.

8. Y él dijo: Yahuah, Yahuah, ¿por qué sabré que la heredaré?

9. Y le dijo: Tómame una novilla de tres años, y una cabra de tres años, y una oveja de tres años, y una tórtola, y un pichón.

10. Y tomó todo esto a mitad del mes y habitó junto a la encina de Mamrê, que está cerca de Chebrôn.

11. Y edificó allí un altar, y sacrificó todo esto; y derramó su sangre sobre el altar, y los partió por la mitad, y los puso uno frente al otro; pero las aves no las partió.

12. Y aves descendieron sobre los pedazos, y Abrâm las ahuyentó, y no permitió que las aves los tocaran.

13. Y aconteció, cuando el sol se había puesto, que un éxtasis cayó sobre Abrâm, y ¡he aquí! un horror de gran oscuridad cayó sobre él, y fue dicho a Abrâm: Ten por cierto que tu simiente será extranjera en una tierra que no es de ellos, y los llevarán a servidumbre, y los afligirán cuatrocientos años.

14. Y también a la nación a la cual servirán yo juzgaré, y después de eso saldrán de allí con mucha sustancia.

15. Y tú irás a tus padres en paz, y serás sepultado en buena vejez.

16. Pero en la cuarta generación volverán acá; porque la iniquidad del Ĕmôrîy (אֱמֹרִי) aún no está colmada.

17. Y despertó de su sueño, y se levantó, y el sol se había puesto; y hubo una llama, y he aquí: un horno humeaba, y una llama de fuego pasó entre los pedazos.

18. Y en ese día Yahuah hizo pacto con Abrâm, diciendo: A tu simiente daré esta tierra, desde el río de Mitsrayim hasta el gran río, el río Perâth, el Qêynîy (קֵינִי), el Qenizzîy (קְנִזִּי), el Qadmônîy (קַדְמֹנִי), el Perizzîy (פְּרִזִּי), y el Râphâ (רָפָא), los Phakorites, y el Chiwwîy (חִוִּי), y el Ĕmôrîy, y el Kenaanîy, y el Girgâshîy (גִּרְגָּשִׁי), y el Yebûsîy (יְבוּסִי).

19. Y pasó el día, y Abrâm ofreció los pedazos, y las aves, y sus ofrendas de fruto, y sus libaciones, y el fuego los devoró.

20. Y en ese día hicimos un pacto con Abrâm, conforme a como habíamos pactado con Nôach en este mes; y Abrâm renovó la fiesta y el estatuto para sí para siempre.

21. Y Abrâm se regocijó, e hizo conocer todas estas cosas a Śâray su mujer; y creyó que tendría simiente, pero ella no dio a luz.

22. Y Śâray aconsejó a su marido Abrâm, y le dijo: Entra a Hâgâr, mi sierva Mitsrîy: quizá yo edifique simiente para ti por medio de ella.

23. Y Abrâm escuchó la voz de Śâray su mujer, y le dijo: hazlo. Y Śâray tomó a Hâgâr, su sierva, la Mitsrîy, y se la dio a Abrâm, su marido, para que fuera su mujer.

24. Y él entró a ella, y ella concibió y le dio a luz un hijo, y llamó su nombre Yishmâêl (יִשְׁמָעֵאל), en el quinto año de esta semana; y este fue el año ochenta y seis de la vida de Abrâm.

Capítulo 15

1. Y en el quinto año de la cuarta semana de este jubileo, en el tercer mes, a mitad del mes, Abrâm celebró la fiesta de las primicias de la cosecha del grano.

2. Y ofreció nuevas ofrendas sobre el altar, las primicias del producto, a Yahuah, una novilla y una cabra y una oveja sobre el altar como holocausto a Yahuah; sus ofrendas de fruto y sus libaciones ofreció sobre el altar con lebônâh.

3. Y Yahuah se apareció a Abrâm, y le dijo: Yo soy Êlôhîym Shadday Êl; apruébate delante de mí y sé perfecto.

4. Y haré mi pacto entre mí y tú, y te multiplicaré en gran manera.

5. Y Abrâm cayó sobre su rostro, y Êlôhîym habló con él, y dijo:

6. He aquí mi ordenanza es contigo, y serás padre de muchas naciones.

7. Ni tu nombre será llamado ya Abrâm, sino que tu nombre desde ahora, aun para siempre, será Abrâhâm. Porque padre de muchas naciones te he hecho.

8. Y te haré muy grande, y te haré naciones, y reyes saldrán de ti.

9. Y estableceré mi pacto entre mí y tú, y tu simiente después de ti, por sus generaciones, por pacto eterno, para que yo sea un Êlôhîym para ti, y para tu simiente después de ti.

10. Y te daré a ti y a tu simiente después de ti, la tierra donde has sido forastero, la tierra de Kenaan, para que la posean para siempre, y yo seré su Êlôhîym.

11. Y Yahuah dijo a Abrâhâm: Y en cuanto a ti, tú guardarás mi pacto, tú y tu simiente después de ti: y circuncidarás a todo varón entre vosotros, y circuncidaréis vuestro

prepucio, y será por señal de pacto eterno entre mí y vosotros.

12. Y al niño, al octavo día circuncidarás, a todo varón por vuestras generaciones, al nacido en casa, o al comprado por dinero a cualquier extranjero, al que has adquirido que no es de tu simiente.

13. El nacido en tu casa será ciertamente circuncidado, y los que hayas comprado por dinero serán circuncidados, y mi pacto estará en vuestra carne por ordenanza eterna.

14. Y el varón incircunciso que no sea circuncidado en la carne de su prepucio al octavo día, esa alma será cortada de su pueblo, porque ha quebrantado mi pacto.

15. Y Êlôhîym dijo a Abrâhâm: En cuanto a Śâray tu mujer, su nombre no será llamado ya Śâray, sino Śârâh será su nombre.

16. Y la bendeciré, y te daré un hijo por medio de ella, y lo bendeciré, y llegará a ser nación, y reyes de naciones procederán de él.

17. Y Abrâhâm cayó sobre su rostro, y se regocijó, y dijo en su corazón: ¿Nacerá hijo al que tiene cien años, y Śârâh, que tiene noventa años, dará a luz?

18. Y Abrâhâm dijo a Êlôhîym: ¡Oh, que Yishmâêl viva delante de ti!

19. Y Êlôhîym dijo: Sí; y Śârâh también te dará un hijo, y llamarás su nombre Yitschâq, y estableceré mi pacto con él, pacto perpetuo, y con su simiente después de él.

20. Y en cuanto a Yishmâêl también te he oído, y he aquí lo bendeciré, y lo haré grande, y lo multiplicaré en gran manera, y engendrará doce príncipes, y lo haré una gran nación.

21. Pero mi pacto lo estableceré con Yitschâq, a quien Śârâh te dará en estos días, en el año siguiente.

22. Y dejó de hablar con él, y Êlôhîym subió de Abrâhâm.

23. Y Abrâhâm hizo conforme a como Êlôhîym le había dicho, y tomó a Yishmâêl su hijo, y a todos los nacidos en su casa, y a los que había comprado con su dinero, a todo varón en su casa, y circuncidó la carne de su prepucio.

24. Y en ese mismo día fue circuncidado Abrâhâm, y todos los varones de su casa, y los nacidos en casa, y todos aquellos que había comprado con dinero de los hijos del extranjero, fueron circuncidados con él.

25. Esta ley es para todas las generaciones para siempre, y no hay circuncisión de los días, ni omisión de un día de los ocho días; porque es una ordenanza eterna, ordenada y escrita en las tablas del shâmayim.

26. Y todo el que nace, cuya carne de su prepucio no es circuncidada al octavo día, no pertenece a los hijos del pacto que Yahuah hizo con Abrâhâm, sino a los hijos de destrucción; ni hay, además, señal en él de que sea de Yahuah, sino que está destinado a ser destruido y muerto de la tierra, y a ser desarraigado de la tierra, porque ha quebrantado el pacto de Yahuah nuestro Êlôhîym.

27. Porque todos los ángeles de la presencia y todos los ángeles de santificación fueron así creados desde el día de su creación, y delante de los ángeles de la presencia y los ángeles de santificación él santificó a Yâshâral, para que estuvieran con él y con sus ángeles qâdôsh.

28. Y tú mandas a los hijos de Yâshâral y que observen la señal de este pacto por sus generaciones como ordenanza eterna, y no serán desarraigados de la tierra.

29. Porque el mandamiento está ordenado para un pacto, que lo observen para siempre entre todos los hijos de Yâshâral.

30. Porque a Yishmâêl y a sus hijos y a sus hermanos y a Êśâw, Yahuah no los hizo acercarse a él, y no los escogió porque fueran hijos de Abrâhâm, porque los conocía; pero escogió a Yâshâral para ser su pueblo.

31. Y lo santificó, y lo reunió de entre todos los hijos de los hombres; porque hay muchas naciones y muchos pueblos, y todos son suyos, y sobre todos él ha puesto espíritus en autoridad para desviarlos de él.

32. Pero sobre Yâshâral no nombró ángel ni espíritu alguno, porque él solo es su gobernante, y los guardará y los requerirá de la mano de sus ángeles y de sus espíritus, y de la mano de todas sus potestades para que los guarde y los bendiga, y para que ellos sean suyos y él sea de ellos desde ahora para siempre.

33. Y ahora os anuncio que los hijos de Yâshâral no guardarán fielmente esta ordenanza, y no circuncidarán a sus hijos conforme a toda esta ley; porque en la carne de su circuncisión omitirán esta circuncisión de sus hijos, y todos ellos, hijos de Belîyaal, dejarán a sus hijos incircuncisos como nacieron.

34. Y habrá gran ira de Yahuah contra los hijos de Yâshâral, porque han abandonado su pacto y se han apartado de su palabra, y han provocado y blasfemado, en cuanto no observan la ordenanza de esta ley; porque han tratado sus miembros como los Gentiles, para que sean quitados y desarraigados de la tierra. Y no habrá ya para ellos perdón ni remisión, para que hubiera perdón y remisión de todo el pecado de este error eterno.

Capítulo 16

1. Y al comienzo del cuarto mes nos aparecimos a Abrâhâm, junto a la encina de Mamrê, y hablamos con él, y le anunciamos que un hijo le sería dado por Śârâh su mujer.

2. Y Śârâh se rió, porque oyó que habíamos hablado estas palabras con Abrâhâm, y la amonestamos, y ella tuvo miedo, y negó que se hubiera reído a causa de las palabras.

3. Y le dijimos el nombre de su hijo, como su nombre está ordenado y escrito en las tablas del shâmayim, Yitschâq,

4. y que cuando volviéramos a ella en el tiempo señalado, ella habría concebido un hijo.

5. Y en este mes Yahuah ejecutó sus juicios sobre Sedôm, y Ămôrâh, y Tsebôîym, y toda la región del Yardên, y los quemó con fuego y azufre, y los destruyó hasta el día de hoy, tal como, he aquí, os he declarado todas sus obras: que son malos y pecadores en gran manera, y que se contaminan y cometen fornicación en su carne, y obran inmundicia en la tierra.

6. Y de la misma manera, Êlôhîym ejecutará juicio sobre los lugares donde hayan hecho conforme a la inmundicia de Sedôm, semejante al juicio de Sedôm.

7. Pero salvamos a Lôt; porque Êlôhîym se acordó de Abrâhâm, y lo sacó de en medio del derribo.

8. Y él y sus hijas pecaron sobre la tierra, cosa como no había ocurrido en la tierra desde los días de Âdâm hasta su tiempo; porque el hombre se acostó con sus hijas.

9. Y he aquí, fue mandado y grabado acerca de toda su descendencia, en las tablas del shâmayim, que los quiten y los desarraiguen, y que ejecuten juicio sobre ellos como el juicio de Sedôm, y que no quede simiente del hombre sobre la tierra en el día de la condenación.

10. Y en este mes Abrâhâm se movió de Chebrôn, y partió y habitó entre Qâdêsh y Shûr en las montañas de Gerâr.

11. Y a mitad del quinto mes se movió de allí, y habitó en el Pozo del Juramento.

12. Y a mitad del sexto mes Yahuah visitó a Śârâh e hizo con ella como había dicho, y ella concibió.

13. Y dio a luz un hijo en el tercer mes, y a mitad del mes, en el tiempo del que Yahuah había hablado a Abrâhâm, en la fiesta de las primicias de la cosecha, nació Yitschâq.

14. Y Abrâhâm circuncidó a su hijo al octavo día: fue el primero que fue circuncidado conforme al pacto que está ordenado para siempre.

15. Y en el sexto año de la cuarta semana vinimos a Abrâhâm, al Pozo del Juramento, y nos aparecimos a él como le habíamos dicho a Śârâh que volveríamos a ella, y concebiría un hijo.

16. Y volvimos en el séptimo mes, y hallamos a Śârâh encinta delante de nosotros, y lo bendijimos, y le anunciamos todas las cosas que habían sido decretadas respecto de él: que no moriría hasta que engendrara seis hijos más, y los vería antes de morir; pero que en Yitschâq sería llamado su nombre y su simiente;

17. y que toda la simiente de los hijos de él serían Gentiles, y serían contados con los Gentiles; pero de los hijos de Yitschâq uno llegaría a ser simiente qâdôsh, y no sería contado entre los Gentiles.

18. Porque él sería la porción de Elyôn Êl, y toda su simiente había caído en la posesión de Êlôhîym, para que fuese para Yahuah un pueblo para su posesión por encima de todas las naciones, y para que llegara a ser un reino y Kôhên y una nación qâdôsh.

19. Y seguimos nuestro camino, y anunciamos a Śârâh todo lo que le habíamos dicho, y ambos se regocijaron con gozo grandísimo.

20. Y edificó allí un altar a Yahuah que lo había librado, y que lo hacía regocijar en la tierra de su peregrinación, y celebró en este mes una fiesta de gozo siete días, junto al altar que había edificado en el Pozo del Juramento.

21. Y edificó cabañas para sí y para sus siervos en esta fiesta, y fue el primero en celebrar la fiesta de Sûkkâh (סֻכָּה) sobre la tierra.

22. Y durante estos siete días trajo cada día al altar un holocausto a Yahuah, dos bueyes, dos carneros, siete ovejas, un macho cabrío, por ofrenda por el pecado, para que hiciera expiación por sí y por su simiente.

23. Y como ofrenda de acción de gracias: siete carneros, siete cabritos, siete ovejas, y siete machos cabríos, y sus ofrendas de fruto y sus libaciones; y quemó toda su grasa sobre el altar, ofrenda escogida a Yahuah como olor grato.

24. Y quemó por la mañana y por la tarde sustancias aromáticas, lebônâh y gálbano, y estacte, y nardo, y mirra, y especia, y costum; estos siete ofreció, triturados, mezclados juntos en partes iguales y puros.

25. Y celebró esta fiesta durante siete días, regocijándose con todo su corazón y con toda su alma, él y todos los que estaban en su casa, y no hubo extranjero con él, ni ninguno que fuera incircunciso.

26. Y bendijo a su Bârâ que lo había creado en su generación, porque lo había creado conforme a su beneplácito; pues sabía y percibía que de él surgiría la planta de justicia para las generaciones eternas, y de él una simiente qâdôsh, para que llegara a ser como Aquel que había hecho todas las cosas.

27. Y bendijo y se regocijó, y llamó el nombre de esta fiesta la Fiesta de Yahuah, un gozo aceptable a Êlôhîym Elyôn Êl.

28. Y lo bendijimos para siempre, y a toda su simiente después de él por todas las generaciones de la tierra, porque celebró esta fiesta en su tiempo señalado, conforme al testimonio de las tablas del shâmayim.

29. Por esta razón está ordenado en las tablas del shâmayim acerca de Yâshâral, que celebrarán la fiesta de los tabernáculos siete días con gozo, en el séptimo mes, aceptable delante de Yahuah, estatuto para siempre por sus generaciones cada año.

30. Y para esto no hay límite de días; porque está ordenado para siempre respecto de Yâshâral, que la celebren y habiten en cabañas, y pongan coronas sobre sus cabezas, y tomen ramas frondosas, y sauces del arroyo.

31. Y Abrâhâm tomó ramas de palmeras, y el fruto de árboles hermosos, y cada día, rodeando el altar con las ramas siete veces al día por la mañana, alabó y dio gracias a su Êlôhîym por todas las cosas con gozo.

Capítulo 17

1. Y en el primer año de la quinta semana Yitschâq fue destetado en este jubileo, y Abrâhâm hizo un gran banquete en el tercer mes, en el día en que su hijo Yitschâq fue destetado.

2. Y Yishmâêl, hijo de Hâgâr, la Mitsrîy, estaba delante del rostro de Abrâhâm, su padre, en su lugar, y Abrâhâm se regocijó y bendijo a Êlôhîym porque había visto a sus hijos y no había muerto sin hijos.

3. Y se acordó de las palabras que le había dicho el día en que Lôt se apartó de él, y se regocijó porque Yahuah le había dado simiente sobre la tierra para heredar la tierra, y bendijo con toda su boca al Bârâ de todas las cosas.

4. Y Śârâh vio a Yishmâêl jugando y danzando, y a Abrâhâm regocijándose con gran gozo, y tuvo celos de Yishmâêl y dijo a Abrâhâm: Echa fuera a esta esclava y a su hijo; porque el hijo de esta esclava no será heredero con mi hijo, Yitschâq.

5. Y el asunto fue penoso a los ojos de Abrâhâm, por su sierva y por su hijo, que tuviera que expulsarlos de sí.

6. Y Êlôhîym dijo a Abrâhâm: No te sea penoso a tus ojos por el niño ni por la esclava; en todo lo que Śârâh te ha dicho, escucha sus palabras y hazlo; porque en Yitschâq será llamado tu nombre y tu simiente.

7. Pero en cuanto al hijo de esta esclava, lo haré una gran nación, porque es de tu simiente.

8. Y Abrâhâm se levantó muy de mañana, y tomó pan y un odre de agua, y los puso sobre los hombros de Hâgâr y del niño, y la envió fuera.

9. Y ella partió y anduvo errante en el desierto de Beêrsheba, y se acabó el agua del odre, y el niño tuvo sed, y no pudo seguir, y cayó.

10. Y su madre lo tomó y lo arrojó debajo de un olivo, y fue y se sentó enfrente de él, a distancia de un tiro de arco; porque dijo: No vea yo la muerte de mi hijo; y mientras estaba sentada, lloró.

11. Y un ángel de Êlôhîym, uno de los qâdôsh, le dijo: ¿Por qué lloras, Hâgâr? Levántate, toma al niño, y sostenlo en tu mano; porque Êlôhîym ha oído tu voz, y ha visto al niño.

12. Y ella abrió sus ojos, y vio un pozo de agua, y fue y llenó su odre con agua, y dio de beber a su niño, y se levantó y fue hacia el desierto de Pârân.

13. Y el niño creció y llegó a ser arquero, y Êlôhîym estaba con él, y su madre le tomó una mujer de entre las hijas de Mitsrayim.

14. Y ella le dio a luz un hijo, y llamó su nombre Nebâyôth; porque dijo: Yahuah estuvo cerca de mí cuando lo invoqué.

15. Y aconteció en la séptima semana, en el primer año de ella, en el primer mes de este jubileo, a los doce de este mes, que hubo voces en el shâmayim acerca de Abrâhâm: que era fiel en todo lo que le había dicho, y que amaba a Yahuah, y que en toda aflicción era fiel.

16. Y el príncipe Mastêmâ vino y dijo delante de Êlôhîym: He aquí, Abrâhâm ama a Yitschâq su hijo, y se deleita en él más que en cualquier otra cosa; ordénale que lo ofrezca como holocausto sobre el altar, y verás si hará este mandamiento, y sabrás si es fiel en todo aquello en que lo pruebes.

17. Y Yahuah sabía que Abrâhâm era fiel en todas sus aflicciones; porque lo había probado con su país y con hambre, y lo había probado con la riqueza de reyes, y lo había probado otra vez por su mujer cuando le fue arrebatada, y con la circuncisión; y lo había probado por Yishmâêl y Hâgâr, su sierva, cuando los envió fuera.

18. Y en todo aquello en que lo había probado, fue hallado fiel, y su alma no fue impaciente, y no fue lento para actuar; porque era fiel y amante de Yahuah.

Capítulo 18

1. Y Êlôhîym le dijo: Abrâhâm, Abrâhâm; y él dijo: He aquí, aquí estoy.

2. Y dijo: Toma a tu hijo amado a quien amas, a saber, Yitschâq, y ve a la región alta, y ofrécelo sobre uno de los montes que yo te señalaré.

3. Y se levantó muy de mañana, y aparejó su asno, y tomó consigo a sus dos jóvenes, y a Yitschâq su hijo, y partió la leña del holocausto, y fue al lugar al tercer día, y vio el lugar de lejos.

4. Y llegó a un pozo de agua, y dijo a sus jóvenes: Quédense aquí con el asno, y yo y el muchacho iremos hasta allí, y cuando hayamos adorado volveremos a ustedes.

5. Y tomó la leña del holocausto y la puso sobre Yitschâq su hijo, y tomó en su mano el fuego y el cuchillo, y fueron ambos juntos a aquel lugar.

6. Y Yitschâq dijo a su padre: Padre; y él dijo: Aquí estoy, hijo mío. Y le dijo: He aquí el fuego, y el cuchillo, y la leña; pero ¿dónde está la oveja para el holocausto, padre?

7. Y él dijo: Êlôhîym proveerá para sí la oveja para el holocausto, hijo mío. Y se acercó al lugar del monte de Êlôhîym.

8. Y edificó un altar, y puso la leña sobre el altar, y ató a Yitschâq su hijo, y lo puso sobre la leña que estaba sobre el altar, y extendió su mano para tomar el cuchillo para degollar a Yitschâq su hijo.

9. Y yo estaba de pie delante de él, y delante del príncipe Mastêmâ, y Yahuah dijo: No le mandes que ponga su mano sobre el muchacho, ni le hagas nada, porque he mostrado que teme a Yahuah.

10. Y le llamé desde el shâmayim, y le dije: Abrâhâm, Abrâhâm; y él se aterrorizó y dijo: He aquí, aquí estoy.

11. Y le dije: No pongas tu mano sobre el muchacho, ni le hagas nada; porque ahora he mostrado que temes a Yahuah, y no me has rehusado a tu hijo, tu primogénito, tu hijo amado.

12. Y el príncipe Mastêmâ fue avergonzado; y Abrâhâm alzó sus ojos y miró, y he aquí un carnero trabado . . . por sus cuernos, y Abrâhâm fue y tomó el carnero y lo ofreció como holocausto en lugar de su hijo.

13. Y Abrâhâm llamó aquel lugar "Yahuah Yireh (הוָה יִרְאֶה)", para que se diga: En el monte Yahuah ha visto: es decir, el Monte Tsîyôn.

14. Y Yahuah llamó a Abrâhâm por su nombre una segunda vez desde el shâmayim, cuando nos hizo aparecer para hablarle en el nombre de Yahuah.

15. Y dijo: Por mí mismo he jurado, dice Yahuah, porque has hecho esto, y no me has rehusado a tu hijo, tu hijo amado, que bendiciéndote te bendeciré, y multiplicando multiplicaré tu simiente como las estrellas del shâmayim, y como la arena que está en la orilla del mar. Y tu simiente heredará las ciudades de sus enemigos,

16. y en tu simiente serán benditas todas las naciones de la tierra; porque has obedecido mi voz, y he mostrado a todos que eres fiel para conmigo en todo lo que te he dicho: Ve en paz.

17. Y Abrâhâm fue a sus jóvenes, y se levantaron y fueron juntos a Beêrsheba, y Abrâhâm habitó junto al Pozo del Juramento.

18. Y celebró esta fiesta cada año, siete días con gozo, y la llamó la Fiesta de Yahuah conforme a los siete días durante los cuales fue y volvió en paz.

19. Y en consecuencia ha sido ordenado y escrito en las tablas del shâmayim respecto de Yâshâral y su simiente, que observen esta fiesta siete días con el gozo de la fiesta.

Capítulo 19

1. Y en el primer año de la primera semana en el cuadragésimo segundo jubileo, Abrâhâm volvió y habitó frente a Chebrôn, que es Qiryath Arba, dos semanas de años.

2. Y en el primer año de la tercera semana de este jubileo se cumplieron los días de la vida de Śârâh, y murió en Chebrôn.

3. Y Abrâhâm fue a lamentarse por ella y a sepultarla, y nosotros lo probamos para ver si su espíritu era paciente y no se indignaba con las palabras de su boca; y fue hallado paciente en esto, y no fue turbado.

4. Pues con paciencia de espíritu habló con los hijos de Chêth (חֵת), con el propósito de que le dieran un lugar en el cual sepultar a su muerta.

5. Y Yahuah le dio gracia delante de todos los que lo veían, y él rogó con mansedumbre a los hijos de Chêth, y ellos le dieron la tierra de la cueva doble frente a Mamrê, que es Chebrôn, por cuatrocientas piezas de plata.

6. Y ellos le rogaron diciendo: Te la daremos gratuitamente; pero él no quiso tomarla de sus manos gratuitamente, porque pagó el precio del lugar, el dinero completo, y se inclinó ante ellos dos veces, y después de esto sepultó a su muerta en la cueva doble.

7. Y todos los días de la vida de Śârâh fueron ciento veintisiete años, es decir, dos jubileos y cuatro semanas y un año; estos son los días de los años de la vida de Śârâh.

8. Esta fue la décima prueba con la cual Abrâhâm fue probado, y fue hallado fiel, paciente en espíritu.

9. Y no dijo una sola palabra respecto al rumor en la tierra de que Êlôhîym había dicho que se la daría a él y a su simiente después de él, y aun así pidió allí un lugar para sepultar a su muerta; porque fue hallado fiel, y fue registrado en las tablas de shâmayim como amigo de Êlôhîym.

10. Y en el cuarto año de ello tomó mujer para su hijo Yitschâq, y su nombre era Ribqâh (רִבְקָה), hija de Bethûêl, hijo de Nâchôr, hermano de Abrâhâm, hermana de Lâbân e hija de Bethûêl; y Bethûêl era hijo de Milkâh (מִלְכָּה), que fue mujer de Nâchôr, hermano de Abrâhâm.

11. Y Abrâhâm tomó para sí una tercera mujer, y su nombre era Qeṭûrâh, de entre las hijas de los siervos de su casa; porque Hâgâr había muerto antes que Śârâh.

12. Y ella le dio seis hijos: Zimrân, Yoqshân, Medân, Midyân, Yishbâq y Shûach, en dos semanas de años.

13. Y en la sexta semana, en el segundo año de ella, Ribqâh dio a luz a Yitschâq dos hijos, Yaăqôb y Êśâw, y Yaăqôb era un hombre apacible y recto, y Êśâw era feroz, hombre del campo y velludo, y Yaăqôb habitaba en tiendas.

14. Y los jóvenes crecieron, y Yaăqôb aprendió a escribir; pero Êśâw no aprendió, porque era hombre del campo y cazador, y aprendió la guerra, y todas sus obras eran feroces.

15. Y Abrâhâm amaba a Yaăqôb, pero Yitschâq amaba a Êśâw.

16. Y Abrâhâm vio las obras de Êśâw, y supo que en Yaăqôb sería llamado su nombre y su simiente; y llamó a Ribqâh y le dio mandamiento acerca de Yaăqôb, porque sabía que ella también amaba a Yaăqôb mucho más que a Êśâw.

17. Y le dijo: Hija mía, guarda a mi hijo Yaăqôb, porque él estará en mi lugar sobre la tierra, y para bendición en medio de los hijos de los hombres, y para gloria de toda la simiente de Shêm.

18. Porque sé que Yahuah lo escogerá para ser un pueblo de posesión para sí, sobre todos los pueblos que están sobre la faz de la tierra.

19. Y he aquí, Yitschâq mi hijo ama a Êśâw más que a Yaăqôb, pero veo que verdaderamente amas a Yaăqôb.

20. Añade aún más tu bondad hacia él, y que tus ojos estén sobre él con amor; porque él será bendición para nosotros en la tierra desde ahora y para todas las generaciones de la tierra.

21. Que tus manos sean fuertes y que tu corazón se regocije en tu hijo Yaăqôb; porque yo lo he amado mucho más que a todos mis hijos. Él será bendecido para siempre, y su simiente llenará toda la tierra.

22. Si un hombre puede contar la arena de la tierra, también su simiente será contada.

23. Y todas las bendiciones con las cuales Yahuah me ha bendecido a mí y a mi simiente pertenecerán a Yaăqôb y a su simiente para siempre.

24. Y en su simiente será bendecido mi nombre y el nombre de mis padres: Shêm, Nôach, Chănôk, Mahălalêl, Ĕnôsh, Shêth y Âdâm.

25. Y ellos servirán para poner los fundamentos de shâmayim, y para fortalecer la tierra, y para renovar todos los luminares que están en el firmamento.

26. Y llamó a Yaăqôb delante de los ojos de Ribqâh su madre, lo besó, lo bendijo y dijo:

27. Yaăqôb, hijo amado mío, a quien ama mi alma, que Êlôhîym te bendiga desde arriba del firmamento, y que te dé todas las bendiciones con las cuales bendijo a Âdâm, Chănôk, Nôach y Shêm; y todas las cosas de las cuales me habló, y todas las cosas que prometió darme, que las haga adherirse a ti y a tu simiente para siempre, conforme a los días de shâmayim sobre la tierra.

28. Y que los espíritus de Mastêmâ no dominen sobre ti ni sobre tu simiente para apartarte de Yahuah, que es tu Êlôhîym desde ahora y para siempre.

29. Y que Yahuah Êlôhîym sea un Âb (אב) para ti, y tú el hijo primogénito, y para el pueblo siempre.

30. Ve en paz, hijo mío. Y ambos salieron juntos de donde estaba Abrâhâm.

31. Y Ribqâh amaba a Yaăqôb con todo su corazón y con toda su alma, mucho más que a Êśâw; pero Yitschâq amaba a Êśâw mucho más que a Yaăqôb.

Capítulo 20

1. Y en el cuadragésimo segundo jubileo, en el primer año de la séptima semana, Abrâhâm llamó a Yishmâêl, y a sus doce hijos, y a Yitschâq y a sus dos hijos, y a los seis hijos de Qeṭûrâh y a sus hijos.

2. Y les mandó que observaran el camino de Yahuah; que obraran justicia, y que amara cada uno a su prójimo, y que actuaran de esta manera entre todos los hombres; que cada uno caminara de tal modo respecto a ellos para hacer juicio y justicia sobre la tierra.

3. Que circuncidaran a sus hijos conforme al pacto que él había hecho con ellos, y que no se desviaran a la derecha ni a la izquierda de todos los caminos que Yahuah nos ha mandado; y que nos guardáramos de toda fornicación e impureza, y quitáramos de entre nosotros toda fornicación e impureza.

4. Y si alguna mujer o sierva comete fornicación entre ustedes, quémenla con fuego, y no permitan que cometan fornicación tras sus ojos y su corazón; y no tomen para sí mujeres de entre las hijas de Kenaan; porque la simiente de Kenaan será arrancada de la tierra.

5. Y les habló del juicio de los nephîyl, y del juicio de Sedôm, cómo fueron juzgados por causa de su maldad, y murieron por causa de su fornicación e impureza, y de su corrupción mutua mediante la fornicación.

6. Y guárdense de toda fornicación e impureza, y de toda contaminación de pecado, para que no hagan nuestro nombre maldición, y toda su vida silbido, y todos sus hijos sean destruidos por espada, y ustedes lleguen a ser malditos como Sedôm, y todo su remanente como los hijos de Ămôrâh.

7. Les ruego, hijos míos, amen al Êlôhîym de shâmayim y adhiéranse a todos sus mandamientos. Y no caminen tras sus ídolos ni tras sus impurezas,

8. y no se hagan dioses fundidos ni tallados; porque son vanidad y no hay espíritu en ellos; porque son obra de manos de hombres, y todos los que confían en ellos confían en nada.

9. No los sirvan ni los adoren, sino sirvan a Êlôhîym Elyôn Êl, y adórenlo continuamente; y esperen siempre su rostro, y obren rectitud y justicia delante de él, para que tenga complacencia en ustedes y les conceda su misericordia, y envíe lluvia sobre ustedes mañana y tarde, y bendiga todas las obras que han hecho sobre la tierra, y bendiga su pan y su agua, y bendiga el fruto de su vientre y el fruto de su tierra, y los rebaños de su ganado y las manadas de sus ovejas.

10. Y serán para bendición sobre la tierra, y todas las naciones de la tierra los desearán, y bendecirán a sus hijos en mi nombre, para que sean bendecidos como yo lo soy.

11. Y dio a Yishmâêl y a sus hijos, y a los hijos de Qeṭûrâh, dones, y los envió lejos de Yitschâq su hijo, y dio todo a Yitschâq su hijo.

12. Y Yishmâêl y sus hijos, y los hijos de Qeṭûrâh y sus hijos, fueron juntos y habitaron desde Parân hasta la entrada de Bâbel, en toda la tierra que está hacia el oriente frente al desierto.

13. Y estos se mezclaron entre sí, y su nombre fue llamado Ărâb y Yishmâêlîy.

Capítulo 21

1. Y en el sexto año de la séptima semana de este jubileo Abrâhâm llamó a Yitschâq su hijo y le mandó diciendo: He envejecido y no conozco el día de mi muerte, y estoy lleno de días.

2. Y he aquí, tengo ciento setenta y cinco años, y durante todos los días de mi vida he recordado a Yahuah, y he buscado con todo mi corazón hacer su voluntad y caminar rectamente en todos sus caminos.

3. Mi alma ha aborrecido los ídolos, y he despreciado a los que los sirven, y he entregado mi corazón y mi espíritu para observar hacer la voluntad de aquel que me creó.

4. Porque él es el Êlôhîym viviente, y él es Qâdôsh y fiel, y él es justo sobre todos, y con él no hay acepción de personas ni aceptación de dádivas; porque Êlôhîym es justo y ejecuta juicio sobre todos los que transgreden sus mandamientos y desprecian su pacto.

5. Y tú, hijo mío, observa sus mandamientos, sus ordenanzas y sus juicios, y no camines tras las abominaciones ni tras las imágenes talladas ni tras las imágenes fundidas.

6. Y no comas sangre alguna de animales ni de ganado ni de ninguna ave que vuela en shâmayim.

7. Y si sacrificas una víctima como ofrenda de paz aceptable, sacrifícala, y derrama su sangre sobre el altar, y toda la grasa de la ofrenda ofrécela sobre el altar con harina fina y la ofrenda mezclada con aceite, con su libación; ofrécelas todas juntas sobre el altar del holocausto; es aroma agradable delante de Yahuah.

8. Y ofrecerás la grasa del sacrificio de las ofrendas de acción de gracias sobre el fuego que está sobre el altar, y la grasa que está sobre el vientre, y toda la grasa sobre las entrañas y los dos riñones, y toda la grasa que está sobre ellos, y sobre los lomos y el hígado quitarás, junto con los riñones.

9. Y ofrece todas estas cosas como aroma agradable aceptable delante de Yahuah, con su ofrenda y con su libación, como aroma agradable, el pan de la ofrenda para Yahuah.

10. Y come su carne en ese día y en el segundo día, y no dejes que el sol del segundo día se ponga antes de que sea comida, y no dejes nada para el tercer día; porque no es aceptable y no debe comerse más, y todos los que coman de ello traerán pecado sobre sí mismos; porque así lo he hallado escrito en los libros de mis padres, y en las palabras de Chănôk y en las palabras de Nôach.

11. Y sobre todas tus ofrendas esparcirás sal, y no dejarás que falte la sal del pacto en todas tus ofrendas delante de Yahuah.

12. Y respecto a la madera de los sacrificios, guarda que no traigas otra madera para el altar además de estas: ciprés, defran, sagad, abeto, pino, cedro, sabina, palma, olivo, mirra, laurel, cidro, enebro y bálsamo.

13. Y de estas clases de madera pondrás sobre el altar debajo del sacrificio, tales que hayan sido probadas en su apariencia, y no pongas sobre él madera hendida ni oscura, sino dura y limpia, sin defecto, de crecimiento sano y nuevo; y no pongas sobre él madera vieja, porque su fragancia se ha ido, pues ya no hay fragancia en ella como antes.

14. Fuera de estas clases de madera no pondrás ninguna otra sobre el altar, porque la fragancia se dispersa, y el olor de su fragancia no sube a shâmayim.

15. Observa este mandamiento y hazlo, hijo mío, para que seas recto en todas tus obras.

16. Y en todo tiempo sé limpio en tu cuerpo, y lávate con agua antes de acercarte para ofrecer sobre el altar, y lava tus manos y tus pies antes de acercarte al altar; y cuando hayas terminado de sacrificar, lava nuevamente tus manos y tus pies.

17. Y que no aparezca sangre sobre ti ni sobre tus vestidos; guárdate, hijo mío, de la sangre, guárdate mucho; cúbrela con polvo.

18. Y no comas sangre alguna, porque es el alma; no comas sangre alguna en absoluto.

19. Y no aceptes dádivas por la sangre de hombre, para que no sea derramada impunemente, sin juicio; porque la sangre que es derramada hace pecar a la tierra, y la tierra no puede ser limpiada de la sangre del hombre sino por la sangre de aquel que la derramó.

20. Y no tomes presente ni dádiva por la sangre de hombre: sangre por sangre, para que seas aceptado delante de Yahuah, Êlôhîym Elyôn Êl; porque él es defensa del bueno; y para que seas preservado de todo mal, y para que él te salve de toda clase de muerte.

21. Veo, hijo mío, que todas las obras de los hijos de los hombres son pecado y maldad, y todas sus obras son impureza y abominación y contaminación, y no hay justicia en ellos.

22. Mira que no camines en sus caminos ni pises sus sendas, y peques pecados para muerte delante de Êlôhîym Elyôn Êl. De otra manera él esconderá su rostro de ti y te entregará en manos de tu transgresión, y te arrancará de la tierra, y tu simiente también de debajo de shâmayim, y tu nombre y tu simiente perecerán de toda la tierra.

23. Apártate de todas sus obras y de toda su impureza, y observa la ordenanza de Êlôhîym Elyôn Êl, y haz su voluntad y sé recto en todas las cosas.

24. Y él te bendecirá en todas tus obras, y levantará de ti una planta de justicia sobre toda la tierra, a través de todas las generaciones de la tierra, y mi nombre y tu nombre no serán olvidados debajo de shâmayim para siempre.

25. Ve, hijo mío, en paz. Que Êlôhîym Elyôn Êl, mi Êlôhîym y tu Êlôhîym, te fortalezca para hacer su voluntad, y que bendiga toda tu simiente y el resto de tu simiente por las generaciones para siempre, con todas las bendiciones de justicia, para que seas bendición sobre toda la tierra.

26. Y salió de su presencia regocijándose.

Capítulo 22

1. Y aconteció en la primera semana en el jubileo cuarenta y cuatro, en el segundo año, que es, el año en el cual Abrâhâm murió, que Yitschâq y Yishmâêl vinieron del Pozo del Juramento para celebrar la fiesta de semanas, es decir, la fiesta de las primicias de la cosecha, a Abrâhâm su padre, y Abrâhâm se regocijó porque sus dos hijos habían venido.

2. Porque Yitschâq tenía muchas posesiones en Beêrsheba, y Yitschâq acostumbraba ir y ver sus posesiones y volver a su padre.

3. Y en aquellos días Yishmâêl vino para ver a su padre, y ambos vinieron juntos, y Yitschâq ofreció un sacrificio por holocausto, y lo presentó sobre el altar de su padre que él había hecho en Chebrôn.

4. Y ofreció una ofrenda de agradecimiento e hizo una fiesta de gozo delante de Yishmâêl su hermano; y Ribqâh hizo tortas nuevas del grano nuevo, y las dio a Yaăqôb su hijo, para llevarlas a Abrâhâm su padre, de las

primicias de la tierra, para que él comiera y bendijera al Bârâ de todas las cosas antes de morir.

5. Y Yitschâq también envió por mano de Yaăqôb a Abrâhâm una mejor ofrenda de agradecimiento, para que comiera y bebiera.

6. Y comió y bebió, y bendijo a Êlôhîym Elyôn Êl, quien ha creado shâmayim y tierra, quien ha hecho todas las cosas gordas de la tierra, y las ha dado a los hijos de los hombres para que coman y beban y bendigan a su Bârâ.

7. Y ahora doy gracias a ti, mi Êlôhîym, porque me has hecho ver este día: He aquí, soy ciento setenta y cinco años, un hombre viejo y lleno de días, y todos mis días han sido para mí paz.

8. La espada del adversario no me ha vencido en todo lo que me has dado a mí y a mis hijos todos los días de mi vida hasta este día.

9. Mi Êlôhîym, que tu misericordia y tu paz sean sobre tu siervo, y sobre la simiente de sus hijos, para que sean para ti una nación escogida y una herencia de entre todas las naciones de la tierra desde ahora hasta todos los días de las generaciones de la tierra, hasta todas las edades.

10. Y llamó a Yaăqôb y dijo: Hijo mío Yaăqôb, que el Êlôhîym de todos te bendiga y te fortalezca para hacer justicia y su voluntad delante de él, y que te escoja a ti y a tu simiente para que lleguen a ser un pueblo para su herencia conforme a su voluntad siempre.

11. Y tú, hijo mío Yaăqôb, acércate y bésame. Y se acercó y lo besó, y dijo: Bendito sea mi hijo Yaăqôb y todos los hijos de Êlôhîym Elyôn Êl por todas las edades: Que Êlôhîym te dé una simiente de justicia; y algunos de tus hijos que él santifique en medio de toda la tierra; que naciones te sirvan, y todas las naciones se inclinen delante de tu simiente.

12. Sé fuerte en presencia de los hombres, y ejerce autoridad sobre toda la simiente de Shêth. Entonces tus caminos y los caminos de tus hijos serán justificados, para que lleguen a ser una nación qâdôsh.

13. Que Êlôhîym Elyôn Êl te dé todas las bendiciones con las cuales me ha bendecido y con las cuales bendijo a Nôach y a Âdâm; que reposen sobre la cabeza sagrada de tu simiente de generación en generación para siempre.

14. Y que te limpie de toda injusticia e impureza para que seas perdonado de todas las transgresiones que has cometido ignoradamente. Y que te fortalezca y te bendiga. Y que heredes toda la tierra.

15. Y que renueve su pacto contigo, para que seas para él una nación para su herencia por todas las edades, y para que él sea para ti y para tu simiente un Êlôhîym en verdad y justicia todos los días de la tierra.

16. Y tú, hijo mío Yaăqôb, recuerda mis palabras y guarda los mandamientos de Abrâhâm tu padre: Sepárate de las naciones y no comas con ellas; y no hagas conforme a sus obras, y no te hagas su asociado; porque sus obras son impuras, y todos sus caminos son contaminación y abominación e inmundicia.

17. Ellos ofrecen sus sacrificios a los muertos y adoran espíritus malignos, y comen sobre las sepulturas, y todas sus obras son vanidad y nada.

18. No tienen corazón para entender y sus ojos no ven cuáles son sus obras, y cómo yerran al decir a un pedazo de madera: Tú eres mi Êlôhîym, y a una piedra: Tú eres mi

Yahuah y tú eres mi libertador. Y no tienen corazón.

19. Y en cuanto a ti, hijo mío Yaăqôb, que Êlôhîym Elyôn Êl te ayude y el Êlôhîym de shâmayim te bendiga y te aparte de su inmundicia y de todo su error.

20. Cuídate, hijo mío Yaăqôb, de tomar mujer de cualquier simiente de las hijas de Kenaan; porque toda su simiente ha de ser arrancada de la tierra.

21. Porque, a causa de la transgresión de Châm, Kenaan erró, y toda su simiente será destruida de sobre la tierra y todo el resto de ella, y ninguno que proceda de él será salvado en el Día del Juicio.

22. Y en cuanto a todos los adoradores de ídolos y los profanos, no habrá esperanza para ellos en la tierra de los vivientes. Y no habrá memoria de ellos sobre la tierra; porque descenderán a Sheôl. Y al lugar de condenación irán, como los hijos de Sedôm fueron quitados de la tierra así todos los que adoran ídolos serán quitados.

23. No temas, hijo mío Yaăqôb, y no te desalientes, oh hijo de Abrâhâm: Que Êlôhîym Elyôn Êl te preserve de destrucción, y de todos los caminos de error que él te libre.

24. Esta casa he edificado para mí, para poner mi nombre sobre ella en la tierra: Te es dada a ti y a tu simiente para siempre, y será llamada la casa de Abrâhâm; te es dada a ti y a tu simiente para siempre; porque tú edificarás mi casa y establecerás mi nombre delante de Êlôhîym para siempre: Tu simiente y tu nombre permanecerán por todas las generaciones de la tierra.

25. Y cesó de mandarle y de bendecirle.

26. Y los dos se acostaron juntos en una cama, y Yaăqôb durmió en el seno de Abrâhâm, el padre de su padre, y lo besó siete veces, y su afecto y su corazón se regocijaron sobre él.

27. Y lo bendijo con todo su corazón y dijo: Êlôhîym Elyôn Êl, el Êlôhîym de todos y Bârâ de todos, que me sacó de Ûr de los Kaśdîy para darme esta tierra para heredarlo para siempre, y para que yo estableciera una simiente qâdôsh, bendito sea Elyôn Êl para siempre.

28. Y bendijo a Yaăqôb y dijo: Hijo mío, sobre quien con todo mi corazón y mi afecto me regocijo, que tu gracia y tu misericordia sean levantadas sobre él y sobre su simiente siempre.

29. Y no lo abandones ni lo tengas en nada desde ahora hasta los días de la eternidad, y que tus ojos estén abiertos sobre él y sobre su simiente, para que lo preserves y lo bendigas, y que lo santifiques como nación para tu herencia.

30. Y bendícelo con todas tus bendiciones desde ahora hasta todos los días de la eternidad, y renueva tu pacto y tu gracia con él y con su simiente conforme a todo tu buen placer hasta todas las generaciones de la tierra.

Capítulo 23

1. Y puso dos dedos de Yaăqôb sobre sus ojos, y bendijo al Êlôhîym de Êlôhîym, y cubrió su rostro y extendió sus pies y durmió el sueño de la eternidad, y fue reunido con sus padres.

2. Y no obstante todo esto Yaăqôb estaba acostado en su seno, y no sabía que Abrâhâm, el padre de su padre, estaba muerto.

3. Y Yaăqôb despertó de su sueño, y he aquí Abrâhâm estaba frío como hielo, y dijo: Padre, padre; pero no había ninguno que hablara, y supo que estaba muerto.

4. Y se levantó de su seno y corrió y lo dijo a Ribqâh su madre; y Ribqâh fue a Yitschâq en la noche y se lo dijo; y fueron juntos, y Yaăqôb con ellos, y una lámpara estaba en su mano, y cuando entraron hallaron a Abrâhâm acostado muerto.

5. Y Yitschâq cayó sobre el rostro de su padre y lloró y lo besó.

6. Y las voces fueron oídas en la casa de Abrâhâm, y Yishmâêl su hijo se levantó y fue a Abrâhâm su padre, y lloró sobre Abrâhâm su padre, él y toda la casa de Abrâhâm, y lloraron con gran llanto.

7. Y sus hijos Yitschâq y Yishmâêl lo enterraron en la cueva doble, cerca de Śârâh su mujer, y lloraron por él cuarenta días, todos los hombres de su casa, y Yitschâq y Yishmâêl, y todos sus hijos, y todos los hijos de Qeṭûrâh en sus lugares; y los días de llanto por Abrâhâm terminaron.

8. Y vivió tres jubileos y cuatro semanas de años, ciento setenta y cinco años, y completó los días de su vida, siendo viejo y lleno de días.

9. Porque los días de los antepasados de su vida fueron diecinueve jubileos; y después del Diluvio comenzaron a ser menos que diecinueve jubileos, y a disminuir en jubileos, y a envejecer rápidamente, y a llenarse de sus días a causa de mucha tribulación y la maldad de sus caminos, con la excepción de Abrâhâm.

10. Porque Abrâhâm fue perfecto en todas sus obras con Yahuah, y agradable en justicia todos los días de su vida; y he aquí, no completó cuatro jubileos en su vida, cuando envejeció a causa de la maldad, y estaba lleno de sus días.

11. Y todas las generaciones que se levantarán desde este tiempo hasta el día del gran juicio envejecerán rápidamente antes de completar dos jubileos, y su conocimiento los abandonará a causa de su vejez y todo su conocimiento desaparecerá.

12. Y en aquellos días, si un hombre vive un jubileo y medio de años, dirán acerca de él: Ha vivido largo tiempo, y la mayor parte de sus días son dolor y tristeza y tribulación, y no hay paz.

13. Porque calamidad sigue a calamidad, y herida sobre herida, y tribulación sobre tribulación, y malas noticias sobre malas noticias, y enfermedad sobre enfermedad, y todos los juicios malos como estos, uno con otro, enfermedad y caída, y nieve y escarcha y hielo, y fiebre y escalofríos y torpor, y hambre y muerte y espada y cautiverio, y toda clase de calamidades y dolores.

14. Y todas estas vendrán sobre una generación malvada que transgrede sobre la tierra: Sus obras son inmundicia y fornicación, y contaminación y abominaciones.

15. Entonces dirán: Los días de los antepasados fueron muchos hasta mil años, y fueron buenos; pero he aquí, los días de nuestra vida, si un hombre vive muchos, son setenta años, y si es fuerte, ochenta años, y aquellos malos, y no hay paz en los días de esta generación malvada.

16. Y en esa generación los hijos acusarán a sus padres y a sus ancianos de pecado e injusticia, y de las palabras de su boca y las grandes maldades que cometen, y acerca de abandonar el pacto que Yahuah hizo entre ellos y él, que debían guardar y hacer todos sus mandamientos y sus ordenanzas y todas sus leyes, sin apartarse ni a la derecha ni a la izquierda.

17. Porque todos han hecho mal, y toda boca habla iniquidad y todas sus obras son inmundicia y abominación, y todos sus caminos son contaminación, inmundicia y destrucción.

18. He aquí la tierra será destruida a causa de todas sus obras, y no habrá simiente de la vid ni aceite; porque sus obras son totalmente infieles, y todos perecerán juntos, bestias y ganado y aves, y todos los peces del mar, a causa de los hijos de los hombres.

19. Y contenderán unos con otros, el joven con el viejo, y el viejo con el joven, el pobre con el rico, el humilde con el grande, y el mendigo con el príncipe, a causa de la ley y el pacto; porque han olvidado mandamiento y pacto, y fiestas y meses, y Shabbâth y jubileos, y todos los juicios.

20. Y se levantarán con arcos y espadas y guerra para hacerlos volver al camino; pero no volverán hasta que mucha sangre haya sido derramada sobre la tierra, uno por otro.

21. Y los que hayan escapado no volverán de su maldad al camino de justicia, sino que todos se exaltarán a engaño y riqueza, para que cada uno tome todo lo que es de su prójimo, y nombrarán el gran nombre, pero no en verdad ni en justicia, y contaminarán el qâdôsh de qâdôsh con su inmundicia y la corrupción de su contaminación.

22. Y un gran castigo vendrá sobre las obras de esta generación de Yahuah, y él los entregará a la espada y al juicio y al cautiverio, y para ser saqueados y devorados.

23. Y despertará contra ellos a los pecadores de los gentiles, que no tienen misericordia ni compasión, y que no respetarán a persona alguna, ni viejo ni joven, ni a ninguno; porque son más malvados y más fuertes para hacer mal que todos los hijos de los hombres. Y usarán violencia contra Yâshâral y transgresión contra Yaăqôb, y mucha sangre será derramada sobre la tierra, y no habrá quien recoja ni quien entierre.

24. En aquellos días clamarán y llamarán y orarán para que sean salvados de la mano de los pecadores, los gentiles; pero ninguno será salvado.

25. Y las cabezas de los niños serán blancas con cabello gris, y un niño de tres semanas parecerá viejo como un hombre de cien años, y su estatura será destruida por tribulación y opresión.

26. Y en aquellos días los niños comenzarán a estudiar las leyes, y a buscar los mandamientos, y a volver al camino de justicia.

27. Y los días comenzarán a hacerse muchos y aumentar entre aquellos hijos de los hombres hasta que sus días se acerquen a mil años. Y a un mayor número de años que antes será el número de los días.

28. Y no habrá anciano ni uno que no esté satisfecho con sus días, porque todos serán como niños y jóvenes.

29. Y todos sus días completarán y vivirán en paz y en gozo, y no habrá adversario ni ningún destructor maligno; porque todos sus días serán días de bendición y sanidad.

30. Y en aquel tiempo Yahuah sanará a sus siervos, y se levantarán y verán gran paz, y expulsarán a sus adversarios. Y los justos verán y darán gracias, y se regocijarán con gozo para siempre jamás, y verán todos sus juicios y todas sus maldiciones sobre sus enemigos.

31. Y sus huesos descansarán en la tierra, y sus espíritus tendrán mucho gozo, y sabrán que es Yahuah quien ejecuta juicio, y muestra misericordia a cientos y miles y a todos los que le aman.

32. Y tú, Môsheh, escribe estas palabras; porque así están escritas, y las registran en las tablas de shâmayim para testimonio para las generaciones para siempre.

Capítulo 24

1. Y sucedió después de la muerte de Abrâhâm que Yahuah bendijo a Yitschâq su hijo, y se levantó de Chebrôn y fue y habitó en el Pozo de la Visión en el primer año de la tercera semana de este jubileo, siete años.

2. Y en el primer año de la cuarta semana comenzó hambre en la tierra, además de la primera hambre que había sido en los días de Abrâhâm.

3. Y Yaăqôb coció potaje de lentejas, y Êśâw vino del campo hambriento. Y dijo a Yaăqôb su hermano: Dame de este potaje rojo. Y Yaăqôb le dijo: Véndeme tu primogenitura, este derecho de nacimiento, y te daré pan, y también algo de este potaje de lentejas.

4. Y Êśâw dijo en su corazón: Voy a morir; ¿de qué provecho para mí es esta primogenitura?

5. Y dijo a Yaăqôb: Te la doy. Y Yaăqôb dijo: Júramelo hoy. Y le juró.

6. Y Yaăqôb dio a su hermano Êśâw pan y potaje, y comió hasta quedar satisfecho, y Êśâw despreció su primogenitura; por esta razón el nombre de Êśâw fue llamado Ĕdôm, a causa del potaje rojo que Yaăqôb le dio por su primogenitura.

7. Y Yaăqôb llegó a ser el mayor, y Êśâw fue abatido de su dignidad.

8. Y el hambre estaba sobre la tierra, y Yitschâq partió para descender a Mitsrayim en el segundo año de esta semana, y fue al rey de los Pelishtîy (פְּלִשְׁתִּי) a Gerâr, a Ăbîymelek.

9. Y Yahuah se le apareció y le dijo: No desciendas a Mitsrayim; habita en la tierra que yo te diré, y mora como extranjero en esta tierra, y yo estaré contigo y te bendeciré.

10. Porque a ti y a tu simiente daré toda esta tierra, y confirmaré mi juramento que juré a Abrâhâm tu padre, y multiplicaré tu simiente como las estrellas de shâmayim, y daré a tu simiente toda esta tierra.

11. Y en tu simiente serán benditas todas las naciones de la tierra, porque tu padre obedeció mi voz, y guardó mi encargo y mis mandamientos y mis leyes y mis ordenanzas y mi pacto; y ahora obedece mi voz y habita en esta tierra.

12. Y habitó en Gerâr tres semanas de años.

13. Y Ăbîymelek dio orden acerca de él, y acerca de todo lo que era suyo, diciendo: Cualquier hombre que lo toque a él o algo que sea suyo ciertamente morirá.

14. Y Yitschâq se hizo fuerte entre los Pelishtîy, y obtuvo muchas posesiones, bueyes y ovejas y camellos y asnos y una gran casa.

15. Y sembró en la tierra de los Pelishtîy y produjo ciento por uno, y Yitschâq se hizo muy grande, y los Pelishtîy le tuvieron envidia.

16. Y todos los pozos que los siervos de Abrâhâm habían cavado durante la vida de Abrâhâm, los Pelishtîy los habían cerrado después de la muerte de Abrâhâm, y los llenaron con tierra.

17. Y Ăbîymelek dijo a Yitschâq: Apártate de nosotros, porque eres mucho más poderoso que nosotros. Y Yitschâq partió de allí en el primer año de la séptima semana, y habitó como extranjero en los valles de Gerâr.

18. Y cavaron de nuevo los pozos de agua que los siervos de Abrâhâm su padre habían cavado, y que los Pelishtîy habían cerrado después de la muerte de Abrâhâm su padre, y llamó sus nombres como Abrâhâm su padre los había nombrado.

19. Y los siervos de Yitschâq cavaron un pozo en el valle, y hallaron agua viva, y los

pastores de Gerâr contendieron con los pastores de Yitschâq diciendo: El agua es nuestra; y Yitschâq llamó el nombre del pozo "Êśeq (עֵשֶׂק)", porque habían sido perversos con nosotros.

20. Y cavaron un segundo pozo, y contendieron también por él, y llamó su nombre "Śiṭnâh (שִׂטְנָה)". Y se levantó de allí y cavaron otro pozo, y por ese no contendieron, y llamó su nombre "Rechôbôth (רְחֹבוֹת)", y Yitschâq dijo: Ahora Yahuah nos ha dado espacio, y hemos crecido en la tierra.

21. Y subió de allí al Pozo del Juramento en el primer año de la primera semana en el jubileo cuarenta y cuatro.

22. Y Yahuah se le apareció aquella noche, al comienzo del primer mes, y le dijo: Yo soy el Êlôhîym de Abrâhâm tu padre; no temas, porque estoy contigo, y te bendeciré y ciertamente multiplicaré tu simiente como la arena de la tierra, por causa de Abrâhâm mi siervo.

23. Y edificó allí un altar, que Abrâhâm su padre había edificado primero, y invocó el nombre de Yahuah, y ofreció sacrificio al Êlôhîym de Abrâhâm su padre.

24. Y cavaron un pozo y hallaron agua viva.

25. Y los siervos de Yitschâq cavaron otro pozo y no hallaron agua, y fueron y dijeron a Yitschâq que no habían hallado agua, y Yitschâq dijo: He jurado hoy a los Pelishtîy y esta cosa nos ha sido anunciada.

26. Y llamó el nombre de aquel lugar Pozo del Juramento; porque allí había jurado a Ăbîymelek y a Ăchûzzath su amigo y a Pîykôl el prefecto de Ôr su ejército.

27. Y Yitschâq supo en aquel día que bajo presión había jurado a ellos para hacer paz con ellos.

28. Y Yitschâq en aquel día maldijo a los Pelishtîy y dijo: Malditos sean los Pelishtîy hasta el día de ira e indignación de entre todas las naciones; que Êlôhîym los haga burla y maldición y objeto de ira e indignación en manos de los pecadores los gentiles y en manos de los Kittîy.

29. Y cualquiera que escape de la espada del enemigo y de los Kittîy, que la nación justa los arranque en juicio de debajo de shâmayim; porque serán enemigos y adversarios de mis hijos a través de sus generaciones sobre la tierra.

30. Y no quedará para ellos remanente, ni uno que sea salvado en el día de la ira del juicio; porque destrucción y desarraigo y expulsión de la tierra es toda la simiente de los Pelishtîy reservada, y no quedará más para estos Kaphtôrîy nombre ni simiente sobre la tierra.

31. Porque, aunque suba a shâmayim, de allí será derribado, y aunque se fortalezca sobre la tierra, de allí será arrancado, y aunque se esconda entre las naciones, aun de allí será desarraigado; y aunque descienda a Sheôl, allí también será grande su condenación, y allí tampoco tendrá paz.

32. Y si entra en cautiverio, por manos de los que buscan su vida lo matarán en el camino, y ni nombre ni simiente le quedará en toda la tierra; porque en maldición eterna partirá.

33. Y así está escrito y grabado acerca de él en las tablas de shâmayim, para hacer con él en el Día del Juicio, para que sea arrancado de la tierra.

Capítulo 25

1. Y en el segundo año de esta semana en este jubileo, Ribqâh llamó a Yaăqôb su hijo, y le habló diciendo: Hijo mío, no tomes mujer de

las hijas de Kenaan, como Êśâw tu hermano, que tomó para sí dos mujeres de las hijas de Kenaan, y han amargado mi alma con todas sus obras impuras; porque todas sus obras son fornicación y deseo, y no hay justicia en ellas, porque sus obras son maldad.

2. Y yo, hijo mío, te amo en gran manera, y mi corazón y mi afecto te bendicen a cada hora del día y a cada vigilia de la noche.

3. Y ahora, hijo mío, escucha mi voz y haz la voluntad de tu madre, y no tomes mujer de las hijas de esta tierra, sino solamente de la casa de mi padre y del linaje de mi padre. Tomarás mujer de la casa de mi padre, y Êlôhîym Elyôn Êl te bendecirá, y tus hijos serán una generación justa y una simiente qâdôsh.

4. Y entonces habló Yaăqôb a Ribqâh su madre y le dijo: He aquí, madre, tengo nueve semanas de años, y ni conozco ni he tocado mujer alguna, ni me he comprometido con ninguna, ni siquiera pienso en tomar mujer de las hijas de Kenaan.

5. Porque recuerdo, madre, las palabras de Abrâhâm nuestro padre, pues él me mandó no tomar mujer de las hijas de Kenaan, sino tomar mujer de la simiente de la casa de mi padre y de mi parentesco.

6. He oído antes que hijas han nacido a Lâbân tu hermano, y he puesto mi corazón en ellas para tomar mujer de entre ellas.

7. Y por esta razón me he guardado en mi espíritu de pecar o de corromperme en todos mis caminos durante todos los días de mi vida; porque respecto al deseo y la fornicación, Abrâhâm mi padre me dio muchos mandamientos.

8. Y a pesar de todo lo que me ha mandado, estos veintidós años mi hermano ha contendido conmigo y me ha hablado muchas veces diciendo: Hermano mío, toma por mujer una hermana de mis dos mujeres; pero yo rehúso hacer como él ha hecho.

9. Juro delante de ti, madre, que todos los días de mi vida no tomaré mujer de las hijas de la simiente de Kenaan, y no obraré mal como mi hermano ha hecho.

10. No temas, madre; ten por seguro que haré tu voluntad y caminaré en rectitud, y no corromperé mis caminos para siempre.

11. Y entonces ella levantó su rostro a shâmayim y extendió los dedos de sus manos, y abrió su boca y bendijo a Êlôhîym Elyôn Êl, que había creado los shâmayim y la tierra, y le dio gracias y alabanza.

12. Y dijo: Bendito sea Yahuah Êlôhîym, y sea bendito su nombre qâdôsh para siempre y para siempre, que me ha dado a Yaăqôb como hijo puro y una simiente qâdôsh; porque él es tuyo, y tuya será su simiente continuamente y por todas las generaciones para siempre.

13. Bendícelo, oh Yahuah, y pon en mi boca la bendición de justicia, para que yo lo bendiga.

14. Y en aquella hora, cuando el espíritu de justicia descendió en su boca, puso ambas manos sobre la cabeza de Yaăqôb y dijo:

15. Bendito eres tú, Yahuah Tsedâqâh y Êlôhîym de las edades, y que él te bendiga más que a todas las generaciones de los hombres. Que te dé, hijo mío, el camino de justicia, y revele justicia a tu simiente.

16. Y que haga numerosos a tus hijos durante tu vida, y que se levanten conforme al número de los meses del año. Y que sus hijos se multipliquen y se engrandezcan más que las estrellas de shâmayim, y que su número sea más que la arena del mar.

17. Y que les dé esta buena tierra como dijo que la daría a Abrâhâm y a su simiente después de él para siempre. Y que la posean como herencia para siempre.

18. Y que yo vea nacer para ti, hijo mío, hijos benditos durante mi vida, y que toda tu simiente sea una simiente bendita y qâdôsh.

19. Y así como has refrescado el espíritu de tu madre durante su vida, el vientre de la que te dio a luz te bendice así; mi afecto y mis pechos te bendicen y mi boca y mi lengua te alaban grandemente.

20. Crece y extiéndete sobre la tierra, y que tu simiente sea perfecta en el gozo de shâmayim y tierra para siempre; y que tu simiente se regocije, y en el gran día de paz tenga paz.

21. Y que tu nombre y tu simiente permanezcan por todas las edades, y que Êlôhîym Elyôn Êl sea su Êlôhîym, y que el Êlôhîym de justicia habite con ellos, y por medio de ellos sea edificado su santuario para todas las edades.

22. Bendito sea el que te bendiga, y toda carne que te maldiga falsamente, sea maldita.

23. Y ella lo besó y le dijo: Que Yahuah del mundo te ame como el corazón de tu madre, y que su afecto se regocije en ti y te bendiga. Y cesó de bendecir.

Capítulo 26

1. Y en el séptimo año de esta semana Yitschâq llamó a Êśâw, su hijo mayor, y le dijo: Soy viejo, hijo mío, y he aquí mis ojos están débiles para ver, y no sé el día de mi muerte.

2. Y ahora toma tus armas de caza, tu aljaba y tu arco, y sal al campo, y caza y atrápame caza, hijo mío, y hazme carne sabrosa, tal como mi alma ama, y tráemela para que yo coma, y para que mi alma te bendiga antes de que yo muera.

3. Pero Ribqâh oyó a Yitschâq hablando a Êśâw.

4. Y Êśâw salió temprano al campo para cazar y atrapar y traer a casa a su padre.

5. Y Ribqâh llamó a Yaăqôb su hijo, y le dijo: He aquí, oí a Yitschâq tu padre hablar a Êśâw tu hermano, diciendo: Cázame, y hazme carne sabrosa, y tráemela para que yo coma y te bendiga delante de Yahuah antes de que yo muera.

6. Y ahora, hijo mío, obedece mi voz en lo que te mando: Ve a tu rebaño y tráeme dos cabritos buenos de machos de cabras, y yo haré de ellos carne sabrosa para tu padre, tal como él ama, y la llevarás a tu padre para que coma y te bendiga delante de Yahuah antes de que muera, y para que seas bendito.

7. Y Yaăqôb dijo a Ribqâh su madre: Madre, no retendré nada que mi padre coma, y que le agrade; sólo temo, madre mía, que él reconozca mi voz y quiera tocarme.

8. Y tú sabes que yo soy liso, y Êśâw mi hermano es velludo, y yo apareceré ante sus ojos como un hacedor de mal, y haré una cosa que él no me mandó, y él se airará conmigo, y yo traeré sobre mí una maldición, y no una bendición.

9. Y Ribqâh, su madre, le dijo: Sobre mí sea tu maldición, hijo mío; sólo obedece mi voz.

10. Y Yaăqôb obedeció la voz de Ribqâh su madre, y fue y trajo dos cabritos buenos y gordos de machos de cabras, y los llevó a su madre, y su madre hizo carne sabrosa tal como él amaba.

11. Y Ribqâh tomó la buena vestidura de Êśâw, su hijo mayor, que estaba con ella en la casa, y vistió con ellas a Yaăqôb, su hijo

menor, y puso las pieles de los cabritos sobre sus manos y sobre las partes descubiertas de su cuello.

12. Y dio la carne y el pan que había preparado en la mano de su hijo Yaăqôb.

13. Y Yaăqôb entró a su padre y dijo: Soy tu hijo; he hecho conforme a lo que me mandaste; levántate y siéntate y come de lo que he cazado, padre, para que tu alma me bendiga.

14. Y Yitschâq dijo a su hijo: ¿Cómo lo has hallado tan pronto, hijo mío?

15. Y Yaăqôb dijo: Porque Yahuah tu Êlôhîym me lo hizo hallar.

16. Y Yitschâq le dijo: Acércate, para que yo te palpe, hijo mío, si eres mi hijo Êśâw o no.

17. Y Yaăqôb se acercó a Yitschâq su padre, y él lo palpó y dijo: La voz es la voz de Yaăqôb, pero las manos son las manos de Êśâw.

18. Y no lo discernió, porque era una disposición de shâmayim para quitar su poder de percepción, y Yitschâq no lo discernió; porque sus manos eran velludas como las de su hermano Êśâw, así que lo bendijo.

19. Y dijo: ¿Eres tú mi hijo Êśâw? Y él dijo: Soy tu hijo. Y él dijo: Acerca a mí para que yo coma de lo que has cazado, hijo mío, para que mi alma te bendiga.

20. Y lo acercó a él, y comió, y le trajo vino, y bebió.

21. Y Yitschâq, su padre, le dijo: Acércate y bésame, hijo mío.

22. Y se acercó y lo besó. Y olió el olor de su vestidura, y lo bendijo y dijo: He aquí, el olor de mi hijo es como el olor de un campo lleno que Yahuah ha bendecido.

23. Y que Yahuah te dé del rocío de shâmayim y del rocío de la tierra, y abundancia de grano y aceite; que naciones te sirvan, y pueblos se inclinen ante ti.

24. Sé señor sobre tus hermanos, y que los hijos de tu madre se inclinen ante ti; y que todas las bendiciones con las cuales Yahuah me ha bendecido y bendijo a Abrâhâm mi padre, te sean comunicadas a ti y a tu simiente para siempre: Maldito sea el que te maldice, y bendito sea el que te bendice.

25. Y sucedió tan pronto como Yitschâq terminó de bendecir a su hijo Yaăqôb, y Yaăqôb salió de Yitschâq su padre, que se escondió, y Êśâw su hermano entró de su caza.

26. Y también hizo carne sabrosa, y la trajo a su padre, y dijo a su padre: Levántese mi padre, y coma de mi caza, para que tu alma me bendiga.

27. Y Yitschâq su padre le dijo: ¿Quién eres tú? Y él le dijo: Soy tu primogénito, tu hijo Êśâw; he hecho como me mandaste.

28. Y Yitschâq se asombró en gran manera, y dijo: ¿Quién es, pues, el que cazó y atrapó y me lo trajo, y yo comí de todo antes que tú vinieras, y lo bendije? Y él será bendito, y toda su simiente para siempre.

29. Y sucedió que cuando Êśâw oyó las palabras de su padre Yitschâq, clamó con un clamor muy grande y amargo, y dijo a su padre: Bendíceme, también a mí, padre.

30. Y él le dijo: Tu hermano vino con engaño, y tomó tu bendición. Y él dijo: Ahora sé por qué su nombre se llama Yaăqôb: He aquí, me ha suplantado estas dos veces: tomó mi derecho de nacimiento, y ahora ha tomado mi bendición.

31. Y dijo: ¿No has reservado una bendición para mí, padre? Y Yitschâq respondió y dijo a Êśâw: He aquí, lo he hecho tu señor, y a todos sus hermanos los he dado a él por siervos, y con abundancia de grano y vino

y aceite lo he fortalecido; ¿y qué haré ahora por ti, hijo mío?

32. Y Êśâw dijo a Yitschâq su padre: ¿Tienes sólo una bendición, oh padre? Bendíceme, también a mí, padre.

33. Y Êśâw alzó su voz y lloró. Y Yitschâq respondió y le dijo: He aquí, lejos del rocío de la tierra será tu morada, y lejos del rocío de shâmayim desde arriba.

34. Y por tu espada vivirás, y servirás a tu hermano. Y sucederá que cuando te engrandezcas y sacudas su yugo de tu cuello, pecarás un pecado completo hasta muerte, y tu simiente será desarraigada de debajo de shâmayim.

35. Y Êśâw siguió amenazando a Yaăqôb por causa de la bendición con la cual su padre lo bendijo, y dijo en su corazón: Vengan ahora los días de luto por mi padre, para que yo mate a mi hermano Yaăqôb.

Capítulo 27

1. Y las palabras de Êśâw, su hijo mayor, fueron dichas a Ribqâh en un sueño, y Ribqâh envió y llamó a Yaăqôb su hijo menor, y le dijo:

2. He aquí Êśâw tu hermano tomará venganza de ti para matarte.

3. Ahora, pues, hijo mío, obedece mi voz, y levántate y huye a Lâbân mi hermano, a Chârân, y quédate con él unos pocos días hasta que la ira de tu hermano se aparte, y él quite su ira de ti, y olvide todo lo que tú has hecho; entonces enviaré y te traeré de allí.

4. Y Yaăqôb dijo: No tengo miedo; si él quiere matarme, yo lo mataré.

5. Pero ella le dijo: No permitas que yo sea privada de mis dos hijos en un día.

6. Y Yaăqôb dijo a Ribqâh su madre: He aquí, tú sabes que mi padre se ha hecho viejo, y no ve porque sus ojos están apagados, y si yo lo dejo será mal en sus ojos, porque yo lo dejo y me voy de ti, y mi padre se airará y me maldecirá. No iré; cuando él me envíe, entonces iré.

7. Y Ribqâh dijo a Yaăqôb: Yo entraré y hablaré con él, y él te enviará.

8. Y Ribqâh entró y dijo a Yitschâq: Aborrezco mi vida a causa de las dos hijas de Chêth, que Êśâw se ha tomado por mujeres; y si Yaăqôb toma mujer de entre las hijas de la tierra como éstas, ¿para qué vivo más?, porque las hijas de Kenaan son malas.

9. Y Yitschâq llamó a Yaăqôb y lo bendijo, y le advirtió y le dijo:

10. No tomes mujer de ninguna de las hijas de Kenaan; levántate y ve a Ăram Nahărayim, a la casa de Bethûêl, el padre de tu madre, y toma mujer de allí de las hijas de Lâbân, el hermano de tu madre.

11. Y Yahuah Shadday Êl te bendiga, y te aumente y te multiplique para que llegues a ser una congregación de naciones, y te dé las bendiciones de mi padre Abrâhâm, a ti y a tu simiente después de ti, para que heredes la tierra de tu peregrinación y toda la tierra que Êlôhîym dio a Abrâhâm. Ve, hijo mío, en paz.

12. Y Yitschâq envió a Yaăqôb, y fue a Ăram Nahărayim, a Lâbân hijo de Bethûêl, el Ărâm (אֲרָם), hermano de Ribqâh, la madre de Yaăqôb.

13. Y sucedió después que Yaăqôb se levantó para ir a Ăram Nahărayim, que el espíritu de Ribqâh se entristeció por su hijo, y lloró.

14. Y Yitschâq dijo a Ribqâh: Hermana mía, no llores por Yaăqôb mi hijo; porque él va en paz, y en paz volverá.

15. Êlôhîym Elyôn Êl lo guardará de todo mal, y estará con él; porque no lo abandonará todos sus días.

16. Porque sé que sus caminos prosperarán en todas las cosas dondequiera que él vaya, hasta que vuelva en paz a nosotros, y lo veamos en paz.

17. No temas por él, hermana mía, porque está en camino recto y es un hombre perfecto; y es fiel y no perecerá. No llores.

18. Y Yitschâq consoló a Ribqâh por causa de su hijo Yaăqôb, y lo bendijo.

19. Y Yaăqôb fue del Pozo del Juramento para ir a Chârân en el primer año de la segunda semana en el jubileo cuarenta y cuatro, y llegó a Lûz en los montes, es decir, Bêythêl, al comienzo del primer mes de esta semana, y llegó al lugar al atardecer y se apartó del camino hacia el occidente de la senda aquella noche; y durmió allí, porque el sol se había puesto.

20. Y tomó una de las piedras de aquel lugar y la puso a su cabeza debajo del árbol, y caminaba solo, y durmió.

21. Y soñó aquella noche, y he aquí una escalera puesta sobre la tierra, y su cima llegaba a shâmayim, y he aquí, los mensajeros de Yahuah subían y bajaban por ella; y he aquí, Yahuah estaba sobre ella.

22. Y habló a Yaăqôb y dijo: Yo soy Yahuah Êlôhîym de Abrâhâm tu padre, y el Êlôhîym de Yitschâq; la tierra sobre la cual estás durmiendo, a ti te la daré, y a tu simiente después de ti.

23. Y tu simiente será como el polvo de la tierra, y crecerás al occidente y al oriente, al norte y al sur, y en ti y en tu simiente serán benditas todas las familias de las naciones.

24. Y he aquí, yo estaré contigo, y te guardaré dondequiera que vayas, y te haré volver otra vez a esta tierra en paz; porque no te dejaré hasta que haga todo lo que te he dicho.

25. Y Yaăqôb despertó de su sueño, y dijo: En verdad este lugar es la casa de Yahuah, y yo no lo sabía. Y tuvo temor y dijo: Temible es este lugar, que no es otra cosa que la casa de Êlôhîym, y esta es la puerta de shâmayim.

26. Y Yaăqôb se levantó temprano por la mañana, y tomó la piedra que había puesto bajo su cabeza y la levantó como columna por señal, y derramó aceite sobre su cima. Y llamó el nombre de aquel lugar Bêythêl; pero el nombre del lugar era Lûz al principio.

27. Y Yaăqôb hizo voto a Yahuah, diciendo: Si Yahuah está conmigo, y me guarda en este camino que yo voy, y me da pan para comer y vestido para poner, de modo que yo vuelva a la casa de mi padre en paz, entonces Yahuah será mi Êlôhîym, y esta piedra que he levantado como columna por señal en este lugar será la casa de Yahuah, y de todo lo que tú me des, yo te daré el décimo, mi Êlôhîym.

Capítulo 28

1. Y siguió su viaje, y llegó a la tierra del oriente, a Lâbân, el hermano de Ribqâh, y estuvo con él, y le sirvió por Râchêl su hija una semana.

2. Y en el primer año de la tercera semana le dijo: Dame mi mujer, por quien te he servido siete años; y Lâbân dijo a Yaăqôb: Te daré tu mujer.

3. Y Lâbân hizo un banquete, y tomó a Lêâh su hija mayor, y se la dio a Yaăqôb por mujer, y dio Zilpâh su sierva por sierva; y Yaăqôb no lo supo, porque pensó que era Râchêl.

4. Y entró a ella, y he aquí, era Lêâh; y Yaăqôb se enojó con Lâbân, y le dijo: ¿Por qué has obrado así conmigo? ¿No te serví por Râchêl y no por Lêâh? ¿Por qué me has hecho agravio?

5. Toma tu hija, y yo me iré; porque me has hecho mal. Porque Yaăqôb amó a Râchêl más que a Lêâh; porque los ojos de Lêâh eran débiles, pero su figura era muy agraciada; pero Râchêl tenía ojos hermosos y una figura hermosa y muy agraciada.

6. Y Lâbân dijo a Yaăqôb: No se hace así en nuestra tierra, dar la menor antes que la mayor. Y no es recto hacer esto; porque así está ordenado y escrito en las tablas de shâmayim, que nadie dé a su hija menor antes que a la mayor; sino que a la mayor se da primero y después de ella a la menor, y el hombre que lo hace, ponen culpa contra él en shâmayim, y ninguno es justo que haga esta cosa, porque este hecho es malo delante de Yahuah.

7. Y tú manda a los hijos de Yâshâral que no hagan esta cosa; que ni tomen ni den a la menor antes que hayan dado a la mayor, porque es muy perverso.

8. Y Lâbân dijo a Yaăqôb: Que pasen los siete días del banquete de ésta, y te daré a Râchêl, para que me sirvas otros siete años, para que pastorees mis ovejas como hiciste en la semana anterior.

9. Y el día en que habían pasado los siete días del banquete de Lêâh, Lâbân dio a Râchêl a Yaăqôb para que le sirviera otros siete años, y dio a Râchêl a Bilhâh, la hermana de Zilpâh, por sierva.

10. Y sirvió aún otros siete años por Râchêl, porque Lêâh le había sido dada por nada.

11. Y Yahuah abrió el vientre de Lêâh, y concibió y dio a luz a Yaăqôb un hijo, y llamó su nombre Reûbên, en el día catorce del mes noveno, en el primer año de la tercera semana.

12. Pero el vientre de Râchêl estaba cerrado, porque Yahuah vio que Lêâh era aborrecida y Râchêl amada.

13. Y otra vez Yaăqôb entró a Lêâh, y concibió, y dio a luz a Yaăqôb un segundo hijo, y llamó su nombre Shimôn (בִּלְהָה), en el veintiuno del mes décimo, y en el tercer año de esta semana.

14. Y otra vez Yaăqôb entró a Lêâh, y concibió, y le dio a luz un tercer hijo, y llamó su nombre Lêwîy (לֵוִי), al comienzo del mes primero, en el sexto año de esta semana.

15. Y otra vez Yaăqôb entró a ella, y concibió, y le dio a luz un cuarto hijo, y llamó su nombre Yahûdâh (יְהוּדָה), en el quince del mes tercero, en el primer año de la cuarta semana.

16. Y a causa de todo esto Râchêl tuvo celos de Lêâh, porque no daba a luz, y dijo a Yaăqôb: Dame hijos; y Yaăqôb dijo: ¿Te he retenido yo los frutos de tu vientre? ¿Te he dejado?

17. Y cuando Râchêl vio que Lêâh había dado a luz a Yaăqôb cuatro hijos, Reûbên y Shimôn y Lêwîy y Yahûdâh, le dijo: Entra a Bilhâh mi sierva, y ella concebirá, y dará a luz un hijo para mí. Y le dio Bilhâh su sierva por mujer.

18. Y entró a ella, y concibió, y le dio a luz un hijo, y llamó su nombre Dân, en el nueve del mes sexto, en el sexto año de la tercera semana.

19. Y Yaăqôb entró otra vez a Bilhâh por segunda vez, y concibió, y dio a luz a Yaăqôb otro hijo, y Râchêl llamó su nombre Naphtâlîy, en el cinco del mes séptimo, en el segundo año de la cuarta semana.

20. Y cuando Lêâh vio que se había vuelto estéril y no daba a luz, tuvo celos de Râchêl, y también ella dio su sierva Zilpâh a Yaăqôb por mujer, y concibió, y dio a luz un hijo, y Lêâh llamó su nombre Gâd, en el doce del mes octavo, en el tercer año de la cuarta semana.

21. Y entró otra vez a ella, y concibió, y le dio a luz un segundo hijo, y Lêâh llamó su nombre Âshêr, en el dos del mes undécimo, en el quinto año de la cuarta semana.

22. Y Yaăqôb entró a Lêâh, y concibió, y dio a luz un hijo, y llamó su nombre Yiśśâśkâr (יִשָּׂשכָר), en el cuatro del mes quinto, en el cuarto año de la cuarta semana, y lo dio a una nodriza.

23. Y Yaăqôb entró otra vez a ella, y concibió, y dio a luz dos hijos, un hijo y una hija, y llamó el nombre del hijo Zebûlûn, y el nombre de la hija Dîynâh, en el siete del mes séptimo, en el sexto año de la cuarta semana.

24. Y Yahuah mostró favor a Râchêl, y abrió su vientre, y concibió, y dio a luz un hijo, y llamó su nombre Yôsêph (יוֹסֵף), al comienzo del mes cuarto, en el sexto año en esta cuarta semana.

25. Y en los días cuando Yôsêph nació, Yaăqôb dijo a Lâbân: Dame mis mujeres y mis hijos, y déjame ir a mi padre Yitschâq, y déjame hacerme una casa; porque he cumplido los años en que te he servido por tus dos hijas, y me iré a la casa de mi padre.

26. Y Lâbân dijo a Yaăqôb: Quédate conmigo por tu paga, y pastorea mi rebaño para mí otra vez, y toma tu paga.

27. Y concertaron el uno con el otro que él le daría por paga aquellos de los corderos y cabritos que nacieran negros y manchados y blancos; éstos serían su paga.

28. Y todas las ovejas dieron a luz manchadas y moteadas y negras, de marcas variadas, y volvieron a dar a luz corderos como ellas, y todos los que eran manchados eran de Yaăqôb, y los que no lo eran eran de Lâbân.

29. Y las posesiones de Yaăqôb se multiplicaron en extremo, y poseyó bueyes y ovejas y asnos y camellos, y siervos y siervas.

30. Y Lâbân y sus hijos tuvieron envidia de Yaăqôb, y Lâbân le quitó de vuelta sus ovejas, y lo vigilaba con intención mala.

Capítulo 29

1. Y sucedió cuando Râchêl había dado a luz a Yôsêph que Lâbân fue a esquilar sus ovejas; porque estaban lejos de él a jornada de tres días.

2. Y Yaăqôb vio que Lâbân iba a esquilar sus ovejas, y Yaăqôb llamó a Lêâh y a Râchêl, y les habló con amabilidad para que vinieran con él a la tierra de Kenaan.

3. Porque les contó cómo había visto todo en un sueño, aun todo lo que él le había hablado: que debía volver a la casa de su padre; y ellas dijeron: A todo lugar adonde tú vayas, iremos contigo.

4. Y Yaăqôb bendijo al Êlôhîym de Yitschâq su padre, y al Êlôhîym de Abrâhâm, el padre de su padre; y se levantó y montó a sus mujeres y a sus hijos, y tomó todas sus posesiones y cruzó el río, y llegó a la tierra de Gilâd; y Yaăqôb escondió su propósito de Lâbân y no se lo dijo.

5. Y en el séptimo año de la cuarta semana, Yaăqôb volvió su rostro hacia Gilâd en el mes primero, en el veintiuno de él. Y Lâbân lo persiguió y alcanzó a Yaăqôb en el monte de Gilâd en el mes tercero, en el trece de él.

6. Y Yahuah no permitió que él dañara a Yaăqôb; porque se le apareció en un sueño de noche. Y Lâbân habló con Yaăqôb.

7. Y en el quince de aquellos días Yaăqôb hizo banquete para Lâbân y para todos los que venían con él, y Yaăqôb juró a Lâbân aquel día, y Lâbân también a Yaăqôb, que ninguno cruzaría el monte de Gilâd hacia el otro con propósito malo.

8. Y allí hizo un montón por testigo; por esto el nombre de aquel lugar es llamado: Galyêd (גַּלְעֵד), por este montón.

9. Pero antes solían llamar la tierra de Gilâd la tierra de los Râphâ; porque era la tierra de los Râphâ, y los Râphâ nacieron allí, nephîyl, cuya altura era de diez, nueve, ocho, hasta siete codos.

10. Y su habitación era desde la tierra de los hijos de Ammôn hasta el monte Chermôn, y los asientos de su reino eran Karnaim, Ashtârôth, y Edreîy, y Mîsûr, y Beôn.

11. Y Yahuah los destruyó por la maldad de sus hechos; porque eran muy malignos, y el Ěmôrîy habitó en su lugar, malvado y pecador; y no hay pueblo hoy que haya obrado hasta lo completo todos sus pecados, y ya no tienen prolongación de vida sobre la tierra.

12. Y Yaăqôb despidió a Lâbân, y él partió a Ăram Nahărayim, la tierra del Oriente, y Yaăqôb volvió a la tierra de Gilâd.

13. Y pasó el Yabbôq en el mes noveno, en el once de él. Y en aquel día Êśâw, su hermano, vino a él, y se reconcilió con él, y se apartó de él hacia la tierra de Śêîyr; pero Yaăqôb habitó en tiendas.

14. Y en el primer año de la quinta semana en este jubileo cruzó el Yardên, y habitó más allá del Yardên, y pastoreó sus ovejas desde el mar del montón hasta Bêyth Sheân, y hasta Dôthân, y hasta el bosque de Aqrâb (עַקְרָב).

15. Y envió a su padre Yitschâq de toda su sustancia: ropa, y comida, y carne, y bebida, y leche, y mantequilla, y queso, y algunos dátiles del valle.

16. Y también a su madre Ribqâh cuatro veces en el año, entre los tiempos de los meses: entre arar y segar, y entre otoño y el tiempo de lluvias, y entre invierno y primavera, a la torre de Abrâhâm.

17. Porque Yitschâq había vuelto del Pozo del Juramento y había subido a la torre de su padre Abrâhâm, y habitó allí apartado de su hijo Êśâw.

18. Porque en los días cuando Yaăqôb fue a Ăram Nahărayim, Êśâw tomó para sí por mujer a Machălath, hija de Yishmâêl, y juntó todos los rebaños de su padre y sus mujeres, y subió y habitó en el monte Śêîyr, y dejó a Yitschâq su padre solo en el Pozo del Juramento.

19. Y Yitschâq subió del Pozo del Juramento y habitó en la torre de Abrâhâm su padre, en los montes de Chebrôn.

20. Y allí Yaăqôb envió todo lo que enviaba a su padre y a su madre de tiempo en tiempo, todo lo que necesitaban; y ellos bendijeron a Yaăqôb con todo su corazón y con toda su alma.

Capítulo 30

1. Y en el primer año de la sexta semana subió a Shâlêm (שָׁלֵם), al oriente de Shekem, en paz, en el mes cuarto.

2. Y allí se llevaron a Dîynâh, hija de Yaăqôb, a la casa de Shekem, hijo de Chămôr, el Chiwwîy, príncipe de la tierra, y él se acostó con ella y la profanó; y ella era una niña pequeña, una niña de doce años.

3. Y él rogó a su padre y a sus hermanos que ella le fuera dada por mujer. Y Yaăqôb y sus hijos se airaron por causa de los hombres de Shekem; porque habían profanado a Dîynâh su hermana, y les hablaron con intención mala, y obraron con engaño contra ellos, y los embaucaron.

4. Y Shimôn y Lêwîy vinieron de sorpresa a Shekem y ejecutaron juicio sobre todos los hombres de Shekem, y mataron a todos los hombres que hallaron en ella, y no dejaron

ni uno solo que quedara en ella; los mataron con tormentos porque habían deshonrado a su hermana Dîynâh.

5. Y así no sea hecho otra vez desde ahora que una hija de Yâshâral sea profanada; porque juicio está ordenado en shâmayim contra ellos: que destruyan con espada a todos los hombres de Shekem, porque hicieron vergüenza en Yâshâral.

6. Y Yahuah los entregó en manos de los hijos de Yaăqôb para que los exterminaran con espada y ejecutaran juicio sobre ellos, y para que no se hiciera así otra vez en Yâshâral, que una virgen de Yâshâral fuera profanada.

7. Y si hay algún hombre que quiera en Yâshâral dar su hija o su hermana a algún hombre que sea de la simiente de los gentiles, ciertamente morirá, y lo apedrearán con piedras; porque ha hecho vergüenza en Yâshâral. Y quemarán a la mujer con fuego, porque ha deshonrado el nombre de la casa de su padre, y será desarraigada de Yâshâral.

8. Y no se halle adúltera ni inmundicia en Yâshâral durante todos los días de las generaciones de la tierra; porque Yâshâral es qâdôsh para Yahuah, y todo hombre que lo haya profanado ciertamente morirá: lo apedrearán con piedras.

9. Porque así ha sido ordenado y escrito en las tablas de shâmayim respecto de toda la simiente de Yâshâral: El que lo profane ciertamente morirá, y será apedreado con piedras.

10. Y para esta ley no hay límite de días, ni liberación, ni expiación; sino que el hombre que ha profanado a su hija será desarraigado en medio de todo Yâshâral, porque ha dado de su simiente a Môlek, y ha obrado impíamente para profanarlo.

11. Y tú, Môsheh, manda a los hijos de Yâshâral y exhórtalos a no dar sus hijas a los gentiles, y a no tomar para sus hijos hijas de los gentiles; porque esto es abominación delante de Yahuah.

12. Por esta causa he escrito para ti, en palabras de la Ley, todas las obras de Shekem, las cuales hicieron contra Dîynâh, y cómo hablaron los hijos de Yaăqôb, diciendo: No daremos nuestra hija a un hombre incircunciso; porque eso sería afrenta para nosotros.

13. Y es afrenta para Yâshâral, para los que viven, y para los que toman las hijas de los gentiles; porque esto es inmundo y abominable para Yâshâral.

14. Y Yâshâral no quedará libre de esta inmundicia si tiene mujer de las hijas de los gentiles, o si ha dado alguna de sus hijas a un hombre que sea de cualquiera de los gentiles.

15. Porque habrá plaga sobre plaga, y maldición sobre maldición, y todo juicio y plaga y maldición vendrá sobre él: si hace esta cosa, o si esconde sus ojos de los que hacen inmundicia, o de los que profanan el santuario de Yahuah, o de los que tratan como común su nombre qâdôsh, entonces toda la nación junta será juzgada por toda la inmundicia y profanación de este hombre.

16. Y no habrá acepción de personas ni miramiento de personas, ni recibir de sus manos frutos y ofrendas y holocaustos y grosura, ni fragancia de olor grato para aceptarlo; y así le irá a todo hombre o mujer en Yâshâral que profana el santuario.

17. Por esta causa te he mandado, diciendo: Da este testimonio a Yâshâral: mira cómo le fue a Shekem y a sus hijos; cómo fueron entregados en manos de dos hijos de Yaăqôb, y ellos los mataron bajo tormentos, y les fue contado por justicia, y está escrito para ellos por justicia.

18. Y la simiente de Lêwîy fue escogida para la Kehûnnâh (כְּהֻנָּה), y para ser Lêwîy, para que ministraran delante de Yahuah, como nosotros, continuamente; y para que Lêwîy y sus hijos sean benditos para siempre; porque tuvo celo en ejecutar justicia y juicio y venganza sobre todos los que se levantaron contra Yâshâral.

19. Y así inscriben por testimonio en su favor, en las tablas de shâmayim, bendición y justicia delante del Êlôhîym de todo.

20. Y recordamos la justicia que el hombre cumplió durante su vida, en todos los períodos del año; hasta mil generaciones la registrarán, y vendrá a él y a sus descendientes después de él, y ha sido registrado en las tablas de shâmayim como amigo y hombre justo.

21. Todo este relato he escrito para ti, y te he mandado decir a los hijos de Yâshâral, que no cometan pecado ni transgredan las ordenanzas ni quiebren el pacto que ha sido ordenado para ellos, sino que lo cumplan y sean registrados como amigos.

22. Pero si transgreden y obran inmundicia en todo camino, serán registrados en las tablas de shâmayim como adversarios, y serán borrados del libro de vida, y serán registrados en el libro de los que serán destruidos, y con los que serán desarraigados de la tierra.

23. Y en el día cuando los hijos de Yaăqôb mataron a Shekem, una escritura fue registrada en su favor en shâmayim: que habían ejecutado justicia y rectitud y venganza sobre los pecadores; y fue escrito para bendición.

24. Y sacaron a Dîynâh su hermana de la casa de Shekem, y tomaron cautivo todo lo que había en Shekem: sus ovejas y sus bueyes y sus asnos, y toda su riqueza, y todos sus rebaños, y lo llevaron todo a Yaăqôb su padre.

25. Y él los reprendió porque habían pasado la ciudad a espada, porque temía a los que habitaban en la tierra, los Kenaanîy y los Perizzîy.

26. Y el espanto de Yahuah estaba sobre todas las ciudades que están alrededor de Shekem, y no se levantaron para perseguir a los hijos de Yaăqôb; porque terror había caído sobre

Capítulo 31

1. Y al comienzo del mes Yaăqôb habló a todo el pueblo de su casa, diciendo: Purifíquense y cambien sus vestidos, y levantémonos y subamos a Bêythêl, donde hice voto a él en el día cuando huí del rostro de Êśâw mi hermano; porque él ha estado conmigo y me ha traído a esta tierra en paz; y aparten de ustedes los dioses extraños que están entre ustedes.

2. Y ellos entregaron los dioses extraños, y lo que estaba en sus orejas y lo que estaba en sus cuellos, y los ídolos que Râchêl robó de Lâbân su padre, ella los dio por completo a Yaăqôb. Y él los quemó y los quebró en pedazos y los destruyó, y los escondió debajo de una encina que está en la tierra de Shekem.

3. Y subió al comienzo del mes séptimo a Bêythêl. Y edificó un altar en el lugar donde había dormido, y levantó allí una columna, y envió aviso a su padre Yitschâq para que viniera a él a su sacrificio, y a su madre Ribqâh.

4. Y Yitschâq dijo: Que venga mi hijo Yaăqôb, y que yo lo vea antes de que yo muera.

5. Y Yaăqôb fue a su padre Yitschâq y a su madre Ribqâh, a la casa de su padre Abrâhâm, y tomó consigo a dos de sus hijos, Lêwîy y Yahûdâh, y vino a su padre Yitschâq y a su madre Ribqâh.

6. Y Ribqâh salió de la torre al frente de ella para besar a Yaăqôb y abrazarlo; porque su espíritu había revivido cuando oyó: He aquí Yaăqôb tu hijo ha venido; y lo besó.

7. Y vio a sus dos hijos, y los reconoció, y le dijo: ¿Son éstos tus hijos, hijo mío? Y los abrazó y los besó, y los bendijo, diciendo: En ustedes la simiente de Abrâhâm se hará ilustre, y ustedes serán hallados por bendición en la tierra.

8. Y Yaăqôb entró a Yitschâq su padre, al aposento donde él yacía, y sus dos hijos estaban con él, y tomó la mano de su padre, y, inclinándose, lo besó; y Yitschâq se aferró al cuello de Yaăqôb su hijo, y lloró sobre su cuello.

9. Y la oscuridad se apartó de los ojos de Yitschâq, y vio a los dos hijos de Yaăqôb, Lêwîy y Yahûdâh, y dijo: ¿Son éstos tus hijos, hijo mío? Porque son como tú.

10. Y él le dijo que en verdad eran sus hijos: Y tú has visto en verdad que en verdad son mis hijos.

11. Y se acercaron a él, y él se volvió y los besó y los abrazó a ambos juntos.

12. Y el espíritu de profecía descendió en su boca, y tomó a Lêwîy por su mano derecha y a Yahûdâh por su izquierda.

13. Y se volvió primero a Lêwîy, y comenzó a bendecirlo primero, y le dijo: Que el Êlôhîym de todo, el mismo Yahuah de todas las edades, te bendiga a ti y a tus hijos por todas las edades.

14. Y que Yahuah te dé a ti y a tu simiente grandeza y gran gloria, y haga que tú y tu simiente, de entre toda carne, se acerquen a él para servir en su santuario, como los mensajeros de la presencia y como los qâdôsh. Así como ellos, sea la simiente de tus hijos para gloria y grandeza y qôdesh, y que él los haga grandes por todas las edades.

15. Y serán jueces y príncipes, y jefes de toda la simiente de los hijos de Yaăqôb; hablarán la palabra de Yahuah en justicia, y juzgarán todos sus juicios en justicia. Y declararán mis caminos a Yaăqôb y mis sendas a Yâshâral. La bendición de Yahuah será dada en sus bocas para bendecir a toda la simiente del amado.

16. Tu madre llamó tu nombre Lêwîy, y con justicia llamó tu nombre; tú estarás unido a Yahuah y serás compañero de todos los hijos de Yaăqôb; sea su mesa tuya, y tú y tus hijos coman de ella; y que tu mesa esté llena por todas las generaciones, y tu alimento no falte por todas las edades.

17. Y caigan delante de ti todos los que te odian, y sean desarraigados y perezcan todos tus adversarios; y bendito sea el que te bendice, y maldita sea toda nación que te maldice.

18. Y a Yahûdâh le dijo: Que Yahuah te dé fuerza y poder para pisotear a todos los que te odian; príncipe serás tú y uno de tus hijos, sobre los hijos de Yaăqôb; que tu nombre y el nombre de tus hijos salgan y recorran toda tierra y región. Entonces temerán los gentiles delante de tu rostro, y todas las naciones temblarán, y todos los pueblos temblarán.

19. En ti estará el auxilio de Yaăqôb, y en ti se halla la salvación de Yâshâral.

20. Y cuando te sientes en el trono de honra de tu justicia, habrá gran paz para toda la simiente de los hijos del amado; bendito sea el que te bendice, y todos los que te odian y te afligen y te maldicen serán desarraigados y destruidos de la tierra y serán malditos.

21. Y volviéndose lo besó otra vez y lo abrazó, y se gozó grandemente; porque había visto a los hijos de Yaăqôb su hijo en plena verdad.

22. Y salió de entre sus pies y cayó y se inclinó ante él, y los bendijo, y reposó allí

con Yitschâq su padre aquella noche, y comieron y bebieron con gozo.

23. Y hizo dormir a los dos hijos de Yaăqôb, el uno a su mano derecha y el otro a su izquierda, y le fue contado por justicia.

24. Y Yaăqôb contó a su padre todo durante la noche, cómo Yahuah le había mostrado gran misericordia, y cómo lo había hecho prosperar en todos sus caminos, y lo había guardado de todo mal.

25. Y Yitschâq bendijo al Êlôhîym de su padre Abrâhâm, que no había retraído su misericordia y su justicia de los hijos de su siervo Yitschâq.

26. Y por la mañana Yaăqôb contó a su padre Yitschâq el voto que había votado a Yahuah, y la visión que había visto, y que había edificado un altar, y que todo estaba preparado para que el sacrificio fuera hecho delante de Yahuah como había votado, y que había venido para ponerlo sobre un asno.

27. Y Yitschâq dijo a Yaăqôb su hijo: No puedo ir contigo; porque soy viejo y no puedo llevar el camino. Ve, hijo mío, en paz; porque soy ciento sesenta y cinco años hoy; ya no puedo viajar. Pon a tu madre sobre un asno, y que vaya contigo.

28. Y sé, hijo mío, que has venido por causa mía; y sea bendito este día en que me has visto vivo, y yo también te he visto a ti, hijo mío.

29. Que prosperes y cumplas el voto que has votado; y no demores tu voto; porque serás llamado a cuenta por el voto. Ahora pues, apresúrate a hacerlo, y que sea agradado el que ha hecho todas las cosas, a quien has votado el voto.

30. Y dijo a Ribqâh: Ve con Yaăqôb tu hijo. Y Ribqâh fue con Yaăqôb su hijo, y Debôrâh con ella, y llegaron a Bêythêl.

31. Y Yaăqôb recordó la oración con la cual su padre lo había bendecido a él y a sus dos hijos, Lêwîy y Yahûdâh, y se regocijó y bendijo al Êlôhîym de sus padres, Abrâhâm y Yitschâq.

32. Y dijo: Ahora sé que tengo una esperanza eterna, y mis hijos también, delante del Êlôhîym de todo; y así está ordenado acerca de los dos; y lo registran para ellos por testimonio eterno en las tablas de shâmayim, cómo Yitschâq los bendijo.

Capítulo 32

1. Y habitó aquella noche en Bêythêl, y Lêwîy soñó que lo habían ordenado y hecho el Kôhên de Êlôhîym Elyôn Êl, a él y a sus hijos para siempre; y despertó de su sueño y bendijo a Yahuah.

2. Y Yaăqôb se levantó temprano por la mañana, en el catorce de este mes, y dio el diezmo de todo lo que venía con él, tanto de hombres como de ganado, tanto de oro como de todo vaso y vestido; sí, dio diezmos de todo.

3. Y en aquellos días Râchêl quedó encinta de su hijo Binyâmîyn. Y Yaăqôb contó a sus hijos desde él hacia arriba, y Lêwîy cayó a la porción de Yahuah, y su padre lo vistió con las vestiduras de la Kehûnnâh y llenó sus manos.

4. Y en el quince de este mes trajo al altar catorce bueyes de entre el ganado, y veintiocho carneros, y cuarenta y nueve ovejas, y siete corderos, y veintiún cabritos de machos de cabras, por holocausto sobre el altar del sacrificio, agradable para olor suave delante de Êlôhîym.

5. Ésta fue su ofrenda, por causa del voto que había votado: que daría un décimo, con sus ofrendas de fruto y sus ofrendas de bebida.

6. Y cuando el fuego lo consumió, quemó incienso sobre el fuego, sobre el fuego, y

por ofrenda de agradecimiento: dos bueyes y cuatro carneros y cuatro ovejas, cuatro machos cabríos, y dos ovejas de un año, y dos cabritos de machos de cabras; y así hacía cada día por siete días.

7. Y él y todos sus hijos y sus hombres comían esto con gozo allí durante siete días, y bendecían y daban gracias a Yahuah, que lo había librado de toda su tribulación y le había dado su voto.

8. Y diezmó todos los animales limpios, e hizo holocausto; pero los animales inmundos no los dio a Lêwîy su hijo, y le dio todas las almas de los hombres.

9. Y Lêwîy ejerció el oficio de Kôhên en Bêythêl delante de Yaăqôb su padre, en preferencia a sus diez hermanos, y fue Kôhên allí; y Yaăqôb dio su voto: así volvió a diezmar el diezmo a Yahuah y lo santificó, y llegó a ser qâdôsh para él.

10. Y por esta causa está ordenado en las tablas de shâmayim como ley para diezmar otra vez el diezmo: comer delante de Yahuah de año en año, en el lugar que es escogido para que su nombre habite; y para esta ley no hay límite de días para siempre.

11. Esta ordenanza está escrita para que se cumpla de año en año, en comer el segundo diezmo delante de Yahuah en el lugar que ha sido escogido, y nada quedará de él de este año al año siguiente.

12. Porque en su año se comerá la simiente hasta los días de la recogida de la simiente del año, y el vino hasta los días del vino, y el aceite hasta los días de su estación.

13. Y todo lo que quede de ello y envejezca, téngase por contaminado: quémese con fuego, porque es inmundo.

14. Y así cómanlo juntos en el santuario, y no lo dejen envejecer.

15. Y todos los diezmos de bueyes y ovejas serán qâdôsh para Yahuah, y pertenecerán a su Kôhên, que comerán delante de él de año en año; porque así está ordenado y grabado respecto del diezmo en las tablas de shâmayim.

16. Y en la noche siguiente, en el día veintidós de este mes, Yaăqôb resolvió edificar aquel lugar, y cercar el atrio con muro, y santificarlo y hacerlo qâdôsh para siempre, para sí y para sus hijos después de él.

17. Y Yahuah se le apareció de noche y lo bendijo, y le dijo: Tu nombre no será llamado Yaăqôb, sino Yâshâral llamarán tu nombre.

18. Y le dijo otra vez: Yo soy Yahuah que creó shâmayim y tierra, y te aumentaré y te multiplicaré en extremo, y reyes saldrán de ti, y juzgarán en todas partes donde el pie de los hijos de los hombres haya pisado.

19. Y daré a tu simiente toda la tierra que está debajo de shâmayim, y juzgarán a todas las naciones conforme a sus deseos, y después de eso tomarán posesión de toda la tierra y la heredarán para siempre.

20. Y terminó de hablar con él, y subió de sobre él. Y Yaăqôb miró hasta que había ascendido a shâmayim.

21. Y vio en visión de la noche, y he aquí un mensajero descendió de shâmayim con siete tablas en sus manos, y se las dio a Yaăqôb, y él las leyó y supo todo lo que estaba escrito en ellas, lo que le sucedería a él y a sus hijos por todas las edades.

22. Y le mostró todo lo que estaba escrito en las tablas, y le dijo: No edifiques este lugar, y no lo hagas santuario eterno, y no habites aquí; porque éste no es el lugar. Ve a la casa de Abrâhâm tu padre y habita con Yitschâq tu padre hasta el día de la muerte de tu padre.

23. Porque en Mitsrayim morirás en paz, y en esta tierra serás sepultado con honra en

el sepulcro de tus padres, con Abrâhâm y Yitschâq.

24. No temas; porque como lo has visto y leído, así será todo; y tú escribe todo como lo has visto y leído.

25. Y Yaăqôb dijo: Yahuah, ¿cómo puedo recordar todo lo que he leído y visto? Y él le dijo: Yo traeré todas las cosas a tu memoria.

26. Y subió de sobre él, y él despertó de su sueño, y recordó todo lo que había leído y visto, y escribió todas las palabras que había leído y visto.

27. Y celebró allí todavía otro día, y sacrificó en él conforme a todo lo que había sacrificado en los días anteriores, y llamó su nombre "Adición", porque este día fue añadido, y a los días anteriores los llamó "La Fiesta".

28. Y así fue mostrado que debía ser, y está escrito en las tablas de shâmayim; por lo cual le fue revelado que debía celebrarlo, y añadirlo a los siete días de la fiesta.

29. Y su nombre fue llamado "Adición", porque fue registrado entre los días de los días de fiesta, conforme al número de los días del año.

30. Y en la noche, en el veintitrés de este mes, Debôrâh, la nodriza de Ribqâh, murió, y la sepultaron debajo de la ciudad bajo la encina del río, y llamó el nombre de este lugar Allôn Bâkûth (אַלּוֹן בָּכוּת), y la encina: la encina del duelo de Debôrâh.

31. Y Ribqâh fue y volvió a su casa a su padre Yitschâq, y Yaăqôb envió por su mano carneros y ovejas y machos de cabras para que preparara comida para su padre tal como él deseaba.

32. Y fue tras su madre hasta que llegó a la tierra de Kibrâh (כִּבְרָה), y habitó allí.

33. Y Râchêl dio a luz un hijo en la noche, y llamó su nombre Benônîy (בֶּן־אוֹנִי); porque sufrió al darlo a luz; pero su padre llamó su nombre Binyâmîyn, en el once del mes octavo, en el primero de la sexta semana de este jubileo.

34. Y Râchêl murió allí, y fue sepultada en la tierra de Ephrâth, que es Bêyth Lechem, y Yaăqôb levantó una columna sobre la sepultura de Râchêl, en el camino sobre su sepultura.

Capítulo 33

1. Y Yaăqôb fue y habitó al sur de Magdalâdrâêf. Y fue a su padre Yitschâq, él y Lêâh su mujer, al comienzo del mes décimo.

2. Y Reûbên vio a Bilhâh, la sierva de Râchêl, la concubina de su padre, bañándose en agua en un lugar secreto, y la amó.

3. Y se escondió de noche, y entró en la casa de Bilhâh de noche, y la halló durmiendo sola en una cama en su casa.

4. Y se acostó con ella, y ella despertó y vio, y he aquí Reûbên yacía con ella en la cama, y ella descubrió el borde de su cubierta y lo tomó, y clamó, y descubrió que era Reûbên.

5. Y ella se avergonzó por causa de él, y soltó su mano de él, y él huyó.

6. Y ella se lamentó por esta cosa en gran manera, y no lo dijo a nadie.

7. Y cuando Yaăqôb volvió y la buscó, ella le dijo: No soy limpia para ti, porque he sido profanada en cuanto a ti; porque Reûbên me profanó, y se acostó conmigo en la noche, y yo estaba dormida, y no lo supe hasta que él descubrió mi falda y durmió conmigo.

8. Y Yaăqôb se airó en extremo contra Reûbên porque se había acostado con Bilhâh, porque había descubierto la falda de su padre.

9. Y Yaăqôb no se acercó a ella otra vez, porque Reûbên la había profanado. Y en cuanto

a cualquier hombre que descubre la falda de su padre, su hecho es muy malvado, porque es abominable delante de Yahuah.

10. Por esta razón está escrito y ordenado en las tablas de shâmayim que un hombre no debe acostarse con la mujer de su padre, y no debe descubrir la falda de su padre, porque esto es inmundo: ciertamente morirán juntos, el hombre que se acuesta con la mujer de su padre y también la mujer, porque han hecho inmundicia en la tierra.

11. Y no habrá nada inmundo delante de nuestro Êlôhîym en la nación que él ha escogido para sí como posesión.

12. Y otra vez está escrito por segunda vez: Maldito sea el que se acuesta con la mujer de su padre, porque ha descubierto la vergüenza de su padre; y todos los qâdôsh de Yahuah dijeron: Así sea; así sea.

13. Y tú, Môsheh, manda a los hijos de Yâshâral que guarden esta palabra; porque conlleva castigo de muerte; y es inmundo, y no hay expiación para siempre para expiar por el hombre que ha hecho esto, sino que ha de ser puesto a muerte y muerto, y apedreado con piedras, y desarraigado de en medio del pueblo de nuestro Êlôhîym.

14. Porque a ningún hombre que haga esto en Yâshâral le es permitido quedar vivo un solo día sobre la tierra, porque es abominable e inmundo.

15. Y no dejen que digan: A Reûbên le fue concedida vida y perdón después que se acostó con la concubina de su padre, y también a ella, aunque tenía marido, y su marido Yaăqôb, su padre, todavía vivía.

16. Porque hasta ese tiempo no había sido revelada la ordenanza y el juicio y la ley en su plenitud para todos; pero en tus días ha sido revelada, como ley de estaciones y de días, y ley perpetua para las generaciones perpetuas.

17. Y para esta ley no hay consumación de días, y no hay expiación por ella, sino que ambos deben ser desarraigados en medio de la nación; en el día en que la cometieron los matarán.

18. Y tú, Môsheh, escríbelo para Yâshâral para que lo guarden, y hagan conforme a estas palabras, y no cometan pecado hasta muerte; porque Yahuah nuestro Êlôhîym es juez, que no hace acepción de personas y no acepta dones.

19. Y diles estas palabras del pacto, para que oigan y guarden, y estén en guardia respecto de ellas, y no sean destruidos y desarraigados de la tierra; porque inmundicia, y abominación, y contaminación, y polución son todos los que lo cometen sobre la tierra delante de nuestro Êlôhîym.

20. Y no hay pecado mayor que la fornicación que ellos cometen sobre la tierra; porque Yâshâral es nación qâdôsh para Yahuah su Êlôhîym, y nación de herencia, y Kôhên y nación real y para su propia posesión; y no aparecerá tal inmundicia en medio de la nación qâdôsh.

21. Y en el tercer año de esta sexta semana Yaăqôb y todos sus hijos fueron y habitaron en la casa de Abrâhâm, cerca de Yitschâq su padre y Ribqâh su madre.

22. Y éstos fueron los nombres de los hijos de Yaăqôb: el primogénito Reûbên, Shimôn, Lêwîy, Yahûdâh, Yiśśâśkâr, Zebûlûn, los hijos de Lêâh; y los hijos de Râchêl, Yôsêph y Binyâmîyn; y los hijos de Bilhâh, Dân y Naphtali; y los hijos de Zilpâh, Gâd y Âshêr; y Dîynâh, la hija de Lêâh, la única hija de Yaăqôb.

23. Y vinieron y se inclinaron ante Yitschâq y Ribqâh, y cuando los vieron bendijeron

a Yaăqôb y a todos sus hijos, y Yitschâq se regocijó en extremo, porque vio a los hijos de Yaăqôb, su hijo menor, y los bendijo.

Capítulo 34

1. Y en el sexto año de esta semana de este jubileo cuarenta y cuatro, Yaăqôb envió a sus hijos a pastorear sus ovejas, y a sus siervos con ellos, a los pastos de Shekem.

2. Y los siete reyes del Ĕmôrîy se reunieron juntos contra ellos, para matarlos, escondiéndose debajo de los árboles, y para tomar su ganado por presa.

3. Y Yaăqôb y Lêwîy y Yahûdâh y Yôsêph estaban en la casa con Yitschâq su padre; porque su espíritu estaba triste, y no podían dejarlo. Y Binyâmîyn era el más joven, y por esta razón se quedó con su padre.

4. Y vino el rey de Tappûach (תַּפּוּחַ) y el rey de Arêsâ, y el rey de Sêragân, y el rey de Shîylôh (שִׁילֹה), y el rey de Gaash, y el rey de Bêyth Chôrôn (בֵּית חוֹרוֹן), y el rey de Maanishâkîr, y todos los que habitan en estos montes y los que habitan en los bosques en la tierra de Kenaan.

5. Y le anunciaron esto a Yaăqôb, diciendo: He aquí, los reyes del Ĕmôrîy han rodeado a tus hijos, y han saqueado sus rebaños.

6. Y se levantó de su casa, él y sus tres hijos y todos los siervos de su padre, y sus propios siervos, y fue contra ellos con seis mil hombres, que llevaban espadas.

7. Y los mató en los pastos de Shekem, y persiguió a los que huían, y los mató a filo de espada; y mató a Arêsâ y a Tappûach y a Sêragân y a Shîylôh y a Maanishâkîr y a Gaash, y recobró sus rebaños.

8. Y prevaleció sobre ellos, y les impuso tributo para que le pagaran tributo: cinco productos de fruto de su tierra; y edificó Rôbêl y Timnath cheres (תִּמְנַת חֶרֶס).

9. Y volvió en paz, e hizo paz con ellos, y llegaron a ser sus siervos, hasta el día en que él y sus hijos descendieron a Mitsrayim.

10. Y en el séptimo año de esta semana envió a Yôsêph para saber del bienestar de sus hermanos, desde su casa a la tierra de Shekem, y los halló en la tierra de Dôthân.

11. Y obraron traición contra él, y tramaron contra él para matarlo; pero cambiando de parecer, lo vendieron a mercaderes Yishmâêlîy, y lo hicieron descender a Mitsrayim, y lo vendieron a Pôṭîyphar, el eunuco de Parôh, el jefe de los cocineros, Kôhên de la ciudad de Êlêw.

12. Y los hijos de Yaăqôb degollaron un cabrito, y mojaron la túnica de Yôsêph en la sangre, y la enviaron a Yaăqôb su padre en el diez del mes séptimo.

13. Y él hizo duelo toda aquella noche, porque se la habían traído al atardecer, y se puso febril con duelo por su muerte, y dijo: Una bestia mala ha devorado a Yôsêph. Y todos los de su casa hicieron duelo con él aquel día, y estuvieron afligidos y lamentándose con él todo aquel día.

14. Y sus hijos y su hija se levantaron para consolarlo, pero él rehusó ser consolado por su hijo.

15. Y en aquel día Bilhâh oyó que Yôsêph había perecido, y murió haciendo duelo por él; y ella vivía en Kibrâh; y Dîynâh también, su hija, murió después que Yôsêph había perecido.

16. Y vinieron estos tres duelos sobre Yâshâral en un mes. Y sepultaron a Bilhâh frente a la tumba de Râchêl, y también a Dîynâh su hija sepultaron allí.

17. Y él hizo duelo por Yôsêph un año, y no cesó, porque dijo: Déjenme descender al sepulcro haciendo duelo por mi hijo.

18. Por esta razón está ordenado para los hijos de Yâshâral que se aflijan en el diez del mes séptimo, en el día en que la noticia que lo hizo llorar por Yôsêph vino a Yaăqôb su padre: que hagan expiación por sí mismos en ese día con un cabrito joven en el diez del mes séptimo, una vez al año, por sus pecados; porque habían entristecido el afecto de su padre respecto de Yôsêph su hijo.

19. Y este día ha sido ordenado para que se duelan en él por sus pecados, y por todas sus transgresiones y por todos sus errores, para que se limpien en ese día una vez al año.

20. Y después que Yôsêph pereció, los hijos de Yaăqôb tomaron para sí mujeres. El nombre de la mujer de Reûbên es Âdâ; y el nombre de la mujer de Shimôn es Âdîbââ, una Kenaanîy; y el nombre de la mujer de Lêwîy es Mêlkâ, de las hijas de Ârâm, de la simiente de los hijos de Terach; y el nombre de la mujer de Yahûdâh, Bêtâsûêl, una Kenaanîy; y el nombre de la mujer de Yiśśâśkâr es Hêzâqâ; y el nombre de la mujer de Zebûlûn es Nîimâ; y el nombre de la mujer de Dân es Êglâ; y el nombre de la mujer de Naphtali es Râsûu, de Ăram Nahărayim; y el nombre de la mujer de Gâd es Mâkâ; y el nombre de la mujer de Âshêr es Ĭyôa; y el nombre de la mujer de Yôsêph es Âsnath, la Mitsrîy; y el nombre de la mujer de Binyâmîyn es Iyasâkâ.

21. Y Shimôn se arrepintió, y tomó una segunda mujer de Ăram Nahărayim como sus hermanos.

Capítulo 35

1. Y en el primer año de la primera semana del jubileo cuarenta y cinco, Ribqâh llamó a Yaăqôb su hijo, y le mandó respecto de su padre y respecto de su hermano, que los honrara todos los días de su vida.

2. Y Yaăqôb dijo: Haré todo como me has mandado; porque esto será honra y grandeza para mí, y justicia delante de Yahuah, que yo los honre.

3. Y tú también, madre, sabes desde el tiempo en que nací hasta este día, todas mis obras y todo lo que está en mi corazón, que yo siempre pienso bien respecto de todo.

4. ¿Y cómo no haría yo esta cosa que me has mandado, que honre a mi padre y a mi hermano?

5. Dime, madre, qué perversidad has visto en mí y me apartaré de ella, y misericordia estará sobre mí.

6. Y ella le dijo: Hijo mío, no he visto en ti, todos mis días, cosa perversa, sino sólo obras rectas. Y sin embargo te diré la verdad, hijo mío: Yo moriré este año, y no sobreviviré este año en mi vida; porque he visto en un sueño el día de mi muerte, que no viviré más allá de ciento cincuenta y cinco años. Y he aquí, he completado todos los días de mi vida que he de vivir.

7. Y Yaăqôb rió por las palabras de su madre, porque su madre le había dicho que ella moriría; y ella estaba sentada frente a él en posesión de su fuerza, y no estaba enferma en su fuerza; porque entraba y salía y veía, y sus dientes eran fuertes, y ninguna dolencia la había tocado todos los días de su vida.

8. Y Yaăqôb le dijo: Bendito soy, madre, si mis días se acercan a los días de tu vida, y mi fuerza permanece conmigo, así como tu fuerza; y tú no morirás, porque estás bromeando en vano conmigo acerca de tu muerte.

9. Y ella entró a Yitschâq y le dijo: Una petición hago a ti: Haz que Êśâw jure que no

dañará a Yaăqôb, ni lo perseguirá con enemistad; porque tú conoces los pensamientos de Êśâw, que son perversos desde su juventud, y no hay bondad en él; porque desea, después de tu muerte, matarlo.

10. Y tú sabes todo lo que él ha hecho desde el día en que Yaăqôb su hermano fue a Chârân hasta este día: cómo nos ha dejado con todo su corazón, y nos ha hecho mal; tus rebaños los ha tomado para sí, y se ha llevado todas tus posesiones de delante de tu rostro.

11. Y cuando le suplicamos y le rogamos por lo que era nuestro, él hizo como hombre que se compadecía de nosotros.

12. Y está amargo contra ti porque bendijiste a Yaăqôb tu hijo perfecto y recto; porque no hay mal sino sólo bien en él, y desde que vino de Chârân hasta este día no nos ha robado cosa alguna, porque nos trae todo en su tiempo siempre, y se regocija con todo su corazón cuando tomamos de sus manos, y nos bendice, y no se ha apartado de nosotros desde que vino de Chârân hasta este día, y permanece con nosotros continuamente en casa honrándonos.

13. Y Yitschâq le dijo: Yo también conozco y veo las obras de Yaăqôb que está con nosotros, cómo con todo su corazón nos honra; pero yo amé a Êśâw antes más que a Yaăqôb, porque era el primogénito; pero ahora amo a Yaăqôb más que a Êśâw, porque él ha hecho muchas obras malas, y no hay justicia en él, porque todos sus caminos son injusticia y violencia, y no hay justicia alrededor de él.

14. Y ahora mi corazón está turbado por causa de todas sus obras, y ni él ni su simiente serán salvados, porque son los que serán destruidos de la tierra y los que serán desarraigados de debajo de shâmayim, porque ha abandonado al Êlôhîym de Abrâhâm y ha ido tras sus mujeres y tras su inmundicia y tras su error, él y sus hijos.

15. Y tú me mandas que le haga jurar que no matará a Yaăqôb su hermano; aun si jura, no permanecerá en su juramento, y no hará bien sino sólo mal.

16. Pero si desea matar a Yaăqôb su hermano, en manos de Yaăqôb le será entregado, y no escapará de sus manos, porque descenderá en sus manos.

17. Y no temas por causa de Yaăqôb; porque el guardián de Yaăqôb es grande y poderoso y honrado, y alabado más que el guardián de Êśâw.

18. Y Ribqâh envió y llamó a Êśâw, y él vino a ella, y ella le dijo: Tengo una petición, hijo mío, para hacerte, y tú promete hacerla, hijo mío.

19. Y él dijo: Haré todo lo que tú me digas, y no rehusaré tu petición.

20. Y ella le dijo: Te pido que el día que yo muera, tú me lleves adentro y me sepultes cerca de Śârâh, la madre de tu padre, y que tú y Yaăqôb se amen el uno al otro, y que ninguno desee mal contra el otro, sino amor mutuo solamente; y así prosperarán, hijos míos, y serán honrados en medio de la tierra, y ningún enemigo se alegrará sobre ustedes, y ustedes serán bendición y misericordia en los ojos de todos los que los aman.

21. Y él dijo: Haré todo lo que me has dicho, y te sepultaré el día que mueras cerca de Śârâh, la madre de mi padre, como has deseado, para que sus huesos estén cerca de tus huesos.

22. Y a Yaăqôb, mi hermano, también lo amaré sobre toda carne; porque no tengo hermano en toda la tierra sino sólo él: y esto no es gran mérito para mí si lo amo; porque él es mi hermano, y fuimos sembrados juntos en tu cuerpo, y juntos salimos de tu vientre; y si no amo a mi hermano, ¿a quién amaré?

23. Y yo mismo te ruego que exhorten a Yaăqôb acerca de mí y acerca de mis hijos, porque sé que ciertamente él será rey sobre mí y sobre mis hijos; porque el día en que mi padre lo bendijo, lo hizo a él alto y a mí bajo.

24. Y te juro que lo amaré, y no desearé mal contra él todos los días de mi vida, sino bien solamente.

25. Y él le juró respecto de todo este asunto. Y ella llamó a Yaăqôb delante de los ojos de Êśâw, y le dio mandamiento conforme a las palabras que había hablado a Êśâw.

26. Y él dijo: Haré tu agrado; créeme que ningún mal saldrá de mí ni de mis hijos contra Êśâw, y yo seré primero en nada, salvo en amor solamente.

27. Y comieron y bebieron, ella y sus hijos, aquella noche, y ella murió, de tres jubileos y una semana y un año de edad, en aquella noche; y sus dos hijos, Êśâw y Yaăqôb, la sepultaron en la cueva doble cerca de Śârâh, la madre de su padre.

Capítulo 36

1. Y en el sexto año de esta semana Yitschâq llamó a sus dos hijos Êśâw y Yaăqôb, y vinieron a él, y les dijo: Hijos míos, voy por el camino de mis padres, a la casa eterna donde están mis padres.

2. Por tanto, sepúltenme cerca de Abrâhâm mi padre, en la cueva doble en el campo de Ephrôn el Chittîy, donde Abrâhâm compró sepulcro para sepultar; en el sepulcro que cavé para mí, allí sepúltenme.

3. Y les mando esto, hijos míos, que practiquen justicia y rectitud sobre la tierra, para que Yahuah traiga sobre ustedes todo lo que Yahuah dijo que haría a Abrâhâm y a su simiente.

4. Y ámense el uno al otro, hijos míos, sus hermanos, como hombre que ama su propia alma, y busque cada uno en qué puede aprovechar a su hermano, y obren juntos en la tierra; y ámense el uno al otro como sus propias almas.

5. Y en cuanto a la cuestión de ídolos, les mando y les amonesto que los desechen y los odien, y no los amen; porque están llenos de engaño para los que los adoran y para los que se inclinan ante ellos.

6. Recuerden, hijos míos, a Yahuah Êlôhîym de Abrâhâm su padre, y cómo yo también lo adoré y lo serví en justicia y en gozo, para que él los multiplicara y aumentara su simiente como las estrellas de shâmayim en multitud, y los estableciera en la tierra como planta de justicia que no será desarraigada por todas las generaciones para siempre.

7. Y ahora les haré jurar juramento grande, porque no hay juramento mayor que éste, por el nombre glorioso y honrado y grande y espléndido y maravilloso y poderoso, que creó shâmayim y tierra y todas las cosas juntas, que lo temerán y lo adorarán.

8. Y que cada uno amará a su hermano con afecto y justicia, y que ninguno deseará mal contra su hermano desde ahora para siempre, todos los días de su vida, para que prosperen en todas sus obras y no sean destruidos.

9. Y si alguno de ustedes trama mal contra su hermano, sepan que desde ahora todo el que trama mal contra su hermano caerá en su mano, y será desarraigado de la tierra de los vivientes, y su simiente será destruida de debajo de shâmayim.

10. Pero en el día de turbulencia y de execración y de indignación y de ira, con fuego llameante devorador, como quemó a Sedôm, así también quemará su tierra y su ciudad y

todo lo que es suyo, y será borrado del libro de la disciplina de los hijos de los hombres, y no será registrado en el libro de vida, sino en el que está destinado a destrucción, y partirá a execración eterna; para que su condenación sea siempre renovada en odio y en execración y en ira y en tormento y en indignación y en plagas y en enfermedad para siempre.

11. Digo y testifico a ustedes, hijos míos, conforme al juicio que vendrá sobre el hombre que quiera dañar a su hermano.

12. Y aquel día repartió todas sus posesiones entre los dos, y dio la porción mayor al que era el primogénito, y la torre y todo lo que estaba alrededor de ella, y todo lo que Abrâhâm poseía en el Pozo del Juramento.

13. Y dijo: Esta porción mayor daré al primogénito.

14. Y Êśâw dijo: Yo he vendido a Yaăqôb y he dado mi primogenitura a Yaăqôb; a él sea dada, y no tengo una sola palabra que decir respecto de ello, porque es suyo.

15. Y Yitschâq dijo: Repose bendición sobre ustedes, hijos míos, y sobre su simiente hoy, porque me han dado reposo, y mi corazón no está doliente en cuanto a la primogenitura, para que no obren maldad por causa de ella.

16. Que Êlôhîym Elyôn Êl bendiga al hombre que obra justicia, a él y a su simiente para siempre.

17. Y terminó de mandarles y de bendecirlos, y comieron y bebieron juntos delante de él, y se regocijó porque había una sola mente entre ellos, y salieron de él y reposaron aquel día y durmieron.

18. Y Yitschâq durmió en su cama aquel día regocijándose; y durmió el sueño eterno, y murió de ciento ochenta años. Completó veinticinco semanas y cinco años; y sus dos hijos Êśâw y Yaăqôb lo sepultaron.

19. Y Êśâw fue a la tierra de Ĕdôm, a los montes de Śêîyr, y habitó allí.

20. Y Yaăqôb habitó en los montes de Chebrôn, en la torre de la tierra del peregrinaje de su padre Abrâhâm, y adoró a Yahuah con todo su corazón y conforme a los mandamientos visibles, conforme había repartido los días de sus generaciones.

21. Y Lêâh su mujer murió en el cuarto año de la segunda semana del jubileo cuarenta y cinco, y él la sepultó en la cueva doble cerca de Ribqâh su madre, a la izquierda de la sepultura de Śârâh, la madre de su padre.

22. Y todos sus hijos y los hijos de él vinieron con él a hacer duelo por Lêâh su mujer y a consolarlo respecto de ella, porque él la lamentaba, porque la amaba en gran manera después que Râchêl su hermana murió;

23. porque ella era perfecta y recta en todos sus caminos y honraba a Yaăqôb, y todos los días que vivió con él no oyó de su boca palabra áspera, porque ella era suave y pacífica y recta y honorable.

24. Y recordó todas sus obras que ella había hecho durante su vida, y la lamentó en extremo; porque la amaba con todo su corazón y con toda su alma.

Capítulo 37

1. Y en el día en que Yitschâq, el padre de Yaăqôb y de Êśâw, murió, los hijos de Êśâw oyeron que Yitschâq había dado la porción del mayor a su hijo menor Yaăqôb, y se enfurecieron mucho.

2. Y contendieron con su padre, diciendo: ¿Por qué tu padre dio a Yaăqôb la porción

del mayor y te pasó a ti, aunque tú eres el mayor y Yaăqôb el menor?

3. Y él les dijo: Porque vendí mi primogenitura a Yaăqôb por un pequeño guiso de lentejas; y el día que mi padre me envió a cazar y atrapar y traerle algo para que comiera y me bendijera, él vino con engaño y trajo a mi padre comida y bebida, y mi padre lo bendijo y me puso debajo de su mano.

4. Y ahora nuestro padre nos hizo jurar, a mí y a él, que no tramaríamos mal mutuamente, ni uno contra su hermano, y que continuaríamos en amor y en paz cada uno con su hermano, y no haríamos nuestros caminos corruptos.

5. Y le dijeron: No te escucharemos para hacer paz con él; porque nuestra fuerza es mayor que su fuerza, y somos más poderosos que él; iremos contra él y lo mataremos, y lo destruiremos a él y a sus hijos. Y si tú no irás con nosotros, también te haremos daño a ti.

6. Y ahora escúchanos: enviemos a Ărâm y a Pelesheth (פְּלֶשֶׁת) y a Môâb y a Ammôn, y escojamos para nosotros hombres escogidos, ardientes para batalla, y vayamos contra él y peleemos con él, y exterminémoslo de la tierra antes que se haga fuerte.

7. Y su padre les dijo: No vayan y no hagan guerra con él, no sea que caigan delante de él.

8. Y le dijeron: Esto también es exactamente tu modo de obrar desde tu juventud hasta este día, y estás poniendo tu cuello bajo su yugo.

9. No escucharemos estas palabras. Y enviaron a Ărâm, y a Hădôrâm (הֲדוֹרָם), amigo de su padre, y alquilaron con ellos mil hombres combatientes, hombres escogidos de guerra.

10. Y vinieron a ellos desde Môâb y desde los hijos de Ammôn, los alquilados, mil hombres escogidos, y desde Pelesheth mil hombres escogidos de guerra, y desde Ĕdôm y desde el Chôrîy (חֹרִי) mil hombres escogidos combatientes, y desde los Kittîy hombres poderosos de guerra.

11. Y dijeron a su padre: Sal con ellos y guíalos, si no, te mataremos.

12. Y se llenó de ira e indignación al ver que sus hijos lo forzaban a ir delante de ellos para guiarlos contra Yaăqôb su hermano.

13. Pero después recordó todo el mal que yacía escondido en su corazón contra Yaăqôb su hermano; y no recordó el juramento que había jurado a su padre y a su madre, que no tramaría mal todos sus días contra Yaăqôb su hermano.

14. Y aun con todo esto, Yaăqôb no sabía que venían contra él a batalla, y estaba en duelo por Lêâh su mujer, hasta que se acercaron muy cerca de la torre con cuatro mil guerreros y hombres escogidos de guerra.

15. Y los hombres de Chebrôn enviaron a él, diciendo: He aquí tu hermano ha venido contra ti para pelear contigo, con cuatro mil ceñidos de espada, y llevan escudos y armas; porque amaban a Yaăqôb más que a Êsâw. Así se lo dijeron; porque Yaăqôb era hombre más liberal y misericordioso que Êsâw.

16. Pero Yaăqôb no quiso creer hasta que llegaron muy cerca de la torre.

17. Y cerró las puertas de la torre; y se puso sobre las almenas y habló a su hermano Êsâw y dijo: Noble es el consuelo con que has venido para consolarme por mi mujer que ha muerto. ¿Es éste el juramento que juraste a tu padre y otra vez a tu madre antes que murieran? Has quebrantado el juramento, y en el momento en que juraste a tu padre fuiste condenado.

18. Entonces Êśâw respondió y le dijo: Ni los hijos de los hombres ni las bestias de la tierra tienen juramento de justicia que, jurando, hayan jurado juramento válido para siempre; sino que cada día traman mal uno contra otro, y cómo cada uno puede matar a su adversario y enemigo.

19. Y tú me odias a mí y a mis hijos para siempre. Y no hay guardar el vínculo de hermandad contigo.

20. Oye estas palabras que declaro a ti: si el jabalí puede cambiar su piel y hacer sus cerdas suaves como lana, o si puede hacer brotar cuernos en su cabeza como cuernos de ciervo o de oveja, entonces guardaré el vínculo de hermandad contigo; y si los pechos se separaran de su madre, porque tú no has sido hermano para mí.

21. Y si los lobos hacen paz con los corderos, para no devorarlos ni hacerles violencia, y si sus corazones están hacia ellos para bien, entonces habrá paz en mi corazón hacia ti.

22. Y si el león llega a ser amigo del buey y hace paz con él, y si es atado bajo un yugo con él y ara con él, entonces haré paz contigo.

23. Y cuando el cuervo se haga blanco como el râzâ, entonces sabe que yo te he amado y haré paz contigo. Tú serás desarraigado, y tus hijos serán desarraigados, y no habrá paz para ti.

24. Y cuando Yaăqôb vio que él estaba tan mal dispuesto hacia él, con su corazón y con toda su alma, para matarlo, y que había venido arremetiendo como el jabalí salvaje que viene sobre la lanza que lo hiere y lo mata, y no se retrae de ella;

25. entonces habló a los suyos y a sus siervos que lo atacaran a él y a todos sus compañeros.

Capítulo 38

1. Y después de esto Yahûdâh habló a Yaăqôb su padre, y le dijo: Tensa tu arco, padre, y suelta tus flechas, y derriba al adversario y mata al enemigo; y que tengas el poder; porque no mataremos a tu hermano, porque es como tú, y es semejante a ti; démosle esta honra.

2. Entonces Yaăqôb tensó su arco y soltó la flecha, y hirió a Êśâw su hermano en su pecho derecho, y lo mató.

3. Y otra vez soltó una flecha, y hirió a Ădôrân el Ărammîy (אֲרַמִּי) en el pecho izquierdo, y lo hizo retroceder, y lo mató.

4. Y entonces salieron los hijos de Yaăqôb, ellos y sus siervos, dividiéndose en compañías por los cuatro lados de la torre.

5. Y Yahûdâh salió al frente, y Naphtali y Gâd con él, y cincuenta siervos con él, por el lado sur de la torre, y mataron a todos los que hallaron delante de ellos, y no escapó ni un solo individuo de ellos.

6. Y Lêwîy y Dân y Âshêr salieron por el lado oriente de la torre, y cincuenta hombres con ellos, y mataron a los hombres de guerra de Môâb y de Ammôn.

7. Y Reûbên y Yiśśâśkâr y Zebûlûn salieron por el lado norte de la torre, y cincuenta hombres con ellos, y mataron a los hombres de guerra de los Pelishtîy.

8. Y Shimôn y Binyâmîyn y Chănôk, hijo de Reûbên, salieron por el lado occidente de la torre, y cincuenta hombres con ellos, y mataron de Ĕdôm y del Chôrîy cuatrocientos hombres, guerreros robustos; y seiscientos huyeron, y cuatro de los hijos de Êśâw huyeron con ellos, y dejaron a su padre yaciendo muerto, como había caído en el collado que está en Hădôrâm.

9. Y los hijos de Yaăqôb los persiguieron hasta los montes de Śêîyr. Y Yaăqôb sepultó a su hermano en el collado que está en Hădôrâm, y volvió a su casa.

10. Y los hijos de Yaăqôb apretaron fuerte sobre los hijos de Êśâw en los montes de Śêîyr, y doblaron sus cuellos, de modo que llegaron a ser siervos de los hijos de Yaăqôb.

11. Y enviaron a su padre para preguntar si debían hacer paz con ellos o matarlos.

12. Y Yaăqôb envió palabra a sus hijos que hicieran paz, e hicieron paz con ellos, y pusieron sobre ellos el yugo de servidumbre, para que pagaran tributo a Yaăqôb y a sus hijos siempre.

13. Y continuaron pagando tributo a Yaăqôb hasta el día en que él descendió a Mitsrayim.

14. Y los hijos de Ĕdôm no se han quitado del yugo de servidumbre que los doce hijos de Yaăqôb pusieron sobre ellos hasta este día.

15. Y éstos son los reyes que reinaron en Ĕdôm antes que reinara rey alguno sobre los hijos de Yâshâral, hasta este día en la tierra de Ĕdôm.

16. Y Bela (בֶּלַע), hijo de Beôr, reinó en Ĕdôm, y el nombre de su ciudad era Dinhâbâh (דִּנְהָבָה).

17. Y Bela murió, y Yôbâb, hijo de Zerach de Botsrâh (בָּצְרָה), reinó en su lugar.

18. Y Yôbâb murió, y Chûshâm (חוּשָׁם), de la tierra de Têymân (תֵּימָן), reinó en su lugar.

19. Y Chûshâm murió, y Hădad (הֲדַד), hijo de Bedad (בְּדַד), que hirió a Midyân en el campo de Môâb, reinó en su lugar, y el nombre de su ciudad era Ăwîyth.

20. Y Hădad murió, y Śamlâh (שַׂמְלָה), de Maśrêqâh (מַשְׂרֵקָה), reinó en su lugar.

21. Y Śamlâh murió, y Shâûl (שָׁאוּל) de Rechôbôth (רְחֹבוֹת) junto al río, reinó en su lugar.

22. Y Shâûl murió, y Baal Chânân (בַּעַל חָנָן), hijo de Akbôr, reinó en su lugar.

23. Y Baal Chânân, hijo de Akbôr, murió, y Hădar reinó en su lugar, y el nombre de su mujer era Mehêyṭabêl (מְהֵיטַבְאֵל), hija de Maṭrêd (מַטְרֵד), hija de Mêy zâhâb (מֵי זָהָב).

24. Éstos son los reyes que reinaron en la tierra de Ĕdôm.

Capítulo 39

1. Y Yaăqôb habitó en la tierra de los peregrinajes de su padre, en la tierra de Kenaan. Éstas son las generaciones de Yaăqôb.

2. Y Yôsêph era de diecisiete años cuando lo hicieron descender a la tierra de Mitsrayim, y Pôṭîyphar, eunuco de Parôh, jefe cocinero, lo compró.

3. Y puso a Yôsêph sobre toda su casa, y la bendición de Yahuah vino sobre la casa del Mitsrîy por causa de Yôsêph, y Yahuah lo hizo prosperar en todo lo que hacía.

4. Y el Mitsrîy encomendó todo en las manos de Yôsêph; porque vio que Yahuah estaba con él, y que Yahuah lo hacía prosperar en todo lo que hacía.

5. Y la apariencia de Yôsêph era agraciada, y muy hermosa era su apariencia; y la mujer de su señor alzó sus ojos y vio a Yôsêph, y lo amó, y le rogó que se acostara con ella.

6. Pero él no entregó su alma, y recordó a Yahuah y las palabras que Yaăqôb, su padre, solía leer de entre las palabras de Abrâhâm: que ningún hombre debe cometer fornicación con mujer que tiene marido; que para él el castigo de muerte ha sido ordenado en shâmayim delante de Êlôhîym Elyôn Êl, y el pecado será registrado contra él en los libros eternos continuamente delante de Yahuah.

7. Y Yôsêph recordó estas palabras y rehusó acostarse con ella.

8. Y ella le rogó por un año, pero él rehusó y no quiso escuchar.

9. Pero ella lo abrazó y lo sujetó fuerte en la casa para forzarlo a acostarse con ella, y cerró las puertas de la casa y lo sujetó fuerte; pero él dejó su vestido en sus manos, y rompió la puerta y huyó afuera de su presencia.

10. Y la mujer vio que él no se acostaría con ella, y lo calumnió en presencia de su señor, diciendo: Tu siervo Êber, a quien amas, procuró forzarme para acostarse conmigo; y aconteció que cuando alcé mi voz, él huyó y dejó su vestido en mis manos cuando yo lo sujetaba, y rompió la puerta.

11. Y el Mitsrîy vio el vestido de Yôsêph y la puerta rota, y oyó las palabras de su mujer, y echó a Yôsêph a prisión, al lugar donde guardaban a los presos que el rey encarcelaba.

12. Y estuvo allí en la prisión; y Yahuah dio a Yôsêph favor ante los ojos del jefe de los guardas de la prisión, y compasión delante de él, porque vio que Yahuah estaba con él, y que Yahuah hacía prosperar todo lo que él hacía.

13. Y encomendó todas las cosas en sus manos, y el jefe de los guardas de la prisión no sabía de nada que estaba con él, porque Yôsêph hacía todo, y Yahuah lo perfeccionaba.

14. Y permaneció allí dos años. Y en aquellos días Parôh, rey de Mitsrayim, se airó contra sus dos eunucos, contra el jefe copero y contra el jefe panadero, y los puso bajo custodia en la casa del jefe cocinero, en la prisión donde Yôsêph estaba guardado.

15. Y el jefe de los guardas de la prisión señaló a Yôsêph para servirles; y él sirvió delante de ellos.

16. Y ambos soñaron sueño, el jefe copero y el jefe panadero, y lo contaron a Yôsêph.

17. Y como él lo interpretó a ellos, así les aconteció; y Parôh restituyó al jefe copero a su oficio, y al jefe panadero lo mató, como Yôsêph les había interpretado.

18. Pero el jefe copero olvidó a Yôsêph en la prisión, aunque le había declarado lo que le acontecería, y no recordó informar a Parôh cómo Yôsêph se lo había dicho, porque lo olvidó.

Capítulo 40

1. Y en aquellos días Parôh soñó dos sueños en una noche, acerca de un hambre que habría en toda la tierra, y despertó de su sueño, y llamó a todos los intérpretes de sueños que estaban en Mitsrayim, y a magos, y les contó sus dos sueños, y no pudieron declararlos.

2. Entonces el jefe copero recordó a Yôsêph y habló de él al rey, y lo sacó de la prisión, y él declaró sus dos sueños delante de él.

3. Y dijo delante de Parôh que sus dos sueños eran uno, y le dijo: Vendrán siete años en que habrá abundancia sobre toda la tierra de Mitsrayim, y después de eso siete años de hambre, hambre tal que no ha habido en toda la tierra.

4. Y ahora nombre Parôh supervisores en toda la tierra de Mitsrayim, y almacenen alimento en cada ciudad durante los días de los años de abundancia, y habrá alimento para los siete años de hambre, y la tierra no perecerá por el hambre, porque será muy severa.

5. Y Yahuah dio a Yôsêph favor y misericordia en los ojos de Parôh, y Parôh dijo a sus siervos: No hallaremos hombre tan sabio y discreto como este hombre, porque el espíritu de Yahuah está con él.

6. Y lo nombró segundo en todo su reino, y le dio autoridad sobre toda Mitsrayim, y lo hizo subir en el segundo carro de Parôh.

7. Y lo vistió con vestidos de byssus, y puso cadena de oro sobre su cuello, y un heraldo proclamó delante de él: "Êl, Êl wa Âbîyr", y puso anillo en su mano, y lo hizo gobernador sobre toda su casa, y lo engrandeció, y le dijo: Sólo en el trono seré mayor que tú.

8. Y Yôsêph gobernó sobre toda la tierra de Mitsrayim, y todos los príncipes de Parôh, y todos sus siervos, y todos los que hacían los negocios del rey lo amaban, porque andaba en rectitud; porque era sin soberbia y arrogancia, y no hacía acepción de personas, y no aceptaba dones, sino que juzgaba en rectitud a todo el pueblo de la tierra.

9. Y la tierra de Mitsrayim estuvo en paz delante de Parôh por causa de Yôsêph, porque Yahuah estaba con él, y le dio favor y misericordia por todas sus generaciones delante de todos los que lo conocían y los que oían acerca de él; y el reino de Parôh estaba bien ordenado, y no había adversario ni hombre malo en él.

10. Y el rey llamó el nombre de Yôsêph Tsâphnath Panêach (צָפְנַתפַּעְנֵחַ), y dio a Yôsêph por mujer a la hija de Pôṭîy phera (פּוֹטִי פֶּרַע), hija del Kôhên de Ôn (אוֹן), el jefe cocinero.

11. Y en el día en que Yôsêph estuvo delante de Parôh, era de treinta años, cuando estuvo delante de Parôh.

12. Y en ese año Yitschâq murió. Y aconteció, como Yôsêph había dicho en la interpretación de sus dos sueños, conforme lo había dicho, hubo siete años de abundancia sobre toda la tierra de Mitsrayim, y la tierra de Mitsrayim produjo abundantemente: una medida produciendo mil ochocientas medidas.

13. Y Yôsêph reunió alimento en cada ciudad hasta que estuvieron llenas de grano, hasta que ya no pudieron contarlo ni medirlo por su multitud.

Capítulo 41

1. Y en el jubileo cuarenta y cinco, en la segunda semana, y en el segundo año, Yahûdâh tomó para su primogénito Êr una mujer de las hijas de Ărâm, llamada Tâmâr.

2. Pero él la odió, y no se acostó con ella, porque su madre era de las hijas de Kenaan, y deseaba tomarse mujer de los parientes de su madre; pero Yahûdâh su padre no se lo permitió.

3. Y este Êr, primogénito de Yahûdâh, era malvado, y Yahuah lo mató.

4. Y Yahûdâh dijo a Ônân su hermano: Entra a la mujer de tu hermano y cumple el deber de hermano de marido hacia ella, y levanta simiente para tu hermano.

5. Y Ônân sabía que la simiente no sería suya, sino sólo de su hermano, y entró en la casa de la mujer de su hermano, y derramó la simiente en la tierra; y fue malvado en los ojos de Yahuah, y él lo mató.

6. Y Yahûdâh dijo a Tâmâr su nuera: Quédate en la casa de tu padre como viuda hasta que Shêlâh mi hijo crezca, y te daré a él por mujer.

7. Y él creció; pero Bêdsûêl, la mujer de Yahûdâh, no permitió que su hijo Shêlâh se casara. Y Bêdsûêl, la mujer de Yahûdâh, murió en el quinto año de esta semana.

8. Y en el sexto año Yahûdâh subió a trasquilar sus ovejas a Timnâh. Y dijeron a Tâmâr: He aquí tu suegro sube a Timnâh a trasquilar sus ovejas.

9. Y ella se quitó los vestidos de su viudez, y se puso velo, y se adornó, y se sentó en la puerta junto al camino a Timnâh.

10. Y cuando Yahûdâh iba pasando la halló, y la tuvo por ramera, y le dijo: Déjame entrar a ti; y ella le dijo: Entra; y él entró.

11. Y ella le dijo: Dame mi paga; y él le dijo: No tengo nada en mi mano salvo mi anillo que está en mi dedo, y mi collar, y mi vara que está en mi mano.

12. Y ella le dijo: Dámelos hasta que tú me envíes mi paga. Y él le dijo: Te enviaré un cabrito de machos cabríos. Y se los dio, y entró a ella, y ella concibió de él.

13. Y Yahûdâh fue a sus ovejas, y ella fue a la casa de su padre.

14. Y Yahûdâh envió un cabrito de machos cabríos por mano de su pastor, un Ădûllâmîy, y no la halló; y preguntó a los hombres del lugar, diciendo: ¿Dónde está la ramera que estuvo aquí? Y le dijeron: No hay ramera aquí con nosotros.

15. Y él volvió e informó, y le dijo que no la había hallado: Pregunté a los hombres del lugar, y me dijeron: No hay ramera aquí.

16. Y él dijo: Que se los quede, no sea que seamos causa de burla. Y cuando ella completó tres meses, se manifestó que estaba encinta, y dijeron a Yahûdâh, diciendo: He aquí Tâmâr tu nuera está encinta por ramería.

17. Y Yahûdâh fue a la casa de su padre, y dijo a su padre y a sus hermanos: Sáquenla, y quémela, porque ha hecho inmundicia en Yâshâral.

18. Y aconteció, cuando la sacaban para quemarla, que ella envió a su suegro el anillo y el collar y la vara, diciendo: Discierne de quién son éstos, porque por él estoy encinta.

19. Y Yahûdâh reconoció y dijo: Tâmâr es más justa que yo.

20. Y Por tanto, no la quemen; y por esa razón no fue dada a Shêlâh; y él no se acercó a ella otra vez.

21. Y después de esto ella dio a luz dos hijos, Perets y Zerach, en el séptimo año de esta segunda semana.

22. Y entonces se cumplieron los siete años de fructificación, de los cuales Yôsêph habló a Parôh.

23. Y Yahûdâh reconoció que la obra que había hecho era mala, porque se había acostado con su nuera, y lo tuvo por odioso en sus ojos, y reconoció que había transgredido y se había desviado, porque había descubierto la falda de su hijo; y comenzó a lamentarse y a suplicar delante de Yahuah por causa de su transgresión.

24. Y le dijimos en sueño que le era perdonado, porque suplicó con diligencia, y lamentó, y no lo cometió otra vez.

25. Y recibió perdón porque se volvió de su pecado y de su ignorancia, porque transgredió grandemente delante de nuestro Êlôhîym; y todo el que hace así, todo el que se acuesta con su suegra, quémenlo con fuego para que se queme en él, porque hay inmundicia y polución sobre ellos; con fuego quémelos.

26. Y tú manda a los hijos de Yâshâral que no haya inmundicia entre ellos, porque todo el que se acuesta con su nuera o con su suegra ha hecho inmundicia; con fuego quemen al hombre que se acostó con ella, y asimismo a la mujer, y él apartará ira y castigo de Yâshâral.

27. Y a Yahûdâh le dijimos que sus dos hijos no se habían acostado con ella, y por esta razón su simiente fue establecida para segunda generación, y no sería desarraigada.

28. Porque con sencillez de ojo había ido y buscado castigo, a saber, conforme al juicio de Abrâhâm, que había mandado a sus hijos; Yahûdâh había procurado quemarla con fuego.

Capítulo 42

1. Y en el primer año de la tercera semana del jubileo cuarenta y cinco el hambre comenzó a venir a la tierra, y la lluvia rehusó ser

dada a la tierra, porque no cayó ninguna en absoluto.

2. Y la tierra se volvió estéril; pero en la tierra de Mitsrayim había alimento, porque Yôsêph había reunido la simiente de la tierra en los siete años de abundancia, y la había guardado.

3. Y los Mitsrîy vinieron a Yôsêph para que les diera alimento, y él abrió los graneros donde estaba el grano del primer año, y lo vendió al pueblo de la tierra por oro.

4. Y el hambre era muy dura en la tierra de Kenaan, y Yaăqôb oyó que había alimento en Mitsrayim, y envió a sus diez hijos para que le procuraran alimento en Mitsrayim; pero a Binyâmîyn no lo envió, y los diez hijos de Yaăqôb llegaron a Mitsrayim entre los que iban allí.

5. Y Yôsêph los reconoció, pero ellos no lo reconocieron, y les habló y los interrogó, y les dijo: ¿No son ustedes espías, y no han venido a explorar las entradas de la tierra? Y los puso bajo custodia.

6. Y después de esto los soltó otra vez, y retuvo a Shimôn solo, y envió a sus nueve hermanos.

7. Y llenó sus costales de grano, y puso su oro en sus costales, y no lo supieron.

8. Y les mandó que trajeran a su hermano menor, porque le habían dicho que su padre vivía y su hermano menor.

9. Y subieron de la tierra de Mitsrayim y vinieron a la tierra de Kenaan; y contaron a su padre todo lo que les había acontecido, y cómo el señor del país les había hablado ásperamente, y había apresado a Shimôn hasta que trajeran a Binyâmîyn.

10. Y Yaăqôb dijo: ¡Me han despojado de mis hijos! Yôsêph no está, y Shimôn tampoco está, y tomarán a Binyâmîyn. Sobre mí ha venido su maldad.

11. Y dijo: Mi hijo no descenderá con ustedes, no sea que por ventura enferme; porque su madre dio a luz dos hijos, y uno ha perecido, y también a éste me lo tomarán. Si por ventura le diera fiebre en el camino, harían descender mi vejez con tristeza hasta muerte.

12. Porque vio que su dinero había sido devuelto a cada hombre en su costal, y por esta razón temió enviarlo.

13. Y el hambre aumentó y se hizo dura en la tierra de Kenaan, y en todas las tierras salvo en la tierra de Mitsrayim; porque muchos de los hijos de los Mitsrîy habían almacenado su simiente para alimento desde el tiempo en que vieron a Yôsêph reuniendo simiente y poniéndola en graneros y guardándola para los años de hambre.

14. Y el pueblo de Mitsrayim se sustentó de ello durante el primer año de su hambre.

15. Pero cuando Yâshâral vio que el hambre era muy dura en la tierra, y que no había libramiento, dijo a sus hijos: Vayan otra vez, y consíganos alimento para que no muramos.

16. Y dijeron: No iremos; a menos que nuestro hermano menor vaya con nosotros, no iremos.

17. Y Yâshâral vio que si no lo enviaba con ellos, todos perecerían por causa del hambre,

18. y Reûbên dijo: Entrégalo en mi mano, y si no te lo traigo de vuelta, mata a mis dos hijos en lugar de su alma.

19. Y él le dijo: No irá con ustedes. Y Yahûdâh se acercó y dijo: Envíalo conmigo, y si no te lo traigo de vuelta, yo llevaré la culpa delante de ti todos los días de mi vida.

20. Y lo envió con ellos en el segundo año de esta semana, en el primer día del mes,

y vinieron a la tierra de Mitsrayim con todos los que iban, y tenían presentes en sus manos: estacte y almendras y nueces de terebinto y miel pura.

21. Y fueron y se presentaron delante de Yôsêph, y él vio a Binyâmîyn su hermano, y lo conoció, y les dijo: ¿Éste es su hermano menor? Y le dijeron: Él es. Y él dijo: "Yahuah te sea propicio, hijo mío".

22. Y lo envió a su casa, y sacó a Shimôn hacia ellos, e hizo banquete para ellos, y le presentaron el don que habían traído en sus manos.

23. Y comieron delante de él, y él dio a todos una porción, pero la porción de Binyâmîyn era siete veces mayor que la de cualquiera de ellos.

24. Y comieron y bebieron, y se levantaron, y quedaron junto a sus asnos.

25. Y Yôsêph ideó plan para conocer sus pensamientos, si pensamientos de paz prevalecían entre ellos, y dijo al mayordomo que estaba sobre su casa: Llena todos sus costales de alimento, y devuelve su dinero a ellos en sus vasijas, y mi copa, la copa de plata de la cual bebo, ponla en el costal del menor, y envíalos.

Capítulo 43

1. Y él hizo como Yôsêph le había dicho, y llenó todos sus costales para ellos con alimento, y puso su dinero en sus costales, y puso la copa en el costal de Binyâmîyn.

2. Y de mañana muy temprano partieron, y aconteció que, cuando se habían ido de allí, Yôsêph dijo al mayordomo de su casa: Persíguelos, corre y aprésalos, diciendo: Por bien me han pagado con mal; han robado de mí la copa de plata de la cual bebe mi señor. Y tráeme de vuelta a su hermano menor, y tráelo con prisa antes que yo salga a mi asiento de juicio.

3. Y él corrió tras ellos, y les dijo conforme a estas palabras.

4. Y ellos le dijeron: Êlôhîym lo impida, que tus siervos hagan esta cosa, y roben de la casa de tu señor algún utensilio; y también el dinero que hallamos en nuestros costales la primera vez, nosotros tus siervos lo trajimos de vuelta desde la tierra de Kenaan.

5. ¿Cómo, pues, robaríamos utensilio alguno? He aquí estamos, y nuestros costales: busca; y donde halles la copa en el costal de alguno de nosotros, que él sea muerto, y nosotros y nuestros asnos serviremos a tu señor.

6. Y él les dijo: No así; el hombre con quien yo halle, a él solo tomaré por siervo, y ustedes volverán en paz a su casa.

7. Y mientras buscaba en sus vasijas, comenzando por el mayor y terminando por el menor, fue hallada en el costal de Binyâmîyn.

8. Y rasgaron sus vestidos, y cargaron sus asnos, y volvieron a la ciudad, y vinieron a la casa de Yôsêph; y todos se postraron sobre sus rostros a tierra delante de él.

9. Y Yôsêph les dijo: Ustedes han hecho mal. Y ellos dijeron: ¿Qué diremos, y cómo nos defenderemos? Nuestro señor ha descubierto la transgresión de sus siervos; he aquí somos siervos de nuestro señor, y también nuestros asnos.

10. Y Yôsêph les dijo: Yo también temo a Yahuah; en cuanto a ustedes, vayan a sus casas, y su hermano sea mi siervo; porque ustedes han hecho mal. ¿No saben que el hombre se deleita en su copa, como yo con esta copa? Y aun así me la han robado.

11. Y Yahûdâh dijo: Oh mi señor, permita mi señor, ruego, que tu siervo hable palabra en

el oído de mi señor: Dos hermanos dio a luz la madre de tu siervo para nuestro padre; uno se fue y se perdió, y no ha sido hallado; y él solo ha quedado de su madre, y tu siervo nuestro padre lo ama, y también su vida está ligada con la vida de este muchacho.

12. Y acontecerá, cuando vayamos a tu siervo nuestro padre, y el muchacho no esté con nosotros, que él morirá, y haremos descender a nuestro padre con tristeza hasta muerte.

13. Ahora, pues, deja que yo, tu siervo, quede en lugar del muchacho como esclavo de mi señor, y que el muchacho vaya con sus hermanos; porque yo fui fiador por él ante la mano de tu siervo nuestro padre, y si no lo traigo de vuelta, tu siervo llevará la culpa ante nuestro padre para siempre.

14. Y Yôsêph vio que todos estaban concordes en bondad unos con otros, y no pudo contenerse, y les declaró que él era Yôsêph.

15. Y conversó con ellos en la lengua Êber, y cayó sobre sus cuellos y lloró.

16. Pero no lo conocían, y comenzaron a llorar. Y él les dijo: No lloren por mí, sino apresúrense y tráiganme a mi padre; y ven que es mi boca la que habla, y los ojos de mi hermano Binyâmîyn ven.

17. Porque he aquí éste es el segundo año del hambre, y aún quedan cinco años sin cosecha, ni fruto de árboles, ni arado.

18. Desciendan con prisa, ustedes y sus casas, para que no perezcan por el hambre; y no se entristezcan por sus posesiones, porque Yahuah me envió delante de ustedes para ordenar las cosas, para que muchos pueblos vivan.

19. Y digan a mi padre que yo aún vivo; y ustedes, he aquí, ven que Yahuah me ha puesto como padre para Parôh, y gobernante sobre su casa y sobre toda la tierra de Mitsrayim.

20. Y digan a mi padre de toda mi gloria, y de todas las riquezas y gloria que Yahuah me ha dado.

21. Y por mandato de la boca de Parôh les dio carros, y provisiones para el camino, y a todos les dio vestiduras de muchos colores y plata.

22. Y a su padre envió vestiduras y plata y diez asnos que llevaban grano, y los envió.

23. Y subieron y dijeron a su padre que Yôsêph vivía, y que medía grano a todas las naciones de la tierra, y que era gobernante sobre toda la tierra de Mitsrayim.

24. Y su padre no lo creyó, porque estaba fuera de sí en su mente; pero cuando vio los carros que Yôsêph había enviado, la vida de su espíritu revivió, y dijo: Me basta con que Yôsêph viva; descenderé y lo veré antes que yo muera.

Capítulo 44

1. Y Yâshâral tomó su jornada desde Chârân, desde su casa, al comienzo del mes tercero, y fue por el camino del Pozo del Juramento, y ofreció sacrificio al Êlôhîym de su padre Yitschâq el día séptimo de este mes.

2. Y Yaăqôb recordó el sueño que había visto en Bêythêl, y temió descender a Mitsrayim.

3. Y mientras pensaba enviar palabra a Yôsêph para que viniera a él, y que él no descendería, permaneció allí siete días, por si acaso pudiera ver visión sobre si debía quedarse o descender.

4. Y celebró la fiesta de la siega, de las primicias, con grano viejo, porque en toda la tierra de Kenaan no había un puñado de simiente en la tierra, porque el hambre estaba sobre todas las bestias y ganado y aves, y también sobre el hombre.

5. Y al dieciséis Yahuah se le apareció, y le dijo: Yaăqôb, Yaăqôb; y él dijo: Heme aquí. Y le dijo: Yo soy el Êlôhîym de tus padres, el Êlôhîym de Abrâhâm y Yitschâq; no temas descender a Mitsrayim, porque allí haré de ti una nación grande; yo descenderé contigo, y yo te haré subir otra vez, y en esta tierra serás sepultado, y Yôsêph pondrá sus manos sobre tus ojos.

6. No temas; desciende a Mitsrayim.

7. Y se levantaron sus hijos, y los hijos de sus hijos, y pusieron a su padre y sus posesiones sobre carros.

8. Y Yâshâral se levantó del Pozo del Juramento el dieciséis de este mes tercero, y fue a la tierra de Mitsrayim.

9. Y Yâshâral envió a Yahûdâh delante de él a su hijo Yôsêph para reconocer la tierra de Gôshen, porque Yôsêph había dicho a sus hermanos que vinieran y habitaran allí para estar cerca de él.

10. Y ésta era la tierra más buena en la tierra de Mitsrayim, y cercana a él, para todos ellos y también para el ganado.

11. Y éstos son los nombres de los hijos de Yaăqôb que entraron en Mitsrayim con Yaăqôb su padre.

12. Reûbên, el primogénito de Yâshâral; y éstos son los nombres de sus hijos: Chănôk, y Pallû, y Chetsrôn y karmîy — cinco.

13. Shimôn y sus hijos; y éstos son los nombres de sus hijos: Yamûêl, y Yâmîyn, y Ôhad, y Yâkîyn, y Tsôchar, y Shâûl, hijo de la mujer Tsephath (צְפַת) — siete.

14. Lêwîy y sus hijos; y éstos son los nombres de sus hijos: Gêreshôn, y Qehâth, y Merârîy — cuatro.

15. Yahûdâh y sus hijos; y éstos son los nombres de sus hijos: Shêlâh, y Perets, y Zerach — cuatro.

16. Yiśśâśkâr y sus hijos; y éstos son los nombres de sus hijos: Tôlâ, y Pûâh, y Yôb (יוֹב), y Shimrôn — cinco.

17. Zebûlûn y sus hijos; y éstos son los nombres de sus hijos: Sered, y Êylôn, y Yachleêl — cuatro.

18. Y éstos son los hijos de Yaăqôb y sus hijos que Lêâh dio a luz a Yaăqôb en Ăram Nahărayim: seis, y su una hermana, Dîynâh; y todas las almas de los hijos de Lêâh y de sus hijos, que fueron con Yaăqôb su padre a Mitsrayim, eran veinte y nueve; y Yaăqôb su padre estando con ellos, eran treinta.

19. Y los hijos de Zilpâh, criada de Lêâh, la mujer de Yaăqôb, la cual dio a luz a Yaăqôb a Gâd y a Âshêr (אָשֵׁר).

20. Y éstos son los nombres de sus hijos que fueron con él a Mitsrayim. Los hijos de Gâd: Tsiphyôn, y Chaggîy, y Shûnîy, y Etsbôn, y Êrîy, y Arêlîy, y Ărôdîy — ocho.

21. Y los hijos de Âshêr: Yimnâh, y Yishwâh, y Yishwîy, y Berîyâh, y Śerach, su una hermana — seis.

22. Todas las almas eran catorce, y todas las de Lêâh eran cuarenta y cuatro.

23. Y los hijos de Râchêl, la mujer de Yaăqôb: Yôsêph y Binyâmîyn.

24. Y nacieron a Yôsêph en Mitsrayim antes que su padre viniera a Mitsrayim, los que Âsnath, hija de Pôṭîyphar, Kôhên de Ôn, le dio a luz: Menashsheh, y Ephrayim — tres.

25. Y los hijos de Binyâmîyn: Bela, y Beker, y Ashbêl, Gêrâ, y Naămân, y Êchîy, y Rôsh, y Mûppîym, y Chûppîym, y Ard — once.

26. Y todas las almas de Râchêl eran catorce.

27. Y los hijos de Bilhâh, criada de Râchêl, la mujer de Yaăqôb, a la cual ella dio a luz para Yaăqôb, eran Dân y Naphtali.

28. Y éstos son los nombres de sus hijos que fueron con ellos a Mitsrayim. Y los hijos de Dân eran: Chûshîym, y Sâmôn, y Âsûdî, y Ĭyaka, y Shelômôh — seis.

29. Y murieron en el año en que entraron en Mitsrayim, y quedó a Dân Chûshîym solo.

30. Y éstos son los nombres de los hijos de Naphtali: Yachtseêl, y Gûnîy, y Yêtser, y Shillêm, y Ĭw.

31. Y Ĭw, que nació después de los años de hambre, murió en Mitsrayim.

32. Y todas las almas de Râchêl eran veinte y seis.

33. Y todas las almas de Yaăqôb que entraron en Mitsrayim fueron setenta almas. Éstos son sus hijos y los hijos de sus hijos: en todo setenta; pero cinco murieron en Mitsrayim antes que Yôsêph, y no tuvieron hijos.

34. Y en la tierra de Kenaan murieron dos hijos de Yahûdâh, Êr y Ônân, y no tuvieron hijos; y los hijos de Yâshâral sepultaron a los que perecieron, y fueron contados entre las setenta naciones gentiles.

Capítulo 45

1. Y Yâshâral entró en la región de Mitsrayim, a la tierra de Gôshen, al comienzo del mes cuarto, en el segundo año de la tercera semana del jubileo cuarenta y cinco.

2. Y Yôsêph salió a encontrarse con su padre Yaăqôb, a la tierra de Gôshen, y cayó sobre el cuello de su padre y lloró.

3. Y Yâshâral dijo a Yôsêph: Ahora déjame morir, pues te he visto; y ahora sea bendito Yahuah Êlôhîym de Yâshâral; el Êlôhîym de Abrâhâm y el Êlôhîym de Yitschâq, que no ha retenido su misericordia y su gracia de su siervo Yaăqôb.

4. Me basta con que he visto tu rostro mientras aún vivo; sí, verdadera es la visión que vi en Bêythêl. Bendito sea Yahuah mi Êlôhîym por siempre y para siempre, y bendito sea su nombre.

5. Y Yôsêph y sus hermanos comieron pan delante de su padre y bebieron vino, y Yaăqôb se regocijó con gozo sobremanera grande, porque vio a Yôsêph comiendo con sus hermanos y bebiendo delante de él, y bendijo al Bârâ de todas las cosas, que lo había guardado, y que le había guardado sus doce hijos.

6. Y Yôsêph había dado a su padre y a sus hermanos, como don, el derecho de habitar en la tierra de Gôshen y en Ramesês y toda la región alrededor, la cual él gobernaba delante de Parôh. Y Yâshâral y sus hijos habitaron en la tierra de Gôshen, la mejor parte de la tierra de Mitsrayim; y Yâshâral era de ciento treinta años cuando vino a Mitsrayim.

7. Y Yôsêph sustentó a su padre y a sus hermanos, y también sus posesiones, con pan cuanto les bastaba por los siete años del hambre.

8. Y la tierra de Mitsrayim sufrió por causa del hambre, y Yôsêph adquirió toda la tierra de Mitsrayim para Parôh a cambio de alimento, y tomó posesión del pueblo y de su ganado y de todo para Parôh.

9. Y se cumplieron los años del hambre, y Yôsêph dio al pueblo en la tierra simiente y alimento para que sembraran la tierra en el octavo año, porque el río se había desbordado sobre toda la tierra de Mitsrayim.

10. Porque en los siete años del hambre no se había desbordado, y había regado sólo pocos lugares en las riberas del río; pero ahora se desbordó, y los Mitsrîy sembraron la tierra, y llevó mucho grano aquel año.

11. Y éste fue el primer año de la cuarta semana del jubileo cuarenta y cinco.

12. Y Yôsêph tomó del grano de la siega la quinta parte para el rey, y dejó cuatro partes para ellos, para alimento y para simiente; y Yôsêph lo puso por ordenanza para la tierra de Mitsrayim hasta este día.

13. Y Yâshâral vivió en la tierra de Mitsrayim diecisiete años, y todos los días que vivió fueron tres jubileos: ciento cuarenta y siete años; y murió en el cuarto año de la quinta semana del jubileo cuarenta y cinco.

14. Y Yâshâral bendijo a sus hijos antes de morir, y les dijo todo lo que les acontecería en la tierra de Mitsrayim; y les hizo saber lo que vendría sobre ellos en los postreros días, y los bendijo; y dio a Yôsêph dos porciones en la tierra.

15. Y durmió con sus padres, y fue sepultado en la cueva doble en la tierra de Kenaan, junto a Abrâhâm su padre, en la sepultura que cavó para sí en la cueva doble en la tierra de Chebrôn.

16. Y dio todos sus libros y los libros de sus padres a Lêwîy su hijo, para que los guardara y los renovara para sus hijos hasta este día.

Capítulo 46

1. Y aconteció que después que murió Yaăqôb, los hijos de Yâshâral se multiplicaron en la tierra de Mitsrayim, y llegaron a ser una nación grande, y estaban de un mismo acuerdo en corazón, de modo que hermano amaba a hermano, y cada hombre ayudaba a su hermano; y crecieron abundantemente y se multiplicaron sobremanera, diez semanas de años, todos los días de la vida de Yôsêph.

2. Y no hubo adversario ni mal alguno todos los días de la vida de Yôsêph, los cuales vivió después de su padre Yaăqôb, porque todos los Mitsrîy honraban a los hijos de Yâshâral todos los días de la vida de Yôsêph.

3. Y Yôsêph murió siendo de ciento diez años; diecisiete años vivió en la tierra de Kenaan, y diez años fue siervo, y tres años en prisión, y ochenta años estuvo bajo el rey, gobernando toda la tierra de Mitsrayim.

4. Y murió, y todos sus hermanos, y toda aquella generación.

5. Y mandó a los hijos de Yâshâral antes que muriera, que llevaran sus huesos con ellos cuando salieran de la tierra de Mitsrayim.

6. Y los hizo jurar acerca de sus huesos, porque sabía que los Mitsrîy no volverían a sacarlo y sepultarlo en la tierra de Kenaan; porque Mâkâmârôn, rey de Kenaan, mientras moraba en la tierra de Ashshûr (אַשּׁוּר), peleó en el valle con el rey de Mitsrayim, y lo mató allí, y persiguió a los Mitsrîy hasta las puertas de Êrmôn.

7. Pero no pudo entrar, porque otro, un rey nuevo, se había hecho rey de Mitsrayim, y era más fuerte que él; y volvió a la tierra de Kenaan, y las puertas de Mitsrayim fueron cerradas, y nadie salía y nadie entraba a Mitsrayim.

8. Y Yôsêph murió en el jubileo cuarenta y seis, en la sexta semana, en el segundo año, y lo sepultaron en la tierra de Mitsrayim, y todos sus hermanos murieron después de él.

9. Y el rey de Mitsrayim salió a guerra contra el rey de Kenaan en el jubileo cuarenta y siete, en la segunda semana, en el segundo año, y los hijos de Yâshâral sacaron todos los huesos de los hijos de Yaăqôb, salvo los huesos de Yôsêph, y los sepultaron en el campo, en la cueva doble en el monte.

10. Y la mayor parte de ellos volvió a Mitsrayim, pero unos pocos de ellos

quedaron en los montes de Chebrôn, y Amrâm tu padre quedó con ellos.

11. Y el rey de Kenaan venció al rey de Mitsrayim, y cerró las puertas de Mitsrayim.

12. Y tramó un designio malo contra los hijos de Yâshâral para afligirlos, y dijo al pueblo de Mitsrayim: He aquí, el pueblo de los hijos de Yâshâral ha crecido y se ha multiplicado más que nosotros.

13. Vengan, y obremos sabiamente con ellos antes que sean demasiados; y aflijámoslos con esclavitud antes que venga guerra sobre nosotros, y antes que también ellos peleen contra nosotros; de otro modo se juntarán a nuestros enemigos, y nos los sacarán de nuestra tierra, porque sus corazones y sus rostros están hacia la tierra de Kenaan.

14. Y puso sobre ellos capataces de carga para afligirlos con esclavitud; y edificaron ciudades fuertes para Parôh: Pithôm y Ramesês; y edificaron todos los muros y todas las fortificaciones que habían caído en las ciudades de Mitsrayim.

15. Y los hicieron servir con rigor, y cuanto más obraban mal contra ellos, tanto más crecían y se multiplicaban.

16. Y el pueblo de Mitsrayim abominó a los hijos de Yâshâral.

Capítulo 47

1. Y en la semana séptima, en el año séptimo, en el jubileo cuarenta y siete, tu padre salió de la tierra de Kenaan, y tú naciste en la semana cuarta, en el año sexto de ella, en el jubileo cuarenta y ocho; éste fue el tiempo de tribulación sobre los hijos de Yâshâral.

2. Y Parôh, rey de Mitsrayim, dio mandamiento acerca de ellos, que echaran al río a todos sus hijos varones que nacieran.

3. Y los echaron por siete meses, hasta el día en que tú naciste.

4. Y tu madre te escondió por tres meses, y denunciaron acerca de ella. Y ella hizo para ti un arca, y la cubrió con brea y asfalto, y la puso entre los juncos a la orilla del río, y te puso en ella siete días; y tu madre venía de noche y te daba de mamar, y de día Miryâm, tu hermana, te guardaba de las aves.

5. Y en aquellos días Tharmuth, hija de Parôh, vino a bañarse en el río, y oyó tu voz llorando, y dijo a sus doncellas que te sacaran, y te sacaron para ella.

6. Y ella te tomó del arca, y tuvo compasión de ti.

7. Y tu hermana le dijo: ¿Iré y te llamaré una de las mujeres Êber para que te críe y amamante este niño para ti?

8. Y ella le dijo: Ve. Y ella fue y llamó a tu madre Yôkebed, y ella le dio salario, y ella te crió.

9. Y después, cuando ya creciste, te llevaron a la hija de Parôh, y viniste a ser su hijo; y Amrâm tu padre te enseñó escritura, y después que cumpliste tres semanas, te llevaron al palacio real.

10. Y estuviste en el palacio tres semanas de años, hasta el tiempo cuando saliste del palacio real y viste a un Mitsrîy golpeando a tu compañero que era de los hijos de Yâshâral; y lo mataste y lo escondiste en la arena.

11. Y al segundo día hallaste a dos de los hijos de Yâshâral riñendo juntos, y dijiste al que hacía el mal: ¿Por qué golpeas a tu hermano?

12. Y él se enojó y se indignó, y dijo: ¿Quién te puso por príncipe y por juez sobre nosotros? ¿Piensas matarme como mataste al Mitsrîy ayer? Y tú temiste y huiste por causa de estas palabras.

Capítulo 48

1. Y en el año sexto de la tercera semana del jubileo cuarenta y nueve, partiste y habitaste en la tierra de Midyân cinco semanas y un año. Y volviste a Mitsrayim en la segunda semana, en el segundo año, en el jubileo cincuenta.

2. Y tú mismo sabes lo que él te habló en el monte Sîynay, y lo que el príncipe Mastêmâ deseó hacer contigo cuando volvías a Mitsrayim en el camino, cuando lo encontraste en el lugar de hospedaje.

3. ¿No buscó él con todo su poder matarte, y librar a los Mitsrîy de tu mano, cuando vio que eras enviado para ejecutar juicio y venganza sobre los Mitsrîy?

4. Y yo te libré de su mano, y tú hiciste las señales y maravillas que fuiste enviado a hacer en Mitsrayim contra Parôh, y contra toda su casa, y contra sus siervos y su pueblo.

5. Y Yahuah ejecutó gran venganza en ellos por causa de Yâshâral, y los hirió con las plagas de sangre, y ranas, piojos y moscas-perro, y úlceras malignas que brotaban en llagas; y a su ganado con muerte; y con piedras de granizo, con lo cual destruyó todo lo que les crecía; y con langostas que devoraron el residuo que había quedado del granizo; y con tinieblas; y con muerte de primogénitos de hombres y animales; y sobre todos sus ídolos Yahuah tomó venganza y los quemó con fuego.

6. Y todo fue enviado por tu mano, para que declararas estas cosas antes que fueran hechas; y hablaste con el rey de Mitsrayim delante de todos sus siervos y delante de su pueblo.

7. Y todo aconteció conforme a tus palabras; diez juicios grandes y terribles vinieron sobre la tierra de Mitsrayim, para que ejecutaras venganza en ella por Yâshâral.

8. Y Yahuah hizo todo por causa de Yâshâral, y conforme a su pacto, el cual había ordenado con Abrâhâm, que tomaría venganza de ellos, conforme a como los habían traído por fuerza a servidumbre.

9. Y el príncipe Mastêmâ se levantó contra ti, y procuró echarte en manos de Parôh, y ayudó a los hechiceros Mitsrîy, y ellos se levantaron e hicieron delante de ti.

10. Los males, en verdad, les permitimos obrar; pero los remedios no permitimos que fueran obrados por sus manos.

11. Y Yahuah los hirió con úlceras malignas, y no pudieron estar en pie, porque los destruimos de modo que no pudieron hacer ni una sola señal.

12. Y con todo, a pesar de todas estas señales y maravillas, el príncipe Mastêmâ no fue avergonzado, porque cobró ánimo y clamó a los Mitsrîy que te persiguieran con todas las fuerzas de los Mitsrîy, con sus carros, y con sus caballos, y con todas las huestes de los pueblos de Mitsrayim.

13. Y yo estuve entre los Mitsrîy y Yâshâral, y libramos a Yâshâral de su mano, y de la mano de su pueblo; y Yahuah los hizo pasar por en medio del mar como en tierra seca.

14. Y a todos los pueblos que él trajo para perseguir tras Yâshâral, Yahuah nuestro Êlôhîym los arrojó al medio del mar, a las profundidades del abismo debajo de los hijos de Yâshâral; así como el pueblo de Mitsrayim había arrojado sus hijos al río, él tomó venganza de 1,000,000 de ellos; y mil hombres fuertes y vigorosos fueron destruidos por causa de un solo lactante de los hijos de tu pueblo que ellos habían echado al río.

15. Y en el día catorce, y en el quince, y en el dieciséis, y en el diecisiete, y en el dieciocho, el príncipe Mastêmâ fue atado y encarcelado

detrás de los hijos de Yâshâral, para que no los acusara.

16. Y en el diecinueve los soltamos, para que ayudaran a los Mitsrîy y persiguieran a los hijos de Yâshâral.

17. Y él endureció sus corazones y los hizo obstinados, y el designio fue tramado por Yahuah nuestro Êlôhîym, para herir a los Mitsrîy y arrojarlos al mar.

18. Y en el catorce lo atamos, para que no acusara a los hijos de Yâshâral en el día en que pidieron a los Mitsrîy vasijas y vestidos: vasijas de plata, y vasijas de oro, y vasijas de bronce, para despojar a los Mitsrîy en pago por la servidumbre con que los habían forzado a servir.

19. Y no sacamos a los hijos de Yâshâral de Mitsrayim con mano vacía.

Capítulo 49

1. Acuérdate del mandamiento que Yahuah te ordenó acerca del Pesach (פֶּסַח): que lo celebres en su tiempo, el día catorce del primer mes; que lo degüelles antes de que caiga la tarde; y que lo coman de noche, en la tarde del catorce, antes de la hora en que se levanta el sol.

2. Porque en esa noche —comienzo de la fiesta y principio del gozo— estabas comiendo el Pesach en Mitsrayim, cuando todas las potestades de Mastêmâ fueron soltadas para herir a todo primogénito en la tierra de Mitsrayim, desde el primogénito de Parôh hasta el primogénito de la cautiva que estaba en el molino, y aun del ganado.

3. Y ésta fue la señal que Yahuah les dio: a toda casa cuyos dinteles vieran marcados con la sangre de un cordero de un año, a esa casa no entrarían para matar, sino que la pasarían de largo, para que fueran librados todos los que estuviesen dentro, por cuanto la señal de la sangre estaba en sus dinteles.

4. Y las fuerzas de Yahuah hicieron todo conforme a lo que Yahuah les mandó: pasaron por alto a todos los hijos de Yâshâral, y la plaga no vino sobre ellos para arrancar de entre ellos alma alguna, ni de bestia, ni de hombre, ni de perro.

5. Y la plaga fue pesadísima en Mitsrayim, y no hubo casa en Mitsrayim donde no hubiera un muerto, y llanto y lamentación.

6. Y todo Yâshâral comía la carne del cordero pascual, y bebía el vino, y exaltaba, y bendecía, y daba gracias a Yahuah Êlôhîym de sus padres; y estaba preparado para salir de debajo del yugo de Mitsrayim y de la mala servidumbre.

7. Y tú guardarás memoria de este día todos los días de tu vida, y lo observarás de año en año, todos los días de tu vida, una vez al año, en su fecha, conforme a toda su ley; y no lo difieras de día en día, ni de mes en mes.

8. Porque es estatuto perpetuo, y está grabado en las tablas de shâmayim acerca de todos los hijos de Yâshâral: que lo guarden cada año en su día, una vez al año, por todas sus generaciones; y no hay término de días, porque esto está establecido para siempre.

9. Y el hombre que esté libre de impureza y no venga a guardarlo cuando llega su día —para presentar ofrenda aceptable delante de Yahuah, y para comer y beber delante de Yahuah en el día de su festividad— ese hombre, estando limpio y cercano, será cortado; porque no ofreció la ofrenda de Yahuah en su tiempo señalado, cargará con su culpa.

10. Vengan los hijos de Yâshâral y guarden el Pesach en la fecha fijada: el día catorce del primer mes, entre las tardes, desde la tercera parte del día hasta la tercera parte de la

noche; pues dos porciones del día son dadas a la luz, y una tercera parte a la tarde.

11. Esto es lo que Yahuah te ordenó: que lo guardes “entre las tardes”.

12. Y no es lícito degollarlo en ninguna franja de luz, sino en el tiempo que toca el borde de la tarde; y que lo coman en la hora de la tarde hasta la tercera parte de la noche; y todo lo que sobrare de su carne desde la tercera parte de la noche en adelante, que lo quemen al fuego.

13. Y no lo cocerán en agua, ni lo comerán crudo, sino asado al fuego. Lo comerán con diligencia: su cabeza con sus entrañas, y sus pies asarán al fuego; y no quebrarán hueso alguno de él, porque de los hijos de Yâshâral no será triturado hueso.

14. Por esto Yahuah ordenó a los hijos de Yâshâral que guarden el Pesach en su fecha señalada, y no quiebren hueso alguno de él; porque es día de fiesta y día ordenado, y no hay traslado de día a día ni de mes a mes: en el día de su fiesta se ha de guardar.

15. Y tú mandarás a los hijos de Yâshâral que guarden el Pesach durante sus días, cada año, una vez al año, en su día fijo; y será por memorial agradable delante de Yahuah; y no vendrá sobre ellos plaga para matar ni para herir en el año en que celebren el Pesach en su tiempo, en todo conforme a su mandamiento.

16. Y no lo comerán fuera del santuario de Yahuah, sino delante del santuario de Yahuah; y todo el pueblo de la congregación de Yâshâral lo celebrará en su tiempo señalado.

17. Y todo varón que haya llegado a su día lo comerá en el santuario de tu Êlôhîym delante de Yahuah, desde los veinte años en adelante; porque así está escrito y así está ordenado: que lo coman en el santuario de Yahuah.

18. Y cuando los hijos de Yâshâral entren en la tierra que han de poseer, en la tierra de Kenaan, y levanten el tabernáculo de Yahuah en medio de la tierra, en una de sus tribus, hasta que el santuario de Yahuah sea edificado en la tierra, entonces vengan y celebren el Pesach en medio del tabernáculo de Yahuah, y lo degüellen delante de Yahuah de año en año.

19. Y en los días cuando la casa sea edificada en el nombre de Yahuah en la tierra de su heredad, irán allí y degollarán el Pesach al atardecer, a la puesta del sol, en la tercera parte del día.

20. Y presentarán su sangre en el umbral del altar, y pondrán su grosura sobre el fuego que está sobre el altar; y comerán su carne asada al fuego en el atrio de la casa que fue santificada en el nombre de Yahuah.

21. Y no les es permitido celebrar el Pesach en sus ciudades, ni en lugar alguno, salvo delante del tabernáculo de Yahuah, o delante de su casa donde su nombre ha morado; y no se desviarán de Yahuah.

22. Y tú, Môsheh, manda a los hijos de Yâshâral que guarden los decretos del Pesach, tal como te fue mandado; anúnciales cada año el día de sus días, y también la fiesta de los Panes sin Levadura: que coman pan sin levadura siete días, y que guarden su fiesta, y que traigan ofrenda cada día durante esos siete días de alegría delante de Yahuah, sobre el altar de tu Êlôhîym.

23. Porque celebraste esta fiesta con prisa cuando saliste de Mitsrayim hasta que entraste en el desierto de Shûr; pues a la orilla del mar la completaste.

Capítulo 50

1. Y después de esta ley te di a conocer los días del Shabbâth en el desierto de Sîynay, que está entre Êylim y Sîynay.

2. Y te hablé del Shabbâth de la tierra en el monte Sîynay, y te hablé de los años de jubileo en el Shabbâth de años; pero el año de ello no te lo declaré hasta que entres en la tierra que has de poseer.

3. Y también la tierra guardará su Shabbâth mientras habiten sobre ella, y conocerán el año del jubileo.

4. Por tanto, te he ordenado las semanas de años, y los años, y los jubileos: hay cuarenta y nueve jubileos desde los días de Âdâm hasta este día, y una semana y dos años; y aún restan cuarenta años para aprender los mandamientos de Yahuah, hasta que pasen a la tierra de Kenaan, cruzando el Yardên hacia el occidente.

5. Y los jubileos transcurrirán hasta que Yâshâral sea limpiado de toda culpa de fornicación, e impureza, y contaminación, y pecado, y yerro; y habite confiado en toda la tierra, y no haya más adversario ni mal alguno; y la tierra quedará limpia desde entonces para siempre jamás.

6. Y mira: el mandamiento acerca del Shabbâth. Lo he escrito para ti, y también todos los juicios de sus leyes.

7. Seis días trabajarás, pero el séptimo día es el Shabbâth de Yahuah tu Êlôhîym: en él no harás ninguna clase de obra, tú y tus hijos, tus siervos y tus siervas, y todo tu ganado, y también el forastero que está contigo.

8. Y el hombre que haga obra alguna en él morirá. Quien profane ese día, quien se acueste con su mujer, o quien diga: "haré tal cosa en él", o quien pretenda emprender viaje en él por razón de comprar o vender; y quien saque agua en él sin haberla preparado para sí en el sexto día; y quien cargue peso para sacarlo de su tienda o de su casa, morirá.

9. Ninguna obra harás en el día de Shabbâth, salvo lo que hayas preparado para ti en el sexto día para comer, y beber, y reposar; y guardar Shabbâth apartándote de toda obra en ese día; y bendecir a Yahuah tu Êlôhîym, que te dio un día de fiesta y un día qâdôsh: un día del reino qâdôsh para todo Yâshâral, entre sus días, para siempre.

10. Porque grande es el honor que Yahuah ha dado a Yâshâral: que coman y beban y se sacien en este día festivo, y reposen en él de todo trabajo que pertenece al afán de los hijos de los hombres, excepto quemar lebônâh y traer ofrendas y sacrificios delante de Yahuah por días y por Shabbâth.

11. Sólo esta labor se hará en los días de Shabbâth en el santuario de Yahuah tu Êlôhîym: para hacer expiación por Yâshâral con sacrificio continuamente de día en día, como memorial agradable delante de Yahuah, y para que él los reciba siempre de día en día, conforme se te mandó.

12. Y todo hombre que haga obra alguna en él, o se ponga de camino, o labre su campo —sea en su casa o en cualquier otro lugar—, y quien encienda fuego, o monte en bestia, o navegue por mar en barco; y quien golpee o mate cosa alguna, o degüelle bestia o ave; o quien cace animal, o ave, o pez; o quien ayune o haga guerra en Shabbâth:

13. el hombre que haga cualquiera de estas cosas en Shabbâth morirá, para que los hijos de Yâshâral guarden el Shabbâth conforme a los mandamientos acerca del Shabbâth de la tierra, como está escrito en las tablas, las cuales él dio en mis manos para que yo te escribiera las leyes de los tiempos señalados, y los tiempos señalados conforme a la división de sus días.

Libro de Sirach y Paralelos Bíblicos

(Guía de Estudio de las Escrituras Dabar Yahuah)

Esta guía de estudio destaca paralelos entre el Libro de Sirach (Eclesiástico / Ben Sira) y otros libros de las Escrituras. El Libro de Sirach, parte de la tradición de sabiduría, se apoya ampliamente en Proverbios, Tehilim y Eclesiastés, y también anticipa enseñanzas que aparecen en el Pacto Renovado.

Esta tabla presenta pasajes clave de Sirach que son citados, reflejados o temáticamente semejantes a otras Escrituras canónicas.

Tabla Comparativa: Sirach y las Escrituras Tradicionales

Pasaje de Sirach	Paralelos Bíblicos	Tema / Conexión
Sirach 1:1	Prov 2:6	Toda sabiduría proviene de Yahuah
Sirach 1:12–13	Prov 1:7; Prov 9:10	El temor de Yahuah es el fundamento de la sabiduría
Sirach 2:1–5	Jas 1:2–4; 1 Pet 4:12	La perseverancia en las pruebas prueba la fe
Sirach 3:3–7	Exod 20:12; Eph 6:1–3	Honrar padre y madre trae bendición
Sirach 5:7	Prov 27:1; Heb 3:15	Advertencia contra retrasar el arrepentimiento
Sirach 7:10	Luke 18:1; Matt 6:2–4	Persistencia en la oración; énfasis en la limosna
Sirach 10:12–13	Prov 16:18; Jas 4:6	El orgullo conduce a la caída
Sirach 11:18–19	Luke 12:16–21	Conexión con la parábola del rico insensato
Sirach 15:11–20	Deut 30:19; Jas 1:13	Libre albedrío y responsabilidad humana por el pecado
Sirach 17:1–14	Gen 2–3; Deut 30:15–19	Creación, mandamiento y elección moral
Sirach 18:30–31	Prov 25:28; Gal 5:16	Dominio propio contra los deseos
Sirach 21:2	Prov 4:14–15; Rom 6:12	El pecado comparado con serpiente mortal
Sirach 28:2	Matt 6:14–15; Mark 11:25	Perdonar a otros para ser perdonado
Sirach 34:16	Ps 34:7; Ps 46:1–2	Los que temen a Yahuah tienen esperanza y seguridad
Sirach 35:12–13	Deut 10:17–18; Acts 10:34	Yahuah no hace acepción de personas
Sirach 37:16	Prov 15:22; Luke 14:28	Consejo antes de actuar
Sirach 40:17	Tobit 4:7–9; Matt 6:19–21	La limosna como tesoro celestial
Sirach 44–50	Heb 11	Alabanza a los patriarcas y héroes de la fe
Sirach 51:1–12	Ps 18; Ps 103	Himno de acción de gracias semejante a un salmo

Resumen de los Paralelos Principales

1. Fundamentos de Sabiduría

Sirach refleja fuertemente la tradición de sabiduría encontrada en Proverbios, Iyov, Tehilim y Eclesiastés.

2. Exhortaciones Morales

Existen paralelos claros con enseñanzas del Pacto Renovado, especialmente en Mattithyahu, Ya'aqov y Sha'ul.

3. Piedad Práctica

Se enfatiza la persistencia en la oración, la caridad, el perdón y la humildad.

4. Alabanza Histórica

Los capítulos 44–50 recuerdan a los héroes de Yâshâral, de manera semejante a Hebreos 11.

5. Fundamentos Teológicos

Temas centrales incluyen:

- Temor de Yahuah
- Rechazo del pecado
- Libre albedrío humano
- Justicia divina

Bên Sirâ (בן סירא)
Hijo de Sirach

Prólogo

Sabiduría de Yahusha, Hijo de Sirâ

1. Puesto que muchas cosas grandes e importantes nos han sido transmitidas por medio de la Ley y de los Nâbîy,

2. Y por otros que han seguido en sus pasos,

3. Por lo cual Yâshâral debe ser alabado por el aprendizaje y la sabiduría, y no solamente los lectores deben hacerse diestros por sí mismos, sino también ser capaces de ayudar a los que están fuera de la comunidad, tanto por palabra como por escrito,

4. Mi abuelo Yahusha, habiéndose dedicado profundamente a la lectura de la Ley, de los Nâbîy, y de los otros libros de nuestros antepasados, y habiendo adquirido de ellos buen entendimiento, fue también movido a escribir algo acerca del aprendizaje y de la sabiduría,

5. Con el propósito de que aquellos que desean aprender y se dedican a estas cosas puedan aprovecharse aún más para vivir conforme a la Ley.

6. Por tanto, les ruego que lo lean con benevolencia y atención, y que nos perdonen si parece que quedamos cortos en algunas expresiones, aunque hemos trabajado con diligencia para interpretarlo.

7. Porque las mismas ideas expresadas en Êber, cuando son traducidas a otra lengua, no siempre conservan la misma fuerza,

8. Y no solamente con este libro, sino también con la Ley misma, los Nâbîy, y el resto de los escritos, se percibe diferencia cuando son hablados en su lengua original.

9. En el año treinta y ocho, cuando vine a Mitsrayim durante el reinado de Euergetes, y pasé algún tiempo allí, hallé un libro de gran enseñanza.

10. Por tanto, consideré muy necesario aplicar esfuerzo y diligencia para traducirlo, usando gran cuidado y habilidad durante ese tiempo, para completar el libro y presentarlo para aquellos que, viviendo en tierra extranjera, desean aprender y ya han sido instruidos en conducta para vivir conforme a la Ley.

Capítulo 1

1. Toda sabiduría procede de Yahuah, y está con él para siempre.

2. ¿Quién puede contar la arena del mar, y las gotas de la lluvia, y los días de la eternidad?

3. ¿Quién puede descubrir la altura de shâmayim, y la anchura de la tierra, y el abismo, y la sabiduría?

4. La sabiduría fue creada antes de todas las cosas, y el entendimiento de la prudencia desde la eternidad.

5. La palabra de Êlôhîym Elyôn Êl es la fuente de la sabiduría; y sus caminos son mandamientos eternos.

6. ¿A quién ha sido revelada la raíz de la sabiduría? ¿O quién ha conocido sus consejos prudentes?

7. ¿A quién ha sido manifestado el conocimiento de la sabiduría? ¿Y quién ha entendido su gran experiencia?

8. Uno solo es sabio y grandemente temible: Yahuah, que está sentado sobre su trono.

9. Él la creó, y la vio, y la contó, y la derramó sobre todas sus obras.

10. Ella está con toda carne conforme a su don, y él la ha dado a los que lo aman.

11. El temor de Yahuah es honor, y gloria, y alegría, y corona de regocijo.

12. El temor de Yahuah alegra el corazón, y da gozo, y alegría, y larga vida.

13. A quien teme a Yahuah le irá bien al final, y hallará favor en el día de su muerte.

14. Temer a Yahuah es el principio de la sabiduría, y fue creada con los fieles desde el vientre.

15. Ella ha establecido fundamento eterno entre los hombres, y permanecerá con la descendencia de ellos.

16. Temer a Yahuah es plenitud de sabiduría, y llena a los hombres con sus frutos.

17. Ella llena toda su casa con cosas deseables, y los graneros con su abundancia.

18. El temor de Yahuah es corona de sabiduría, haciendo florecer paz y perfecta salud; ambas son dones de Êlôhîym, y engrandece el regocijo de los que lo aman.

19. Ella hace llover habilidad y conocimiento de entendimiento, y exalta a honor a los que la retienen firmemente.

20. La raíz de la sabiduría es temer a Yahuah, y sus ramas son larga vida.

21. El temor de Yahuah aparta los pecados, y donde está presente desvía la ira.

22. El hombre iracundo no puede ser justificado, porque el dominio de su furia será su destrucción.

23. El hombre paciente soportará por un tiempo, y después brotará gozo para él.

24. Guardará sus palabras por un tiempo, y los labios de muchos declararán su sabiduría.

25. Las parábolas del conocimiento están en los tesoros de la sabiduría; pero la reverencia es abominación para el pecador.

26. Si deseas sabiduría, guarda los mandamientos, y Yahuah te la dará.

27. Porque el temor de Yahuah es sabiduría e instrucción; y la fe y la mansedumbre son su deleite.

28. No desconfíes del temor de Yahuah cuando seas pobre, ni vengas a él con corazón doble.

29. No seas hipócrita delante de los hombres, y guarda bien lo que hablas.

30. No te exaltes, para que no caigas y traigas deshonra sobre tu alma; así Êlôhîym descubrirá tus secretos y te derribará en medio de la congregación, porque no viniste con verdad al temor de Yahuah, sino que tu corazón está lleno de engaño.

Capítulo 2

1. Hijo mío, si vienes a servir a Yahuah, prepara tu alma para la prueba.

2. Endereza tu corazón, y persevera constantemente, y no te apresures en tiempo de angustia.

3. Apégate a él y no te apartes, para que seas engrandecido al final.

4. Todo lo que te sobrevenga recíbelo con alegría, y sé paciente cuando seas cambiado a estado humilde.

5. Porque el oro es probado en el fuego, y los hombres aceptables en el horno de la adversidad.

6. Cree en él y él te ayudará; ordena tu camino rectamente y confía en él.

7. Los que temen a Yahuah, esperen su misericordia, y no se aparten, para que no caigan.

8. Los que temen a Yahuah, créanle, y su recompensa no faltará.

9. Los que temen a Yahuah, esperen el bien, y gozo eterno y misericordia.

10. Miren las generaciones antiguas y vean: ¿acaso alguno confió en Yahuah y fue avergonzado? ¿O alguno permaneció en su temor y fue abandonado? ¿O a quién despreciò él que lo invocó?

11. Porque Yahuah es lleno de compasión y misericordia, paciente y muy compasivo; perdona pecados y salva en tiempo de aflicción.

12. ¡Ay de los corazones temerosos y de las manos débiles, y del pecador que anda por dos caminos!

13. ¡Ay del hombre de corazón débil! Porque no cree, por eso no será defendido.

14. ¡Ay de ustedes que han perdido la paciencia! ¿Qué harán cuando Yahuah los visite?

15. Los que temen a Yahuah no desobedecerán su palabra, y los que lo aman guardarán sus caminos.

16. Los que temen a Yahuah buscarán lo que es agradable a él, y los que lo aman serán llenos de la Ley.

17. Los que temen a Yahuah prepararán sus corazones, y humillarán sus almas delante de él,

18. diciendo: caeremos en las manos de Yahuah y no en manos de hombres; porque como es su grandeza, así es también su misericordia.

Capítulo 3

1. Escúchenme, su padre, oh hijos, y hagan después conforme a ello, para que estén seguros.

2. Porque Yahuah ha dado al padre honor sobre los hijos, y ha confirmado la autoridad de la madre sobre los hijos varones.

3. Quien honra a su padre hace expiación por sus pecados,

4. Y el que honra a su madre es como uno que acumula tesoro.

5. Quien honra a su padre tendrá gozo de sus propios hijos; y cuando haga su oración, será oído.

6. El que honra a su padre tendrá larga vida; y el que es obediente a Yahuah será consuelo para su madre.

7. El que teme a Yahuah honrará a su padre, y servirá a sus padres como a señores.

8. Honra a tu padre y a tu madre tanto en palabra como en obra, para que venga sobre ti bendición de ellos.

9. Porque la bendición del padre establece las casas de los hijos; pero la maldición de la madre arranca los fundamentos.

10. No te gloríes en la deshonra de tu padre, porque la deshonra de tu padre no es gloria para ti.

11. Porque la gloria del hombre procede del honor de su padre; y una madre en deshonra es afrenta para los hijos.

12. Hijo mío, ayuda a tu padre en su vejez, y no le causes tristeza mientras viva.

13. Y si su entendimiento faltare, ten paciencia con él; y no lo desprecies cuando estés en toda tu fuerza.

14. Porque el socorro dado a tu padre no será olvidado; y en lugar de pecados será añadido para edificarte.

15. En el día de tu aflicción será recordado; también tus pecados se derretirán como el hielo en tiempo cálido y claro.

16. El que abandona a su padre es como blasfemo; y el que irrita a su madre es maldito por Êlôhîym.

17. Hijo mío, continúa tu obra con mansedumbre; así serás amado por el que es aprobado.

18. Cuanto más grande seas, tanto más humíllate, y hallarás favor delante de Yahuah.

19. Muchos están en alto lugar y son renombrados; pero los misterios son revelados a los humildes.

20. Porque grande es el poder de Yahuah, y él es honrado por los humildes.

21. No busques las cosas demasiado difíciles para ti, ni escudriñes lo que está por encima de tu fuerza.

22. Mas en lo que te es mandado, medita con reverencia; porque no te es necesario ver con tus ojos las cosas que están ocultas.

23. No seas curioso en asuntos innecesarios, porque más cosas te han sido mostradas de las que los hombres entienden.

24. Porque muchos han sido engañados por su propia opinión vana, y una sospecha mala ha trastornado su juicio.

25. Sin ojos te faltará la luz; no profeses, Por tanto, conocimiento que no posees.

26. Un corazón obstinado tendrá mal fin; y el que ama el peligro perecerá en él.

27. Un corazón obstinado será cargado de dolores; y el hombre malvado añadirá pecado sobre pecado.

28. En el castigo del orgulloso no hay remedio, porque la planta de maldad ha echado raíz en él.

29. El corazón del prudente entenderá una parábola; y el oído atento es el deseo del sabio.

30. El agua apagará fuego ardiente; y la limosna hace expiación por los pecados.

31. Y el que devuelve favores es consciente de lo que vendrá después; y cuando caiga, hallará apoyo.

Capítulo 4

1. Hijo mío, no defraudes al pobre de su sustento, ni hagas esperar mucho los ojos del necesitado.

2. No entristezcas al alma hambrienta, ni irrites al hombre en su angustia.

3. No añadas más turbación a un corazón afligido, ni demores dar al que está en necesidad.

4. No rechaces la súplica del afligido, ni apartes tu rostro del pobre.

5. No apartes tu ojo del necesitado, ni le des ocasión de maldecirte.

6. Porque si te maldice en la amargura de su alma, su oración será oída por aquel que lo creó.

7. Procura para ti el amor de la congregación, e inclina tu cabeza ante el grande.

8. No te sea pesado inclinar tu oído al pobre, y darle respuesta amistosa con mansedumbre.

9. Libra al que sufre injusticia de la mano del opresor, y no seas débil cuando te sientes a juzgar.

10. Sé como padre para los huérfanos, y en lugar de marido para su madre; así serás

como hijo de Elyôn Êl, y él te amará más que tu madre.

11. La sabiduría exalta a sus hijos, y toma a los que la buscan.

12. El que la ama ama la vida, y los que la buscan temprano serán llenos de gozo.

13. El que se aferra a ella heredará gloria, y dondequiera que entre, Yahuah bendecirá.

14. Los que la sirven ministrarán al Qâdôsh Êl; y a los que la aman, Yahuah los ama.

15. Quien le presta oído juzgará a las naciones, y el que atiende a ella habitará seguro.

16. Si un hombre se encomienda a ella, la heredará; y su descendencia la poseerá.

17. Porque al principio caminará con él por caminos torcidos, y traerá sobre él temor y espanto, y lo atormentará con su disciplina hasta confiar en su alma y probarlo con sus leyes.

18. Después volverá a él por camino recto, y lo consolará, y le revelará sus secretos.

19. Pero si se desvía, ella lo abandonará y lo entregará a su propia ruina.

20. Observa la oportunidad y guárdate del mal, y no te avergüences cuando se trate de tu alma.

21. Porque hay vergüenza que trae pecado, y hay vergüenza que es gloria y gracia.

22. No aceptes persona contra tu alma, ni permitas que la reverencia de hombre alguno te haga caer.

23. No te abstengas de hablar cuando haya ocasión de hacer bien, ni ocultes tu sabiduría en su hermosura.

24. Porque por el hablar será conocida la sabiduría, y la instrucción por la palabra de la lengua.

25. De ningún modo hables contra la verdad; más avergüénzate del error de tu ignorancia.

26. No te avergüences de confesar tus pecados, ni detengas el curso del río.

27. No te hagas subordinado de hombre necio, ni aceptes la persona del poderoso.

28. Lucha por la verdad hasta la muerte, y Yahuah peleará por ti.

29. No seas apresurado con tu lengua, ni negligente y perezoso en tus obras.

30. No seas como león en tu casa, ni furioso entre tus siervos.

31. No extiendas tu mano para recibir y la cierres cuando debas devolver.

Capítulo 5

1. No pongas tu corazón en tus riquezas, ni digas: tengo suficiente para mi vida.

2. No sigas tu propia mente ni tu fuerza para andar en los caminos de tu corazón.

3. Ni digas: ¿quién me dominará por mis obras? Porque Yahuah ciertamente vengará tu orgullo.

4. No digas: he pecado, ¿y qué mal me ha sucedido? Porque Yahuah es paciente, pero de ningún modo te dejará sin castigo.

5. Acerca de la expiación, no estés sin temor para añadir pecado sobre pecado.

6. Y no digas: grande es su misericordia; él será apaciguado por la multitud de mis pecados; porque de él vienen misericordia e ira, y su indignación descansa sobre los pecadores.

7. No tardes en volverte a Yahuah, ni lo pospongas de día en día; porque de repente saldrá la ira de Yahuah, y en tu seguridad serás destruido, y perecerás en el día de la venganza.

8. No pongas tu corazón en riquezas injustamente adquiridas, porque no te aprovecharán en el día de calamidad.

9. No te muevas con todo viento, ni vayas por todo camino; así hace el pecador que tiene lengua doble.

10. Sé firme en tu entendimiento, y sea tu palabra una sola.

11. Sé pronto para oír, y sea tu vida sincera, y con paciencia responde.

12. Si tienes entendimiento, responde a tu prójimo; si no, pon tu mano sobre tu boca.

13. En el hablar están honor y vergüenza, y la lengua del hombre es su caída.

14. No seas llamado murmurador, ni aceches con tu lengua; porque vergüenza vergonzosa cae sobre el ladrón, y condenación mala sobre la lengua doble.

15. No seas ignorante en cosa grande ni en cosa pequeña.

Capítulo 6

1. En lugar de amigo no te conviertas en enemigo; porque así heredarás mala fama, vergüenza y reproche; así también el pecador de lengua doble.

2. No te engrandezcas en el consejo de tu propio corazón, para que tu alma no sea despedazada como toro que vaga solo.

3. Consumirás tus hojas y perderás tu fruto, y quedarás como árbol seco.

4. El alma malvada destruirá a su poseedor y lo hará objeto de burla para sus enemigos.

5. Lenguaje dulce multiplica amigos, y lengua amable aumenta saludos bondadosos.

6. Ten paz con muchos; pero ten un consejero entre mil.

7. Si quieres adquirir amigo, pruébalo primero, y no te apresures a confiar en él.

8. Porque hay quien es amigo para su propia ocasión, y no permanece en el día de tu angustia.

9. Y hay amigo que, vuelto en enemistad, revelará tu reproche en la contienda.

10. También hay amigo compañero de mesa, pero no permanecerá en el día de tu aflicción.

11. En tu prosperidad será como tú mismo, y se mostrará atrevido sobre tus siervos.

12. Pero si eres humillado, estará contra ti y esconderá su rostro de ti.

13. Apártate de tus enemigos y guarda cautela con tus amigos.

14. Un amigo fiel es defensa fuerte; y quien lo halla, halla un tesoro.

15. Nada puede compararse a un amigo fiel, y su valor es incalculable.

16. Un amigo fiel es remedio de vida, y los que temen a Yahuah lo hallarán.

17. Quien teme a Yahuah dirigirá bien su amistad, porque como él es, así será también su prójimo.

18. Hijo mío, reúne instrucción desde tu juventud, y hallarás sabiduría hasta tu vejez.

19. Acércate a ella como quien ara y siembra, y espera sus buenos frutos; porque no trabajarás mucho en cultivarla, y pronto comerás de sus frutos.

20. Ella es muy desagradable para el ignorante; el que carece de entendimiento no permanecerá con ella.

21. Será para él como piedra pesada de prueba, y no tardará en arrojarla de sí.

22. Porque la sabiduría es conforme a su nombre, y no es manifestada a muchos.

23. Escucha, hijo mío, recibe mi consejo y no rechaces mi instrucción.

24. Pon tus pies en sus grilletes y tu cuello en su cadena.

25. Inclina tu hombro y llévala, y no te impacientes con sus ataduras.

26. Acércate a ella con todo tu corazón y guarda sus caminos con toda tu fuerza.

27. Búscala y escudríñala, y te será dada a conocer; y cuando la hayas tomado, no la sueltes.

28. Porque al final hallarás en ella descanso, y se convertirá en tu alegría.

29. Entonces sus grilletes serán para ti defensa fuerte, y sus cadenas vestidura de gloria.

30. Porque hay en ella adorno de oro, y sus ligaduras son cordón de púrpura.

31. La vestirás como manto de honor y la pondrás sobre ti como corona de gozo.

32. Hijo mío, si quieres, serás enseñado; y si aplicas tu mente, serás prudente.

33. Si amas escuchar, recibirás entendimiento; y si inclinas tu oído, serás sabio.

34. Permanece entre la multitud de los ancianos, y adhiérete al que es sabio.

35. Sé dispuesto a oír todo discurso piadoso, y no se te escapen las parábolas de entendimiento.

36. Y si ves a un hombre entendido, acércate temprano a él, y que tu pie desgaste los escalones de su puerta.

37. Pon tu mente en las ordenanzas de Yahuah y medita continuamente en sus mandamientos; él afirmará tu corazón y te dará sabiduría conforme a tu deseo.

Capítulo 7

1. No hagas mal, y ningún daño vendrá sobre ti.

2. Apártate del injusto, y la iniquidad se apartará de ti.

3. Hijo mío, no siembres sobre los surcos de injusticia, y no los segarás siete veces.

4. No busques de Yahuah preeminencia, ni del rey el asiento de honor.

5. No te justifiques delante de Yahuah, ni te glories de tu sabiduría delante del rey.

6. No busques ser juez, no pudiendo quitar la iniquidad; no sea que temas al poderoso, tropiezo en el camino de tu rectitud.

7. No ofendas contra la multitud de una ciudad, y así no te derribarás entre el pueblo.

8. No unas un pecado sobre otro; porque ni en uno quedarás sin castigo.

9. No digas: Êlôhîym mirará la multitud de mis ofrendas, y cuando ofrezca a Êlôhîym Elyôn Êl, él lo aceptará.

10. No desmayes cuando hagas tu oración, y no descuides dar limosna.

11. No te burles de hombre en la amargura de su alma; porque hay uno que humilla y exalta.

12. No trames mentira contra tu hermano, ni hagas lo mismo contra tu amigo.

13. No te acostumbres a decir ninguna clase de mentira; porque tal costumbre no es buena.

14. No uses muchas palabras entre multitud de ancianos, ni multipliques palabras cuando ores.

15. No aborrezcas el trabajo laborioso, ni la labranza que Elyôn Êl ha ordenado.

16. No te cuentes entre la multitud de pecadores, sino recuerda que la ira no tardará.

17. Humíllate grandemente; porque la venganza del impío es fuego y gusanos.

18. No cambies amigo por ningún bien, ni hermano fiel por el oro de Ôphîyr.

19. No abandones mujer sabia y buena; porque su gracia es más valiosa que el oro.

20. Si tu siervo trabaja fielmente, no lo trates mal, ni al jornalero que se entrega enteramente por ti.

21. Ame tu alma al buen siervo, y no lo defraudes de libertad.

22. ¿Tienes ganado? Vigílalo; y si te es provechoso, consérvalo contigo.

23. ¿Tienes hijos? Instrúyelos, y somete su cuello desde su juventud.

24. ¿Tienes hijas? Guarda su cuerpo, y no te muestres demasiado indulgente con ellas.

25. Casa a tu hija, y habrás hecho cosa importante; pero dásela a hombre entendido.

26. ¿Tienes esposa conforme a tu corazón? No la abandones; pero no te entregues a mujer liviana.

27. Honra a tu padre con todo tu corazón, y no olvides los dolores de tu madre.

28. Recuerda que de ellos naciste; ¿cómo podrás recompensarles lo que han hecho por ti?

29. Teme a Yahuah con toda tu alma, y reverencia a su Kôhên.

30. Ama al que te hizo con toda tu fuerza, y no abandones a sus ministros.

31. Teme a Yahuah, y honra al Kôhên, y dale su porción como te es mandado: las primicias, la ofrenda por la culpa, el don de los hombros, el sacrificio de santificación y las primicias de las cosas santas.

32. Extiende tu mano al pobre, para que tu bendición sea completa.

33. La dádiva tiene gracia delante de todo hombre vivo; y para el muerto no la retengas.

34. No faltes con los que lloran, y lamenta con los que lamentan.

35. No seas lento para visitar al enfermo; porque por esto serás amado.

36. En todo lo que hagas recuerda el fin, y nunca harás mal.

Capítulo 8

1. No contiendas con hombre poderoso, no sea que caigas en sus manos.

2. No disputes con hombre rico, no sea que pese más que tú; porque el oro ha destruido a muchos y ha pervertido los corazones de reyes.

3. No contiendas con hombre de mucha lengua, ni eches leña sobre su fuego.

4. No bromees con hombre grosero, no sea que tus antepasados sean deshonrados.

5. No reproches a hombre que se aparta del pecado; recuerda que todos somos dignos de castigo.

6. No deshonres a hombre en su vejez; porque también algunos de nosotros envejecemos.

7. No te regocijes por la muerte de tu mayor enemigo; recuerda que todos morimos.

8. No desprecies el discurso de los sabios, sino familiarízate con sus proverbios; porque de ellos aprenderás instrucción y cómo servir a los grandes con facilidad.

9. No pierdas el discurso de los ancianos; porque ellos también aprendieron de sus padres, y de ellos aprenderás entendimiento y a responder cuando sea necesario.

10. No enciendas los carbones del pecador, no sea que seas quemado con la llama de su fuego.

11. No te levantes con ira ante hombre injurioso, no sea que él aceche para atraparte en tus palabras.

12. No prestes al que es más poderoso que tú; y si prestas, considéralo como perdido.

13. No seas fiador más allá de tu poder; y si eres fiador, cuida de pagar.

14. No entres en pleito con juez; porque juzgarán por él según su honor.

15. No viajes por el camino con hombre temerario, no sea que se vuelva carga para ti; porque él hará según su voluntad, y perecerás con él por su necedad.

16. No contiendas con hombre iracundo, ni vayas con él a lugar solitario; porque la sangre es como nada ante sus ojos, y donde no hay ayuda te derribará.

17. No consultes con necio; porque no puede guardar consejo.

18. No hagas cosa secreta delante de extraño; porque no sabes lo que producirá.

19. No abras tu corazón a todo hombre, no sea que te pague con mala retribución.

Capítulo 9

1. No tengas celos de la mujer de tu seno, ni le enseñes lección mala contra ti mismo.

2. No entregues tu alma a una mujer para que ponga su pie sobre tu sustancia.

3. No te encuentres con ramera, no sea que caigas en sus lazos.

4. No frecuentes mucho la compañía de mujer cantora, no sea que seas atrapado por sus artimañas.

5. No mires fijamente a doncella, no sea que caigas por las cosas preciosas en ella.

6. No entregues tu alma a rameras, para que no pierdas tu heredad.

7. No andes mirando por las calles de la ciudad, ni vagues por sus lugares solitarios.

8. Aparta tu ojo de mujer hermosa, y no mires la belleza de otra; porque muchos han sido engañados por la belleza de una mujer, y por ella el amor se enciende como fuego.

9. No te sientes en absoluto con la mujer de otro, ni te recuestes con ella en tus brazos, ni gastes tu dinero con ella en el vino; no sea que tu corazón se incline hacia ella y por tu deseo caigas en destrucción.

10. No abandones a amigo antiguo; porque el nuevo no es comparable a él: amigo nuevo es como vino nuevo; cuando envejece, lo beberás con placer.

11. No envidies la gloria del pecador; porque no sabes cuál será su fin.

12. No te deleites en lo que agrada a los impíos; recuerda que no quedarán sin castigo hasta su sepulcro.

13. Mantente lejos del hombre que tiene poder para matar, y así no temerás el temor de la muerte; y si te acercas a él, no cometas falta, no sea que te quite la vida de inmediato; recuerda que caminas en medio de lazos y andas sobre los baluartes de la ciudad.

14. En cuanto puedas, conoce a tu prójimo y consulta con los sabios.

15. Sea tu conversación con los sabios, y toda tu comunicación en la ley de Elyôn Êl.

16. Que hombres justos coman y beban contigo, y que tu gloria esté en el temor de Yahuah.

17. Por la mano del artesano la obra será alabada, y el gobernante sabio del pueblo por su palabra.

18. Hombre de mala lengua es peligroso en su ciudad, y el que es precipitado en su hablar será aborrecido.

Capítulo 10

1. Un juez sabio instruirá a su pueblo, y el gobierno de un hombre prudente está bien ordenado.

2. Como es el juez del pueblo, así son sus oficiales; y según el hombre que gobierna la ciudad, así son todos los que habitan en ella.

3. Un rey necio destruye a su pueblo; pero por la prudencia de los que están en autoridad la ciudad será habitada.

4. El poder de la tierra está en la mano de Yahuah, y a su tiempo pondrá sobre ella a uno que sea provechoso.

5. En la mano de Êlôhîym está la prosperidad del hombre, y sobre la persona del escriba pondrá su honor.

6. No guardes odio contra tu prójimo por cualquier agravio, ni hagas nada por prácticas injustas.

7. La soberbia es aborrecible delante de Êlôhîym y de los hombres, y por ambos se comete iniquidad.

8. Por tratos injustos, agravios y riquezas obtenidas por engaño, el reino pasa de un pueblo a otro.

9. ¿Por qué se enorgullece la tierra y las cenizas? No hay cosa más malvada que el hombre codicioso, porque tal hombre vende su propia alma; pues mientras vive desecha sus entrañas.

10. El médico corta una enfermedad prolongada, y el que hoy es rey mañana morirá.

11. Porque cuando el hombre muere, heredará reptiles, bestias y gusanos.

12. El principio de la soberbia es cuando uno se aparta de Êlôhîym, y su corazón se aparta de su Bârâ.

13. Porque la soberbia es el principio del pecado, y el que la tiene derrama abominación; por eso Yahuah trajo sobre ellos calamidades extrañas y los destruyó completamente.

14. Yahuah ha derribado los tronos de príncipes soberbios, y ha puesto a los mansos en su lugar.

15. Yahuah ha arrancado las raíces de las naciones soberbias, y ha plantado a los humildes en su lugar.

16. Yahuah derribó países de los gentiles y los destruyó hasta los fundamentos de la tierra.

17. A algunos los quitó y los destruyó, y ha hecho cesar su memoria de la tierra.

18. La soberbia no fue hecha para los hombres, ni la ira furiosa para los nacidos de mujer.

19. Los que temen a Yahuah son descendencia segura, y los que lo aman son planta honorable; los que no guardan la ley son descendencia deshonrosa, y los que quebrantan los mandamientos son descendencia engañosa.

20. Entre hermanos, el que es principal es honorable; así son los que temen a Yahuah delante de sus ojos.

21. El temor de Yahuah precede a la obtención de autoridad, pero la dureza y la soberbia causan su pérdida.

22. Sea rico, noble o pobre, su gloria es el temor de Yahuah.

23. No es correcto despreciar al pobre que tiene entendimiento, ni conviene exaltar al hombre pecador.

24. Hombres grandes, jueces y gobernantes serán honrados; pero ninguno de ellos es mayor que el que teme a Yahuah.

25. Al siervo sabio servirán los que son libres, y el que tiene conocimiento no se quejará cuando sea corregido.

26. No seas demasiado sabio al hacer tus negocios, ni te glories en el tiempo de tu angustia.

27. Mejor es el que trabaja y abunda en todas las cosas, que el que se jacta y carece de pan.

28. Hijo mío, glorifica tu alma con mansedumbre y dale honor conforme a su dignidad.

29. ¿Quién justificará al que peca contra su propia alma? ¿Y quién honrará al que deshonra su propia vida?

30. El pobre es honrado por su conocimiento, y el rico es honrado por sus riquezas.

31. El que es honrado en pobreza, ¡cuánto más en riquezas! y el que es deshonroso en riquezas, ¡cuánto más en pobreza!

Capítulo 11

1. La sabiduría levanta la cabeza del de baja condición y lo hace sentarse entre hombres grandes.

2. No elogies a un hombre por su belleza, ni aborrezcas a un hombre por su apariencia exterior.

3. La abeja es pequeña entre los que vuelan, pero su fruto es lo principal de las cosas dulces.

4. No te jactes de tu ropa ni de tu vestidura, y no te exaltes en el día de honor; porque las obras de Yahuah son maravillosas y sus obras entre los hombres son ocultas.

5. Muchos reyes se han sentado en el suelo, y uno que nunca fue pensado ha llevado la corona.

6. Muchos hombres poderosos han sido grandemente deshonrados, y los honorables han sido entregados en manos de otros.

7. No culpes antes de examinar la verdad; entiende primero y después reprende.

8. No respondas antes de haber oído la causa, ni interrumpas a los hombres en medio de su conversación.

9. No contiendas en asunto que no te concierne, ni te sientes en juicio con pecadores.

10. Hijo mío, no te entrometas en muchos asuntos; porque si te entrometes mucho no quedarás inocente, y si los persigues no alcanzarás, ni escaparás huyendo.

11. Hay quien trabaja, se afana y se apresura, y tanto más queda atrás.

12. También hay otro que es lento, necesitado de ayuda, falto de capacidad y lleno de pobreza; pero el ojo de Yahuah lo miró para bien y lo levantó de su baja condición,

13. y levantó su cabeza de la miseria, de modo que muchos que lo vieron se maravillaron de él.

14. Prosperidad y adversidad, vida y muerte, pobreza y riquezas vienen de Yahuah.

15. Sabiduría, conocimiento y entendimiento de la ley son de Yahuah; amor y el camino de las buenas obras provienen de él.

16. Error y tinieblas comenzaron con los pecadores, y el mal envejecerá con los que se glorían en él.

17. El don de Yahuah permanece con los piadosos, y su favor trae prosperidad para siempre.

18. Hay quien se enriquece por su cautela y avaricia, y esta es la parte de su recompensa:

19. mientras dice: He hallado descanso y ahora comeré continuamente de mis bienes; pero no sabe qué tiempo vendrá sobre él, ni que debe dejar esas cosas a otros y morir.

20. Permanece firme en tu pacto y ocúpate en él, y envejece en tu obra.

21. No te maravilles de las obras de los pecadores, sino confía en Yahuah y permanece en tu labor; porque es cosa fácil para Yahuah hacer rico de repente al pobre.

22. La bendición de Yahuah está en la recompensa del piadoso, y de repente hace florecer su bendición.

23. No digas: ¿Qué provecho hay de mi servicio? ¿Y qué bienes tendré después?

24. Tampoco digas: Tengo suficiente y poseo muchas cosas; ¿qué mal me vendrá después?

25. En el día de prosperidad hay olvido de aflicción, y en el día de aflicción ya no hay recuerdo de prosperidad.

26. Porque es cosa fácil para Yahuah en el día de la muerte recompensar al hombre según sus caminos.

27. La aflicción de una hora hace olvidar el placer, y en su fin sus obras serán descubiertas.

28. No llames bienaventurado a nadie antes de su muerte, porque un hombre será conocido en sus hijos.

29. No metas a todo hombre en tu casa, porque el engañoso tiene muchas artimañas.

30. Como perdiz atrapada y guardada en jaula, así es el corazón del soberbio; y como espía vigila tu caída.

31. Porque acecha y convierte lo bueno en malo, y en cosas dignas de alabanza pondrá culpa sobre ti.

32. De una chispa de fuego se enciende un montón de carbones, y el hombre pecador acecha sangre.

33. Guárdate del hombre malicioso, porque obra maldad, no sea que traiga sobre ti una mancha perpetua.

34. Recibe a un extraño en tu casa y te causará disturbio, y te sacará de lo tuyo.

Capítulo 12

1. Cuando hagas bien, conoce a quién lo haces, y recibirás agradecimiento por tus beneficios.

2. Haz bien al hombre piadoso y hallarás recompensa; y si no de él, al menos de Elyôn Êl.

3. No puede venir bien al que siempre está ocupado en el mal, ni al que no da limosna.

4. Da al hombre piadoso y no ayudes al pecador.

5. Haz bien al humilde, pero no des al impío; retén tu pan y no se lo des, no sea que se fortalezca contra ti; porque recibirías doble mal por todo el bien que le hayas hecho.

6. Porque Elyôn Êl aborrece a los pecadores y dará venganza a los impíos, guardándolos para el día poderoso de su castigo.

7. Da al bueno y no ayudes al pecador.

8. Un amigo no puede ser conocido en la prosperidad, ni un enemigo puede ocultarse en la adversidad.

9. En la prosperidad del hombre los enemigos se entristecen, pero en su adversidad aun el amigo se aparta.

10. Nunca confíes en tu enemigo, porque como el hierro se oxida así es su maldad.

11. Aunque se humille y ande encorvado, guarda cautela y cuídate de él, y serás para él como quien limpia un espejo; sabrás que su herrumbre no ha sido quitada del todo.

12. No lo pongas a tu lado, no sea que después de derribarte se levante en tu lugar; ni lo sientes a tu derecha, no sea que busque tu asiento y al final recuerdes mis palabras y te duelan.

13. ¿Quién tendrá compasión de un encantador mordido por una serpiente, o de cualquiera que se acerca a bestias salvajes?

14. Así sucede con el que se junta con pecador y se contamina con él en sus pecados; ¿quién tendrá compasión?

15. Por un tiempo permanecerá contigo, pero si comienzas a caer no permanecerá.

16. El enemigo habla dulcemente con sus labios, pero en su corazón imagina cómo echarte en un hoyo; llorará con sus ojos, pero si encuentra oportunidad no se saciará de sangre.

17. Si la adversidad viene sobre ti, lo encontrarás allí primero; y aunque finja ayudarte, socavará tu ruina.

18. Moverá su cabeza, batirá sus manos, susurrará mucho y cambiará su semblante.

Capítulo 13

1. El que toca la brea será contaminado con ella; y el que tiene comunión con un hombre soberbio será como él.

2. No te cargues por encima de tu poder mientras vivas, y no tengas comunión con uno que sea más poderoso y más rico que tú; porque ¿cómo concuerdan la caldera y la olla de barro? pues si una hiere a la otra, se quebrará.

3. El rico ha hecho mal, y aun así amenaza; el pobre es agraviado, y también debe rogar.

4. Si eres para su provecho, te usará; pero si no tienes nada, te abandonará.

5. Si tienes algo, vivirá contigo; sí, te dejará desnudo, y no se dolerá por ello.

6. Si te necesita, te engañará, y te sonreirá, y te pondrá esperanza; te hablará bien, y dirá: ¿Qué quieres?

7. Y te avergonzará con sus comidas, hasta que te haya sacado seco dos o tres veces; y al final se burlará de ti después; cuando te vea, te abandonará, y meneará su cabeza contra ti.

8. Mira que no seas engañado y abatido en tu alegría.

9. Si eres invitado por un hombre poderoso, retírate, y tanto más te invitará.

10. No te presiones sobre él, no sea que seas rechazado; no te quedes lejos, no sea que seas olvidado.

11. No pretendas hacerte igual a él en conversación, ni creas sus muchas palabras; porque con mucha comunicación te tentará, y sonriendo sacará tus secretos.

12. Pero cruelmente guardará tus palabras, y no dejará de hacerte daño y de ponerte en prisión.

13. Observa y guarda mucho cuidado, porque andas en peligro de tu caída; cuando oigas estas cosas, despierta en tu sueño.

14. Ama a Yahuah todos los días de tu vida, e invócalo para tu salvación.

15. Toda bestia ama a su semejante, y todo hombre ama a su prójimo.

16. Toda carne se junta según su especie, y el hombre se unirá a su semejante.

17. ¿Qué comunión tiene el lobo con el cordero? Así el pecador con el piadoso.

18. ¿Qué acuerdo hay entre la hiena y el perro? ¿Y qué paz entre el rico y el pobre?

19. Como el asno montés es presa del león en el desierto, así los ricos devoran a los pobres.

20. Como los soberbios aborrecen la humildad, así el rico aborrece al pobre.

21. Un rico que comienza a caer es sostenido por sus amigos; pero al pobre, cuando está caído, sus amigos lo echan fuera.

22. Cuando un rico cae, tiene muchos ayudadores; dice cosas que no deben decirse, y aun así los hombres lo justifican; el pobre resbaló, y aun así lo reprendieron; habló sabiamente, y no tuvo lugar.

23. Cuando habla el rico, todos callan; y mira, lo que dice lo exaltan hasta las nubes; pero si habla el pobre, dicen: ¿qué hombre es este? y si tropieza, lo ayudan a derribarlo.

24. Las riquezas son buenas para el que no tiene pecado, y la pobreza es mala en la boca del impío.

25. El corazón del hombre cambia su semblante, sea para bien o para mal; y el corazón alegre hace rostro alegre.

26. El semblante alegre es señal de un corazón en prosperidad; y el hallar parábolas es trabajo cansado de la mente.

Capítulo 14

1. Bienaventurado el hombre que no ha resbalado con su boca, y no es punzado por la multitud de pecados.

2. Bienaventurado aquel cuya conciencia no lo ha condenado, y no ha caído de su esperanza en Yahuah.

3. Las riquezas no son hermosas para el avaro; ¿y qué hará con dinero el hombre envidioso?

4. El que reúne defraudando su propia alma, reúne para otros que gastarán sus bienes desordenadamente.

5. El que es malo para sí mismo, ¿para quién será bueno? No se gozará en sus bienes.

6. No hay nadie peor que el que se envidia a sí mismo, y esta es la recompensa de su maldad.

7. Y si hace bien, lo hace de mala gana; y al final declarará su maldad.

8. El hombre envidioso tiene ojo malo; aparta su rostro y desprecia a los hombres.

9. El ojo del codicioso no se sacia con su porción, y la iniquidad del impío seca su alma.

10. El ojo malo envidia su pan, y es avaro en su mesa.

11. Hijo mío, según tu capacidad haz bien a ti mismo, y da a Yahuah su ofrenda debida.

12. Recuerda que la muerte no tardará en venir, y que el pacto de la sepultura no se te ha mostrado.

13. Haz bien a tu amigo antes de morir, y según tu capacidad extiende tu mano y dale.

14. No te defraudes del buen día, y no dejes pasar la porción de un buen deseo.

15. ¿No dejarás tus afanes a otro, y tus trabajos para ser repartidos por suerte?

16. Da, y toma, y santifica tu alma; porque no hay búsqueda de delicias en la sepultura.

17. Toda carne envejece como vestidura; porque el pacto desde el principio es: morirás la muerte.

18. Como de las hojas verdes de un árbol espeso, unas caen y otras nacen, así es la generación de carne y sangre: una llega a su fin y otra nace.

19. Toda obra se pudre y se consume, y el obrero de ella se irá con ello.

20. Bienaventurado el hombre que medita cosas buenas en sabiduría, y razona cosas sagradas con su entendimiento.

21. El que considera sus caminos en su corazón también tendrá entendimiento en sus secretos.

22. Vé tras ella como quien sigue un rastro, y acecha en sus caminos.

23. El que mira por sus ventanas también escuchará a sus puertas.

24. El que se hospeda cerca de su casa también clavará una estaca en sus paredes.

25. Plantará su tienda junto a ella, y se hospedará en morada donde hay bienes.

26. Pondrá a sus hijos bajo su amparo, y morará bajo sus ramas.

27. Por ella será cubierto del calor, y en su gloria habitará.

Capítulo 15

1. El que teme a Yahuah hará el bien, y el que tiene conocimiento de la ley la alcanzará.

2. Y como madre ella saldrá a su encuentro, y lo recibirá como mujer casada desde su virginidad.

3. Con pan de entendimiento lo alimentará, y le dará a beber el agua de sabiduría.

4. Él se apoyará en ella y no será movido; confiará en ella y no será avergonzado.

5. Ella lo exaltará sobre sus vecinos, y en medio de la congregación abrirá su boca.

6. Hallará gozo y corona de alegría, y ella le hará heredar un nombre eterno.

7. Pero los hombres necios no la alcanzarán, y los pecadores no la verán.

8. Porque ella está lejos de la soberbia, y los hombres mentirosos no pueden acordarse de ella.

9. La alabanza no es conveniente en la boca del pecador, porque no le fue enviada por Yahuah.

10. Porque la alabanza será pronunciada en sabiduría, y Yahuah la prosperará.

11. No digas tú: Por Yahuah caí; porque no debes hacer las cosas que él aborrece.

12. No digas tú: Él me hizo errar; porque él no tiene necesidad del hombre pecador.

13. Yahuah aborrece toda abominación, y los que temen a Êlôhîym no la aman.

14. Él mismo hizo al hombre desde el principio, y lo dejó en la mano de su consejo.

15. Si quieres, guardar los mandamientos y practicar fidelidad aceptable.

16. Ha puesto delante de ti fuego y agua; extiende tu mano a lo que quieras.

17. Delante del hombre está la vida y la muerte, y lo que le agrade le será dado.

18. Porque grande es la sabiduría de Yahuah, y poderoso en poder, y ve todas las cosas.

19. Y sus ojos están sobre los que le temen, y conoce toda obra del hombre.

20. Él no ha mandado a ningún hombre a obrar maldad, ni ha dado a nadie licencia para pecar.

Capítulo 16

1. No desees multitud de hijos inútiles, ni te deleites en hijos impíos.

2. Aunque se multipliquen, no te alegres en ellos, si no está con ellos el temor de Yahuah.

3. No confíes tú en su vida, ni respetes su multitud; porque uno justo es mejor que mil, y mejor es morir sin hijos, que tenerlos impíos.

4. Porque por uno que tiene entendimiento la ciudad será poblada, pero la parentela de los impíos pronto quedará desolada.

5. Muchas cosas tales he visto con mis ojos, y mi oído ha oído cosas mayores que estas.

6. En la congregación de los impíos se encenderá fuego, y en nación rebelde la ira se enciende.

7. No se aplacó con los antiguos Nephîyl, que se apartaron en la fuerza de su necedad.

8. Ni perdonó el lugar donde moró Lôt, sino que los aborreció por su soberbia.

9. No tuvo compasión del pueblo de perdición, que fue quitado en sus pecados;

10. ni de los seiscientos mil hombres de a pie, que se juntaron en la dureza de su corazón.

11. Y si hay uno de dura cerviz entre el pueblo, es maravilla si escapa sin castigo; porque con él están la misericordia y la ira; él es poderoso para perdonar y para derramar indignación.

12. Como grande es su misericordia, así también es su corrección; él juzga al hombre según sus obras.

13. El pecador no escapará con sus despojos, y la paciencia del piadoso no será frustrada.

14. Da lugar a toda obra de misericordia, porque cada hombre hallará conforme a sus obras.

15. Yahuah endureció a Parôh, para que no lo conociera, para que sus obras poderosas fueran conocidas al mundo.

16. Su misericordia se manifiesta a toda criatura, y ha separado su luz de las tinieblas con un diamante.

17. No digas tú: Me esconderé de Yahuah; ¿se acordará alguien de mí desde arriba? No seré recordado entre tanta gente; porque ¿qué es mi alma entre tan infinito número de criaturas?

18. He aquí, los shâmayim, y los shâmayim de shâmayim, el abismo, y la tierra, y todo lo que en ella hay, serán conmovidos cuando él visite.

19. También los montes y los fundamentos de la tierra se estremecerán con temblor cuando Yahuah los mire.

20. Ningún corazón puede pensar dignamente estas cosas, ¿y quién es capaz de concebir sus caminos?

21. Es una tempestad que ningún hombre puede ver, porque la mayor parte de sus obras están ocultas.

22. ¿Quién puede declarar las obras de su justicia? ¿O quién puede soportarlas? porque su pacto está lejos, y la prueba de todas las cosas está en el fin.

23. El que carece de entendimiento piensa en cosas vanas, y el hombre necio, errando, imagina necedades.

24. Hijo mío, escúchame y aprende conocimiento, y marca mis palabras en tu corazón.

25. Mostraré doctrina con peso, y declararé su conocimiento exactamente.

26. Las obras de Yahuah fueron hechas en juicio desde el principio, y desde el tiempo que las hizo dispuso las partes de ellas.

27. Adornó sus obras para siempre, y en su mano están las principales de ellas por todas las generaciones; no trabajan, ni se cansan, ni cesan de sus obras.

28. Ninguna de ellas estorba a otra, y nunca desobedecerán su palabra.

29. Después de esto Yahuah miró la tierra, y la llenó de sus bendiciones.

30. Con toda clase de seres vivientes cubrió su faz, y volverán a ella otra vez.

Capítulo 17

1. Yahuah creó al hombre de la tierra, y lo volvió otra vez a ella.

2. Les dio pocos días y tiempo corto, y también poder sobre las cosas que hay en ella.

3. Los vistió de fuerza por sí mismos, y los hizo conforme a su imagen.

4. Y puso el temor del hombre sobre toda carne, y le dio dominio sobre bestias y aves.

5. Recibieron el uso de las cinco operaciones de Yahuah, y en el sexto lugar les impartió entendimiento, y en el séptimo el habla, intérprete de sus pensamientos.

6. Consejo, lengua, ojos, oídos y corazón les dio para entender.

7. Además, los llenó con conocimiento de entendimiento y les mostró el bien y el mal.

8. Puso su ojo sobre sus corazones, para mostrarles la grandeza de sus obras.

9. Les dio glorificarse en sus actos maravillosos para siempre, para que declararan sus obras con entendimiento.

10. Y los escogidos alabarán su nombre qâdôsh.

11. Además de esto les dio conocimiento, y la ley de vida como herencia.

12. Hizo con ellos un pacto eterno, y les mostró sus juicios.

13. Sus ojos vieron la majestad de su gloria, y sus oídos oyeron su voz gloriosa.

14. Y les dijo: guardaos de toda injusticia; y dio a cada hombre mandamiento acerca de su prójimo.

15. Sus caminos están siempre delante de él, y no serán escondidos de sus ojos.

16. Todo hombre desde su juventud es dado al mal, y no pudieron hacerse corazones de carne en lugar de piedra.

17. Porque en la división de las naciones de toda la tierra puso un gobernante sobre cada pueblo; pero Yâshâral es la porción de Yahuah.

18. A quien, siendo su primogénito, alimenta con disciplina, y dándole la luz de su amor no lo abandona.

19. Por tanto, todas sus obras están como el sol delante de él, y sus ojos están continuamente sobre sus caminos.

20. Ninguna de sus obras injustas está escondida de él, sino que todos sus pecados están delante de Yahuah.

21. Pero Yahuah, siendo misericordioso y conociendo su obra, no los dejó ni los abandonó, sino que los perdonó.

22. La limosna de un hombre es como un sello para él, y guardará las buenas obras del hombre como la niña del ojo, y dará arrepentimiento a sus hijos e hijas.

23. Después se levantará y los recompensará, y hará caer su recompensa sobre sus cabezas.

24. Pero a los que se arrepienten les concedió retorno, y consoló a los que faltaron en paciencia.

25. Vuelve a Yahuah, y abandona tus pecados; haz tu oración delante de su rostro, y ofende menos.

26. Vuélvete a Elyôn Êl, y apártate de la iniquidad; porque él te sacará de las tinieblas a la luz de la salud, y aborrecerás fuertemente la abominación.

27. ¿Quién alabará a Elyôn Êl en el sepulcro, en lugar de los que viven y dan gracias?

28. La acción de gracias perece del muerto, como de uno que no es; el que vive y está sano de corazón alabará a Yahuah.

29. ¡Cuán grande es la misericordia de Yahuah nuestro Êlôhîym, y su compasión para los que se vuelven a él en qôdesh!

30. Porque todas las cosas no pueden estar en los hombres, porque el Bên Âdâm no es inmortal.

31. ¿Qué es más brillante que el sol? Sin embargo, su luz falla; y la carne y la sangre imaginarán el mal.

32. Él contempla el poder de lo alto de shâmayim, y todos los hombres no son sino tierra y ceniza.

Capítulo 18

1. El que vive para siempre ha creado todas las cosas en general.

2. Yahuah solo es justo, y no hay otro fuera de él,

3. quien gobierna el mundo con la palma de su mano, y todas las cosas obedecen su voluntad; porque él es el Melek de todos, por su poder separando lo qâdôsh de lo profano.

4. ¿A quién ha dado poder para declarar sus obras? ¿Y quién descubrirá sus actos poderosos?

5. ¿Quién contará la fuerza de su majestad? ¿Y quién también proclamará sus misericordias?

6. En cuanto a las obras maravillosas de Yahuah, nada puede quitarse de ellas ni añadirse a ellas, ni puede descubrirse su fundamento.

7. Cuando el hombre ha terminado, entonces comienza; y cuando cesa, entonces queda en duda.

8. ¿Qué es el hombre, y para qué sirve? ¿Cuál es su bien y cuál es su mal?

9. El número de los días del hombre a lo sumo es cien años.

10. Como gota de agua en el mar y piedra pequeña en comparación de la arena, así son mil años frente a los días de la eternidad.

11. Por eso Êlôhîym es paciente con ellos y derrama su misericordia sobre ellos.

12. Vio y percibió que su fin era malo; por eso multiplicó su compasión.

13. La misericordia del hombre es hacia su prójimo, pero la misericordia de Yahuah es sobre toda carne; reprende, nutre, enseña y hace volver, como el pastor a su rebaño.

14. Tiene misericordia de los que reciben disciplina y de los que diligentemente buscan sus juicios.

15. Hijo mío, no manches tus buenas obras ni uses palabras duras cuando des algo.

16. ¿No calma el rocío el calor? Así una palabra es mejor que un regalo.

17. He aquí, ¿no es mejor una palabra que un regalo? Pero ambos están con el hombre misericordioso.

18. El necio reprocha con rudeza, y el regalo del envidioso consume los ojos.

19. Aprende antes de hablar, y usa remedio antes de enfermar.

20. Antes del juicio examínate a ti mismo, y en el día de la visitación hallarás misericordia.

21. Humíllate antes de enfermar, y en el tiempo del pecado muestra arrepentimiento.

22. Que nada te impida pagar tu voto a su tiempo, y no lo retrases hasta la muerte para ser justificado.

23. Antes de orar prepárate, y no seas como uno que tienta a Yahuah.

24. Piensa en la ira que será al final, y en el tiempo de la venganza, cuando él vuelva su rostro.

25. Cuando tengas abundancia recuerda el tiempo de hambre, y cuando seas rico piensa en pobreza y necesidad.

26. Desde la mañana hasta la tarde cambia el tiempo, y todas las cosas se hacen pronto delante de Yahuah.

27. El hombre sabio temerá en todo, y en el día del pecado se guardará de la falta; pero el necio no observa el tiempo.

28. Todo hombre entendido conoce la sabiduría y dará alabanza al que la halló.

29. Los que eran entendidos en palabras también se hicieron sabios y derramaron parábolas excelentes.

30. No sigas tus deseos, sino refrena tus apetitos.

31. Si das a tu alma los deseos que la complacen, ella te hará burla delante de tus enemigos que te odian.

32. No te deleites en mucha alegría ni te ates al gasto de ella.

33. No te hagas mendigo por banquetes hechos con préstamos cuando no tienes nada en tu bolsa, porque acecharás contra tu propia vida y serás motivo de conversación.

Capítulo 19

1. El trabajador que es dado a la embriaguez no se hará rico, y el que desprecia las cosas pequeñas caerá poco a poco.

2. El vino y las mujeres harán caer al hombre entendido, y el que se une a rameras se volverá insolente.

3. Polilla y gusanos lo heredarán, y el hombre atrevido será quitado.

4. El que se apresura a creer es de mente ligera, y el que peca ofende contra su propia alma.

5. El que se deleita en maldad será condenado, pero el que resiste placeres corona su vida.

6. El que domina su lengua vivirá sin contienda, y el que aborrece la palabrería tendrá menos mal.

7. No repitas a otro lo que se te dijo, y no te irá peor.

8. Sea amigo o enemigo, no hables de la vida de otros, y si puedes sin falta no lo reveles.

9. Porque él te oyó y te observó, y cuando llegue el tiempo te odiará.

10. Si has oído palabra, deja que muera contigo; sé fuerte, no te hará estallar.

11. El necio sufre con una palabra como mujer en parto de hijo.

12. Como flecha clavada en el muslo del hombre, así es la palabra en el vientre del necio.

13. Amonesta a un amigo; quizá no lo hizo, y si lo hizo, que no lo haga más.

14. Amonesta a tu amigo; quizá no lo dijo, y si lo dijo, que no lo repita.

15. Amonesta a un amigo, porque muchas veces es calumnia, y no creas todo lo que se dice.

16. Hay quien tropieza con su lengua, pero no desde su corazón; ¿y quién es el que no ha ofendido con su lengua?

17. Amonesta a tu prójimo antes de amenazarlo, y sin enojarte da lugar a la ley de Elyôn Êl.

18. El temor de Yahuah es el primer paso para ser aceptado por él, y la sabiduría obtiene su amor.

19. El conocimiento de los mandamientos de Yahuah es doctrina de vida, y los que hacen lo que le agrada recibirán el fruto del árbol de inmortalidad.

20. El temor de Yahuah es toda sabiduría, y en toda sabiduría está el cumplimiento de la ley y el conocimiento de su poder.

21. Si un siervo dice a su señor: no haré como te agrada; aunque después lo haga, enoja al que lo sustenta.

22. El conocimiento de la maldad no es sabiduría, ni el consejo de pecadores es prudencia.

23. Hay maldad que es abominación, y hay necio falto de sabiduría.

24. El que tiene poco entendimiento y teme a Êlôhîym es mejor que el que tiene mucha sabiduría y quebranta la ley de Elyôn Êl.

25. Hay sutileza exacta, pero injusta; y hay quien se desvía para hacer parecer justo el juicio, y hay sabio que juzga con justicia.

26. Hay hombre malvado que inclina su cabeza con tristeza, pero dentro está lleno de engaño,

27. bajando su rostro y fingiendo no oír; donde no es conocido te hará daño antes de que lo notes.

28. Y si por falta de poder se le impide pecar, cuando encuentre oportunidad hará el mal.

29. Un hombre puede ser conocido por su apariencia, y el que tiene entendimiento por su semblante cuando lo encuentras.

30. El vestido del hombre, la risa excesiva y su andar muestran lo que es.

Capítulo 20

1. Hay reprensión que no es conveniente; y hay quien guarda silencio y es sabio.

2. Es mucho mejor reprender que airarse en secreto, y el que confiesa su falta será preservado del daño.

3. ¡Cuán bueno es cuando eres reprendido mostrar arrepentimiento! Así escaparás del pecado voluntario.

4. Como el deseo de un eunuco de desflorar una virgen, así es el que ejecuta juicio con violencia.

5. Hay quien guarda silencio y es hallado sabio, y otro por mucha palabrería se vuelve aborrecible.

6. Algunos guardan silencio porque no tienen qué responder, y otros callan porque conocen su tiempo.

7. El hombre sabio callará hasta ver oportunidad, pero el hablador y el necio no consideran el tiempo.

8. El que usa muchas palabras será aborrecido, y el que se atribuye autoridad en ellas será odiado.

9. Hay pecador que prospera en cosas malas, y hay ganancia que se vuelve pérdida.

10. Hay regalo que no te aprovechará, y hay regalo cuya recompensa es doble.

11. Hay humillación por causa de gloria, y hay quien levanta su cabeza desde estado bajo.

12. Hay quien compra mucho por poco y lo paga siete veces.

13. El sabio por sus palabras se hace amado, pero las gracias de los necios se derraman.

14. El regalo del necio no te aprovechará cuando lo recibas, ni el del envidioso por su necesidad, porque espera recibir muchas cosas por una.

15. Da poco y reprocha mucho; abre su boca como pregonero; hoy presta y mañana lo pide de nuevo; tal hombre es aborrecido por Êlôhîym y por los hombres.

16. El necio dice: no tengo amigos, no recibo agradecimiento por todas mis buenas obras, y los que comen mi pan hablan mal de mí.

17. ¡Cuántas veces y por cuántos será objeto de burla! Porque no sabe correctamente lo que es tener, y es para él como si no lo tuviera.

18. Resbalar en el pavimento es mejor que resbalar con la lengua; así la caída de los impíos vendrá pronto.

19. Historia fuera de tiempo siempre estará en la boca del insensato.

20. Sentencia sabia será rechazada cuando sale de la boca del necio, porque no la dirá en su debido tiempo.

21. Hay quien es impedido de pecar por falta de medios, y cuando descansa no será perturbado.

22. Hay quien destruye su propia alma por vergüenza, y por aceptar personas se arruina a sí mismo.

23. Hay quien por vergüenza promete a su amigo y lo hace enemigo sin causa.

24. La mentira es mancha vergonzosa en el hombre, pero permanece continuamente en la boca de los ignorantes.

25. Mejor es ladrón que hombre acostumbrado a mentir, pero ambos heredarán destrucción.

26. El carácter del mentiroso es deshonroso, y su vergüenza siempre está con él.

27. El hombre sabio se elevará a honor con sus palabras, y el que tiene entendimiento agradará a los grandes.

28. El que cultiva su tierra aumentará su montón, y el que agrada a los grandes obtendrá perdón por iniquidad.

29. Regalos y presentes ciegan los ojos de los sabios y tapan su boca para que no reprenda.

30. Sabiduría escondida y tesoro guardado, ¿qué provecho hay en ambos?

31. Mejor es el que esconde su necedad que el hombre que esconde su sabiduría.

32. Paciencia necesaria en buscar a Yahuah es mejor que el que vive su vida sin guía.

Capítulo 21

1. Hijo mío, ¿has pecado? No lo hagas más, sino pide perdón por tus pecados pasados.

2. Huye del pecado como del rostro de una serpiente; porque si te acercas demasiado, te morderá; sus dientes son como dientes de león, matando las almas de los hombres.

3. Toda iniquidad es como espada de dos filos, cuyas heridas no pueden ser sanadas.

4. Aterrorizar y hacer mal agotará las riquezas; así la casa de los soberbios quedará desolada.

5. La oración de la boca del pobre llega a los oídos de Êlôhîym, y su juicio viene pronto.

6. El que aborrece ser reprendido está en el camino de los pecadores; pero el que teme a Yahuah se arrepentirá de corazón.

7. El hombre elocuente es conocido de lejos y de cerca; pero el hombre entendido sabe cuando tropieza.

8. El que edifica su casa con dinero ajeno es como quien amontona piedras para la tumba de su entierro.

9. La congregación de los impíos es como estopa envuelta junta; y el fin de ellos es llama de fuego para destruirlos.

10. El camino de los pecadores está allanado con piedras, pero al final de él está el hoyo de sheôl.

11. El que guarda la ley de Yahuah obtiene el entendimiento de ella; y la perfección del temor de Yahuah es sabiduría.

12. El que no es sabio no será enseñado; pero hay una sabiduría que multiplica amargura.

13. El conocimiento del sabio abundará como inundación; y su consejo es como fuente pura de vida.

14. Las entrañas del necio son como vasija quebrada, y no retendrá conocimiento mientras viva.

15. Si un hombre hábil oye una palabra sabia, la elogiará y le añadirá; pero en cuanto uno sin entendimiento la oye, le desagrada y la echa tras su espalda.

16. El hablar del necio es como carga en el camino; pero en los labios del sabio se hallará gracia.

17. Preguntan en la congregación a la boca del sabio, y ponderan sus palabras en su corazón.

18. Como casa destruida, así es la sabiduría para el necio; y el conocimiento del insensato es como hablar sin sentido.

19. La doctrina para los necios es como grillos en los pies, y como esposas en la mano derecha.

20. El necio alza su voz con risa; pero el sabio apenas sonríe un poco.

21. La enseñanza es para el sabio como adorno de oro, y como brazalete en su brazo derecho.

22. El pie del necio pronto está en la casa de su prójimo; pero el hombre de experiencia se avergüenza de él.

23. El necio se asoma por la puerta dentro de la casa; pero el bien enseñado se quedará afuera.

24. Es grosería del hombre escuchar a la puerta; pero el sabio se entristecerá por la vergüenza.

25. Los labios de los habladores contarán cosas que no les pertenecen; pero las palabras de los entendidos son pesadas en balanza.

26. El corazón de los necios está en su boca; pero la boca del sabio está en su corazón.

27. Cuando el impío maldice al adversario, maldice su propia alma.

28. El murmurador contamina su propia alma, y es odiado dondequiera que habite.

Capítulo 22

1. El perezoso es comparado a una piedra sucia, y todos lo silbarán para su vergüenza.

2. El perezoso es comparado a la suciedad del muladar; todo el que la toma levantará su mano sacudiéndola.

3. El mal criado es deshonra de su padre que lo engendró; y la hija necia nace para su pérdida.

4. La hija sabia heredará a su marido; pero la que vive deshonestamente es pesadumbre de su padre.

5. La atrevida deshonra a su padre y a su marido, y ambos la despreciarán.

6. Relato fuera de tiempo es como música en duelo; pero azotes y corrección de sabiduría nunca están fuera de tiempo.

7. El que enseña a un necio es como quien pega un tiesto quebrado, y como quien despierta a uno de sueño profundo.

8. El que cuenta un relato a un necio habla a uno dormido; cuando termina su relato, él dirá: ¿qué pasa?

9. Si los hijos viven con honra y tienen con qué, cubrirán la bajeza de sus padres.

10. Pero los hijos, siendo altivos, por desprecio y falta de crianza manchan la nobleza de su parentela.

11. Llora por el muerto, porque perdió la luz; y llora por el necio, porque le falta entendimiento. Llora poco por el muerto, porque está en reposo; pero la vida del necio es peor que la muerte.

12. Siete días hacen duelo por el muerto; pero por el necio y el hombre impío, todos los días de su vida.

13. No hables mucho con un necio, ni vayas al que no tiene entendimiento; guárdate de él, para que no tengas molestia, y nunca serás contaminado con sus necedades. Apártate de él, y hallarás descanso, y nunca serás inquietado con locura.

14. ¿Qué es más pesado que el plomo? ¿Y cómo se llama, sino necio?

15. Arena, y sal, y masa de hierro, es más fácil de llevar que un hombre sin entendimiento.

16. Como madera ceñida y atada en un edificio no se suelta con sacudidas, así el corazón afirmado por consejo prudente no temerá en ningún tiempo.

17. Un corazón asentado en pensamiento de entendimiento es como buen enlucido en la pared de un corredor.

18. Estacas puestas en lugar alto nunca resistirán el viento; así el corazón temeroso en la imaginación del necio no puede resistir ningún temor.

19. El que hiere el ojo hará caer lágrimas; y el que hiere el corazón hace que muestre su conocimiento.

20. El que lanza piedra a las aves las ahuyenta; y el que reprocha a su amigo rompe la amistad.

21. Aunque desenvainaras espada contra tu amigo, no desesperes, porque puede haber retorno al favor.

22. Si has abierto tu boca contra tu amigo, no temas, porque puede haber reconciliación; excepto por reproche, o soberbia, o revelar secretos, o herida traicionera; porque por estas cosas todo amigo se apartará.

23. Sé fiel a tu prójimo en su pobreza, para que te regocijes en su prosperidad; permanece firme con él en el tiempo de su angustia, para que seas heredero con él en su herencia; porque la condición humilde no siempre ha de despreciarse, ni al rico necio se le ha de tener en admiración.

24. Como el vapor y el humo del horno van antes del fuego, así la injuria antes de la sangre.

25. No me avergonzaré de defender a un amigo, ni me esconderé de él.

26. Y si me viniere algún mal por él, todo el que lo oiga se guardará de él.

27. ¿Quién pondrá guarda a mi boca, y sello de sabiduría sobre mis labios, para que no caiga de repente por ellos, y para que mi lengua no me destruya?

Capítulo 23

1. Yahuah, padre y gobernante de toda mi vida, no me dejes a sus consejos, y no permitas que caiga por ellos.

2. ¿Quién pondrá azotes sobre mis pensamientos, y la disciplina de la sabiduría sobre mi corazón, para que no me perdonen mi ignorancia, y no pasen por alto mis pecados,

3. no sea que crezca mi ignorancia, y abunden mis pecados para mi destrucción, y

caiga delante de mis adversarios, y mi enemigo se regocije sobre mí, cuya esperanza está lejos de tu misericordia?

4. Oh Yahuah, padre y Êlôhîym de mi vida, no me des mirada altiva; sino aparta siempre de tu siervo mente soberbia.

5. Aparta de mí vanas esperanzas y concupiscencia, y sostendrás al que desea siempre servirte.

6. No dejes que la codicia del vientre ni la lujuria de la carne se apoderen de mí, y no entregues a tu siervo a mente descarada.

7. Oíd, hijos, la disciplina de la boca: el que la guarda nunca será sorprendido por sus labios.

8. El pecador será dejado en su necedad; tanto el mal hablador como el soberbio caerán por ello.

9. No acostumbres tu boca a jurar, ni te ejercites en nombrar al Qâdôsh Êl.

10. Porque como el siervo que continuamente es golpeado no estará sin marca azul, así el que jura y nombra a Êlôhîym continuamente no estará sin culpa.

11. El hombre que usa mucho juramento se llenará de iniquidad, y la plaga nunca se apartará de su casa; si ofende, su pecado estará sobre él; y si no reconoce su pecado, hace doble ofensa; y si jura en vano, no será inocente, sino que su casa estará llena de calamidades.

12. Hay palabra vestida de muerte; Êlôhîym conceda que no se halle en la heredad de Yaăqôb; porque todas esas cosas estarán lejos de los justos, y no revolcarán en sus pecados.

13. No uses tu boca para juramento intemperante, porque en ello está la palabra de pecado.

14. Recuerda a tu padre y a tu madre cuando te sientes entre grandes; no seas olvidadizo delante de ellos, y por tu costumbre te vuelvas necio, y desees no haber nacido, y maldigas el día de tu nacimiento.

15. El hombre acostumbrado a palabras injuriosas nunca será reformado todos los días de su vida.

16. Dos clases de hombres multiplican el pecado, y el tercero traerá ira: una mente ardiente es como fuego abrasador; no se apagará hasta que sea consumido; el fornicario en la carne de su cuerpo no cesará hasta que haya encendido fuego.

17. Todo pan es dulce para el fornicario; no cesará hasta morir.

18. El hombre que quebranta el matrimonio, diciendo en su corazón: ¿quién me ve? estoy rodeado de oscuridad, las paredes me cubren y nadie me ve; ¿qué he de temer? Elyôn Êl no se acordará de mis pecados.

19. Tal hombre solo teme los ojos de los hombres, y no sabe que los ojos de Yahuah son diez mil veces más brillantes que el sol, mirando todos los caminos de los hombres y considerando las partes más secretas.

20. Él conocía todas las cosas antes que fueran creadas; así también después que fueron perfeccionadas las miró todas.

21. Este hombre será castigado en las calles de la ciudad, y donde no sospecha será tomado.

22. Así será también con la mujer que deja a su marido y trae heredero de otro.

23. Porque primero desobedeció la ley de Elyôn Êl; y segundo, pecó contra su propio marido; y tercero, se prostituyó en adulterio y tuvo hijos de otro hombre.

24. Será sacada a la congregación, y se hará pesquisa acerca de sus hijos.

25. Sus hijos no echarán raíz, y sus ramas no darán fruto.

26. Dejará su memoria para maldición, y su afrenta no será borrada.

27. Y los que queden sabrán que no hay nada mejor que el temor de Yahuah, y que no hay nada más dulce que guardar los mandamientos de Yahuah.

28. Gran gloria es seguir a Yahuah, y ser recibido por él es larga vida.

Capítulo 24

1. La sabiduría se alabará a sí misma, y se gloriará en medio de su pueblo.

2. En la congregación de Elyôn Êl abrirá su boca, y triunfará delante de su poder.

3. Salí de la boca de Elyôn Êl, y cubrí la tierra como nube.

4. Habité en las alturas, y mi trono está en columna de nube.

5. Yo sola rodeé el circuito de shâmayim, y anduve en lo profundo del abismo.

6. En las olas del mar y en toda la tierra, y en todo pueblo y nación, tomé posesión.

7. Con todo esto busqué reposo; ¿y en qué heredad habitaré?

8. Así el Bârâ de todas las cosas me dio mandamiento, y el que me hizo hizo reposar mi tabernáculo, y dijo: Habita en Yaăqôb, y tu herencia en Yâshâral.

9. Me creó desde el principio antes del mundo, y no fallaré para siempre.

10. En el tabernáculo qâdôsh serví delante de él, y así fui establecida en Tsîyôn.

11. Asimismo, en la ciudad amada me dio reposo, y en Yarûshâlaim fue mi poder.

12. Y eché raíz en pueblo honorable, en la porción de la heredad de Yahuah.

13. Fui exaltada como cedro en Lebânôn, y como ciprés sobre los montes de Chermôn.

14. Fui exaltada como palmera en Êyn gedîy, y como rosal en Yerîychô, como olivo hermoso en campo agradable, y crecí como plátano junto al agua.

15. Di olor suave como canela y aspálato, y di fragancia agradable como la mejor mirra, como gálbano y ónice y estoraque dulce, y como humo de lebônâh en el tabernáculo.

16. Como terebinto extendí mis ramas, y mis ramas son ramas de honor y gracia.

17. Como la vid produje olor agradable, y mis flores son fruto de honor y riquezas.

18. Yo soy la madre del amor hermoso, y del temor, y del conocimiento, y de la esperanza qâdôsh; Por tanto, siendo eterna, soy dada a todos mis hijos que son nombrados por él.

19. Vengan a mí, todos los que me anhelan, y sáciense de mis frutos.

20. Porque mi memorial es más dulce que la miel, y mi herencia más que el panal.

21. Los que me comen aún tendrán hambre, y los que me beben aún tendrán sed.

22. El que me obedece no será confundido, y los que obran por mí no errarán.

23. Todas estas cosas son el libro del pacto de Êlôhîym Elyôn Êl, la ley que Môsheh mandó por herencia a las congregaciones de Yaăqôb.

24. No desmayes en ser fuerte en Yahuah, para que él te confirme; apégate a él, porque Yahuah Shadday Êl es Êlôhîym solo, y fuera de él no hay otro Yâsha (יָשַׁע).

25. Él llena todas las cosas con su sabiduría, como Pîyshôn (פִּישׁוֹן) y como Chiddeqel en el tiempo de los primeros frutos.

26. Hace abundar el entendimiento como Perâth (פְּרָת), y como Yardên (יַרְדֵּן) en el tiempo de la siega.

27. Hace aparecer la doctrina del conocimiento como la luz, y como Gîychôn (גִּיחוֹן) en el tiempo de la vendimia.

28. El primer hombre no la conoció perfectamente, ni el último la hallará por completo.

29. Porque sus pensamientos son más que el mar, y sus consejos más profundos que el gran abismo.

30. Yo también salí como arroyo de un río, y como acequia hacia un huerto.

31. Dije: regaré mi mejor huerto, y regaré abundantemente mi era de huerto; y he aquí, mi arroyo se hizo río, y mi río se hizo mar.

32. Aún haré resplandecer la doctrina como la mañana, y enviaré su luz lejos.

33. Aún derramaré doctrina como profecía, y la dejaré a todas las edades para siempre.

34. Mirad que no he trabajado para mí sola, sino para todos los que buscan sabiduría.

Capítulo 25

1. En tres cosas fui embellecido, y me levanté hermoso tanto delante de Êlôhîym como de los hombres: la unidad de los hermanos, el amor de los vecinos, un hombre y una mujer que concuerdan juntos.

2. Tres clases de hombres odia mi alma, y estoy muy ofendido por su vida: un pobre que es orgulloso, un rico que es mentiroso, y un anciano adúltero que delira.

3. Si no has reunido nada en tu juventud, ¿cómo podrás hallar algo en tu vejez?

4. ¡Oh cuán hermosa cosa es el juicio para las canas, y para los ancianos conocer consejo!

5. ¡Oh cuán hermosa es la sabiduría de los ancianos, y el entendimiento y consejo para hombres de honor!

6. Mucha experiencia es la corona de los ancianos, y el temor de Êlôhîym es su gloria.

7. Hay nueve cosas que he considerado en mi corazón como felices, y la décima diré con mi lengua: un hombre que tiene gozo de sus hijos; y el que vive para ver la caída de su enemigo.

8. Bienaventurado el que habita con una mujer de entendimiento, y que no ha tropezado con su lengua, y que no ha servido a un hombre más indigno que él mismo.

9. Bienaventurado el que ha hallado prudencia, y el que habla en oídos de quienes escuchan.

10. ¡Oh cuán grande es el que halla sabiduría! Pero ninguno está por encima del que teme a Yahuah.

11. Pero el amor de Yahuah sobrepasa todas las cosas para iluminación; el que lo posee, ¿a qué será comparado?

12. El temor de Yahuah es el principio de su amor, y la fe es el principio de adherirse a él.

13. Dame cualquier plaga, menos la plaga del corazón; y cualquier maldad, menos la maldad de una mujer;

14. Y cualquier aflicción, menos la aflicción de los que me odian; y cualquier venganza, menos la venganza de enemigos.

15. No hay cabeza sobre la cabeza de una serpiente; y no hay ira sobre la ira de un enemigo.

16. Preferiría habitar con un león y un dragón, que vivir en casa con una mujer malvada.

17. La maldad de una mujer cambia su rostro, y oscurece su semblante como tela de luto.

18. Su esposo se sentará entre sus vecinos; y cuando lo oiga suspirará amargamente.

19. Toda maldad es poca comparada con la maldad de una mujer; caiga sobre ella la porción del pecador.

20. Como subir un camino arenoso es para los pies del anciano, así es una mujer llena de palabras para un hombre tranquilo.

21. No tropieces por la hermosura de una mujer, y no la desees para placer.

22. Una mujer, si mantiene a su marido, está llena de ira, insolencia y mucho reproche.

23. Una mujer malvada debilita el valor, produce semblante triste y corazón herido; una mujer que no consuela a su marido en angustia hace manos débiles y rodillas temblorosas.

24. De la mujer vino el principio del pecado, y por causa de ella todos morimos.

25. No des paso al agua, ni a una mujer malvada libertad para andar fuera.

26. Si no anda conforme a tu voluntad, córtala de tu carne, dale carta de divorcio y déjala ir.

Capítulo 26

1. Bendito el hombre que tiene mujer virtuosa, porque el número de sus días será duplicado.

2. Una mujer virtuosa alegra a su marido, y él cumplirá los años de su vida en paz.

3. Una buena mujer es buena porción, la cual será dada en la heredad de los que temen a Yahuah.

4. Sea el hombre rico o pobre, si tiene buen corazón hacia Yahuah, en todo tiempo se alegrará con rostro alegre.

5. Tres cosas teme mi corazón, y por la cuarta tuve gran temor: la calumnia de una ciudad, la reunión de una multitud desordenada, y una acusación falsa; todas estas son peores que la muerte.

6. Pero tristeza de corazón y dolor es una mujer celosa de otra mujer, y azote de lengua que se mezcla con todos.

7. Una mujer mala es yugo que se sacude de un lado a otro; el que la sujeta es como el que agarra un escorpión.

8. Una mujer borracha y que anda vagando causa gran enojo, y no encubrirá su propia vergüenza.

9. La prostitución de una mujer se conoce por sus miradas altivas y sus párpados.

10. Si tu hija es descarada, vigílala estrictamente, no sea que abuse de sí misma por demasiada libertad.

11. Vigila el ojo desvergonzado; y no te sorprendas si peca contra ti.

12. Abrirá su boca como viajero sediento que halló fuente, y beberá de toda agua cercana; junto a cada seto se sentará, y abrirá su aljaba contra toda flecha.

13. La gracia de una mujer deleita a su marido, y su discreción fortalecerá sus huesos.

14. Una mujer silenciosa y amorosa es don de Yahuah; y nada vale tanto como mente bien instruida.

15. Mujer pudorosa y fiel es doble gracia, y su mente continente no puede ser valorada.

16. Como el sol cuando se levanta en los altos shâmayim, así es la hermosura de una buena esposa en el orden de su casa.

17. Como la luz clara sobre el candelero santo, así es la belleza del rostro en edad madura.

18. Como columnas de oro sobre bases de plata, así son los pies hermosos con corazón firme.

19. Hijo mío, guarda sana la flor de tu juventud, y no des tu fuerza a extraños.

20. Cuando hayas obtenido heredad fructífera por todo el campo, siémbrala con tu propia semilla confiando en la bondad de tu linaje.

21. Así tu descendencia será engrandecida, teniendo confianza en su buena ascendencia.

22. Una prostituta será estimada como escupitajo, pero una mujer casada es torre contra la muerte para su marido.

23. Una mujer malvada es dada como porción a un hombre malvado; pero una mujer piadosa es dada al que teme a Yahuah.

24. Una mujer deshonesta desprecia la vergüenza; pero una mujer honesta reverenciará a su marido.

25. Una mujer descarada será contada como perro; pero la que es pudorosa temerá a Yahuah.

26. La mujer que honra a su marido será considerada sabia por todos; pero la que lo deshonra en su orgullo será contada como impía por todos.

27. Una mujer gritona y pendenciera será buscada para expulsar enemigos.

28. Dos cosas entristecen mi corazón, y la tercera me enfurece: un hombre de guerra que padece pobreza; hombres de entendimiento que no son estimados; y uno que vuelve de justicia al pecado; Yahuah prepara a tal para la espada.

29. Difícilmente un mercader se guardará de hacer injusticia, y un vendedor no quedará libre de pecado.

Capítulo 27

1. Muchos pecaron por cosa pequeña, y el que busca abundancia apartará sus ojos.

2. Como clavo se fija entre las junturas de las piedras, así el pecado se pega entre comprar y vender.

3. Si un hombre no se mantiene firmemente en el temor de Yahuah, su casa pronto será derribada.

4. Como cuando se cierne con tamiz queda el desecho, así la suciedad del hombre aparece en su hablar.

5. El horno prueba las vasijas del alfarero, así la prueba del hombre está en su razonamiento.

6. El fruto muestra cómo ha sido cultivado el árbol, así la palabra revela lo que está en el corazón del hombre.

7. No alabes a nadie antes de oírlo hablar, porque esa es la prueba de los hombres.

8. Si sigues la justicia, la alcanzarás y la vestirás como túnica gloriosa.

9. Las aves se juntan con sus semejantes, así la verdad vuelve a los que practican en ella.

10. Como el león acecha la presa, así el pecado acecha a los que obran iniquidad.

11. El discurso del hombre piadoso siempre está en sabiduría, pero el necio cambia como la luna.

12. Si estás entre indiscretos, observa el tiempo; pero permanece continuamente entre hombres de entendimiento.

13. El discurso de los necios es fastidioso, y su diversión es la insolencia del pecado.

14. La conversación del que jura mucho hace erizar el cabello, y sus disputas hacen que uno se tape los oídos.

15. La contienda de los orgullosos derrama sangre, y sus insultos son dolorosos para el oído.

16. El que revela secretos pierde su crédito, y nunca hallará amigo conforme a su alma.

17. Ama a tu amigo y sé fiel a él; pero si revelas sus secretos, no lo sigas más.

18. Porque como quien destruye a su enemigo, así has perdido el amor de tu prójimo.

19. Como quien deja escapar un ave de su mano, así has dejado ir a tu prójimo y no lo recuperarás.

20. No lo sigas más, porque está demasiado lejos; escapó como gacela del lazo.

21. Una herida puede ser vendada, y después de insulto puede haber reconciliación; pero el que revela secretos no tiene esperanza.

22. El que guiña el ojo obra mal, y el que lo conoce se apartará de él.

23. En tu presencia hablará dulcemente y admirará tus palabras, pero al final torcerá su boca y calumniará tus dichos.

24. Muchas cosas he odiado, pero nada como él, y Yahuah lo aborrecerá.

25. El que lanza piedra hacia arriba la lanza sobre su propia cabeza, y golpe engañoso hará heridas.

26. El que cava foso caerá en él, y el que pone trampa quedará atrapado en ella.

27. El que hace maldad, le caerá sobre él, y no sabrá de dónde viene.

28. Burla y reproche vienen de los orgullosos, pero la venganza acechará contra ellos como león.

29. Los que se alegran de la caída del justo quedarán atrapados en la trampa, y la angustia los consumirá antes de morir.

30. Maldad e ira son abominaciones, y el hombre pecador tendrá ambas.

Capítulo 28

1. El vengativo hallará venganza de Yahuah, y él guardará memoria de sus pecados.

2. Perdona a tu prójimo el daño que te hizo, y así también tus pecados serán perdonados cuando ores.

3. Un hombre guarda ira contra otro, ¿y busca perdón de Yahuah?

4. No muestra misericordia a un hombre semejante a él, ¿y pide perdón por sus propios pecados?

5. Si el que es carne guarda odio, ¿quién rogará por el perdón de sus pecados?

6. Recuerda tu fin y cesa la enemistad; recuerda corrupción y muerte, y permanece en los mandamientos.

7. Recuerda los mandamientos y no guardes malicia contra tu prójimo; recuerda el pacto de Elyôn Êl y pasa por alto la ignorancia.

8. Abstente de contienda y disminuirás tus pecados, porque el hombre furioso enciende contienda.

9. El hombre pecador perturba a los amigos y siembra discordia entre los que viven en paz.

10. Según el combustible del fuego, así arde; según la fuerza del hombre, así es su ira; y según sus riquezas aumenta su enojo, y cuanto más fuertes los contendientes, más se inflaman.

11. Contienda apresurada enciende fuego, y pelea apresurada derrama sangre.

12. Si soplas la chispa arderá; si escupes sobre ella se apagará; ambas cosas salen de tu boca.

13. Maldice al susurrador y al de doble lengua, porque tales han destruido a muchos que estaban en paz.

14. Lengua difamadora ha perturbado a muchos y los ha expulsado de nación en nación; ha derribado ciudades fuertes y destruido casas de grandes hombres.

15. Lengua difamadora ha expulsado a mujeres virtuosas y las ha privado del fruto de su trabajo.

16. El que la escucha nunca hallará descanso ni vivirá tranquilo.

17. El golpe del látigo deja marcas en la carne, pero el golpe de la lengua quebranta los huesos.

18. Muchos han caído por filo de espada, pero no tantos como los que han caído por la lengua.

19. Bienaventurado el que es protegido de su veneno, que no ha llevado su yugo ni ha sido atado con sus cadenas.

20. Porque su yugo es yugo de hierro, y sus cadenas, cadenas de bronce.

21. Su muerte es muerte malvada; mejor sería la tumba que ella.

22. No dominará a los que temen a Êlôhîym, ni serán quemados con su llama.

23. Los que abandonan a Yahuah caerán en ella; arderá en ellos sin apagarse; será enviada sobre ellos como león y los devorará como leopardo.

24. Guarda tu posesión rodeándola de espinos, y ata bien tu plata y tu oro.

25. Pesa tus palabras en balanza, y pon puerta y cerrojo a tu boca.

26. Cuídate de no resbalar por causa de ella, no sea que caigas delante del que acecha.

Capítulo 29

1. El que es misericordioso prestará a su prójimo; y el que fortalece su mano guarda los mandamientos.

2. Presta a tu prójimo en el tiempo de su necesidad, y págale a tu prójimo a su tiempo.

3. Cumple tu palabra, y trátalo con fidelidad, y siempre hallarás lo que necesitas.

4. Muchos, cuando se les prestó algo, lo consideraron como hallazgo, y pusieron en aprietos a los que los ayudaron.

5. Hasta que recibe, besa la mano del hombre; y por el dinero de su prójimo hablará con humildad. Pero cuando debe pagar, alargará el tiempo, devolverá palabras de tristeza, y se quejará del tiempo.

6. Si logra imponerse, apenas recibirá la mitad, y lo contará como si lo hubiera hallado; y si no, lo privó de su dinero y se ganó un enemigo sin causa. Le paga con maldiciones e insultos, y por honor le paga con vergüenza.

7. Por eso muchos han rehusado prestar, por el mal trato de otros, temiendo ser defraudados.

8. Pero ten paciencia con el hombre pobre, y no tardes en mostrarle misericordia.

9. Ayuda al pobre por causa del mandamiento, y no lo apartes por su pobreza.

10. Pierde tu dinero por tu hermano y tu amigo, y no dejes que se oxide bajo una piedra para perderse.

11. Guarda tu tesoro conforme a los mandamientos de Elyôn Êl, y te traerá más provecho que el oro.

12. Encierra la limosna en tus graneros, y te librará de toda aflicción.

13. Peleará por ti contra tus enemigos mejor que escudo fuerte y lanza poderosa.

14. El hombre honrado es fiador de su prójimo; pero el insolente lo abandonará.

15. No olvides la amistad de tu fiador, porque ha puesto su vida por ti.

16. El pecador arruinará el buen estado de su fiador,

17. y el ingrato dejará en peligro al que lo libró.

18. La fianza ha arruinado a muchos de buena posición, y los ha sacudido como ola del mar; a hombres poderosos los ha echado de sus casas, y anduvieron entre naciones extrañas.

19. El malvado que transgrede los mandamientos de Yahuah caerá en fianza; y el que se mete y sigue negocios ajenos por ganancia caerá en pleitos.

20. Ayuda a tu prójimo según tu poder, y cuida que tú no caigas en lo mismo.

21. Lo principal para la vida es agua, pan, vestido, y casa para cubrir la vergüenza.

22. Mejor es la vida del pobre en una choza humilde, que manjares delicados en casa ajena.

23. Sea poco o mucho, mantente contento, para que no oigas el reproche de tu casa.

24. Porque es vida miserable ir de casa en casa; donde eres extranjero no te atreves a abrir la boca.

25. Hospedarás y darás banquete, y no recibirás gracias; además oirás palabras amargas:

26. "Ven, extranjero, prepara la mesa, y aliméntame de lo que tienes listo."

27. "Haz lugar, extranjero, para un hombre honorable; mi hermano viene a hospedarse, y necesito mi casa."

28. Estas cosas son graves para el hombre entendido: el reproche por el alojamiento, y el reproche al que presta.

Capítulo 30

1. El que ama a su hijo hace que a menudo sienta la vara, para tener gozo de él al final.

2. El que disciplina a su hijo se alegrará en él, y se gozará de él entre sus conocidos.

3. El que enseña a su hijo entristece al enemigo, y delante de sus amigos se alegrará de él.

4. Aunque su padre muera, es como si no hubiera muerto, porque deja tras de sí a uno semejante a él.

5. Mientras vivía, lo vio y se gozó en él; y cuando murió, no se entristeció.

6. Dejó tras de sí un vengador contra sus enemigos, y uno que recompensará bondad a sus amigos.

7. El que consiente demasiado a su hijo le vendará sus heridas, y sus entrañas se turbarán con cada grito.

8. Caballo no domado se vuelve indómito; y el niño dejado a sí mismo se vuelve terco.

9. Malcría a tu hijo y te hará temer; juega con él y te traerá tristeza.

10. No te rías con él, para que no tengas dolor con él, y para que al final rechines los dientes.

11. No le des libertad en su juventud, y no pases por alto sus locuras.

12. Doblega su cuello mientras es joven, y golpéalo en los costados cuando es niño, no sea que se vuelva obstinado y te desobedezca, y así traiga tristeza a tu corazón.

13. Disciplina a tu hijo y ocúpalo en trabajo, para que su conducta desvergonzada no te sea tropiezo.

14. Mejor es el pobre sano y fuerte de constitución, que el rico afligido en su cuerpo.

15. Salud y buen estado del cuerpo valen más que todo oro, y cuerpo fuerte más que riqueza sin fin.

16. No hay riqueza mayor que un cuerpo sano, ni gozo mayor que el gozo del corazón.

17. Mejor es la muerte que una vida amarga o enfermedad continua.

18. Manjares derramados ante una boca cerrada son como comidas puestas sobre una tumba.

19. ¿De qué aprovecha la ofrenda a un ídolo? Ni puede comer ni oler; así es el que es castigado por Yahuah.

20. Mira con sus ojos y gime, como eunuco que abraza a una virgen y suspira.

21. No entregues tu mente a la tristeza, ni te aflijas con tu propio consejo.

22. La alegría del corazón es la vida del hombre, y el gozo del hombre prolonga sus días.

23. Ama tu propia alma, consuela tu corazón, y aleja de ti la tristeza; porque la tristeza ha matado a muchos, y no hay provecho en ella.

24. Envidia e ira acortan la vida, y la preocupación trae vejez antes de tiempo.

25. Un corazón alegre y bueno cuidará su comida y su dieta.

Capítulo 31

1. Velar por las riquezas consume la carne, y el afán de ellas quita el sueño.

2. La preocupación vigilante no deja dormir, como una enfermedad grave rompe el sueño.

3. El rico tiene gran trabajo en juntar riquezas; y cuando descansa, se llena de sus manjares.

4. El pobre trabaja en su pobreza; y cuando deja, todavía tiene necesidad.

5. El que ama el oro no será justificado, y el que sigue la corrupción se hartará de ella.

6. El oro ha sido la ruina de muchos, y su destrucción estuvo presente.

7. Es tropiezo para los que le sacrifican, y todo necio quedará atrapado con él.

8. Bendito el rico que se halla sin mancha, y no ha ido tras el oro.

9. ¿Quién es? Lo llamaremos bendito, porque cosas maravillosas ha hecho entre su pueblo.

10. ¿Quién fue probado en esto y hallado perfecto? Entonces que se gloríe. ¿Quién pudo ofender y no ofendió? ¿O hacer mal y no lo hizo?

11. Sus bienes serán afirmados, y la congregación declarará sus limosnas.

12. Si te sientas a una mesa abundante, no seas glotón sobre ella, y no digas: "¡Hay mucha comida aquí!"

13. Recuerda que el ojo malo es cosa mala; ¿y qué fue creado más malo que el ojo? Por eso llora en toda ocasión.

14. No extiendas tu mano adonde él mira, y no la metas con él en el plato.

15. No juzgues a tu prójimo por ti mismo, y sé prudente en todo.

16. Come como conviene a un hombre lo que ponen delante de ti, y no devores, para que no te odien.

17. Deja de comer primero por buena educación, y no seas insaciable, para que no ofendas.

18. Cuando te sientes entre muchos, no seas el primero en extender la mano.

19. Muy poco basta para el hombre bien educado, y no le falta el aliento en su cama.

20. El sueño sano viene de comer con moderación: se levanta temprano y su mente está con él; pero desvelo, bilis y retortijones están con el insaciable.

21. Si te forzaron a comer, levántate, sal, vomita, y tendrás descanso.

22. Hijo mío, óyeme y no me desprecies, y al final hallarás que así te lo dije: en todas tus obras sé diligente, y no vendrá enfermedad sobre ti.

23. Del que reparte bien su comida hablarán bien los hombres, y se creerá el reporte de su buena administración.

24. Pero contra el que es tacaño con su comida toda la ciudad murmurará, y el testimonio de su tacañería no será puesto en duda.

25. No muestres tu valentía con el vino, porque el vino ha destruido a muchos.

26. El horno prueba el filo al templarlo, así el vino prueba los corazones de los orgullosos por la embriaguez.

27. El vino es tan bueno como la vida para el hombre, si se bebe con moderación; ¿qué vida tiene el hombre sin vino? Porque fue hecho para alegrar a los hombres.

28. Vino bebido con medida y a su tiempo trae alegría al corazón y gozo a la mente.

29. Pero vino bebido en exceso trae amargura de ánimo, con riñas y pleitos.

30. La embriaguez aumenta la furia del necio hasta ofender; disminuye la fuerza y produce heridas.

31. No reprendas a tu prójimo en el vino, ni lo desprecies en su alegría; no le digas palabras hirientes, ni lo presiones obligándolo a beber.

Capítulo 32

1. Si te hacen jefe de un banquete, no te engrandezcas, sino sé como uno de los demás; cuida de ellos con diligencia, y luego siéntate.

2. Y cuando hayas cumplido tu oficio, toma tu lugar, para que te alegres con ellos y recibas corona por ordenar bien el banquete.

3. Habla, tú que eres el mayor, porque te corresponde, pero con buen juicio; y no estorbes la música.

4. No derrames palabras donde hay músico, y no muestres sabiduría fuera de tiempo.

5. Concierto de música en banquete de vino es como sello de carbúnculo puesto en oro.

6. Como sello de esmeralda en obra de oro, así es la melodía de música con vino agradable.

7. Habla, joven, si hay necesidad de ti; y aun así, apenas cuando te lo pidan dos veces.

8. Que tu palabra sea corta, abarcando mucho en pocas palabras; sé como quien sabe y aun así calla.

9. Si estás entre grandes, no te iguales con ellos; y cuando los ancianos estén en su lugar, no uses muchas palabras.

10. Antes del trueno va el relámpago; y antes del hombre pudoroso va el favor.

11. Levántate temprano, no seas el último; vuelve a casa sin demora.

12. Allí toma tu recreo y haz lo que quieras, pero no peques con palabra orgullosa.

13. Y por estas cosas bendice al que te hizo, y te ha llenado de sus bienes.

14. El que teme a Yahuah recibirá su disciplina, y los que lo buscan temprano hallarán favor.

15. El que busca la ley será lleno de ella; pero el hipócrita se ofenderá por ella.

16. Los que temen a Yahuah hallarán juicio, y encenderán justicia como luz.

17. El hombre pecador no aceptará reprensión, sino que halla excusa conforme a su voluntad.

18. El hombre de consejo será considerado; pero el extraño y orgulloso no se amedrenta con temor, aun cuando por sí mismo actúe sin consejo.

19. No hagas nada sin consejo; y cuando lo hayas hecho, no te arrepientas.

20. No andes por camino donde puedas caer, ni tropieces entre piedras.

21. No te confíes en camino llano.

22. Y cuida de tus propios hijos.

23. En toda buena obra confía en tu propia alma, porque esto es guardar los mandamientos.

24. El que cree en Yahuah atiende al mandamiento; y el que confía en él no le irá mal.

Capítulo 33

1. No le sucederá mal alguno al que teme a Yahuah; sino que en la tentación, aun otra vez, él lo librará.

2. El hombre sabio no odia la ley; pero el que es hipócrita en ella es como barco en tormenta.

3. El hombre entendido confía en la ley; y la ley le es fiel, como un oráculo.

4. Prepara lo que vas a decir, y así serás oído; y ata la instrucción, y entonces responde.

5. El corazón del necio es como rueda de carreta; y sus pensamientos como eje que rueda.

6. Caballo semental es como amigo burlón: relincha bajo cualquiera que se sienta sobre él.

7. ¿Por qué un día es mejor que otro, si toda la luz de cada día del año es del sol?

8. Por el conocimiento de Yahuah fueron distinguidos; y él cambió tiempos y fiestas.

9. A unos hizo días altos y los santificó; y a otros los hizo días comunes.

10. Y todos los hombres son del polvo, y Âdâm fue creado de la tierra.

11. Con mucho conocimiento Yahuah los dividió, y hizo sus caminos diversos.

12. A unos los bendijo y los exaltó; y a otros los santificó y los acercó a sí; pero a otros los maldijo y los humilló, y los sacó de sus lugares.

13. Como el barro está en la mano del alfarero, para formarlo según su voluntad; así el hombre está en la mano del que lo hizo, para darles como mejor le agrada.

14. El bien está puesto contra el mal, y la vida contra la muerte; así el piadoso contra el pecador, y el pecador contra el piadoso.

15. Así que mira todas las obras de Elyôn Êl; y son dos y dos, una contra otra.

16. Yo desperté el último de todos, como quien recoge después de los vendimiadores; por la bendición de Yahuah prosperé, y pisé mi lagar como vendimiador.

17. Considera que no trabajé para mí solo, sino para todos los que buscan aprendizaje.

18. Óiganme, grandes del pueblo, y escuchen con sus oídos, gobernantes de la congregación.

19. No des a tu hijo y a tu mujer, a tu hermano y a tu amigo, poder sobre ti mientras vives, ni entregues tus bienes a otro, no sea que te arrepientas y luego los vuelvas a pedir.

20. Mientras vivas y haya aliento en ti, no te entregues a nadie.

21. Porque mejor es que tus hijos te busquen a ti, que tú depender de su cortesía.

22. En todas tus obras conserva para ti la preeminencia; no dejes mancha en tu honor.

23. Cuando termines tus días y acabes tu vida, reparte tu heredad.

24. Forraje, vara y carga son para el asno; y pan, corrección y trabajo para el siervo.

25. Si pones a tu siervo a trabajar, hallarás descanso; pero si lo dejas ocioso, buscará libertad.

26. Yugo y collar doblan el cuello; así son torturas y tormentos para el siervo malo.

27. Envíalo al trabajo para que no esté ocioso; porque la ociosidad enseña mucho mal.

28. Ponlo a trabajar como le conviene; si no obedece, ponle grilletes más pesados.

29. Pero no seas excesivo con nadie, y sin discreción no hagas nada.

30. Si tienes un siervo, que sea para ti como tú mismo, porque lo compraste por precio.

31. Si tienes un siervo, trátalo como hermano, porque lo necesitas como a tu propia alma; si lo tratas mal y huye de ti, ¿por dónde irás a buscarlo?

Capítulo 34

1. Las esperanzas del hombre sin entendimiento son vanas y falsas; y los sueños levantan a los necios.

2. El que hace caso de sueños es como el que atrapa una sombra y sigue el viento.

3. La visión de los sueños es semejanza de una cosa con otra, como el parecido de un rostro con otro.

4. De cosa impura, ¿qué puede limpiarse? Y de lo falso, ¿qué verdad puede salir?

5. Adivinaciones, agüeros y sueños son vanidad; y el corazón imagina, como corazón de mujer en dolores de parto.

6. Si no son enviados por Elyôn Êl en tu visitación, no pongas tu corazón en ellos.

7. Porque los sueños han engañado a muchos, y fallaron los que confiaron en ellos.

8. La ley será hallada perfecta, sin mentiras; y la sabiduría es perfección para boca fiel.

9. El hombre viajado sabe muchas cosas; y el que tiene mucha experiencia declarará sabiduría.

10. El que no tiene experiencia sabe poco; pero el que ha viajado está lleno de prudencia.

11. Cuando viajé, vi muchas cosas; y entiendo más de lo que puedo expresar.

12. Muchas veces estuve en peligro de muerte; sin embargo, fui librado por estas cosas.

13. El espíritu de los que temen a Yahuah vivirá, porque su esperanza está en el que los salva.

14. El que teme a Yahuah no temerá ni se espantará, porque él es su esperanza.

15. Bendita el alma del que teme a Yahuah: ¿A quién mira, y quién es su fuerza?

16. Porque los ojos de Yahuah están sobre los que lo aman: él es su protección poderosa y apoyo fuerte, defensa del calor y cobertura

del sol del mediodía, preservación del tropiezo y ayuda para no caer.

17. Él levanta el alma y alumbra los ojos; da salud, vida y bendición.

18. El que sacrifica cosa adquirida injustamente, su ofrenda es ridícula; y los dones de los injustos no son aceptados.

19. Elyôn Êl no se complace con las ofrendas de los malvados, ni se aplaca por el pecado con multitud de sacrificios.

20. El que trae ofrenda de los bienes del pobre es como quien mata al hijo delante de los ojos de su padre.

21. El pan del necesitado es su vida; el que se lo quita es hombre de sangre.

22. El que quita el sustento de su prójimo lo mata; y el que defrauda al jornalero de su salario es derramador de sangre.

23. Cuando uno edifica y otro derriba, ¿qué provecho tienen sino trabajo?

24. Cuando uno ora y otro maldice, ¿a cuál voz oirá Yahuah?

25. El que se lava después de tocar un muerto, si lo toca otra vez, ¿de qué sirve su lavamiento?

26. Así es el hombre que ayuna por sus pecados y vuelve y hace lo mismo: ¿quién oirá su oración? ¿o qué aprovecha su humillación?

Capítulo 35

1. El que guarda la ley trae ofrendas suficientes; el que atiende al mandamiento ofrece ofrenda de paz.

2. El que devuelve un favor ofrece flor de harina; y el que da limosna sacrifica alabanza.

3. Apartarse de la maldad es cosa agradable a Yahuah; y abandonar la injusticia es expiación.

4. No te presentarás vacío delante de Yahuah.

5. Porque todas estas cosas se han de hacer por causa del mandamiento.

6. La ofrenda del justo engorda el altar, y su olor grato está delante de Elyôn Êl.

7. El sacrificio del hombre justo es acepto, y su memorial nunca será olvidado.

8. Da a Yahuah su honor con buen ojo, y no disminuyas las primicias de tus manos.

9. En todos tus dones muestra rostro alegre, y consagra tus diezmos con gozo.

10. Da a Elyôn Êl conforme él te ha enriquecido; y según lo que has recibido, da con ojo alegre.

11. Porque Yahuah recompensa, y te dará siete veces más.

12. No pienses corromper con dones, porque tales no recibirá; y no confíes en sacrificios injustos, porque Yahuah es juez, y con él no hay acepción de personas.

13. No aceptará a nadie contra el pobre, sino que oirá la oración del oprimido.

14. No despreciará la súplica del huérfano, ni a la viuda cuando derrama su queja.

15. ¿No corren las lágrimas por las mejillas de la viuda? ¿Y no clama ella contra el que las hace caer?

16. El que sirve a Yahuah será aceptado con favor, y su oración llegará hasta las nubes.

17. La oración del humilde atraviesa las nubes; y hasta que llegue cerca, no será consolado, y no desistirá hasta que Elyôn Êl mire para juzgar con justicia y ejecutar juicio.

18. Porque Yahuah no será lento, ni Shadday Êl será paciente con ellos, hasta que haya quebrantado los lomos de los despiadados

y pagado venganza a los gentiles; hasta que haya quitado la multitud de los soberbios y quebrado el cetro del injusto;

19. hasta que haya dado a cada hombre conforme a sus obras, y a las obras de los hombres conforme a sus designios; hasta que haya juzgado la causa de su pueblo y los haya hecho alegrarse en su misericordia.

20. La misericordia es oportuna en el tiempo de aflicción, como nubes de lluvia en tiempo de sequía.

Capítulo 36

1. Ten misericordia de nosotros, oh Yahuah Êlôhîym de todo, y míranos;

2. y envía tu temor sobre todas las naciones que no te buscan.

3. Levanta tu mano contra las naciones extrañas, y que vean tu poder.

4. Como fuiste santificado en nosotros delante de ellos, así sé magnificado entre ellos delante de nosotros.

5. Y que te conozcan, como nosotros te hemos conocido, que no hay Êlôhîym sino solo tú, oh Êlôhîym.

6. Muestra nuevas señales, y haz otras maravillas extrañas; glorifica tu mano y tu brazo derecho, para que publiquen tus obras maravillosas.

7. Levanta indignación y derrama ira; quita al adversario y destruye al enemigo.

8. Acorta el tiempo, recuerda el pacto, y que declaren tus obras maravillosas.

9. Que el que escape sea consumido por la furia del fuego; y perezcan los que oprimen al pueblo.

10. Hiende las cabezas de los gobernantes de los gentiles que dicen: "No hay otro sino nosotros."

11. Reúne todas las tribus de Yaăqôb, y herédalas tú, como desde el principio.

12. Oh Yahuah, ten misericordia del pueblo llamado por tu nombre, y de Yâshâral, a quien nombraste tu primogénito.

13. Oh, ten misericordia de Yarûshâlaim, tu ciudad qâdôsh, el lugar de tu reposo.

14. Llena a Tsîyôn con tus oráculos indecibles, y a tu pueblo con tu gloria.

15. Da testimonio a los que has poseído desde el principio, y levanta Nâbîy que han sido en tu nombre.

16. Recompensa a los que te esperan, y que tus Nâbîy sean hallados fieles.

17. Oh Yahuah, oye la oración de tus siervos, conforme a la bendición de Ahărôn sobre tu pueblo, para que todos los que habitan en la tierra sepan que tú eres Yahuah, Ôlâm Êl.

18. El vientre devora todas las comidas, pero una comida es mejor que otra.

19. Como el paladar prueba diversas clases de carne de caza, así el corazón entendido prueba palabras falsas.

20. El corazón perverso causa tristeza, pero el hombre experimentado le dará su paga.

21. La mujer recibe a todo hombre, pero una hija es mejor que otra.

22. La hermosura de la mujer alegra el rostro, y el hombre no ama nada más.

23. Si hay bondad, mansedumbre y consuelo en su lengua, entonces su marido no es como otros hombres.

24. El que consigue esposa comienza una posesión: ayuda semejante a él y columna de reposo.

25. Donde no hay cerca, la posesión se echa a perder; y el que no tiene mujer andará de un lado a otro lamentándose.

26. ¿Quién confiará en ladrón bien equipado que salta de ciudad en ciudad? Así, ¿quién creerá al hombre que no tiene casa y se hospeda donde la noche lo alcanza?

Capítulo 37

1. Todo amigo dice: "Yo también soy su amigo"; pero hay amigo que solo es amigo de nombre.

2. ¿No es tristeza hasta la muerte, cuando un compañero y amigo se vuelve enemigo?

3. Oh mala imaginación, ¿de dónde entraste para cubrir la tierra con engaño?

4. Hay compañero que se alegra en la prosperidad de su amigo, pero en el tiempo de la angustia estará contra él.

5. Hay compañero que ayuda a su amigo por el vientre, y toma el escudo contra el enemigo.

6. No olvides a tu amigo en tu mente, y no te olvides de él en tus riquezas.

7. Todo consejero engrandece el consejo; pero hay algunos que aconsejan para sí mismos.

8. Guárdate de un consejero, y conoce primero qué necesidad tiene; porque él aconsejará para sí mismo, no sea que eche la suerte sobre ti,

9. y te diga: "Tu camino es bueno"; y después se ponga al otro lado para ver qué te sucederá.

10. No consultes con el que sospecha de ti; y esconde tu consejo de los que te envidian.

11. Ni consultes con mujer acerca de aquella de quien tiene celos; ni con cobarde en asuntos de guerra; ni con mercader sobre cambio; ni con comprador sobre vender; ni con envidioso sobre agradecimiento; ni con hombre sin misericordia sobre bondad; ni con perezoso para trabajo alguno; ni con jornalero por un año para acabar una obra; ni con siervo ocioso sobre muchos negocios: no escuches a estos en ningún asunto de consejo.

12. Pero está continuamente con un hombre piadoso, a quien sabes que guarda los mandamientos de Yahuah, cuyo pensamiento es conforme a tu pensamiento, y que se entristecerá contigo si fracasas.

13. Y mantén firme el consejo de tu propio corazón; porque no hay hombre más fiel para ti que él.

14. Porque la mente del hombre a veces suele decirle más que siete vigilantes, que se sientan arriba en una torre alta.

15. Y sobre todo esto, ora a Elyôn Êl, para que enderece tu camino en verdad.

16. Que la razón vaya antes de toda empresa, y el consejo antes de toda acción.

17. El rostro es señal del cambio del corazón.

18. Cuatro clases de cosas aparecen: bien y mal, vida y muerte; pero la lengua gobierna sobre ellas continuamente.

19. Hay uno que es sabio y enseña a muchos, y sin embargo no se aprovecha a sí mismo.

20. Hay uno que muestra sabiduría en palabras, y es odiado; quedará falto de todo alimento.

21. Porque no le es dada gracia de Yahuah, por cuanto está privado de toda sabiduría.

22. Otro es sabio para sí mismo; y los frutos del entendimiento son dignos de alabanza en su boca.

23. El hombre sabio instruye a su pueblo; y los frutos de su entendimiento no fallan.

24. El hombre sabio será lleno de bendición; y todos los que lo ven lo tendrán por feliz.

25. Los días de la vida del hombre pueden ser contados; pero los días de Yâshâral son incontables.

26. El hombre sabio heredará gloria entre su pueblo, y su nombre será perpetuo.

27. Hijo mío, prueba tu alma en tu vida, y mira qué le es malo, y no se lo des.

28. Porque no todas las cosas son provechosas para todos los hombres, ni toda alma se complace en todo.

29. No seas insaciable en ninguna comida delicada, ni demasiado codicioso con las carnes.

30. Porque el exceso de comida trae enfermedad, y la hartura se convierte en cólera.

31. Por la hartura muchos han perecido; pero el que se cuida prolonga su vida.

Capítulo 38

1. Honra al médico con el honor debido a él por el uso que puedas tener de él; porque Yahuah lo creó.

2. Porque de Elyôn Êl viene la sanidad, y recibirá honra del rey.

3. La pericia del médico levantará su cabeza; y ante los grandes será admirado.

4. Yahuah creó remedios de la tierra; y el que es sabio no los aborrecerá.

5. ¿No fue endulzada el agua con madera, para que se conociera su virtud?

6. Y él dio a los hombres habilidad, para ser honrado en sus obras maravillosas.

7. Con tales sana él a los hombres, y quita sus dolores.

8. De tales hace el boticario una mezcla; y de sus obras no hay fin; y por él hay paz sobre toda la tierra.

9. Hijo mío, en tu enfermedad no seas negligente; sino ora a Yahuah, y él te sanará.

10. Deja el pecado, y ordena bien tus manos, y limpia tu corazón de toda maldad.

11. Da olor grato, y memorial de flor de harina, y haz ofrenda sustanciosa, como muerto.

12. Entonces da lugar al médico, porque Yahuah lo creó; no lo dejes apartarse de ti, porque lo necesitas.

13. Hay tiempo en que en sus manos hay buen éxito.

14. Porque ellos también orarán a Yahuah, para que prospere lo que dan para alivio y remedio, para prolongar la vida.

15. El que peca delante de su Âśâh (עָשָׂה), caiga en mano del médico.

16. Hijo mío, deja caer lágrimas sobre el muerto, y comienza a lamentar como si tú hubieras sufrido gran daño; y luego cubre su cuerpo según la costumbre, y no descuides su sepultura.

17. Llora amargamente, y haz gran llanto, y usa lamentación según es digno de él, y uno o dos días, para que no hablen mal de ti; y después consuélate de tu tristeza.

18. Porque de la tristeza viene la muerte, y la tristeza del corazón quebranta la fuerza.

19. En la aflicción también permanece la pena; y la vida del pobre es maldición del corazón.

20. No tomes la tristeza a pecho; échala de ti, y recuerda el fin postrero.

21. No lo olvides, porque no hay vuelta atrás; no le harás bien, sino que te harás daño a ti mismo.

22. Recuerda mi juicio, porque el tuyo también será así: ayer para mí, y hoy para ti.

23. Cuando el muerto está en reposo, deja reposar su memoria; y consuélate por él, cuando su espíritu se haya apartado de él.

24. La sabiduría del hombre instruido viene por oportunidad de ocio; y el que tiene poco negocio se hará sabio.

25. ¿Cómo puede adquirir sabiduría el que sostiene el arado, y se gloria en la aguijada, el que guía bueyes, y está ocupado en sus trabajos, y cuya conversación es de toros?

26. Él pone su mente en hacer surcos, y es diligente en dar forraje al ganado.

27. Así todo carpintero y maestro de obra, que trabaja de noche y de día; y los que cortan y graban sellos, y se esfuerzan en hacer gran variedad, y se entregan a imitar figuras, y velan para acabar una obra;

28. también el herrero sentado junto al yunque, pensando en la labor del hierro: el vapor del fuego consume su carne, y lucha con el calor del horno; el ruido del martillo y del yunque está siempre en sus oídos, y sus ojos miran continuamente el modelo de lo que hace; pone su mente en terminar su obra, y vela para pulirla perfectamente;

29. así el alfarero sentado en su trabajo, y haciendo girar la rueda con sus pies, que está siempre puesto con cuidado en su obra, y hace toda su obra por cuenta;

30. modela el barro con su brazo, y dobla su fuerza ante sus pies; se aplica a alisarlo, y es diligente en limpiar el horno.

31. Todos estos confían en sus manos, y cada uno es sabio en su oficio.

32. Sin estos no puede habitarse una ciudad; y no habitarán donde quieran, ni andarán de un lado a otro;

33. no serán buscados para consejo público, ni se sentarán en alto en la congregación; no se sentarán en asiento de jueces, ni entenderán sentencia de juicio; no podrán declarar justicia y juicio, ni se hallarán donde se dicen parábolas.

34. Pero sostendrán el estado del mundo, y todo su deseo está en la obra de su oficio.

Capítulo 39

1. Pero el que aplica su mente a la ley de Elyôn Êl, y se ocupa en meditar en ella, buscará la sabiduría de todos los antiguos, y se ocupará en profecías.

2. Guardará los dichos de los hombres renombrados; y donde haya parábolas sutiles, allí estará también.

3. Buscará los secretos de sentencias graves, y andará versado en parábolas oscuras.

4. Servirá entre grandes, y aparecerá delante de príncipes; viajará por tierras extrañas, porque ha probado el bien y el mal entre los hombres.

5. Dará su corazón para madrugar a Yahuah que lo hizo, y orará delante de Elyôn Êl, y abrirá su boca en oración, y hará súplica por sus pecados.

6. Cuando el gran Yahuah quiera, será lleno del espíritu de entendimiento; derramará sentencias sabias, y dará gracias a Yahuah en su oración.

7. Dirigirá su consejo y conocimiento, y meditará en sus secretos.

8. Manifestará lo que ha aprendido, y se gloriará en la ley del pacto de Yahuah.

9. Muchos alabarán su entendimiento; y mientras el mundo dure, no será borrado; su memorial no se apartará, y su nombre vivirá de generación en generación.

10. Naciones publicarán su sabiduría, y la congregación declarará su alabanza.

11. Si muere, dejará un nombre mayor que mil; y si vive, lo aumentará.

12. Aún tengo más que decir, lo cual he considerado; porque estoy lleno como la luna en su plenitud.

13. Escúchenme, hijos qâdôsh, y broten como rosa que crece junto al arroyo del campo;

14. y den olor grato como lebônâh, y florezcan como lirio; exhalen fragancia, y canten cántico de alabanza; bendigan a Yahuah en todas sus obras.

15. Engrandezcan su nombre, y publiquen su alabanza con los cantos de sus labios, y con arpas; y al alabarlo dirán de esta manera:

16. Todas las obras de Yahuah son sobremanera buenas, y todo lo que él manda se cumplirá a su tiempo.

17. Y nadie puede decir: "¿Qué es esto? ¿Por qué es aquello?" Porque a su tiempo conveniente todo será buscado; por su mandamiento las aguas se detuvieron como montón, y a las palabras de su boca los depósitos de las aguas.

18. Por su mandamiento se hace todo lo que le agrada; y nadie puede estorbar cuando él quiere salvar.

19. Las obras de toda carne están delante de él, y nada puede esconderse de sus ojos.

20. Él ve desde eternidad hasta eternidad; y no hay cosa maravillosa delante de él.

21. El hombre no necesita decir: "¿Qué es esto? ¿Por qué es aquello?" Porque él hizo todas las cosas para su uso.

22. Su bendición cubrió la tierra seca como río, y la regó como inundación.

23. Como él volvió las aguas en salinidad, así los gentiles heredarán su ira.

24. Como sus caminos son rectos para los qâdôsh, así son tropiezo para los malvados.

25. Porque para los buenos fueron creadas cosas buenas desde el principio; así también cosas malas para los pecadores.

26. Las cosas principales para todo el uso de la vida del hombre son agua, fuego, hierro y sal, harina de trigo, miel, leche, sangre de la uva, aceite y vestido.

27. Todas estas cosas son para bien de los piadosos; pero para los pecadores se vuelven en mal.

28. Hay espíritus creados para venganza, que en su furor dan golpes severos; en el tiempo de destrucción derraman su fuerza, y aplacan la ira del que los hizo.

29. Fuego, granizo, hambre y muerte, todo esto fue creado para venganza;

30. dientes de fieras, y escorpiones, serpientes y espada, castigando a los malvados para destrucción.

31. Se alegrarán en su mandamiento, y estarán listos sobre la tierra cuando haya necesidad; y cuando llegue su tiempo, no traspasarán su palabra.

32. Por eso desde el principio lo determiné, y pensé en estas cosas, y las dejé por escrito.

33. Todas las obras de Yahuah son buenas, y él dará toda cosa necesaria a su tiempo,

34. de modo que nadie puede decir: "Esto es peor que aquello"; porque a su tiempo todas serán bien aprobadas.

35. Por tanto, alaben a Yahuah con todo el corazón y la boca, y bendigan el nombre de Yahuah.

Capítulo 40

1. Gran trabajo fue creado para todo hombre, y pesado yugo está sobre los hijos de Âdâm, desde el día en que salen del vientre

de su madre, hasta el día en que vuelven a la madre de todas las cosas.

2. La imaginación de lo por venir y el día de la muerte inquietan sus pensamientos, y causan temor en el corazón;

3. desde el que se sienta en trono de gloria, hasta el que es humillado en tierra y ceniza;

4. desde el que viste púrpura y corona, hasta el que está vestido con túnica de lino.

5. Ira, envidia, angustia e inquietud, temor de muerte, enojo y contienda; y en el tiempo de reposo, sobre su cama, el sueño de la noche cambia su conocimiento.

6. Poco o nada es su reposo; y después, en su sueño, como en día de guardia, es turbado en la visión de su corazón, como si hubiera escapado de una batalla.

7. Cuando todo está seguro, despierta y se maravilla de que el temor no era nada.

8. Tales cosas acontecen a toda carne, tanto a hombre como a bestia; y son siete veces más sobre los pecadores.

9. Muerte, derramamiento de sangre, contienda y espada, calamidades, hambre, tribulación y azote;

10. estas cosas fueron creadas para los malvados, y por causa de ellos vino el diluvio.

11. Todo lo que es de la tierra volverá a la tierra otra vez; y lo que es de las aguas vuelve al mar.

12. Todo soborno e injusticia será borrado; pero el trato verdadero permanecerá para siempre.

13. Los bienes del injusto se secarán como un río, y se desvanecerán con ruido, como gran trueno en lluvia.

14. Mientras abre su mano se alegrará; así los transgresores vendrán a nada.

15. Los hijos de los impíos no echarán muchas ramas, sino que son como raíces inmundas sobre roca dura.

16. La maleza que crece junto a toda agua y a la orilla del río será arrancada antes que toda hierba.

17. La generosidad es como jardín muy fructífero, y la misericordia permanece para siempre.

18. Trabajar y estar contento con lo que el hombre tiene es vida dulce; pero el que halla un tesoro es superior a ambos.

19. Los hijos y la edificación de una ciudad perpetúan el nombre del hombre; pero una mujer sin mancha es estimada por encima de ambos.

20. El vino y la música alegran el corazón; pero el amor de la sabiduría está por encima de ambos.

21. La flauta y el salterio hacen melodía suave; pero una lengua agradable está por encima de ambos.

22. Tu ojo desea favor y hermosura; pero más que ambos el grano cuando está verde.

23. Amigo y compañero nunca se encuentran mal; pero por encima de ambos está la mujer con su esposo.

24. Hermanos y ayuda son para el tiempo de angustia; pero la limosna libra más que ambos.

25. Oro y plata hacen firme el pie; pero el consejo es estimado por encima de ambos.

26. Riquezas y fuerza levantan el corazón; pero el temor de Yahuah está por encima de ambos: no hay falta en el temor de Yahuah, y no necesita buscar ayuda.

27. El temor de Yahuah es jardín fructífero, y lo cubre por encima de toda gloria.

28. Hijo mío, no lleves vida de mendigo; porque mejor es morir que mendigar.

29. La vida del que depende de la mesa de otro no se ha de contar por vida; porque se contamina con la comida de otros; pero el sabio bien instruido se guardará de ello.

30. Mendigar es dulce en la boca del desvergonzado; pero en su vientre arderá un fuego.

Capítulo 41

1. Oh muerte, cuán amarga es tu memoria para el hombre que vive en reposo en sus posesiones; para el hombre que nada tiene que lo inquiete, y que tiene prosperidad en todo; sí, para el que aún puede recibir alimento.

2. Oh muerte, aceptable es tu sentencia para el necesitado, y para el que desfallece en fuerza, que ya está en la vejez postrera, y está afligido con todo; y para el que desespera, y ha perdido la paciencia.

3. No temas la sentencia de muerte; recuerda a los que han sido antes de ti y a los que vienen después; porque esta es la sentencia de Yahuah sobre toda carne.

4. ¿Y por qué estás contra el placer de Elyôn Êl? No hay investigación en la sepultura, si viviste diez, o cien, o mil años.

5. Los hijos de pecadores son hijos abominables, y los que se frecuentan en la morada de los impíos.

6. La herencia de los hijos de pecadores perecerá, y su descendencia tendrá perpetuo reproche.

7. Los hijos se quejarán de padre impío, porque por causa de él serán vituperados.

8. ¡Ay de ustedes, hombres impíos, que han abandonado la ley de Êlôhîym Elyôn Êl! Porque si aumentan, será para su destrucción;

9. y si nacen, nacerán para maldición; y si mueren, maldición será su porción.

10. Todo lo que es de la tierra volverá a la tierra; así el impío irá de maldición a destrucción.

11. El luto de los hombres es por sus cuerpos; pero el mal nombre de los pecadores será borrado.

12. Cuida tu nombre, porque eso permanecerá contigo por encima de mil grandes tesoros de oro.

13. Una buena vida tiene pocos días; pero un buen nombre permanece para siempre.

14. Hijos míos, guarden disciplina en paz; porque sabiduría escondida y tesoro no visto, ¿qué provecho hay en ambos?

15. Mejor es el hombre que esconde su necedad que el hombre que esconde su sabiduría.

16. Por tanto, sean pudorosos conforme a mi palabra; porque no es bueno retener toda vergüenza; ni tampoco es aprobada del todo en todo.

17. Avergüéncense de fornicación delante de padre y madre; y de mentira delante de príncipe y hombre poderoso;

18. de ofensa delante de juez y gobernante; de iniquidad delante de congregación y pueblo; de trato injusto delante de socio y amigo;

19. y de robo respecto al lugar donde moras, y respecto a la verdad de Êlôhîym y su pacto; y de apoyarte con el codo sobre la comida; y de despreciar dar y recibir;

20. y de callar delante de los que te saludan; y de mirar a una ramera;

21. y de apartar tu rostro de tu pariente; o de quitar una porción o un regalo; o de mirar la mujer de otro hombre;

22. o de estar demasiado ocupado con su sierva, y no te acerques a su cama; o de palabras de reproche delante de amigos; y después de haber dado, no reproches;

23. o de repetir y volver a decir lo que has oído; y de revelar secretos.

24. Así serán verdaderamente pudorosos, y hallarán favor delante de todos los hombres.

Capítulo 42

1. De estas cosas no se avergüencen, y no hagan acepción de personas para pecar por ello:

2. de la ley de Elyôn Êl y su pacto; y del juicio para justificar al impío;

3. de ajustar cuentas con socios y viajeros; o del don de la herencia de amigos;

4. de la exactitud de balanza y pesas; o de ganar mucho o poco;

5. de la venta justa del mercader; de mucha corrección a los hijos; y de hacer sangrar el costado de un siervo malo.

6. Buena es la custodia segura donde hay mujer mala; y encerrar donde hay muchas manos.

7. Entrega todo en número y peso; y pon por escrito todo lo que das o recibes.

8. No te avergüences de instruir al necio e insensato, y al muy anciano que disputa con los jóvenes; así serás verdaderamente instruido y aprobado por todos los hombres vivos.

9. El padre vela por la hija, cuando nadie lo sabe; y el cuidado por ella le quita el sueño: cuando es joven, no sea que pase la flor de su edad; y estando casada, no sea que sea aborrecida;

10. en su virginidad, no sea que sea mancillada y quede encinta en casa de su padre; y teniendo marido, no sea que se conduzca mal; y estando casada, no sea que sea estéril.

11. Mantén estricta vigilancia sobre hija desvergonzada, para que no te haga escarnio a tus enemigos, y dicho en la ciudad, y reproche entre el pueblo, y te avergüence delante de la multitud.

12. No mires la hermosura de todos, y no te sientes en medio de mujeres.

13. Porque de los vestidos viene la polilla, y de las mujeres la maldad.

14. Mejor es la aspereza de un hombre que una mujer amable; una mujer, digo, que trae vergüenza y reproche.

15. Ahora recordaré las obras de Yahuah, y declararé las cosas que he visto: en las palabras de Yahuah están sus obras.

16. El sol que da luz mira todas las cosas, y su obra está llena de la gloria de Yahuah.

17. Yahuah no ha dado poder a los qôdesh para declarar todas sus obras maravillosas, que Yahuah Shadday Êl estableció firmemente, para que todo lo que es sea afirmado para su gloria.

18. Él escudriña lo profundo y el corazón, y considera sus artificios; porque Yahuah conoce todo lo que puede conocerse, y contempla las señales del mundo.

19. Declara lo pasado y lo por venir, y revela las pisadas de las cosas escondidas.

20. Ningún pensamiento se le escapa, ni palabra alguna se oculta de él.

21. Él adornó las excelentes obras de su sabiduría, y es de eternidad a eternidad: nada se le puede añadir, ni puede disminuirse, ni tiene necesidad de consejero alguno.

22. ¡Oh cuán deseables son todas sus obras! Y aun una chispa puede ver el hombre.

23. Todas estas cosas viven y permanecen para siempre para todo uso, y todas son obedientes.

24. Todas las cosas son dobles, una contra otra; y él no hizo nada imperfecto.

25. Una cosa establece el bien de otra; ¿y quién se saciará de contemplar su gloria?

Capítulo 43

1. La gloria de la altura, el firmamento claro, la hermosura de shâmayim con su esplendor glorioso;

2. el sol cuando aparece, declarando en su salida instrumento maravilloso, obra de Elyôn Êl;

3. al mediodía abrasa la tierra, y ¿quién puede soportar su ardor?

4. Un hombre soplando un horno trabaja en calor, pero el sol quema los montes tres veces más; exhalando vapores ardientes, y enviando rayos brillantes, ofusca los ojos.

5. Grande es Yahuah que lo hizo, y a su mandamiento corre apresuradamente.

6. También lo hizo para servir en la estación, para declarar tiempos, y señal del mundo.

7. De la luna es señal de algunas fiestas, luz que disminuye en su perfección.

8. El mes es llamado por su nombre, creciendo maravillosamente en su cambio, siendo instrumento de los ejércitos de arriba, resplandeciendo en el firmamento de shâmayim;

9. la hermosura de shâmayim, la gloria de las estrellas, adorno que da luz en las alturas de Yahuah.

10. Al mandamiento del Qâdôsh Êl estarán en su orden, y nunca desfallecerán en sus vigilias.

11. Mira el arco iris, y alaba al que lo hizo; muy hermoso es en su brillo.

12. Rodea shâmayim con círculo glorioso, y las manos de Elyôn Êl lo han doblado.

13. A su mandamiento hace caer la nieve en su lugar, y envía con presteza los relámpagos de su juicio.

14. Por esto se abren los tesoros, y las nubes vuelan como aves.

15. Por su gran poder afirma las nubes, y las piedras de granizo se quebrantan en menudos.

16. A su vista se estremecen las montañas, y a su voluntad sopla el viento del sur.

17. El estruendo del trueno hace temblar la tierra; así también la tormenta del norte y el torbellino: como aves volando esparce la nieve, y su caer es como el posarse de langostas.

18. El ojo se maravilla de la hermosura de su blancura, y el corazón se asombra de la lluvia de ella.

19. La escarcha también, como sal, derrama sobre la tierra; y al cuajarse queda sobre la punta de estacas agudas.

20. Cuando sopla el frío viento del norte y el agua se cuaja en hielo, permanece sobre toda reunión de aguas y viste el agua como con coraza.

21. Devora las montañas, y abrasa el desierto, y consume la hierba como fuego.

22. Remedio pronto de todo es neblina que viene de repente; rocío que viene después del calor refresca.

23. Por su consejo apacigua el abismo, y planta islas en él.

24. Los que navegan en el mar cuentan su peligro, y cuando lo oímos con nuestros oídos nos maravillamos.

25. Porque allí hay obras extrañas y maravillosas, diversidad de toda clase de bestias y monstruos marinos creados.

26. Por él su fin tiene buen éxito, y por su palabra todas las cosas subsisten.

27. Mucho podríamos decir, y quedar cortos; Por tanto, en suma, él es todo.

28. ¿Cómo podremos engrandecerlo? Porque él es grande por encima de todas sus obras.

29. Yahuah es temible y muy grande, y maravillosa es su potencia.

30. Cuando glorifiquen a Yahuah, exáltenlo cuanto puedan; porque aún así él excederá mucho; y cuando lo exalten, empleen toda su fuerza, y no se cansen; porque nunca podrán llegar lo bastante lejos.

31. ¿Quién lo ha visto para que nos lo cuente? ¿Y quién puede engrandecerlo como él es?

32. Aún hay cosas mayores que estas escondidas, porque hemos visto solo pocas de sus obras.

33. Porque Yahuah ha hecho todas las cosas, y a los piadosos ha dado sabiduría.

Capítulo 44

1. Ahora alabemos a los hombres famosos, y a nuestros padres que nos engendraron.

2. Yahuah obró gran gloria por medio de ellos, por su gran poder desde el principio.

3. Tales como los que gobernaron en sus reinos, hombres renombrados por su poder, dando consejo por su entendimiento, y declarando profecías;

4. jefes del pueblo por sus consejos, y por su conocimiento de enseñanza apropiada para el pueblo; sabias y elocuentes son sus instrucciones;

5. tales como los que hallaron melodías musicales, y recitaron versos por escrito;

6. hombres ricos provistos de habilidad, viviendo en paz en sus moradas;

7. todos estos fueron honrados en sus generaciones, y fueron la gloria de sus tiempos.

8. De ellos hay quienes dejaron un nombre detrás de sí, para que sus alabanzas fueran contadas.

9. Y hay algunos que no tienen memorial; que perecieron como si nunca hubieran sido; y vinieron a ser como si nunca hubieran nacido; y sus hijos después de ellos.

10. Pero estos fueron hombres misericordiosos, cuya justicia no ha sido olvidada.

11. Con su descendencia permanecerá continuamente una buena herencia, y sus hijos están dentro del pacto.

12. Su descendencia permanece firme, y sus hijos por causa de ellos.

13. Su descendencia permanecerá para siempre, y su gloria no será borrada.

14. Sus cuerpos son sepultados en paz; pero su nombre vive para siempre.

15. El pueblo contará su sabiduría, y la congregación manifestará su alabanza.

16. Chănôk agradó a Yahuah, y fue trasladado, siendo ejemplo de arrepentimiento para todas las generaciones.

17. Nôach fue hallado perfecto y justo; en el tiempo de la ira fue tomado en lugar del mundo; Por tanto, fue dejado como remanente sobre la tierra, cuando vino el diluvio.

18. Pacto perpetuo fue hecho con él, para que toda carne no pereciera más por el diluvio.

19. Abrâhâm fue gran padre de muchos pueblos; en gloria no hubo ninguno como él;

20. que guardó la ley de Elyôn Êl, y estuvo en pacto con él; estableció el pacto en su carne; y cuando fue probado, fue hallado fiel.

21. Por eso le aseguró con juramento que bendeciría a las naciones en su simiente, y que lo multiplicaría como el polvo de la tierra, y exaltaría su simiente como las estrellas, y haría que heredaran de mar a mar, y desde el río hasta lo último de la tierra.

22. Con Yitschâq estableció asimismo, por causa de Abrâhâm su padre, la bendición de todos los hombres, y el pacto, y lo hizo reposar sobre la cabeza de Yaăqôb. Lo reconoció en su bendición, y le dio herencia, y dividió sus porciones; entre las doce tribus las repartió.

Capítulo 45

1. Y sacó de él a un hombre misericordioso, que halló favor a los ojos de toda carne, a saber, Môsheh, amado de Êlôhîym y de los hombres, cuya memoria es bendita.

2. Lo hizo semejante al glorioso qôdesh, y lo engrandeció, de modo que sus enemigos temieron delante de él.

3. Por sus palabras hizo cesar los prodigios, y lo hizo glorioso delante de los reyes, y le dio mandamiento para su pueblo, y le mostró parte de su gloria.

4. Lo santificó en su fidelidad y mansedumbre, y lo escogió de entre todos los hombres.

5. Le hizo oír su voz, y lo llevó a la nube oscura, y le dio mandamientos delante de su rostro, la ley de vida y conocimiento, para que enseñara a Yaăqôb sus pactos, y a Yâshâral sus juicios.

6. Exaltó a Ahărôn, un hombre qâdôsh semejante a él, su hermano, de la tribu de Lêwîy.

7. Pacto perpetuo hizo con él, y le dio la kehûnnâh entre el pueblo; lo hermoseó con ornamentos hermosos, y lo vistió con manto de gloria.

8. Le puso gloria perfecta, y lo fortaleció con vestiduras ricas: con calzones, con túnica larga, y el êphôd.

9. Y lo rodeó con granadas, y con muchas campanillas de oro alrededor, para que al entrar hubiera sonido, y se oyera en el templo, por memorial a los hijos de su pueblo;

10. con vestidura santa, con oro, y seda azul, y púrpura, obra del bordador, con pectoral de juicio, y con Ûrîym y Tûmmîym;

11. con escarlata torcida, obra del artífice hábil, con piedras preciosas grabadas como sellos y engastadas en oro, obra del joyero, con escritura grabada por memorial, conforme al número de las tribus de Yâshâral.

12. Puso corona de oro sobre la mitra, en la cual estaba grabado qôdesh, ornamento de honor, obra costosa, deseo de los ojos, hermosa y bella.

13. Antes de él no hubo tales, ni extranjero alguno las vistió jamás, sino solo sus hijos y los hijos de sus hijos perpetuamente.

14. Sus sacrificios serán totalmente consumidos cada día, dos veces continuamente.

15. Môsheh lo consagró y lo ungió con aceite santo: esto le fue ordenado por pacto perpetuo, y a su simiente, mientras permanezcan los shâmayim, para que ministren delante de él, y ejerzan el oficio de la kehûnnâh, y bendigan al pueblo en su nombre.

16. Lo escogió de entre todos los hombres vivos para ofrecer sacrificios a Yahuah, incienso y olor grato, por memorial, para hacer reconciliación por su pueblo.

17. Le dio sus mandamientos, y autoridad en los estatutos de juicios, para que enseñara

a Yaăqôb los testimonios, y instruyera a Yâshâral en sus leyes.

18. Extranjeros conspiraron contra él, y lo calumniaron en el desierto; los hombres del partido de Dâthân y Ăbîyrâm, y la congregación de Qôrach (קֹרַח), con furor e ira.

19. Esto vio Yahuah, y le desagradó, y en el furor de su indignación fueron consumidos; hizo prodigios sobre ellos, para consumirlos con llama de fuego.

20. Pero hizo a Ahărôn más honorable, y le dio herencia, y le repartió las primicias del aumento; especialmente le preparó pan en abundancia;

21. porque comen de los sacrificios de Yahuah, los cuales él le dio a él y a su simiente.

22. Sin embargo, en la tierra del pueblo no tuvo herencia, ni tuvo porción entre el pueblo; porque Yahuah mismo es su porción y herencia.

23. El tercero en gloria es Pîynechâs (פִּינְחָס), hijo de Elâzâr, porque tuvo celo en el temor de Yahuah, y se levantó con buen ánimo de corazón, cuando el pueblo se apartó, e hizo reconciliación por Yâshâral.

24. Por tanto, fue hecho con él pacto de paz, para que fuera jefe del santuario y de su pueblo, y para que él y su descendencia tuvieran la dignidad de la Kehûnnâh para siempre;

25. conforme al pacto hecho con Dâwid hijo de Yishay (יִשַׁי), de la tribu de Yahûdâh (יהודה), que la herencia del rey fuera para su descendencia sola: así la herencia de Ahărôn sería también para su simiente.

26. Êlôhîym les dé sabiduría en su corazón para juzgar a su pueblo con justicia, para que sus bienes no sean abolidos, y para que su gloria permanezca para siempre.

Capítulo 46

1. Yahusha hijo de Nûn fue valiente en las guerras, y fue sucesor de Môsheh en profecías; el cual conforme a su nombre fue engrandecido para salvar a los escogidos de Êlôhîym, y para tomar venganza de los enemigos que se levantaron contra ellos, para establecer a Yâshâral en su herencia.

2. ¡Cuánta gloria obtuvo cuando alzó sus manos y extendió su espada contra las ciudades!

3. ¿Quién antes de él se mantuvo así? Porque Yahuah mismo trajo sus enemigos a él.

4. ¿No retrocedió el sol por su medio? ¿Y no fue un día tan largo como dos?

5. Él invocó a Yahuah Elyôn Êl cuando los enemigos lo apretaban por todos lados; y Yahuah Gibbôr Êl lo oyó.

6. Y con granizo de gran poder hizo caer la batalla con violencia sobre las naciones, y en el descenso de Bêyth Chôrôn destruyó a los que resistían, para que las naciones conocieran toda su fuerza, porque peleaba a la vista de Yahuah, y siguió a Gibbôr Êl.

7. En tiempo de Môsheh también hizo obra de misericordia, él y Kâlêb hijo de Yaphûnneh, en que resistieron a la congregación, y apartaron al pueblo del pecado, y apaciguaron el murmullo malvado.

8. Y de seiscientos mil hombres de a pie, ellos dos fueron preservados para introducirlos en la heredad, en la tierra que fluye leche y miel.

9. Yahuah dio fuerza también a Kâlêb, la cual permaneció con él hasta su vejez; de modo que entró en las alturas de la tierra, y su simiente la obtuvo por herencia;

10. para que todos los hijos de Yâshâral vieran que es bueno seguir a Yahuah.

11. Y en cuanto a los jueces, cada uno por nombre, cuyo corazón no se fue tras fornicación, ni se apartó de Yahuah, sea bendita su memoria.

12. Que sus huesos florezcan desde su lugar, y que el nombre de los que fueron honrados sea continuado sobre sus hijos.

13. Shemûêl, el Nâbîy de Yahuah, amado de su Yahuah, estableció un reino, y ungió príncipes sobre su pueblo.

14. Por la ley de Yahuah juzgó a la congregación, y Yahuah tuvo respeto a Yaăqôb.

15. Por su fidelidad fue hallado verdadero Nâbîy, y por su palabra fue conocido como fiel en visión.

16. Invocó al poderoso Yahuah cuando sus enemigos lo apretaban por todos lados, cuando ofreció el cordero de leche.

17. Yahuah tronó desde shâmayim, y con gran estruendo hizo oír su voz.

18. Y destruyó a los gobernantes de Tsôr (צֹר), y a todos los príncipes de los Pelishtîy.

19. Y antes de su largo sueño protestó delante de Yahuah y de su ungido: No he tomado bienes de ningún hombre, ni siquiera un zapato; y ningún hombre lo acusó.

20. Y aun en su muerte profetizó, y mostró al rey su fin, y levantó su testimonio desde la tierra en profecía, para borrar la maldad del pueblo.

Capítulo 47

1. Y después de él se levantó Nâthân para profetizar en tiempo de Dâwid.

2. Como se quita la grasa del sacrificio de paz, así fue escogido Dâwid de entre los hijos de Yâshâral.

3. Jugó con leones como con cabritos, y con osos como con corderos.

4. ¿No mató a un Nephîyl cuando aún era joven? ¿Y no quitó el oprobio del pueblo, cuando levantó su mano con la piedra en la honda y abatió la jactancia de Golyath?

5. Porque invocó a Yahuah Elyôn Êl, y él le dio fuerza en su mano derecha para matar a aquel guerrero poderoso, y levantar el cuerno de su pueblo.

6. Así el pueblo lo honró con diez millares, y lo alabó en las bendiciones de Yahuah, en que le dio corona de gloria.

7. Porque destruyó a los enemigos por todos lados, e hizo perecer a los Pelishtîy sus adversarios, y quebró su cuerno hasta hoy.

8. En todas sus obras alabó al Qâdôsh Elyôn Êl con palabras de gloria; con todo su corazón cantó cantos, y amó al que lo hizo.

9. Puso cantores también delante del altar, para que con sus voces hicieran melodía dulce, y cada día cantaran alabanzas en sus cantos.

10. Hermoseó sus fiestas, y ordenó los tiempos solemnes hasta el fin, para que alabaran su nombre santo, y para que el templo resonara desde la mañana.

11. Yahuah quitó sus pecados, y exaltó su cuerno para siempre; le dio pacto de realeza, y trono de gloria en Yâshâral.

12. Después de él se levantó un hijo sabio, y por causa de él habitó en holgura.

13. Shelômôh reinó en tiempo de paz, y fue honrado; porque Êlôhîym hizo quietud alrededor de él, para que edificara casa a su nombre, y preparara su santuario para siempre.

14. ¡Cuán sabio fuiste en tu juventud, y como inundación, lleno de entendimiento!

15. Tu alma cubrió toda la tierra, y la llenaste de parábolas oscuras.

16. Tu nombre llegó lejos hasta las islas, y por tu paz fuiste amado.

17. Las tierras se maravillaron de ti por tus cantos, proverbios, parábolas e interpretaciones.

18. Por el nombre de Yahuah Êlôhîym, que es llamado Yahuah Êlôhîym de Yâshâral, reuniste oro como estaño, y multiplicaste plata como plomo.

19. Inclinas tus lomos a las mujeres, y por tu cuerpo fuiste puesto en sujeción.

20. Mancillaste tu honor y contaminaste tu simiente; así trajiste ira sobre tus hijos, y fuiste afligido por tu necedad.

21. Así el reino fue dividido, y de Ephrayim gobernó un reino rebelde.

22. Pero Yahuah nunca dejará su misericordia, ni perecerá ninguna de sus obras; ni abolirá la posteridad de sus escogidos, y no quitará la simiente del que lo ama; por lo cual dio remanente a Yaăqôb, y de él raíz a Dâwid.

23. Así reposó Shelômôh con sus padres, y de su simiente dejó detrás de sí a Rechabâm, la necedad del pueblo, y a uno sin entendimiento, que apartó al pueblo con su consejo. Hubo también Yârobâm hijo de Nebât, que hizo pecar a Yâshâral, y mostró a Ephrayim el camino de pecado;

24. y sus pecados se multiplicaron en gran manera, hasta que fueron expulsados de la tierra.

25. Porque buscaron toda maldad, hasta que la venganza vino sobre ellos.

Capítulo 48

1. Entonces se levantó Êlîyâhû el Nâbîy como fuego, y su palabra ardía como lámpara.

2. Trajo sobre ellos una gran hambruna, y por su celo disminuyó su número.

3. Por la palabra de Yahuah cerró los shâmayim, y también tres veces hizo descender fuego.

4. Oh Êlîyâhû, ¡cómo fuiste honrado en tus obras maravillosas! ¿Y quién puede gloriarse como tú?

5. Que levantaste a un muerto de la muerte, y su alma del lugar de los muertos, por la palabra de Elyôn Êl;

6. que llevaste a reyes a destrucción, y a hombres honorables de su lecho;

7. que oíste la reprensión de Yahuah en Sîynay, y en Chôrêb el juicio de venganza;

8. que ungiste reyes para tomar venganza, y Nâbîy para sucederlo;

9. que fuiste llevado en torbellino de fuego, y en carro de caballos de fuego;

10. que fuiste ordenado para reprensiones en sus tiempos, para aplacar la ira del juicio de Yahuah antes que estallara en furor, y para volver el corazón del padre al hijo, y restaurar las tribus de Yaăqôb.

11. Bienaventurados los que te vieron, y durmieron en amor; porque ciertamente viviremos.

12. Êlîyâhû fue el que fue cubierto por un torbellino; y Ĕlîysheba fue lleno de su espíritu: mientras vivió, no fue conmovido por la presencia de ningún príncipe, ni nadie pudo someterlo.

13. Ninguna palabra pudo vencerlo; y después de su muerte su cuerpo profetizó.

14. Hizo maravillas en su vida, y en su muerte sus obras fueron maravillosas.

15. Con todo esto el pueblo no se arrepintió, ni se apartó de sus pecados, hasta que fueron despojados y sacados de su tierra, y fueron dispersados por toda la tierra; sin embargo

quedó un pueblo pequeño, y un gobernante en la casa de Dâwid;

16. de los cuales unos hicieron lo que agradaba a Êlôhîym, y otros multiplicaron pecados.

17. Chizqîyâhu fortaleció su ciudad, e hizo entrar agua en medio de ella; cavó la roca dura con hierro, e hizo pozos para las aguas.

18. En su tiempo subió Sanchêrîyb, y envió a Rabshâqêh, y alzó su mano contra Tsîyôn, y se jactó con soberbia.

19. Entonces temblaron sus corazones y sus manos, y estuvieron con dolor, como mujeres de parto.

20. Pero clamaron a Yahuah que es misericordioso, y extendieron sus manos hacia él; e inmediatamente el Qâdôsh Êl los oyó desde shâmayim, y los libró por el ministerio de Yashayâhû.

21. Hirió al ejército del Ashshûr, y su mensajero los destruyó.

22. Porque Chizqîyâhu había hecho lo que agradaba a Yahuah, y fue fuerte en los caminos de Dâwid su padre, como Yashayâhû el Nâbîy, grande y fiel en su visión, le había mandado.

23. En su tiempo el sol retrocedió, y él alargó la vida del rey.

24. Vio por un espíritu excelente lo que habría de suceder al final, y consoló a los que lloraban en Tsîyôn.

25. Mostró lo que habría de suceder para siempre, y cosas secretas antes que sucedieran.

Capítulo 49

1. La memoria de Yôshîyâhû es como la composición del perfume que se hace por el arte del boticario: es dulce como miel en todas las bocas, y como música en un banquete de vino.

2. Se condujo rectamente en la conversión del pueblo, y quitó las abominaciones de iniquidad.

3. Dirigió su corazón a Yahuah, y en el tiempo de los impíos estableció la adoración de Êlôhîym.

4. Todos, excepto Dâwid, Chizqîyâhu y Yôshîyâhû, fueron defectuosos; porque abandonaron la ley de Elyôn Êl; aun los reyes de Yahûdâh fallaron.

5. Por eso él dio su poder a otros, y su gloria a una nación extraña.

6. Quemaron la ciudad escogida del santuario, y dejaron sus calles desoladas, conforme a la profecía de Yirmeyâhû.

7. Porque lo trataron mal, a quien sin embargo era un Nâbîy, santificado en el vientre de su madre, para arrancar, y afligir, y destruir; y también para edificar y plantar.

8. Fue Yachezqêl el que vio la visión gloriosa, que le fue mostrada sobre el carro de los Kerûb.

9. Porque hizo mención de los enemigos bajo la figura de la lluvia, y dirigió a los que andaban rectamente.

10. Y de los doce Nâbîy, sea bendita la memoria, y florezcan de nuevo sus huesos desde su lugar; porque consolaron a Yaăqôb, y los libraron por esperanza segura.

11. ¿Cómo engrandeceremos a Zerûbbâbel? Aun él fue como sello en la mano derecha;

12. así fue Yahusha hijo de Yahôtsâdâq; los cuales en su tiempo edificaron la Casa, y levantaron un templo santo a Yahuah, preparado para gloria eterna.

13. Y entre los escogidos estuvo Nechemyâh, cuyo renombre es grande, que levantó para nosotros los muros caídos, y puso puertas y cerrojos, y levantó de nuevo nuestras ruinas.

14. Pero en la tierra no fue creado hombre como Chănôk; porque fue tomado de la tierra.

15. Ni nació joven como Yôsêph, gobernante de sus hermanos, sostén del pueblo, cuyos huesos fueron mirados por Yahuah.

16. Shêm y Shêth estuvieron en gran honor entre los hombres; y así Âdâm sobre todo ser viviente en la creación.

Capítulo 50

1. Shimôn, el Kôhên sumo, hijo de Ôniâs, que en su vida reparó de nuevo la Casa, y en sus días fortificó el templo;

2. y por él fue edificada desde el fundamento la doble altura, la fortaleza alta del muro alrededor del templo;

3. en sus días la cisterna para recoger agua, que en su circuito era como el mar, fue cubierta con láminas de bronce;

4. tuvo cuidado del templo para que no cayera, y fortificó la ciudad contra el asedio.

5. ¡Cómo fue honrado en medio del pueblo cuando salía del santuario!

6. Era como la estrella de la mañana en medio de una nube, y como la luna llena;

7. como el sol brillando sobre el templo de Elyôn Êl, y como el arco iris dando luz en las nubes resplandecientes;

8. y como flor de rosas en la primavera del año, como lirios junto a ríos de aguas, y como ramas del árbol de lebônâh en el tiempo del verano;

9. como fuego e incienso en el incensario, y como vaso de oro batido, adornado con toda clase de piedras preciosas;

10. y como olivo hermoso que brota fruto, y como ciprés que crece hasta las nubes.

11. Cuando se puso el manto de honor, y fue vestido con la perfección de gloria, cuando subió al altar santo, hizo honorable la vestidura de qôdesh.

12. Cuando tomó las porciones de las manos del Kôhên, él mismo estaba junto al hogar del altar, rodeado como un cedro joven en Lebânôn; y como palmeras lo rodeaban alrededor.

13. Así estaban todos los hijos de Ahărôn en su gloria, y las ofrendas de Yahuah en sus manos, delante de toda la congregación de Yâshâral.

14. Y terminando el servicio del altar, para adornar la ofrenda de Elyôn Shadday Êl,

15. extendió su mano a la copa, y derramó de la sangre de la uva; derramó al pie del altar un olor suave para Elyôn Êl, Melek de todo.

16. Entonces gritaron los hijos de Ahărôn, y sonaron las trompetas de plata, e hicieron oír un gran estruendo, por memorial delante de Elyôn Êl.

17. Entonces todo el pueblo junto se apresuró, y cayó a tierra sobre sus rostros para adorar a su Yahuah Êlôhîym Shadday, Elyôn Êl.

18. Los cantores también cantaron alabanzas con sus voces; con gran variedad de sonidos se hizo dulce melodía.

19. Y el pueblo suplicó a Yahuah, Elyôn Êl, en oración delante de él que es misericordioso, hasta que terminó la solemnidad de Yahuah, y acabaron su servicio.

20. Entonces él bajó, y alzó sus manos sobre toda la congregación de los hijos de Yâshâral,

para dar la bendición de Yahuah con sus labios, y regocijarse en su nombre.

21. Y se inclinaron para adorar por segunda vez, para recibir bendición de Elyôn Êl.

22. Ahora pues, bendigan al Êlôhîym de todo, que solo hace cosas maravillosas en todas partes, que exalta nuestros días desde el vientre, y trata con nosotros conforme a su misericordia.

23. Nos conceda alegría de corazón, y que haya paz en nuestros días en Yâshâral para siempre;

24. que confirme su misericordia con nosotros, y nos libre a su tiempo.

25. Hay dos clases de naciones que mi corazón aborrece, y la tercera no es nación:

26. los que se sientan sobre el monte de Shômerôn, y los que habitan entre los Pelishtîy, y ese pueblo necio que habita en Shekem.

27. Yahusha hijo de Sirâ de Yarûshâlaim escribió en este libro la instrucción de entendimiento y conocimiento, que de su corazón derramó sabiduría.

28. Bienaventurado el que se ejercite en estas cosas; y el que las guarde en su corazón se hará sabio.

29. Porque si las hace, será fuerte para todas las cosas; porque la luz de Yahuah lo guía, el que da sabiduría a los justos. Bendito sea el nombre de Yahuah para siempre. Âmên, Âmên.

Capítulo 51

1. Oración de Yahusha hijo de Sirâ. Te daré gracias, oh Yahuah y Melek, y te alabaré, oh Êlôhîym mi Yâsha; doy alabanza a tu nombre;

2. porque tú eres mi defensor y ayudador, y has preservado mi cuerpo de destrucción, y de la trampa de la lengua calumniadora, y de labios que forjan mentira, y has sido mi ayudador contra mis adversarios;

3. y me has librado, conforme a la multitud de tus misericordias y la grandeza de tu nombre, de los dientes de los que estaban listos para devorarme, y de las manos de los que buscaban mi vida, y de las muchas aflicciones que tuve;

4. del sofocamiento de fuego por todos lados, y de en medio del fuego que yo no encendí;

5. de lo profundo del vientre de sheôl, de lengua impura, y de palabras mentirosas.

6. Por acusación al rey de una lengua injusta, mi alma se acercó hasta la muerte; mi vida estuvo cerca del sheôl de abajo.

7. Me rodearon por todos lados, y no hubo hombre que me ayudara; busqué el auxilio de los hombres, pero no había.

8. Entonces me acordé de tu misericordia, oh Yahuah, y de tus obras antiguas, cómo libras a los que esperan en ti, y los salvas de las manos de los enemigos.

9. Entonces levanté mis súplicas desde la tierra, y oré por liberación de la muerte.

10. Invoqué a Yahuah, el padre de mi amo, para que no me dejara en los días de mi aflicción, y en el tiempo de los soberbios, cuando no había ayuda.

11. Alabaré tu nombre continuamente, y cantaré alabanzas con acción de gracias; y así fue oída mi oración.

12. Porque me salvaste de destrucción, y me libraste del tiempo malo; Por tanto, daré gracias, y te alabaré, y bendeciré tu nombre, oh Yahuah.

13. Cuando todavía era joven, antes que saliera, deseé la sabiduría abiertamente en mi oración.

14. Oré por ella delante del templo, y la buscaré hasta el fin.

15. Desde la flor hasta que maduró la uva, mi corazón se deleitó en ella; mi pie fue por el camino recto; desde mi juventud la busqué.

16. Incliné un poco mi oído, y la recibí, y adquirí mucha enseñanza.

17. Prosperé en ella; por eso atribuiré gloria al que me da sabiduría.

18. Porque me propuse hacer conforme a ella, y con empeño seguí lo que es bueno; así no seré confundido.

19. Mi alma luchó con ella, y en mis hechos fui exacto; extendí mis manos a los shâmayim arriba, y lamenté mi ignorancia de ella.

20. Dirigí mi alma hacia ella, y la hallé en pureza; desde el principio tuve mi corazón unido a ella; por eso no seré abandonado.

21. Mi corazón se inquietó buscándola; por eso he obtenido una buena posesión.

22. Yahuah me ha dado una lengua como mi recompensa, y con ella lo alabaré.

23. Acérquense a mí, ustedes los no instruidos, y vivan en la casa de aprendizaje.

24. ¿Por qué son lentos, y qué dicen a estas cosas, si sus almas tienen mucha sed?

25. Abrí mi boca y dije: cómprenla para ustedes sin dinero.

26. Pongan su cuello bajo el yugo, y que su alma reciba instrucción: está cerca para hallarla.

27. Miren con sus ojos cómo, con poco trabajo, he alcanzado mucho descanso.

28. Obtengan enseñanza con gran suma de dinero, y por ella obtengan mucho oro.

29. Que su alma se regocije en su misericordia, y no se avergüencen de su alabanza.

30. Hagan su obra temprano, y a su tiempo él les dará su recompensa.

Sabiduría de Shelômôh y Paralelos con la Biblia Tradicional

(Guía de Estudio de las Escrituras Dabar Yahuah)

Introducción

La Sabiduría de Shelômôh, parte de los escritos apócrifos/deuterocanónicos, sirve como puente entre la literatura de sabiduría del Antiguo Testamento y la teología del Nuevo Testamento. Enfatiza la inmortalidad, la sabiduría divina, la justicia frente a la maldad, la idolatría y la Palabra (Logos) de Elohiym. Muchos pasajes influyeron fuertemente en los escritores del Nuevo Testamento, especialmente en Pablo, Juan y el autor de Hebreos.

Tabla Comparativa: Sabiduría de Shelômôh vs. La Biblia

Pasaje de Sabiduría de Shelômôh	Paralelos Bíblicos	Tema / Conexión
Sab 1:13–14 – "Yahuah no hizo la muerte, ni se deleita en la destrucción de los vivientes."	Gen 1:31; Ez 18:32; 1 Cor 15:26	Êlôhîym creó la vida, no la muerte; la muerte es un enemigo.
Sab 2:23–24 – "Elohiym creó al hombre para ser inmortal... pero por la envidia del diablo entró la muerte en el mundo."	Gen 2–3; Rom 5:12; 1 Cor 15:21	Adán, el pecado y la muerte vinculados a la envidia del diablo.
Sab 3:1–4 – "Las almas de los justos están en la mano de Yahuah... la inmortalidad es su esperanza."	Sal 116:15; Jn 10:28; Ap 14:13	Seguridad de los justos en Êlôhîym, esperanza de vida eterna.
Sab 4:7–9 – "El justo, aunque muera pronto, estará en reposo... la vejez es entendimiento."	Is 57:1–2; Prov 16:31	La verdadera medida de la vida es la sabiduría, no los años.
Sab 5:1–5 – Los justos vindicados ante los impíos en el juicio.	Mt 25:31–46; Ap 20:12	Juicio final, justos contra malvados.
Sab 6:12–20 – La sabiduría es resplandeciente y conduce a la incorruptibilidad y a la amistad con Êlôhîym.	Prov 8; Stg 1:5; 1 Cor 1:30	Sabiduría personificada, don de lo alto.
Sab 7:22–30 – La sabiduría es el aliento del poder de Êlôhîym, influencia pura, reflejo de la luz eterna.	Prov 8:22–31; Heb 1:3; Jn 1:1–4	Sabiduría como reflejo divino, prefiguración del Logos.
Sab 8:7 – La sabiduría enseña templanza, prudencia, justicia y fortaleza.	Prov 1:3; Gál 5:22–23	Virtudes y frutos de la sabiduría.
Sab 9:1–18 – Oración de Shelômôh por sabiduría.	1 Rey 3:5–12; Stg 1:5	Pedir sabiduría a Êlôhîym con humildad.
Sab 11:20–21 – Êlôhîym creó el mundo con medida, número y peso.	Is 40:12; Job 28:25; Sal 104	Creación ordenada.

Pasaje de Sabiduría de Shelômôh	Paralelos Bíblicos	Tema / Conexión
Sab 13:1–5 – La creación revela al Creador; quienes no lo reconocen no tienen excusa.	Sal 19:1; Rom 1:19–20	Revelación natural de Êlôhîym por medio de la creación.
Sab 14:12–21 – La idolatría proviene de las invenciones vanas del hombre.	Is 44:9–20; Rom 1:22–23	Idolatría como corrupción humana.
Sab 16:12 – "No fue hierba ni ungüento lo que los sanó, sino tu palabra, oh Yahuah."	Éx 15:26; Sal 107:20	La palabra de Êlôhîym como verdadero sanador.
Sab 18:14–16 – La Palabra de Yahuah descendió del cielo como guerrero de juicio.	Is 55:11; Jn 1:14; Ap 19:11–13	La Palabra personificada, prefiguración del Mesías.
Sab 19:18–21 – La creación obedece el mandato de Êlôhîym, cambiando la naturaleza para salvar a su pueblo.	Éx 14; Jos 10:12–14	La creación sirve a la redención.

Resumen de Paralelos Clave

1. Creación y Muerte

   Êlôhîym creó a la humanidad para la inmortalidad; la muerte entró por el pecado y la envidia del diablo.

2. Los Justos y la Inmortalidad

   Seguridad de la vida eterna y vindicación de los justos en el juicio.

3. Sabiduría Personificada

   Eco de Proverbios 8; anticipa la descripción del Logos en Juan 1 y Hebreos 1.

4. Revelación Natural

   La creación misma da testimonio del poder de Êlôhîym, dejando al hombre sin excusa (Salmos, Romanos).

5. Condena de la Idolatría

   Al igual que en Isaías y Pablo, la idolatría se presenta como fruto de la corrupción y necedad humanas.

6. La Palabra de Êlôhîym

   El Mesías es prefigurado como la Palabra (Logos), activa en la creación, la salvación y el juicio.

Chokmâh (חָכְמָה) Shelômôh (שְׁלֹמֹה)

✦

Sabiduría de Salomón

Capítulo 1

1. Amen la justicia, ustedes que juzgan la tierra; piensen en Yahuah con corazón recto, y búsquenlo con sencillez de corazón.

2. Porque él se deja encontrar por los que no lo ponen a prueba, y se manifiesta a los que no desconfían de él.

3. Porque los pensamientos perversos separan de Êlôhîym, y su poder, cuando es puesto a prueba, reprende a los necios.

4. Porque en un alma maliciosa no entrará la sabiduría, ni habitará en un cuerpo sujeto al pecado.

5. Porque el espíritu qâdôsh de disciplina huirá del engaño, y se apartará de los pensamientos sin entendimiento, y no permanecerá cuando entre la injusticia.

6. Porque la sabiduría es un espíritu que ama; y no absolverá al blasfemo de sus palabras, porque Êlôhîym es testigo de sus entrañas, verdadero observador de su corazón y oyente de su lengua.

7. Porque el espíritu de Yahuah llena el mundo, y aquel que contiene todas las cosas tiene conocimiento de la voz.

8. Por tanto, el que habla cosas injustas no podrá ocultarse; ni la venganza, cuando castigue, pasará por alto.

9. Porque se hará investigación sobre los consejos de los impíos, y el sonido de sus palabras llegará a Yahuah para manifestar sus obras malvadas.

10. Porque el oído celoso oye todas las cosas, y el murmullo no queda oculto.

11. Por tanto, guárdense del murmullo inútil, y refrenen su lengua de la maledicencia; porque no hay palabra tan secreta que quede sin efecto, y la boca que calumnia mata el alma.

12. No busquen la muerte en el error de su vida, ni atraigan sobre ustedes la destrucción con las obras de sus manos.

13. Porque Êlôhîym no hizo la muerte, ni se complace en la destrucción de los vivientes.

14. Porque él creó todas las cosas para que existieran, y las generaciones del mundo son saludables; no hay en ellas veneno de destrucción, ni el reino de la muerte está sobre la tierra.

15. Porque la justicia es inmortal.

16. Pero los impíos, con sus obras y palabras, llamaron a la muerte; cuando pensaron tenerla como amiga, se consumieron en la nada e hicieron pacto con ella, porque son dignos de participar de ella.

Capítulo 2

1. Porque los impíos dijeron entre sí, razonando de manera equivocada: Nuestra vida es corta y triste, y en la muerte del hombre no hay remedio; ni se conoce a nadie que haya vuelto del sepulcro.

2. Porque nacimos por casualidad, y después seremos como si nunca hubiéramos

sido; porque el aliento en nuestras narices es humo, y una chispa pequeña es el latido de nuestro corazón.

3. Cuando esta se apague, nuestro cuerpo se convertirá en ceniza, y nuestro espíritu se disipará como el aire suave.

4. Nuestro nombre será olvidado con el tiempo, y nadie recordará nuestras obras; nuestra vida pasará como la huella de una nube y se disipará como la niebla que el sol dispersa con sus rayos y su calor.

5. Porque nuestro tiempo es una sombra que pasa, y después de nuestro fin no hay regreso, porque está sellado y nadie vuelve.

6. Vengan, pues, disfrutemos de los bienes presentes, y usemos rápidamente las criaturas como en la juventud.

7. Llenémonos de vino costoso y perfumes, y no dejemos pasar ninguna flor de la primavera.

8. Coronémonos con capullos de rosas antes que se marchiten.

9. Que ninguno de nosotros quede sin su parte de placer; dejemos señales de nuestra alegría en todo lugar, porque esta es nuestra porción y nuestra suerte.

10. Oprimamos al justo pobre, no tengamos compasión de la viuda, ni respetemos las canas del anciano.

11. Que nuestra fuerza sea la ley de la justicia, porque lo débil no sirve para nada.

12. Pongamos trampas al justo, porque nos resulta incómodo y se opone a nuestras obras; nos reprocha las transgresiones de la ley y nos acusa de faltar a nuestra enseñanza.

13. Dice tener conocimiento de Êlôhîym y se llama hijo de Yahuah.

14. Se ha convertido en reproche para nuestros pensamientos.

15. Su sola presencia nos resulta pesada, porque su vida no es como la de los demás, y sus caminos son diferentes.

16. Nos considera falsos y evita nuestros caminos como impureza; declara dichoso el fin de los justos y se gloría de que Êlôhîym es su padre.

17. Veamos si sus palabras son verdaderas y probemos qué sucederá al final con él.

18. Porque si el justo es hijo de Êlôhîym, él lo ayudará y lo librará de la mano de sus enemigos.

19. Probémoslo con ultrajes y tormentos para conocer su mansedumbre y probar su paciencia.

20. Condenémoslo a una muerte vergonzosa, porque según sus propias palabras será protegido.

21. Así pensaron, pero se engañaron, porque su maldad los cegó.

22. No conocieron los misterios de Êlôhîym ni esperaron la recompensa de la justicia ni reconocieron el premio de las almas puras.

23. Porque Êlôhîym creó al hombre para la inmortalidad y lo hizo imagen de su propia eternidad.

24. Pero por la envidia del diablo entró la muerte en el mundo, y los que pertenecen a él la experimentan.

Capítulo 3

1. Pero las almas de los justos están en la mano de Êlôhîym, y ningún tormento las tocará.

2. A los ojos de los insensatos parecieron morir, y su partida fue considerada desgracia.

3. Y su salida de entre nosotros, destrucción total; pero ellos están en paz.

4. Porque aunque ante los hombres fueron castigados, su esperanza está llena de inmortalidad.

5. Después de haber sido corregidos un poco, recibirán grandes recompensas, porque Êlôhîym los probó y los halló dignos de sí.

6. Como oro en el horno los probó y los aceptó como ofrenda quemada.

7. En el tiempo de su visita brillarán y correrán como chispas entre la paja.

8. Juzgarán a las naciones y dominarán a los pueblos, y su Yahuah reinará para siempre.

9. Los que confían en él comprenderán la verdad, y los fieles permanecerán con él en amor, porque gracia y misericordia están con sus qâdôsh, y cuida de sus escogidos.

10. Pero los impíos serán castigados según sus pensamientos, pues despreciaron al justo y abandonaron a Yahuah.

11. Porque el que desprecia la sabiduría y la disciplina es miserable; su esperanza es vana, sus trabajos infructuosos y sus obras inútiles.

12. Sus mujeres son insensatas y sus hijos perversos.

13. Su descendencia es maldita; pero dichosa la estéril que es pura y no conoció lecho pecaminoso, porque dará fruto en la visita de las almas.

14. Y dichoso el eunuco que no obró injusticia con sus manos ni pensó mal contra Êlôhîym, porque se le dará un don especial de fidelidad y una herencia más agradable en el templo de Yahuah.

15. Porque glorioso es el fruto de las buenas obras, y la raíz de la sabiduría nunca se marchita.

16. Pero los hijos de los adúlteros no llegarán a la madurez, y la descendencia de un lecho injusto será arrancada.

17. Aunque vivan mucho tiempo, no serán considerados, y su vejez final será sin honor.

18. Y si mueren pronto, no tendrán esperanza ni consuelo en el día del juicio.

19. Porque terrible es el fin de la generación injusta.

Capítulo 4

1. Mejor es no tener hijos y tener virtud, porque su memoria es inmortal, pues es conocida por Êlôhîym y por los hombres.

2. Cuando está presente, los hombres la imitan; cuando se ha ido, la desean. Lleva una corona y triunfa para siempre, habiendo vencido en la lucha por premios puros.

3. Pero la numerosa descendencia de los impíos no prosperará, ni echará raíces profundas, ni pondrá fundamento firme.

4. Aunque florezcan por un tiempo, no permanecerán; serán sacudidos por el viento y arrancados por la fuerza de los vientos.

5. Las ramas imperfectas serán quebradas; su fruto no servirá, no estará maduro para comer y no será útil para nada.

6. Porque los hijos nacidos de uniones ilícitas son testigos de la maldad de sus padres en su juicio.

7. Pero aunque el justo muera antes de tiempo, estará en descanso.

8. Porque la vejez honorable no consiste en la larga vida ni se mide por el número de años.

9. La sabiduría es para los hombres la verdadera canicie, y una vida sin mancha es la verdadera vejez.

10. Él agradó a Êlôhîym y fue amado por él; por eso fue trasladado de entre los pecadores.

11. Fue llevado rápidamente para que la maldad no cambiara su entendimiento ni el engaño sedujera su alma.

12. Porque el encanto de la maldad oscurece lo que es bueno, y el torbellino del deseo pervierte la mente sencilla.

13. Alcanzando la perfección en poco tiempo, cumplió una larga vida.

14. Porque su alma agradó a Yahuah; por eso se apresuró a sacarlo de entre los malvados.

15. El pueblo vio esto, pero no lo comprendió ni pensó que su gracia y misericordia están con sus qâdôsh y que él cuida de sus escogidos.

16. Así el justo muerto condena a los impíos que viven, y la juventud que llega pronto a la perfección condena los muchos años y la vejez de los injustos.

17. Verán el fin del sabio y no comprenderán lo que Êlôhîym decidió en su consejo ni para qué lo puso en seguridad.

18. Lo verán y lo despreciarán, pero Êlôhîym se burlará de ellos; después serán un cadáver despreciado y un reproche entre los muertos para siempre.

19. Porque él los derribará de cabeza, quedarán mudos, los sacudirá desde los cimientos, serán totalmente devastados, estarán en dolor y su memoria perecerá.

20. Cuando revisen la cuenta de sus pecados, vendrán con temor, y sus propias iniquidades los acusarán cara a cara.

Capítulo 5

1. Entonces el justo se levantará con gran valentía delante de los que lo afligieron y despreciaron sus trabajos.

2. Al verlo, se llenarán de terrible temor y se asombrarán de lo inesperada que fue su salvación, mucho más de lo que habían esperado.

3. Arrepentidos y gimiendo por la angustia de su espíritu dirán dentro de sí: Este era aquel de quien nos burlábamos y de quien hacíamos un proverbio de desprecio.

4. Nosotros, necios, considerábamos su vida como locura y su fin como sin honor.

5. ¡Cómo es contado entre los hijos de Êlôhîym y su herencia está entre los qâdôsh!

6. Por tanto, nos desviamos del camino de la verdad, y la luz de la justicia no brilló para nosotros, y el sol de justicia no salió sobre nosotros.

7. Nos fatigamos en caminos de maldad y destrucción; anduvimos por desiertos donde no había camino, pero el camino de Yahuah no lo conocimos.

8. ¿De qué nos sirvió el orgullo? ¿Qué provecho nos dieron las riquezas con nuestra arrogancia?

9. Todo eso pasó como una sombra, como un mensajero que se apresura.

10. Como nave que pasa sobre las olas del mar, de la cual después no se encuentra rastro ni huella de su quilla en las aguas.

11. O como cuando un ave vuela por el aire, sin dejar señal de su camino; el aire se abre por el batir de sus alas y luego vuelve a cerrarse sin dejar rastro.

12. O como una flecha disparada hacia un blanco, que divide el aire y luego este vuelve a juntarse sin que se pueda saber por dónde pasó.

13. Así también nosotros: apenas nacimos comenzamos a acercarnos a nuestro fin, sin tener señal de virtud que mostrar, sino que nos consumimos en nuestra maldad.

14. Porque la esperanza del impío es como polvo que se lleva el viento, como espuma ligera que la tormenta arrastra, como humo que se dispersa con el viento, como recuerdo de un huésped que solo se queda un día.

15. Pero los justos viven para siempre; su recompensa está con Yahuah y Elyôn Êl cuida de ellos.

16. Por eso recibirán un reino glorioso y una hermosa corona de la mano de Yahuah; con su diestra los cubrirá y con su brazo los protegerá.

17. Él tomará su celo como armadura completa y hará de la creación su arma contra sus enemigos.

18. Se vestirá de justicia como coraza y pondrá el juicio verdadero como casco.

19. Tomará la santidad qôdesh como escudo invencible.

20. Su ira severa afilará como espada y el mundo luchará con él contra los insensatos.

21. Entonces los rayos certeros saldrán disparados y desde las nubes volarán al blanco como desde un arco bien tensado.

22. Granizos llenos de ira serán lanzados como desde una honda, el mar se enfurecerá contra ellos y los ríos los ahogarán con violencia.

23. Un viento poderoso se levantará contra ellos y como tormenta los arrastrará; así la maldad devastará toda la tierra y la injusticia derribará los tronos de los poderosos.

Capítulo 6

1. Escuchen, pues, oh reyes, y entiendan; aprendan ustedes que juzgan los confines de la tierra.

2. Presten atención, ustedes que gobiernan a los pueblos y se glorían en la multitud de naciones.

3. Porque el poder les fue dado por Yahuah y la soberanía por Elyôn Êl, quien examinará sus obras y escudriñará sus pensamientos.

4. Porque siendo ministros de su reino, no juzgaron con rectitud ni guardaron la ley ni caminaron conforme al consejo de Êlôhîym.

5. Terriblemente y con rapidez vendrá sobre ustedes, porque el juicio severo será para los que están en lugares altos.

6. Porque al humilde pronto se le perdona con misericordia, pero los poderosos serán juzgados con poder.

7. Porque Yahuah, Señor de todos, no teme la persona de nadie ni se intimida ante la grandeza de nadie, pues él hizo al pequeño y al grande y cuida por igual de todos.

8. Pero una dura prueba vendrá sobre los poderosos.

9. A ustedes, pues, oh reyes, hablo para que aprendan sabiduría y no caigan.

10. Porque los que guardan la santidad qôdesh serán justificados qâdôsh, y los que aprendan estas cosas encontrarán qué responder.

11. Por tanto, amen mis palabras, deséenlas y serán instruidos.

12. La sabiduría es gloriosa y nunca se marchita; se deja ver fácilmente por los que la aman y se deja hallar por los que la buscan.

13. Ella se adelanta a los que la desean, dándose a conocer primero.

14. El que madruga para buscarla no tendrá gran trabajo, porque la hallará sentada a su puerta.

15. Pensar en ella es perfección de sabiduría, y el que vela por ella pronto estará sin preocupaciones.

16. Porque ella busca a los que son dignos de ella, se muestra favorable en sus caminos y sale al encuentro en cada pensamiento.

17. El verdadero comienzo de la sabiduría es el deseo de disciplina, y el cuidado de la disciplina es amor.

18. El amor consiste en guardar sus leyes, y atender a sus leyes es garantía de incorruptibilidad.

19. Y la incorruptibilidad nos acerca a Êlôhîym.

20. Por tanto, el deseo de sabiduría conduce a un reino.

21. Si ustedes, reyes de los pueblos, se deleitan en tronos y cetros, honren la sabiduría para que reinen para siempre.

22. Qué es la sabiduría y cómo nació lo explicaré y no ocultaré misterios; la investigaré desde su origen y sacaré su conocimiento a la luz sin omitir la verdad.

23. No caminaré con la envidia destructora, porque tal hombre no tendrá comunión con la sabiduría.

24. La multitud de sabios es la salvación del mundo y un rey sabio es la estabilidad del pueblo.

25. Reciban instrucción por medio de mis palabras y les será provechoso.

Capítulo 7

1. Yo también soy un hombre mortal como todos, descendiente del primero que fue hecho de la tierra.

2. En el vientre de mi madre fui formado como carne durante diez meses, hecho de sangre, de la semilla del hombre y del placer que acompaña al sueño.

3. Cuando nací respiré el aire común y caí sobre la misma tierra que todos; y mi primer sonido fue llanto como el de todos.

4. Fui criado entre pañales y con cuidados.

5. Porque ningún rey tuvo un comienzo diferente en su nacimiento.

6. Todos los hombres tienen la misma entrada en la vida y la misma salida.

7. Por eso oré y me fue dada inteligencia; invoqué a Êlôhîym y vino a mí el espíritu de sabiduría.

8. La preferí antes que cetros y tronos y consideré la riqueza como nada en comparación con ella.

9. No la comparé con ninguna piedra preciosa, porque todo el oro frente a ella es como un poco de arena y la plata se estima como barro.

10. La amé más que la salud y la belleza y elegí tenerla antes que la luz, porque la luz que procede de ella nunca se apaga.

11. Con ella me vinieron todos los bienes y riquezas innumerables en sus manos.

12. Me alegré en todos ellos porque la sabiduría los guía, aunque no sabía que ella era su origen.

13. La aprendí con diligencia y la comparto generosamente; no escondo sus riquezas.

14. Porque es un tesoro inagotable para los hombres; quienes la usan se hacen amigos de Êlôhîym, recomendados por los dones que vienen del conocimiento.

15. Êlôhîym me conceda hablar dignamente y pensar conforme a lo que se me ha dado, porque él es quien guía hacia la sabiduría y dirige a los sabios.

16. En su mano estamos nosotros y nuestras palabras, toda sabiduría y conocimiento del trabajo.

17. Él me dio conocimiento verdadero de las cosas: saber cómo fue hecho el mundo y la operación de los elementos.

18. El principio, el fin y el medio de los tiempos; los cambios del sol y las estaciones.

19. Los ciclos de los años y la posición de las estrellas.

20. La naturaleza de los seres vivos y la ferocidad de los animales; la fuerza de los vientos y los razonamientos humanos; la variedad de plantas y las virtudes de las raíces.

21. Todas las cosas ocultas y manifiestas las conozco.

22. Porque la sabiduría, artífice de todo, me enseñó; en ella hay un espíritu inteligente, santo, único y múltiple, sutil, activo, puro, claro, sin mancha, directo, invulnerable, amante del bien, pronto, libre, dispuesto a hacer el bien.

23. Benévolo con los hombres, firme, seguro, sin preocupación, poderoso, que todo lo observa y penetra todos los espíritus inteligentes, puros y sutiles.

24. Porque la sabiduría es más ágil que cualquier movimiento; por su pureza atraviesa y penetra todas las cosas.

25. Ella es el aliento del poder de Êlôhîym y una emanación pura de la gloria de Shadday Êl; por eso nada impuro puede entrar en ella.

26. Es el resplandor de la luz eterna, espejo sin mancha del poder de Êlôhîym e imagen de su bondad.

27. Siendo una sola puede hacerlo todo; permanece en sí misma y renueva todas las cosas; en todas las generaciones entra en almas qâdôsh y las hace amigas de Êlôhîym y Nâbîy.

28. Porque Êlôhîym no ama a nadie sino al que vive con sabiduría.

29. Ella es más hermosa que el sol y supera todo el orden de las estrellas; comparada con la luz resulta superior.

30. Porque a la luz le sucede la noche, pero contra la sabiduría no prevalece la maldad.

Capítulo 8

1. La sabiduría alcanza con poder de un extremo al otro, y ordena todo con dulzura.

2. La amé y la busqué desde mi juventud; deseé tomarla por esposa, y fui amante de su hermosura.

3. Por su trato con Êlôhîym, engrandece su nobleza; sí, Yahuah, el Señor de todas las cosas, la amó.

4. Porque ella conoce los misterios del conocimiento de Êlôhîym y ama sus obras.

5. Si las riquezas son una posesión deseable en esta vida, ¿qué es más rico que la sabiduría que lo hace todo?

6. Y si la prudencia actúa, ¿quién, de todos los que existen, es más hábil artesana que ella?

7. Y si alguien ama la justicia, sus trabajos son virtudes: porque enseña templanza y prudencia, justicia y fortaleza, cosas de las que los hombres no tienen nada más provechoso en su vida.

8. Si alguien desea mucha experiencia, ella conoce las cosas antiguas y conjetura correctamente lo que ha de venir; entiende las sutilezas de los discursos y explica sentencias oscuras; prevé señales y maravillas y los sucesos de estaciones y tiempos.

9. Por eso me propuse tomarla para que viviera conmigo, sabiendo que ella sería consejera de bienes y consuelo en cuidados y tristeza.

10. Por causa de ella tendré estima entre la multitud y honor entre los ancianos, aunque sea joven.

11. En el juicio se me hallará de mente rápida, y seré admirado ante los grandes.

12. Cuando calle, esperarán mi momento; y cuando hable, me escucharán con atención; si hablo mucho, se pondrán la mano sobre la boca.

13. Además, por medio de ella obtendré inmortalidad y dejaré a los que vengan después un recuerdo eterno.

14. Pondré en orden al pueblo y las naciones estarán sujetas a mí.

15. Los tiranos temibles se asustarán con solo oír de mí; seré hallado bueno entre la multitud y valiente en la guerra.

16. Cuando llegue a mi casa, descansaré con ella; porque su compañía no tiene amargura, y vivir con ella no trae tristeza, sino alegría y gozo.

17. Cuando consideré estas cosas en mí mismo y las medité en mi corazón, que unirme a la sabiduría es inmortalidad,

18. y que gran deleite es tener su amistad, y que en las obras de sus manos hay riquezas infinitas; y que en el ejercicio de conversar con ella hay prudencia; y en hablar con ella, buena reputación, procuré cómo tomarla para mí.

19. Porque yo era un niño de buen talento y tenía un buen espíritu.

20. Más bien, siendo bueno, entré en un cuerpo sin mancha.

21. Sin embargo, cuando comprendí que no podía obtenerla de otro modo, si no era que Êlôhîym me la daba, y que también era sabiduría saber de quién era el don, oré a Yahuah, le supliqué, y con todo mi corazón dije:

Capítulo 9

1. Oh Êlôhîym de mis padres, y Yahuah de misericordia, que hiciste todas las cosas con tu palabra,

2. y ordenaste al hombre por tu sabiduría para que tuviera dominio sobre las criaturas que hiciste,

3. y gobernara el mundo con equidad y justicia, y ejecutara juicio con corazón recto:

4. dame la sabiduría que se sienta junto a tu trono, y no me rechaces de entre tus hijos;

5. porque yo, tu siervo e hijo de tu sierva, soy débil, de pocos días, y demasiado joven para entender juicio y leyes.

6. Porque aunque un hombre sea muy perfecto entre los hijos de los hombres, si tu sabiduría no está con él, no será tenido en cuenta.

7. Tú me elegiste por rey de tu pueblo y por juez de tus hijos e hijas.

8. Me mandaste edificar un templo en tu monte qâdôsh y un altar en la ciudad donde habitas, semejanza del tabernáculo qâdôsh que preparaste desde el principio.

9. Y la sabiduría estaba contigo: ella conoce tus obras, estaba presente cuando hiciste el mundo, y sabe lo que es agradable ante ti y lo que es recto en tus mandamientos.

10. Envíala desde tus shâmayim qâdôsh y desde el trono de tu gloria, para que, estando conmigo, trabaje conmigo, y yo sepa lo que te agrada.

11. Porque ella sabe y entiende todas las cosas, y me guiará sobriamente en mis obras y me guardará con su poder.

12. Así mis obras serán aceptables, y entonces juzgaré a tu pueblo con justicia y seré digno de sentarme en el asiento de mi padre.

13. Porque ¿qué hombre puede conocer el consejo de Êlôhîym? ¿O quién puede pensar cuál es la voluntad de Yahuah?

14. Porque los pensamientos de los hombres mortales son miserables, y nuestros planes inciertos.

15. Porque el cuerpo corruptible oprime el alma, y el tabernáculo terrenal pesa sobre la mente que medita muchas cosas.

16. Apenas acertamos a conjeturar lo que hay en la tierra, y con trabajo hallamos lo que está delante de nosotros; pero lo que está en shâmayim, ¿quién lo ha investigado?

17. ¿Y quién conoció tu consejo, si tú no das sabiduría y envías tu espíritu qâdôsh desde lo alto?

18. Así fueron enderezados los caminos de los que vivieron en la tierra; los hombres aprendieron lo que te agrada, y fueron salvados por la sabiduría.

Capítulo 10

1. Ella guardó al primer padre formado del mundo, que fue creado solo, y lo sacó de su caída,

2. y le dio poder para gobernar todas las cosas.

3. Pero cuando el injusto se apartó de ella en su ira, pereció también en la furia con que mató a su hermano.

4. Por causa de él, cuando la tierra fue anegada por el diluvio, la sabiduría la preservó otra vez y dirigió el rumbo del justo en un trozo de madera de poco valor.

5. Además, cuando las naciones se confundieron en su perversa conspiración, ella halló al justo, lo conservó sin mancha ante Êlôhîym, y lo mantuvo fuerte contra su tierna compasión por su hijo.

6. Cuando los impíos perecieron, ella libró al justo que huyó del fuego que cayó sobre las cinco ciudades.

7. De cuya maldad, hasta hoy, da testimonio la tierra desolada que humea, y plantas que dan fruto que nunca madura; y una columna de sal en pie es monumento de un alma incrédula.

8. Porque al no atender a la sabiduría, no solo recibieron este daño de no conocer las cosas buenas, sino que dejaron al mundo un recuerdo de su necedad, de modo que en aquello en que fallaron ni siquiera pudieron quedar ocultos.

9. Pero la sabiduría libró del sufrimiento a los que la atendieron.

10. Cuando el justo huyó de la ira de su hermano, ella lo guió por caminos rectos, le mostró el reino de Êlôhîym y le dio conocimiento de cosas qâdôsh; lo enriqueció en sus viajes y multiplicó el fruto de sus trabajos.

11. Frente a la codicia de los que lo oprimían, ella estuvo a su lado y lo enriqueció.

12. Lo defendió de sus enemigos y lo guardó de los que acechaban; y en duro combate le dio la victoria, para que supiera que la bondad es más fuerte que todo.

13. Cuando el justo fue vendido, ella no lo abandonó, sino que lo libró del pecado; descendió con él al foso,

14. y no lo dejó en cadenas hasta traerle el cetro del reino y poder contra los que lo oprimían; a los que lo acusaron, los mostró mentirosos y le dio gloria perpetua.

15. Ella libró al pueblo justo y a la descendencia sin mancha de la nación que los oprimía.

16. Entró en el alma del siervo de Yahuah y resistió a reyes temibles con maravillas y señales;

17. dio a los justos la recompensa de sus trabajos, los guió por un camino maravilloso y fue para ellos cobertura de día y luz de estrellas en la noche;

18. los hizo pasar por el Mar Rojo y los condujo por muchas aguas;

19. pero ahogó a sus enemigos y los arrojó desde lo profundo del abismo.

20. Por eso los justos despojaron a los impíos y alabaron tu nombre qâdôsh, oh Yahuah, y engrandecieron unánimes tu mano que peleó por ellos.

21. Porque la sabiduría abrió la boca de los mudos e hizo elocuentes las lenguas de los que no podían hablar.

Capítulo 11

1. Ella hizo prosperar sus obras en la mano del qâdôsh Nâbîy.

2. Pasaron por el desierto no habitado y plantaron tiendas en lugares donde no había camino.

3. Se enfrentaron a sus enemigos y se vengaron de sus adversarios.

4. Cuando tuvieron sed, clamaron a ti, y se les dio agua de la roca pedernal, y su sed fue apagada de la piedra dura.

5. Porque por las mismas cosas con que fueron castigados sus enemigos, por esas mismas ellos, en su necesidad, fueron beneficiados.

6. Porque en lugar de un río que corría continuamente, perturbado con sangre inmunda,

7. como reprensión manifiesta de aquel mandamiento por el cual fueron muertos los niños, les diste abundancia de agua por un medio que no esperaban,

8. mostrando por aquella sed cómo habías castigado a sus adversarios.

9. Porque cuando fueron probados, aunque solo castigados con misericordia, comprendieron cómo los impíos eran juzgados con ira y atormentados, teniendo sed de otra manera que los justos.

10. A estos los amonestaste y probaste como padre; pero a los otros, como rey severo, los condenaste y castigaste.

11. Estuvieran ausentes o presentes, fueron afligidos por igual.

12. Porque doble tristeza les vino, y gemidos por el recuerdo de lo pasado.

13. Porque cuando oyeron que, por sus propios castigos, los otros eran beneficiados, tuvieron algún sentimiento de Yahuah.

14. Porque a aquel a quien despreciaron con burla, cuando tiempo atrás fue arrojado por la exposición de los niños, al final, al ver lo que sucedió, se maravillaron.

15. Pero por los necios designios de su maldad, con los cuales engañados adoraron serpientes sin razón y bestias viles, enviaste sobre ellos multitud de animales irracionales para venganza,

16. para que supieran que con lo que el hombre peca, con eso mismo también será castigado.

17. Porque tu mano todopoderosa, que hizo el mundo de materia sin forma, no carecía de medios para enviar entre ellos multitud de osos o leones feroces,

18. o bestias desconocidas, llenas de furor, recién creadas, que exhalaban vapor ardiente o hedor inmundo de humo esparcido, o lanzaban terribles chispas por sus ojos;

19. cuyo daño no solo podía destruirlos de inmediato, sino que también la vista espantosa podía aniquilarlos.

20. Aun sin estas cosas, podían caer con un solo soplo, perseguidos por la venganza y dispersados por el aliento de tu poder; pero tú ordenaste todo con medida, número y peso.

21. Porque puedes mostrar tu gran fuerza en todo tiempo cuando quieres, y ¿quién podrá resistir el poder de tu brazo?

22. Porque el mundo entero delante de ti es como un granito en la balanza, como una gota de rocío de la mañana que cae sobre la tierra.

23. Pero tienes misericordia de todos, porque puedes todas las cosas, y pasas por alto los pecados de los hombres para que se enmienden.

24. Porque amas todo lo que existe y no aborreces nada de lo que has hecho; porque nunca habrías hecho nada si lo hubieras odiado.

25. ¿Y cómo podría algo permanecer, si tú no lo quisieras? ¿O conservarse, si no fuera llamado por ti?

26. Pero perdonas a todos, porque son tuyos, oh Yahuah, amante de las almas.

Capítulo 12

1. Porque tu espíritu incorruptible está en todas las cosas.

2. Por eso corriges poco a poco a los que ofenden, y los amonestas recordándoles en qué han fallado, para que, dejando su maldad, crean en ti, oh Yahuah.

3. Porque fue tu voluntad destruir por mano de nuestros padres a aquellos antiguos habitantes de tu tierra qâdôsh,

4. a quienes aborrecías por practicar las obras más detestables de hechicerías y sacrificios perversos;

5. y también a esos asesinos despiadados de niños, devoradores de carne humana y banquetes de sangre,

6. con sus Kôhên en medio de su cuadrilla idólatra, y los padres que con sus propias manos mataban a almas sin amparo;

7. para que la tierra que estimabas por encima de todas las demás recibiera una colonia digna de hijos de Êlôhîym.

8. Sin embargo, aun a esos los perdonaste como a hombres, y enviaste avispas, precursoras de tu ejército, para destruirlos poco a poco;

9. no porque no pudieras someter a los impíos bajo la mano de los justos en batalla, o destruirlos de una vez con bestias crueles, o con una sola palabra áspera;

10. sino que, ejecutando tus juicios sobre ellos poco a poco, les dabas lugar para el arrepentimiento, no ignorando que eran una generación perversa, que su malicia estaba arraigada en ellos y que su pensamiento nunca cambiaría.

11. Porque eran una simiente maldita desde el principio; y no por temor de hombre alguno les diste perdón por aquello en que pecaron.

12. Porque ¿quién dirá: "¿Qué has hecho?" ¿O quién resistirá tu juicio? ¿O quién te acusará por las naciones que perecen, a las cuales tú hiciste? ¿O quién vendrá a ponerse contra ti para vengarse por los hombres injustos?

13. Porque no hay otro Êlôhîym fuera de ti que cuide de todos, a quien pudieras mostrar que tu juicio no es injusto.

14. Ni rey ni tirano podrá alzar su rostro contra ti por ninguno de los que has castigado.

15. Pues siendo tú mismo justo, gobiernas todas las cosas con justicia; y no consideras acorde con tu poder condenar al que no mereció castigo.

16. Porque tu poder es el principio de la justicia, y porque eres Yahuah de todos, haces que seas misericordioso con todos.

17. Porque cuando los hombres no creen que tu poder es pleno, muestras tu fuerza; y entre los que la conocen, haces manifiesta su osadía.

18. Pero tú, dueño de tu poder, juzgas con equidad y nos gobiernas con gran favor; porque puedes usar tu poder cuando quieres.

19. Con tales obras enseñaste a tu pueblo que el hombre justo debe ser misericordioso, y has dado a tus hijos buena esperanza, pues concedes arrepentimiento por los pecados.

20. Porque si castigaste con tal consideración a los enemigos de tus hijos, a los condenados a muerte, dándoles tiempo y lugar para que fueran librados de su malicia,

21. ¡con cuánta mayor circunspección juzgaste a tus propios hijos, a cuyos padres juraste e hiciste pactos de buenas promesas!

22. Por eso, cuando nos corriges, azotas a nuestros enemigos mil veces más, para que, al juzgar, pensemos con cuidado en tu bondad, y cuando somos juzgados, esperemos misericordia.

23. Por tanto, a los que vivieron disoluta e injustamente, los atormentaste con sus propias abominaciones.

24. Porque se extraviaron mucho en caminos de error y tuvieron por dioses a los que aun entre las bestias de sus enemigos eran despreciados, engañados como niños sin entendimiento.

25. Por eso, como a niños sin uso de razón, les enviaste un juicio para burlarse de ellos.

26. Pero los que no quisieron corregirse con aquella reprensión con la que jugabas con ellos, sentirán un juicio digno de Êlôhîym.

27. Porque mira: por aquello mismo que se quejaban cuando eran castigados—por aquellos a quienes creían dioses—ahora, castigados por medio de ellos, al verlo reconocieron al verdadero Êlôhîym, a quien antes negaban conocer; y por eso vino sobre ellos condenación extrema.

Capítulo 13

1. Ciertamente vanos son por naturaleza todos los hombres que ignoran a Êlôhîym, y que, a partir de los bienes visibles, no pudieron conocer al que es; ni considerando las obras reconocieron al artífice,

2. sino que tuvieron por dioses que gobiernan el mundo al fuego, o al viento, o al aire veloz, o al círculo de las estrellas, o al agua impetuosa, o a las lumbreras de shâmayim.

3. Si, deleitados por su hermosura, las tomaron por dioses, sepan cuánto mejor es Yahuah que ellas, pues el primer autor de la belleza las creó.

4. Y si quedaron asombrados por su poder y virtud, entiendan por ellas cuán mucho más poderoso es el que las hizo.

5. Porque, por la grandeza y belleza de las criaturas, proporcionalmente se ve al Hacedor de ellas.

6. Con todo, por esto son menos culpables: porque quizá yerran buscando a Êlôhîym y deseando hallarlo.

7. Pues, ocupados en sus obras, lo buscan con diligencia y creen a sus ojos, porque son hermosas las cosas que se ven.

8. Sin embargo, ni aun así son dignos de perdón.

9. Porque si fueron capaces de saber tanto que pudieron comprender el mundo, ¿cómo no hallaron antes a Yahuah de él?

10. Pero desdichados son, y en cosas muertas está su esperanza, los que llaman dioses a obras de manos de hombres: oro y plata labrados con arte, figuras de animales, o una piedra inútil, obra de una mano antigua.

11. Un carpintero, que tala madera, después de aserrar un árbol apropiado y quitar con destreza toda la corteza alrededor, lo trabaja con primor y hace de ello un utensilio apto para el uso de la vida humana;

12. y, gastando los desechos de su labor para aderezar su comida, se sacia;

13. y tomando el resto que no sirve para nada, un pedazo de madera torcido y lleno de nudos, lo talla con diligencia cuando no tiene otra cosa que hacer, lo forma con la habilidad de su entendimiento y lo hace a imagen de hombre,

14. o lo hace semejante a alguna bestia vil, lo recubre de bermellón, lo pinta de rojo y cubre toda mancha;

15. y, preparándole un lugar conveniente, lo pone en la pared y lo asegura con hierro.

16. Porque se preocupa de que no caiga, sabiendo que no puede ayudarse a sí mismo; pues es imagen y necesita ayuda.

17. Luego hace oración por sus bienes, por su mujer y sus hijos, y no se avergüenza de hablar a lo que no tiene vida.

18. Por la salud invoca a lo débil; por la vida ruega a lo muerto; por ayuda suplica humildemente a lo que menos puede ayudar; y para un buen viaje pide a lo que no puede dar un paso;

19. y para ganar, adquirir y tener éxito en el trabajo de sus manos, pide capacidad a aquel que es el más incapaz de hacer cosa alguna.

Capítulo 14

1. Asimismo, quien se dispone a navegar y va a pasar por olas embravecidas, invoca un pedazo de madera más podrido que la nave que lo lleva.

2. Porque en verdad el deseo de ganancia ideó eso, y el artífice lo construyó con su habilidad.

3. Pero tu providencia, oh Padre, lo gobierna: porque tú hiciste camino en el mar y senda segura entre las olas,

4. mostrando que puedes salvar de todo peligro, aun cuando un hombre se haga a la mar sin pericia.

5. No obstante, no quieres que las obras de tu sabiduría estén ociosas; por eso los hombres encomiendan su vida a un pequeño trozo de madera, y pasando el mar agitado en un frágil barco, se salvan.

6. Porque también en tiempos antiguos, cuando perecieron los orgullosos nephîyl, la esperanza del mundo, gobernada por tu mano, escapó en una frágil nave y dejó a todas las edades semilla de generación.

7. Porque bendita es la madera por la cual viene la justicia.

8. Pero lo hecho con manos es maldito, tanto ello, como el que lo hizo: él, porque lo hizo; y ello, porque siendo corruptible fue llamado Êlôhîym.

9. Porque el impío y su impiedad son igualmente odiosos a Êlôhîym.

10. Pues lo hecho será castigado junto con el que lo hizo.

11. Por eso habrá también visita sobre los ídolos de las naciones: porque en la criatura

de Êlôhîym se han vuelto abominación, tropiezo para las almas de los hombres y lazo para los pies de los necios.

12. Porque el inventar ídolos fue el comienzo de la fornicación espiritual, y su invención, la corrupción de la vida.

13. Porque no existieron desde el principio, ni existirán para siempre.

14. Pues por la vana gloria de los hombres entraron en el mundo; por eso pronto llegarán a su fin.

15. Porque un padre afligido por duelo prematuro, al hacer una imagen de su hijo arrebatado pronto, ahora lo honró como a un dios, cuando entonces era un muerto; y entregó a los suyos ceremonias y sacrificios.

16. Así, con el tiempo, una costumbre impía, fortalecida, se guardó como ley, y las imágenes talladas fueron adoradas por mandamientos de reyes.

17. A quienes los hombres no podían honrar en presencia porque vivían lejos, tomaron de lejos el retrato de su rostro e hicieron una imagen exacta del rey a quien honraban, para, con esa diligencia, adular al ausente como si estuviera presente.

18. También la singular diligencia del artífice impulsó a los ignorantes a mayor superstición.

19. Porque él, quizá queriendo agradar a uno con autoridad, forzó toda su destreza para hacer la semejanza de la mejor manera.

20. Y así la multitud, atraída por el encanto de la obra, tomó ya por dios a quien poco antes solo había sido honrado.

21. Y esto fue ocasión de engaño para el mundo: porque los hombres, sirviendo a la calamidad o a la tiranía, atribuyeron a piedras y maderos el nombre incomunicable.

22. Y aún no les bastó errar en el conocimiento de Êlôhîym; sino que, viviendo en la gran guerra de la ignorancia, a tan grandes males los llamaron paz.

23. Porque mientras mataban a sus hijos en sacrificios, o practicaban ceremonias secretas, o hacían fiestas de ritos extraños,

24. ya no guardaban puras ni las vidas ni los matrimonios: sino que uno mataba a otro a traición, o lo afligía con adulterio.

25. De modo que reinaban en todos, sin excepción, sangre, homicidio, robo y engaño; corrupción, infidelidad, tumultos, perjurio,

26. perturbación de los buenos, olvido de los beneficios, contaminación de las almas, cambio del orden natural, desorden en los matrimonios, adulterio e impudicia.

27. Porque el culto de ídolos innombrables es el principio, la causa y el fin de todo mal.

28. Pues o enloquecen cuando se alegran, o profetizan mentiras, o viven injustamente, o juran en falso con ligereza.

29. Porque, puesto que su confianza está en ídolos sin vida, aunque juren falsamente, no esperan sufrir daño.

30. Sin embargo, por ambas causas serán justamente castigados: por no pensar rectamente acerca de Êlôhîym, atendiendo a ídolos, y por jurar injustamente con engaño, despreciando lo qôdesh.

31. Porque no es el poder de aquellos por quienes juran, sino la justa venganza de los pecadores, la que siempre castiga la ofensa de los impíos.

Capítulo 15

1. Pero tú, oh Êlôhîym, eres benigno y verdadero, paciente, y gobiernas todas las cosas con misericordia,

2. porque si pecamos, tuyos somos, pues conocemos tu poder; pero no pecaremos, sabiendo que somos contados como tuyos.

3. Porque conocerte es justicia perfecta; sí, conocer tu poder es la raíz de la inmortalidad.

4. Porque ni la maliciosa invención de los hombres nos engañó, ni una imagen manchada con diversos colores, obra infructuosa del pintor;

5. cuya vista incita a los necios a codiciarla, y así desean la figura de una imagen muerta, que no tiene aliento.

6. Tanto los que las hacen, como los que las desean y los que las adoran, son amantes de cosas malas, y dignos de confiar en tales cosas.

7. Porque el alfarero, amasando la tierra blanda, forma con mucho trabajo cada vasija para nuestro servicio; y de la misma arcilla hace tanto vasijas para usos limpios como también las que sirven para lo contrario; pero el uso de cada una, el mismo alfarero lo decide.

8. Y usando mal su trabajo, hace de la misma arcilla un dios vano, él que poco antes fue hecho de tierra, y dentro de poco vuelve a lo mismo, cuando se le reclame la vida que le fue prestada.

9. Con todo, su cuidado no es que tendrá mucho trabajo, ni que su vida sea corta, sino que compite con orfebres y plateros, y procura imitar a los que trabajan el bronce, y cuenta por gloria hacer cosas falsas.

10. Su corazón es ceniza, su esperanza es más vil que la tierra, y su vida vale menos que el barro;

11. porque no conoció a su Âśâh, ni al que le inspiró un alma activa y le infundió un espíritu viviente.

12. Antes tuvieron nuestra vida por un pasatiempo, y nuestro tiempo aquí por un mercado para ganancia; porque dicen: "Debemos ganar por todos los medios, aunque sea por el mal".

13. Porque este hombre, que de materia terrena hace vasijas frágiles e imágenes talladas, sabe que peca más que todos los demás.

14. Y todos los enemigos de tu pueblo, que lo mantienen en sujeción, son muy necios y más miserables que niños pequeños.

15. Porque tuvieron por dioses a todos los ídolos de las naciones, que no tienen ojos para ver, ni nariz para respirar, ni oídos para oír, ni dedos de manos para palpar; y sus pies son lentos para andar.

16. Porque el hombre los hizo, y quien recibió prestado su propio espíritu los formó; pero ningún hombre puede hacer un dios semejante a sí mismo.

17. Pues siendo mortal, obra una cosa muerta con manos impías; porque él mismo es mejor que las cosas que adora: él vivió una vez, pero ellas nunca.

18. Incluso adoraron también a esas bestias que son las más odiosas; porque, comparadas entre sí, unas son peores que otras.

19. Ni siquiera son hermosas como para ser deseadas entre las bestias; pero quedaron sin la alabanza de Êlôhîym y sin su bendición.

Capítulo 16

1. Por eso, por cosas semejantes fueron castigados justamente, y atormentados por multitud de bestias.

2. En lugar de ese castigo, obrando con gracia con tu propio pueblo, les preparaste

comida de sabor extraño, codornices, para despertar su apetito,

3. a fin de que ellos, deseando alimento, por la fea vista de las bestias enviadas contra sus enemigos aborrecieran aun lo que necesariamente deseaban; pero estos, padeciendo escasez por poco tiempo, participaran de un gusto extraño.

4. Porque era necesario que sobre los que ejercían tiranía viniera una escasez inevitable; pero a estos solo se les mostrara cómo sus enemigos eran atormentados.

5. Porque cuando vino sobre aquellos la terrible fiereza de las bestias y perecían por las picaduras de serpientes torcidas, tu ira no duró para siempre:

6. sino que fueron afligidos por breve tiempo para amonestación, teniendo una señal de salvación que les recordara el mandamiento de tu ley.

7. Porque el que se volvía hacia ella no era salvado por lo que veía, sino por ti, que eres el Yâsha de todos.

8. Y en esto hiciste confesar a tus enemigos que eres tú quien libra de todo mal;

9. porque a ellos los mató la mordedura de langostas y moscas, y no se halló remedio para su vida, pues eran dignos de ser castigados por tales cosas.

10. Pero a tus hijos ni los dientes de dragones venenosos los vencieron, porque tu misericordia estaba siempre con ellos y los sanaba.

11. Pues eran heridos para que recordaran tus palabras, y pronto eran salvados, para que no cayeran en profundo olvido, sino que estuvieran continuamente atentos a tu bondad.

12. Porque no fue hierba ni ungüento lo que los restauró, sino tu palabra, oh Yahuah, que sana todas las cosas.

13. Porque tú tienes poder sobre la vida y la muerte: llevas a las puertas de sheôl y haces subir de nuevo.

14. El hombre, en verdad, mata por su malicia; pero el espíritu, cuando sale, no vuelve, ni retorna el alma recibida.

15. Pero no es posible escapar de tu mano.

16. Porque los impíos, que negaron conocerte, fueron azotados por la fuerza de tu brazo; con lluvias extrañas, granizo y aguaceros fueron perseguidos, sin poder evitarlos, y por el fuego fueron consumidos.

17. Y, lo más admirable, el fuego tenía más fuerza en el agua que todo lo apaga, porque el mundo combate por los justos.

18. Porque por un tiempo la llama fue mitigada, para que no quemara a las bestias enviadas contra los impíos, sino que ellos mismos vieran y comprendieran que eran perseguidos por el juicio de Êlôhîym.

19. Y en otro tiempo ardía aun en medio del agua, más allá del poder del fuego, para destruir los frutos de una tierra injusta.

20. En cambio, alimentaste a tu pueblo con pan de ángeles y les enviaste desde shâmayim pan preparado sin su trabajo, capaz de satisfacer el gusto de cada uno y acomodado a todo paladar.

21. Porque tu sustento mostraba tu dulzura a tus hijos y, sirviendo al apetito del que comía, se templaba al gusto de cada uno.

22. Pero la nieve y el hielo resistían el fuego y no se derretían, para que supieran que el fuego, ardiendo en el granizo y centelleando en la lluvia, destruía los frutos de los enemigos;

23. pero esto, otra vez, olvidaba su propia fuerza, para que los justos fueran sustentados.

24. Porque la criatura que te sirve a ti, el Creador, aumenta su fuerza contra los injustos para su castigo, y la disminuye para beneficio de los que confían en ti.

25. Por eso entonces se transformaba en todas las formas y obedecía a tu gracia, que alimenta todas las cosas, según el deseo de los necesitados,

26. para que tus hijos, oh Yahuah, a quienes amas, supieran que no es el crecimiento de los frutos lo que nutre al hombre, sino tu palabra, que preserva a los que confían en ti.

27. Porque lo que el fuego no destruyó, con solo un rayo de sol se derretía pronto,

28. para que se supiera que debemos adelantarnos al sol para darte gracias y, al amanecer, orar a ti.

29. Porque la esperanza del ingrato se derretirá como la escarcha del invierno y se escurrirá como agua inútil.

Capítulo 17

1. Porque grandes son tus juicios y no pueden expresarse; por eso almas sin crianza han errado.

2. Porque cuando los hombres injustos pensaron oprimir a la nación qâdôsh, ellos, encerrados en sus casas, prisioneros de la oscuridad y sujetos con los lazos de una larga noche, yacían allí, desterrados de la providencia eterna.

3. Pues mientras suponían ocultarse en sus pecados secretos, quedaron esparcidos bajo un oscuro velo de olvido, horriblemente espantados y turbados con apariciones extrañas.

4. Porque ni el rincón que los retenía podía librarlos del miedo; sino que ruidos como de aguas que caen sonaban alrededor, y se les aparecían visiones tristes con rostros abatidos.

5. Ningún poder del fuego podía darles luz, ni las brillantes llamas de las estrellas podían alumbrar aquella noche espantosa.

6. Solo se les aparecía un fuego encendido por sí mismo, muy terrible; y estando muy atemorizados, pensaban que lo que veían era peor que aquello que no veían.

7. En cuanto a los engaños del arte de la magia, fueron abatidos, y su jactancia de sabiduría fue reprendida con vergüenza.

8. Porque los que prometían ahuyentar terrores y angustias de un alma enferma estaban ellos mismos enfermos de miedo, dignos de risa.

9. Pues aunque nada terrible los asustaba, con solo espantarse por el paso de bestias y el silbido de serpientes,

10. morían de miedo, negando que veían el aire, del cual no podían escapar por ninguna parte.

11. Porque la maldad, condenada por su propio testimonio, es muy temerosa, y, apremiada por la conciencia, siempre presagia cosas penosas.

12. Pues el miedo no es otra cosa que traicionar los auxilios que la razón ofrece.

13. Y la expectativa interior, al ser menor, tiene la ignorancia por mayor que la causa que trae el tormento.

14. Pero ellos, durmiendo aquel mismo sueño de esa noche, en verdad intolerable, que les sobrevino desde las profundidades de un sheôl inevitable,

15. eran en parte atormentados por apariciones monstruosas y en parte desmayaban,

fallándoles el corazón; porque un temor repentino e inesperado vino sobre ellos.

16. Así, cualquiera que allí caía quedaba retenido estrechamente, encerrado en una prisión sin barras de hierro,

17. porque ya fuera labrador, o pastor, o trabajador del campo, era sorprendido y sufría aquella necesidad inevitable; pues todos estaban atados con una sola cadena de oscuridad.

18. Ya fuese un viento silbante, o el canto melodioso de aves entre ramas extendidas, o una agradable caída de agua corriendo con fuerza,

19. o el estruendo terrible de piedras que caen, o la carrera invisible de bestias saltadoras, o el rugido de las fieras más salvajes, o el eco que rebotaba en las montañas huecas: estas cosas los hacían desfallecer de miedo.

20. Porque todo el mundo brillaba con luz clara y nadie era impedido en su trabajo;

21. pero sobre ellos solo se extendía una noche pesada, imagen de aquella oscuridad que después habría de recibirlos; y aun así, eran para sí mismos más gravosos que la oscuridad.

Capítulo 18

1. Sin embargo, tus qâdôsh tenían una luz muy grande, cuya voz ellos oían, y, sin ver su figura, por no haber padecido también las mismas cosas, los tuvieron por dichosos.

2. Y porque ahora no les hacían daño a aquellos de quienes antes habían sido agraviados, les daban gracias y les pedían perdón por haber sido enemigos.

3. En lugar de lo cual les diste una columna ardiente de fuego, para guiarlos en el viaje desconocido y como un sol inofensivo para acompañarlos con honor.

4. Porque eran dignos de ser privados de la luz y encarcelados en tinieblas, los que habían mantenido encerrados a tus hijos, por quienes la luz incorruptible de la ley había de ser dada al mundo.

5. Y cuando determinaron matar a los niños de los qâdôsh, un niño fue arrojado fuera y salvado para reprenderlos; les quitaste la multitud de sus hijos y los destruiste del todo en aguas poderosas.

6. De aquella noche fueron avisados de antemano nuestros padres, para que, sabiendo con certeza en qué juramentos habían creído, después estuvieran de buen ánimo.

7. Así, de tu pueblo fue aceptada tanto la salvación de los justos como la destrucción de los enemigos.

8. Porque con aquello mismo con que castigaste a nuestros adversarios, con eso nos glorificaste a nosotros, a quienes llamaste.

9. Porque los hijos justos de los hombres buenos sacrificaron en secreto y, de común acuerdo, establecieron una ley qâdôsh: que los qâdôsh fueran copartícipes de los mismos bienes y males, y los padres ya entonaban cantos de alabanza.

10. Pero, por el contrario, sonaba el clamor confuso de los enemigos, y se esparcía un lamento lastimoso por los hijos que eran llorados.

11. El amo y el siervo fueron castigados de la misma manera; y así como el rey, así padeció el hombre común.

12. De modo que todos juntos tuvieron innumerables muertos por una misma clase de muerte; ni los vivos bastaban para enterrarlos, porque en un momento fue destruida la descendencia más noble de ellos.

13. Porque, como no querían creer nada a causa de los encantamientos, con la destrucción de

los primogénitos reconocieron que este pueblo era hijo de Êlôhîym.

14. Pues mientras todas las cosas estaban en quieto silencio, y aquella noche iba por la mitad de su veloz curso,

15. tu palabra todopoderosa saltó desde shâmayim, desde tu trono real, como un guerrero feroz, en medio de una tierra de destrucción,

16. y trajo tu mandamiento verdadero como espada aguda; y, al ponerse en pie, llenó todas las cosas de muerte; tocó el shâmayim, pero se detuvo sobre la tierra.

17. Entonces, de repente, visiones de sueños espantosos los turbaban gravemente, y terrores les sobrevinieron sin ser esperados.

18. Y uno caído aquí, y otro allá, medio muerto, mostraba la causa de su muerte.

19. Porque los sueños que los turbaban lo habían anunciado, para que no perecieran sin saber por qué eran afligidos.

20. Sí, el gustar la muerte tocó también a los justos, y hubo una destrucción de la multitud en el desierto; pero la ira no duró mucho.

21. Porque entonces el hombre sin mancha se apresuró y se adelantó para defenderlos; y trayendo el escudo de su propio ministerio, esto es, la oración, y la expiación del incienso, se enfrentó a la ira y así puso fin a la calamidad, declarando que era tu siervo.

22. Así venció al destructor, no con fuerza del cuerpo ni con poder de armas, sino que con una palabra sometió al que castigaba, alegando los juramentos y los pactos hechos con los padres.

23. Porque cuando ya los muertos habían caído en montones unos sobre otros, él, puesto en medio, detuvo la ira y abrió el paso para los vivos.

24. Porque en la larga vestidura estaba el mundo entero, y en las cuatro hileras de las piedras estaba grabada la gloria de los padres, y tu majestad sobre la diadema de su cabeza.

25. Ante estas cosas el destructor cedió y les tuvo temor; porque bastaba con que solo hubieran probado la ira.

Capítulo 19

1. En cuanto a los impíos, la ira vino sobre ellos sin misericordia hasta el fin, porque él sabía de antemano lo que harían:

2. que, habiéndoles permitido partir y enviándolos apresuradamente, se arrepentirían y los perseguirían.

3. Porque mientras aún lloraban y hacían lamentación en las tumbas de los muertos, añadieron otro necio designio y persiguieron como fugitivos a quienes habían rogado que se fueran.

4. Pues el destino, del cual eran dignos, los arrastró a este fin y les hizo olvidar lo que ya había sucedido, para que completaran el castigo que faltaba a sus tormentos,

5. y para que tu pueblo pasara por un camino maravilloso, pero ellos hallaran una muerte extraña.

6. Porque toda la criatura, en su propia especie, fue formada de nuevo, sirviendo a los mandamientos particulares que les fueron dados, para que tus hijos fueran guardados sin daño:

7. así, una nube que daba sombra al campamento; y donde antes había agua, apareció tierra seca; y del Mar Rojo un paso sin impedimento; y del torrente impetuoso, un campo verde;

8. por donde pasó todo el pueblo, defendido por tu mano, viendo tus maravillosas y extrañas maravillas.

9. Porque avanzaban libres como caballos y saltaban como corderos, alabándote, oh Yahuah, que los habías librado.

10. Pues aún se acordaban de lo que se hizo cuando moraban en tierra extraña: cómo la tierra produjo moscas en lugar de ganado, y cómo el río arrojó multitud de ranas en lugar de peces.

11. Pero después vieron una nueva generación de aves, cuando, llevados por su apetito, pidieron manjares delicados.

12. Porque codornices subieron del mar para su satisfacción.

13. Y castigos vinieron sobre los pecadores, no sin señales previas, por la fuerza de los truenos; porque padecieron justamente según su propia maldad, ya que usaron una conducta más dura y odiosa hacia los extranjeros.

14. Porque los de Sedôm no recibieron a los que no conocían cuando llegaron; pero estos llevaron a servidumbre a amigos que bien los habían merecido.

15. Y no solo eso, sino que quizá se tenga alguna consideración con aquellos, porque trataron a los extranjeros sin amistad;

16. pero estos afligieron muy gravemente a quienes habían recibido con banquetes y que ya participaban de las mismas leyes con ellos.

17. Por eso también fueron heridos con ceguera, como aquellos a las puertas del hombre justo; cuando, rodeados de una oscuridad horrible y grande, cada uno buscaba la entrada de su propia puerta.

18. Porque los elementos se cambiaron en sí mismos por una especie de armonía, como en un salterio las notas cambian el nombre del tono y, con todo, siguen siendo sonidos; lo cual puede percibirse bien por la vista de las cosas que se han hecho.

19. Porque las cosas terrenas se volvieron acuosas, y las cosas que antes nadaban en el agua, ahora caminaban sobre la tierra.

20. El fuego tuvo poder en el agua, olvidando su propia virtud; y el agua olvidó su naturaleza de apagar.

21. Por el contrario, las llamas no consumieron la carne de los seres vivos corruptibles, aunque caminaban en medio de ellas; ni derritieron el alimento helado de shâmayim, que por naturaleza era apto para derretirse.

22. Porque en todas las cosas, oh Yahuah, engrandeciste a tu pueblo y lo glorificaste; no lo despreciaste en nada, sino que lo asististe en todo tiempo y lugar.

1 Ezrâ (Esdras) y los Paralelos con la Biblia Tradicional

(Guía de Estudio Dabar Yahuah - Escrituras de Yahuah)

Introducción

1 Ezrâ forma parte de los escritos apócrifos/deuterocanónicos. Se corresponde estrechamente con las narraciones canónicas de Ezra y Nehemiah, pero incluye material adicional como el debate de los "Tres Guardias", que no se encuentra en los textos canónicos tradicionales. Este libro aclara los acontecimientos del exilio babilónico, el regreso a Yarushalayim y la reconstrucción del templo, proporcionando perspectivas sobre la sabiduría Yahûdîy, el liderazgo y la providencia de Êlôhîym.

Tabla de Comparación: 1 Ezrâ vs. La Biblia

Pasaje de 1 Ezrâ	Paralelos Bíblicos	Tema / Conexión
1 Ezrâ 1:1–2 – "Todo Yasharal fue llevado al exilio por setenta años."	2 Cr 36:21; Jer 25:11; Dan 9:2	Período del exilio babilónico.
1 Ezrâ 2:1–68 – Genealogías de los que regresaron.	Ezra 2; Neh 7	Lista de familias que regresan del exilio.
1 Ezrâ 3:1–4 – Zerubbabel dirige la reconstrucción del altar.	Ezra 3:1–6	Restablecimiento del culto del templo.
1 Ezrâ 3:9–4:24 – Oposición de adversarios que intentan detener la reconstrucción.	Ezra 4	Oposición de los pueblos circundantes; narrativa similar.
1 Ezrâ 5:1–17 – El Nâbîy Haggai anima a Zerubbabel.	Hag 1:1–15	La palabra de Êlôhîym por medio de los Nâbîy para motivar la reconstrucción.
1 Ezrâ 7:1–52 – Debate de los "Tres Guardias" sobre qué es más fuerte: el vino, el rey, o las mujeres.	Sirach 25:14–15; Prov 31	Discusión de sabiduría y moral; no aparece en Ezra/ Nehemiah canónicos.
1 Ezrâ 8:1–68 – Ezra lee la Ley delante del pueblo.	Neh 8; Deut 31:9–13	Lectura pública de la Torah, renovación del pacto.
1 Ezrâ 9:1–15 – Matrimonios con mujeres extranjeras tratados.	Ezra 9–10	Reforma social y religiosa entre los que regresaron del exilio.
1 Ezrâ 10:1–44 – Purificación de Yasharal mediante separación de extranjeros.	Ezra 10:1–44	Obediencia a la Torah; restauración de la identidad nacional y religiosa.
1 Ezrâ 12:1–20 – Liderazgo y gobierno establecidos bajo Ezra.	Neh 8–9	Asegurar el orden espiritual y civil después del exilio.

Resumen de Paralelos Clave

1. Exilio y Regreso – Confirma el período del exilio babilónico y el regreso bajo el decreto de Kôresh.
2. Reconstrucción del Templo – Zerubbabel, Yêshûa y los líderes restablecen la adoración.
3. Ánimo Profético – Se enfatiza el papel de Haggai y Zekaryah.
4. Literatura de Sabiduría – El debate de los “Tres Guardias” ilustra razonamiento moral, ausente en Ezra canónico.
5. Ley y Renovación del Pacto – Lectura de la Torah y reformas para restaurar la identidad espiritual de Yasharal.
6. Oposición y Perseverancia – Destaca la providencia de Êlôhîym y los desafíos al reconstruir la comunidad y el templo.

1 Ezrâ (עֶזְרָא) – 1 Esdras

✦

Capítulo 1

1. Y Yôshîyâhû celebró la fiesta del Pesach en Yarûshâlaim para su Yahuah, y ofreció el Pesach el día catorce del mes primero;

2. habiendo establecido a los Kôhên según sus turnos diarios, vestidos con vestiduras largas, en el templo de Yahuah.

3. Y habló a los Lêwîy, ministros qâdôsh de Yâshâral, que se santificaran para Yahuah, para poner el arca qâdôsh de Yahuah en la casa que el rey Shelômôh, hijo de Dâwid, había edificado;

4. y dijo: ya no llevarán el arca sobre sus hombros; ahora, pues, sirvan a Yahuah su Êlôhîym y ministren a su pueblo Yâshâral, y prepárense según sus familias y linajes,

5. conforme a lo que ordenó Dâwid rey de Yâshâral, y conforme a la magnificencia de Shelômôh su hijo; y permanezcan en el templo según la dignidad de las familias de ustedes los Lêwîy, que ministran delante de sus hermanos los hijos de Yâshâral,

6. ofrezcan el Pesach en orden, y preparen los sacrificios para sus hermanos, y guarden el Pesach conforme al mandamiento de Yahuah dado por medio de Môsheh.

7. Y al pueblo que se hallaba allí Yôshîyâhû dio treinta mil corderos y cabritos, y tres mil becerros; estas cosas fueron dadas del tesoro del rey, conforme a lo que prometió al pueblo, a los Kôhên y a los Lêwîy.

8. Y Chilqîyâhû (חִלְקִיָּהוּ), Zekaryâhû (זְכַרְיָה) y Yachîyêl (יְחִיאֵל), gobernadores del templo, dieron a los Kôhên para el Pesach dos mil seiscientas ovejas y trescientos becerros.

9. Y Yakonyâhû (יְכָנְיָהוּ), y Shemayâhû (שְׁמַעְיָהוּ), y Nethanêl (נְתַנְאֵל) su hermano, y Chăshabyâhû (חֲשַׁבְיָהוּ), y Ochiel, y Yôrâm, capitanes sobre millares, dieron a los Lêwîy para el Pesach cinco mil ovejas y setecientos becerros.

10. Y cuando estas cosas fueron hechas, los Kôhên y los Lêwîy, teniendo el pan sin levadura, se colocaron en orden muy hermoso según los linajes,

11. y según las dignidades de los padres, delante del pueblo, para ofrecer a Yahuah, como está escrito en el libro de Môsheh; y así hicieron por la mañana.

12. Y asaron el Pesach con fuego como corresponde; y los sacrificios los cocieron en calderos y sartenes de bronce con buen aroma,

13. y los pusieron delante de todo el pueblo; y después prepararon para sí mismos y para los Kôhên sus hermanos, los hijos de Ahărôn.

14. Porque los Kôhên ofrecían la grasa hasta la noche; y los Lêwîy preparaban para sí mismos y para los Kôhên sus hermanos, los hijos de Ahărôn.

15. Los cantores qâdôsh, hijos de Âsâph, estaban también en su orden, conforme a la disposición de Dâwid, a saber, Âsâph, Zekaryâhû y Yadûthûn (יְדוּתוּן), que era del séquito del rey.

16. Asimismo los porteros estaban en cada puerta; no les era permitido apartarse de su servicio ordinario, porque sus hermanos los Lêwîy preparaban para ellos.

17. Así se cumplieron en aquel día las cosas que pertenecían a los sacrificios de Yahuah, para celebrar el Pesach,

18. y ofrecer sacrificios sobre el altar de Yahuah, conforme al mandamiento del rey Yôshîyâhû.

19. Así los hijos de Yâshâral que estaban presentes celebraron el Pesach en aquel tiempo, y la fiesta de los Panes sin Levadura por siete días.

20. Y no se había celebrado un Pesach como ese en Yâshâral desde el tiempo del Nâbîy Shemûêl.

21. Sí, ninguno de todos los reyes de Yâshâral celebró un Pesach como el que celebraron Yôshîyâhû, los Kôhên, los Lêwîy y los Yahûdîy (יְהוּדִי), con todo Yâshâral que se hallaba habitando en Yarûshâlaim.

22. En el año dieciocho del reinado de Yôshîyâhû fue celebrado este Pesach.

23. Y las obras de Yôshîyâhû fueron rectas delante de su Yahuah, con corazón lleno de piedad.

24. En cuanto a las cosas que sucedieron en su tiempo, fueron escritas en tiempos antiguos, acerca de los que pecaron e hicieron mal contra Yahuah más que todos los pueblos y reinos, y cómo lo entristecieron en gran manera, de modo que las palabras de Yahuah se levantaron contra Yâshâral.

25. Después de todos estos actos de Yôshîyâhû aconteció que Parôh rey de Mitsrayim subió para hacer guerra en Karkemîysh (כַּרְכְּמִישׁ) sobre Perâth; y Yôshîyâhû salió contra él.

26. Pero el rey de Mitsrayim envió a decirle: ¿qué tengo yo contigo, oh rey de Yahûdâh (יְהוּדָה)?

27. No he sido enviado contra ti por Yahuah Êlôhîym, porque mi guerra es contra Perâth; y ahora Yahuah está conmigo, sí, Yahuah está conmigo apresurándome; apártate de mí y no te opongas a Yahuah.

28. Sin embargo, Yôshîyâhû no volvió su carro de él, sino que emprendió luchar contra él, sin atender a las palabras del Nâbîy Yirmeyâhû (יִרְמְיָהוּ) dichas por boca de Yahuah.

29. Y se enfrentó con él en la llanura de Megiddôn, y los príncipes vinieron contra el rey Yôshîyâhû.

30. Entonces el rey dijo a sus siervos: sáquenme de la batalla, porque estoy muy débil; e inmediatamente sus siervos lo sacaron de la batalla.

31. Luego subió a su segundo carro, y siendo llevado de regreso a Yarûshâlaim murió y fue sepultado en el sepulcro de sus padres.

32. Y en todo Yahûdâh lamentaron a Yôshîyâhû; sí, Yirmeyâhû el Nâbîy lamentó por Yôshîyâhû, y los principales con las mujeres hicieron lamentación por él hasta este día; y esto fue establecido como ordenanza para hacerse continuamente en toda la nación de Yâshâral.

33. Estas cosas están escritas en el libro de las historias de los reyes de Yahûdâh; y cada una de las obras que hizo Yôshîyâhû, y su gloria, y su entendimiento en la ley de Yahuah, y las cosas que hizo antes, y las que ahora se han contado, están registradas en el libro de los reyes de Yâshâral y Yahûdâh.

34. Y el pueblo tomó a Yahôâchâz hijo de Yôshîyâhû, y lo hizo rey en lugar de Yôshîyâhû su padre, cuando tenía veintitrés años.

35. Y reinó en Yahûdâh y en Yarûshâlaim tres meses; y luego el rey de Mitsrayim lo depuso de reinar en Yarûshâlaim.

36. Y puso un tributo sobre la tierra de cien talentos de plata y un talento de oro.

37. El rey de Mitsrayim también hizo rey a Yahôyâqîym (יְהוֹיָקִים) su hermano sobre Yahûdâh y Yarûshâlaim.

38. Y encadenó a Yahôyâqîym y a los nobles; pero a Zarius su hermano lo prendió y lo llevó fuera de Mitsrayim.

39. Veinticinco años tenía Yahôyâqîym cuando fue hecho rey en la tierra de Yahûdâh y Yarûshâlaim; e hizo lo malo delante de Yahuah.

40. Por lo cual contra él subió Nebûkkadnetstsar (נְבוּכַדְנֶצַּר) rey de Bâbel, y lo ató con cadena de bronce y lo llevó a Bâbel.

41. Nebûkkadnetstsar también tomó de los vasos qâdôsh de Yahuah, y los llevó y los puso en su propio templo en Bâbel.

42. Pero las cosas registradas acerca de él, y de su impureza e impiedad, están escritas en las crónicas de los reyes.

43. Y Yahôyâqîym su hijo reinó en su lugar; fue hecho rey teniendo dieciocho años,

44. y reinó solo tres meses y diez días en Yarûshâlaim; e hizo lo malo delante de Yahuah.

45. Así que después de un año Nebûkkadnetstsar envió y mandó traerlo a Bâbel con los vasos qâdôsh de Yahuah;

46. e hizo rey a Tsidqîyâhû sobre Yahûdâh y Yarûshâlaim cuando tenía veintiún años; y reinó once años.

47. Y también hizo lo malo delante de Yahuah, y no atendió a las palabras que le habló el Nâbîy Yirmeyâhû de parte de Yahuah.

48. Y después que el rey Nebûkkadnetstsar le hizo jurar por el nombre de Yahuah, él perjuró y se rebeló; y endureciendo su cuello y su corazón, transgredió las leyes de Yahuah Êlôhîym de Yâshâral.

49. También los gobernadores del pueblo y de los Kôhên hicieron muchas cosas contra las leyes, y siguieron todas las impurezas de todas las naciones, y contaminaron el templo de Yahuah, que había sido santificado en Yarûshâlaim.

50. Sin embargo, el Êlôhîym de sus padres envió mensajeros para llamarlos de vuelta, porque tenía compasión de ellos y también de su tabernáculo.

51. Pero ellos se burlaban de sus mensajeros; y cuando Yahuah les hablaba, se mofaban de sus Nâbîy.

52. Hasta que él, airado contra su pueblo por su gran impiedad, mandó a los reyes de los Kaśdîy subir contra ellos;

53. quienes mataron a sus jóvenes a espada, aun dentro del recinto de su templo qâdôsh, y no perdonaron ni joven ni doncella, ni anciano ni niño entre ellos, porque él entregó a todos en sus manos.

54. Y tomaron todos los vasos qâdôsh de Yahuah, grandes y pequeños, con los vasos del arca de Êlôhîym y los tesoros del rey, y los llevaron a Bâbel.

55. Y la casa de Yahuah la quemaron, y derribaron los muros de Yarûshâlaim, y prendieron fuego a sus torres.

56. Y en cuanto a sus cosas gloriosas, no cesaron hasta consumirlas todas y reducirlas a nada; y al pueblo que no fue muerto a espada lo llevó a Bâbel,

57. quienes se hicieron siervos de él y de sus hijos hasta que reinó Pâras (פָּרַס), para cumplir la palabra de Yahuah hablada por boca de Yirmeyâhû:

58. hasta que la tierra hubiera disfrutado su Shabbâth; todo el tiempo de su desolación reposará, hasta cumplirse setenta años.

Capítulo 2

1. En el primer año de Kôresh (כּוֹרֶשׁ) rey de Pâras, para que se cumpliera la palabra de

Yahuah que había prometido por boca de Yirmeyâhû,

2. Yahuah despertó el espíritu de Kôresh rey de Pâras, y él hizo proclamación por todo su reino, y también por escrito,

3. diciendo: así dice Kôresh rey de Pâras: Yahuah de Yâshâral, Yahuah Elyôn Êl, me ha hecho rey de todo el mundo,

4. y me ha mandado edificarle una casa en Yarûshâlaim que está en Yahûdâh.

5. Si, pues, hay entre ustedes alguno de su pueblo, sea Yahuah, su Yahuah, con él, y suba a Yarûshâlaim que está en Yahûdâh, y edifique la casa de Yahuah de Yâshâral; porque él es Yahuah que habita en Yarûshâlaim.

6. Y cualquiera que habite en los lugares alrededor, ayúdenlo sus vecinos con oro y con plata,

7. con dones, con caballos y con ganado, y con otras cosas que hayan sido ofrecidas por voto para el templo de Yahuah en Yarûshâlaim.

8. Entonces se levantaron los jefes de las familias de Yahûdâh y de la tribu de Binyâmîyn; también los Kôhên y los Lêwîy, y todos aquellos cuyo espíritu Yahuah había movido para subir y edificar una casa para Yahuah en Yarûshâlaim.

9. Y los que habitaban alrededor de ellos los ayudaron en todas las cosas con plata y oro, con caballos y ganado, y con muchos dones voluntarios de gran número de personas cuyos corazones fueron movidos.

10. El rey Kôresh también sacó los vasos qâdôsh que Nebûkkadnetstsar había llevado de Yarûshâlaim y había puesto en su templo de ídolos.

11. Y cuando Kôresh rey de Pâras los sacó, los entregó a Mithredâth (מִתְרְדָת) su tesorero,

12. y por medio de él fueron entregados a Shêshbatstsar (שֵׁשְׁבַּצַּר) gobernador de Yahûdâh.

13. Y este era el número de ellos: mil copas de oro, mil de plata, veintinueve incensarios de plata, treinta frascos de oro, dos mil cuatrocientos diez de plata, y mil otros vasos.

14. Así todos los vasos de oro y de plata que fueron llevados fueron cinco mil cuatrocientos sesenta y nueve.

15. Estos fueron traídos de vuelta por Shêshbatstsar junto con los del cautiverio, de Bâbel a Yarûshâlaim.

16. Pero en el tiempo de Artachshashtâ (אַרְתַּחְשַׁשְׁתָּא) rey de Pâras, Bishlâm (בִּשְׁלָם), Mithredâth, Tâbêl, Rechûm (רְחוּם), Beeltethmus, y Shimsay (שִׁמְשַׁי) el secretario, con otros que estaban comisionados con ellos, que habitaban en Shômerôn (שֹׁמְרוֹן) y en otros lugares, escribieron contra los que habitaban en Yahûdâh y Yarûshâlaim estas cartas siguientes:

17. Al rey Artachshashtâ nuestro señor: tus siervos, Rechûm el cronista, Shimsay el escriba, y el resto de su consejo, y los jueces que están en Ărâm y Phoenicia.

18. Sea ahora sabido al señor rey que los Yahûdîy que han subido de parte tuya a nosotros, habiendo llegado a Yarûshâlaim, edifican aquella ciudad rebelde y malvada, y levantan sus plazas, y reparan sus muros y echan los cimientos del templo.

19. Ahora, si esta ciudad y sus muros son reconstruidos, no solo rehusarán pagar tributo, sino que también se rebelarán contra los reyes.

20. Y puesto que las cosas del templo están ahora en curso, pensamos que no conviene descuidar tal asunto,

21. sino hablar a nuestro señor el rey, para que, si te parece bien, se busque en los libros de tus padres;

22. y hallarás en las crónicas lo que está escrito acerca de estas cosas, y entenderás que aquella ciudad fue rebelde, perturbando a reyes y ciudades;

23. y que los Yahûdîy fueron rebeldes y levantaron siempre guerras en ella, por lo cual esa ciudad fue hecha desolada.

24. Por lo cual ahora te declaramos, oh señor rey, que si esta ciudad es reedificada y sus muros levantados de nuevo, desde ahora no tendrás paso hacia Ărâm y Phoenicia.

25. Entonces el rey escribió respuesta a Rechûm el cronista, a Beeltethmus, a Shimsay el escriba y al resto que estaban comisionados con ellos y habitaban en Shômerôn y en Ărâm (אֲרָם) y Phoenicia, de esta manera:

26. He leído la carta que me han enviado; por lo tanto, ordené hacer diligente investigación, y se ha hallado que esa ciudad desde el principio se ha levantado contra los reyes;

27. y los hombres que están en ella se han entregado a rebelión y guerra; y reyes poderosos y fuertes han estado en Yarûshâlaim, los cuales gobernaban y exigían tributo en Ărâm y Phoenicia.

28. Ahora, pues, he ordenado impedir a esos hombres que edifiquen la ciudad, y que se tenga cuidado de que no se haga más en ella;

29. y que esos obreros malvados no procedan más para molestia de los reyes.

30. Entonces, cuando la carta del rey Artachshashtâ fue leída, Rechûm, Shimsay el escriba y los demás comisionados con ellos, yendo apresuradamente a Yarûshâlaim con caballería y multitud de gente armada, comenzaron a impedir a los edificadores; y la construcción del templo en Yarûshâlaim cesó hasta el segundo año del reinado de Dâreyâwêsh (דָּרְיָוֶשׁ) rey de Pâras.

Capítulo 3

1. Cuando Dâreyâwêsh reinó, hizo un gran banquete para todos sus súbditos, para toda su casa, y para todos los príncipes de Mâday y Pâras,

2. y para todos los gobernadores, capitanes y lugartenientes que estaban bajo él, desde Yahûdâh hasta Kûsh (כּוּשׁ), de ciento veintisiete provincias.

3. Y cuando hubieron comido y bebido, y estando satisfechos se fueron a sus casas, entonces el rey Dâreyâwêsh entró en su cámara, durmió y luego despertó.

4. Entonces tres jóvenes de la guardia que custodiaban el cuerpo del rey hablaron entre sí:

5. Cada uno de nosotros diga una sentencia; y el que venza, y cuya sentencia parezca más sabia que las otras, a él el rey Dâreyâwêsh le dará grandes dones y grandes honores como señal de victoria:

6. como vestirse de púrpura, beber en oro, dormir sobre oro, tener un carro con frenos de oro, una diadema de lino fino y una cadena en su cuello;

7. y se sentará junto a Dâreyâwêsh por causa de su sabiduría, y será llamado primo de Dâreyâwêsh.

8. Entonces cada uno escribió su sentencia, la selló y la puso debajo de la almohada del rey Dâreyâwêsh,

9. diciendo que cuando el rey se levantara algunos le darían los escritos, y de aquel de quien el rey y los tres príncipes de Pâras

juzguen que su sentencia es la más sabia, a él se le dará la victoria, como fue ordenado.

10. El primero escribió: el vino es el más fuerte.

11. El segundo escribió: el rey es el más fuerte.

12. El tercero escribió: las mujeres son las más fuertes; pero sobre todas las cosas la verdad obtiene la victoria.

13. Cuando el rey se levantó, tomaron los escritos y se los entregaron, y él los leyó.

14. Y enviando, llamó a todos los príncipes de Pâras y Mâday, y a los gobernadores, capitanes, lugartenientes y oficiales principales;

15. y se sentó en el trono real de juicio, y los escritos fueron leídos delante de ellos.

16. Y dijo: llamen a los jóvenes, y ellos declararán sus propias sentencias. Así fueron llamados y entraron.

17. Y les dijo: declaren ante nosotros su pensamiento acerca de los escritos. Entonces comenzó el primero, que había hablado de la fuerza del vino,

18. y dijo así: oh hombres, ¡cuán fuerte es el vino! Hace errar a todos los hombres que lo beben.

19. Hace que la mente del rey y la del huérfano sea la misma; la del siervo y la del libre, la del pobre y la del rico;

20. y convierte todo pensamiento en alegría y gozo, de modo que el hombre no recuerda ni tristeza ni deuda;

21. y hace que todo corazón se sienta rico, de modo que no recuerda ni rey ni gobernador, y hace hablar todas las cosas con abundancia;

22. y cuando están embriagados, olvidan su amor tanto a amigos como a hermanos, y poco después sacan espadas;

23. pero cuando se apartan del vino, no recuerdan lo que hicieron.

24. Oh hombres, ¿no es el vino el más fuerte, que obliga a hacer así? Y habiendo hablado así, guardó silencio.

Capítulo 4

1. Entonces el segundo, que había hablado de la fuerza del rey, comenzó a decir:

2. Oh hombres, ¿no exceden en fuerza los que tienen dominio sobre el mar y la tierra y todas las cosas que hay en ellos?

3. Pero con todo, el rey es más poderoso; porque es señor de todas estas cosas y tiene dominio sobre ellas; y todo lo que les manda, eso hacen.

4. Si les ordena hacer guerra los unos contra los otros, la hacen; si los envía contra los enemigos, van y derriban montes, muros y torres.

5. Matan y son muertos, y no traspasan el mandamiento del rey; si obtienen la victoria, lo traen todo al rey, así el botín como todo lo demás.

6. Asimismo, los que no son soldados ni se ocupan de guerras, sino que labran la tierra: cuando recogen de nuevo lo que sembraron, lo llevan al rey y se obligan unos a otros a pagar tributo al rey.

7. Y con todo, él no es más que un solo hombre: si manda matar, matan; si manda perdonar, perdonan;

8. si manda herir, hieren; si manda desolar, desolan; si manda edificar, edifican;

9. si manda cortar, cortan; si manda plantar, plantan.

10. Así todo su pueblo y sus ejércitos le obedecen. Además, él se acuesta, come y bebe, y descansa;

11. y aquellos velan alrededor de él; nadie puede apartarse para hacer su propio negocio, ni le desobedecen en nada.

12. Oh hombres, ¿cómo no ha de ser el rey el más poderoso, siendo obedecido de esta manera? Y guardó silencio.

13. Entonces el tercero, que había hablado de las mujeres y de la verdad (este era Zerûbbâbel), comenzó a hablar:

14. Oh hombres, no es el gran rey, ni la multitud de hombres, ni el vino lo que excede; ¿quién es, pues, el que los gobierna o tiene dominio sobre ellos? ¿No son las mujeres?

15. Las mujeres han dado a luz al rey y a todo el pueblo que gobierna por mar y tierra.

16. De ellas vienen: y ellas criaron a los que plantaron las viñas, de donde viene el vino.

17. Ellas también hacen vestidos para los hombres; ellas dan gloria a los hombres; y sin mujeres los hombres no pueden ser.

18. Y si los hombres han reunido oro y plata, o cualquier otra cosa preciosa, ¿no aman a una mujer que sea hermosa en gracia y belleza?

19. Y dejando todas esas cosas, ¿no se quedan boquiabiertos y fijan los ojos en ella con la boca abierta? ¿No desean todos los hombres a una mujer más que a plata u oro, o a cualquier cosa preciosa?

20. El hombre deja a su propio padre que lo crió, y su propia tierra, y se apega a su mujer.

21. No vacila en gastar su vida con su mujer, y no se acuerda ni de padre, ni de madre, ni de patria.

22. Por esto también deben saber que las mujeres tienen dominio sobre ustedes: ¿no trabajan y se afanan, y dan y traen todo a la mujer?

23. Sí, el hombre toma su espada, y va por su camino a robar y a hurtar, a navegar por el mar y por los ríos;

24. mira a un león, y entra en la oscuridad; y cuando ha hurtado, despojado y robado, lo trae a su amada.

25. Por tanto, el hombre ama a su mujer más que a padre o madre.

26. Sí, muchos hay que han perdido el juicio por mujeres, y por ellas se han hecho siervos.

27. Muchos también han perecido, han errado y han pecado por mujeres.

28. Y ahora, ¿no me creen? ¿No es grande el rey en su poder? ¿No temen todas las regiones tocarlo?

29. Sin embargo, yo lo vi a él y a Apame, la concubina del rey, hija del admirable Bartacus, sentada a la derecha del rey,

30. y tomando la corona de la cabeza del rey, y poniéndosela en su propia cabeza; y también golpeó al rey con su mano izquierda.

31. Y con todo esto, el rey se quedaba mirándola con la boca abierta: si ella se reía de él, él también se reía; pero si ella se disgustaba con él, el rey procuraba halagarla para que se reconciliara con él otra vez.

32. Oh hombres, ¿cómo puede ser sino que las mujeres sean fuertes, viendo que hacen estas cosas?

33. Entonces el rey y los príncipes se miraron unos a otros. Así comenzó a hablar de la verdad:

34. Oh hombres, ¿no son fuertes las mujeres? Grande es la tierra, altos son los shâmayim, veloz es el sol en su curso, porque rodea los shâmayim y vuelve a su lugar en un día.

35. ¿No es grande el que hace estas cosas? Por tanto, grande es la verdad, y más fuerte que todas las cosas.

36. Toda la tierra clama por la verdad, y los shâmayim la bendicen; todas las obras tiemblan y se estremecen ante ella, y con ella no hay cosa injusta.

37. El vino es malo, el rey es malo, las mujeres son malas, todos los hijos de los hombres son malos, y así son todas sus obras malas; no hay verdad en ellos; y en su injusticia también perecerán.

38. Pero la verdad permanece, y siempre es fuerte; vive y vence para siempre.

39. Con ella no hay acepción de personas ni de dádivas; sino que hace lo que es justo y se aparta de todo lo injusto y malo; y a todos los hombres les agradan sus obras.

40. Ni en su juicio hay injusticia; y ella es la fuerza, el reino, el poder y la majestad de todas las edades. Bendito sea Êl Ĕmûnâh (אֱמוּנָה).

41. Y con eso guardó silencio. Entonces todo el pueblo gritó y dijo: ¡Grande es la verdad, y poderosa sobre todas las cosas!

42. Entonces el rey le dijo: Pide lo que quieras, más de lo que está señalado en lo escrito, y te lo daremos, porque has sido hallado el más sabio; y te sentarás junto a mí, y serás llamado mi primo.

43. Entonces él dijo al rey: Acuérdate de tu voto, que prometiste edificar Yarûshâlaim el día que subiste a tu reino,

44. y enviar de vuelta todos los vasos que fueron tomados de Yarûshâlaim, los cuales Kôresh apartó cuando juró destruir Bâbel y enviarlos de nuevo allá.

45. Tú también prometiste reedificar el templo que los Ĕdômîy quemaron cuando Yahûdâh fue asolada por los Kaśdîy.

46. Y ahora, oh señor rey, esto es lo que te requiero y lo que deseo de ti, y esta es la liberalidad principesca que procede de ti mismo: deseo, pues, que cumplas el voto, cuyo cumplimiento tú mismo prometiste con tu boca al Rey de los shâmayim.

47. Entonces Dâreyâwêsh el rey se levantó, lo besó, y escribió cartas por él a todos los tesoreros, lugartenientes, capitanes y gobernadores, para que lo condujeran con seguridad en su camino, a él y a todos los que subieran con él para edificar Yarûshâlaim.

48. Escribió cartas también a los lugartenientes que estaban en Ărâm y Phoenicia, y a los de Lebânôn, para que trajeran madera de cedro desde Lebânôn a Yarûshâlaim, y para que edificaran la ciudad con él.

49. Además, escribió respecto a todos los Yahûdîy que salían de su reino para subir a Yahûdâh, acerca de su libertad: que ningún oficial, ni gobernador, ni lugarteniente, ni tesorero entrara por fuerza en sus casas;

50. y que toda la tierra que poseían quedara libre de tributo; y que los Ĕdômîy dejaran las aldeas de los Yahûdîy que entonces ocupaban.

51. Sí, que se dieran cada año veinte talentos para la edificación del templo, hasta que estuviera construido;

52. y otros diez talentos cada año para mantener los holocaustos sobre el altar cada día, como tenían mandamiento de ofrecer diecisiete;

53. y que todos los que iban desde Bâbel para edificar la ciudad tuvieran plena libertad, tanto ellos como su posteridad, y todos los Kôhên que se iban.

54. Escribió también acerca de los gastos y de las vestiduras de los Kôhên con que ministraban,

55. y asimismo acerca de los gastos de los Lêwîy, para que se les dieran hasta el

día en que la casa estuviera terminada y Yarûshâlaim reedificada.

56. Y mandó dar a todos los que guardaban la ciudad estipendios y salarios.

57. También envió desde Bâbel todos los vasos que Kôresh había apartado; y todo lo que Kôresh había mandado, lo encargó también que se hiciera y se enviara a Yarûshâlaim.

58. Cuando aquel joven salió, alzó su rostro a los shâmayim hacia Yarûshâlaim, y alabó al Melek de los shâmayim,

59. y dijo: De ti viene la victoria, de ti viene la sabiduría, y tuya es la gloria, y yo soy tu siervo.

60. Bendito seas tú, que me has dado sabiduría; porque a ti doy gracias, oh Yahuah de nuestros padres.

61. Y así tomó las cartas, y salió, y llegó a Bâbel, y lo contó todo a sus hermanos.

62. Y alabaron al Êlôhîym de sus padres, porque les había dado libertad y franquicia

63. para subir y edificar Yarûshâlaim, y el templo que es llamado por su nombre; y festejaron con instrumentos de música y alegría siete días.

Capítulo 5

1. Después de esto fueron escogidos los principales de las familias conforme a sus tribus, para subir con sus mujeres e hijos e hijas, con sus siervos y siervas, y su ganado.

2. Y Dâreyâwêsh envió con ellos mil jinetes, hasta que los hubieron llevado de vuelta a Yarûshâlaim con seguridad, y con instrumentos de música, panderos y flautas.

3. Y todos sus hermanos tocaban; y él los hizo subir juntamente con ellos.

4. Y estos son los nombres de los hombres que subieron, conforme a sus familias en sus tribus, según sus jefes respectivos.

5. Los Kôhên: los hijos de Pîynechâs (פִּינְחָס), hijo de Ahărôn: Yahusha hijo de Yahôtsâdâq (יְהוֹצָדָק), hijo de Śerâyâhû (שְׂרָיָהוּ), y Yahôyâqîym hijo de Yahôtsâdâq, hijo de Shealtîyêl (שְׁאַלְתִּיאֵל), de la casa de Dâwid, del linaje de Perets, de la tribu de Yahûdâh;

6. el cual pronunció sentencias sabias delante de Dâreyâwêsh, rey de Pâras, en el segundo año de su reinado, en el mes de Nîysân, que es el primer mes.

7. Y estos son los de Yahûdâh que subieron del cautiverio, donde habitaban como extranjeros, a quienes Nebûkkadnetstsar, rey de Bâbel, había llevado cautivos a Bâbel.

8. Y regresaron a Yarûshâlaim y a las demás partes de Yahûdâh, cada uno a su propia ciudad, los cuales vinieron con Zerûbbâbel, con Yahusha, Nechemyâh y Zekaryâhû, y Resaiah, Eneneus, Mordekay, Beelsarus, Aspharasus, Reelius, Roimus y Baănâ, sus guías.

9. El número de ellos del pueblo y de sus gobernadores: los hijos de Parôsh (פַּרְעשׁ), dos mil ciento setenta y dos; los hijos de Shephaṭyâhû (שְׁפַטְיָהוּ), cuatrocientos setenta y dos;

10. los hijos de Ârach (אָרַח), setecientos cincuenta y seis;

11. los hijos de Pachath Môâb, dos mil ochocientos doce;

12. los hijos de Êylâm, mil doscientos cincuenta y cuatro; los hijos de Zattû, novecientos cuarenta y cinco; los hijos de Chorbe, setecientos cinco; los hijos de Bânîy, seiscientos cuarenta y ocho;

13. los hijos de Bêbay, seiscientos veintitrés; los hijos de Azgâd, tres mil doscientos veintidós;

14. los hijos de Ădônîyqâm, seiscientos sesenta y siete; los hijos de Bigway, dos mil

sesenta y seis; los hijos de Âdîyn, cuatrocientos cincuenta y cuatro;

15. los hijos de Âṭêr, noventa y dos; los hijos de Kilan y Azetas, sesenta y siete; los hijos de Azzûr, cuatrocientos treinta y dos;

16. los hijos de Chănanyâhû (חֲנַנְיָהו), ciento uno; los hijos de Arôm, treinta y dos; y los hijos de Bêtsay, trescientos veintitrés; los hijos de Chârîyph, ciento doce;

17. los hijos de Meterus, tres mil cinco; los hijos de Bêyth lechem, ciento veintitrés;

18. los de Neṭôphâh, cincuenta y cinco; los de Ănâthôth, ciento cincuenta y ocho; los de Bêyth Azmâweth (בֵּית עַזְמָוֶת), cuarenta y dos;

19. los de Qiryath Yaârîym (קִרְיַת יְעָרִים), veinticinco; los de Kephîyrâh y Beêrôth, setecientos cuarenta y tres; los de Pyra, setecientos;

20. los de Chadiasans y Ammidians, cuatrocientos veintidós; los de Râmâh y Geba, seiscientos veintiuno;

21. los de Mikmâs, ciento veintidós; los de Betolius, cincuenta y dos; los hijos de Nephis, ciento cincuenta y seis;

22. los hijos de Lôd (לֹד), Châdîyd (חָדִיד) y Ônô, setecientos veinticinco; los hijos de Yarîychô (יְרִיחוֹ), doscientos cuarenta y cinco;

23. los hijos de Senââh, tres mil trescientos treinta.

24. Los Kôhên: los hijos de Yadayâh (יְדַעְיָה), hijo de Yahusha, entre los hijos de Sanasib, novecientos setenta y dos; los hijos de Immêr, mil cincuenta y dos;

25. los hijos de Pashchûr (פַּשְׁחוּר), mil cuarenta y siete; los hijos de Carme, mil diecisiete.

26. Los Lêwîy: los hijos de Yahusha, y Qadmîy'l (קַדְמִיאֵל), y Bannas, y Hôdawyâh, setenta y cuatro.

27. Los cantores qâdôsh: los hijos de Âsâph, ciento veintiocho.

28. Los porteros: los hijos de Shallûm, los hijos de Âṭêr, los hijos de Talmôn, los hijos de Aqqûb, los hijos de Chăṭîyṭâ (חֲטִיטָא), los hijos de Shôbay; en total ciento treinta y nueve.

29. Los siervos del templo: los hijos de Êśâw, los hijos de Chăśûphâ, los hijos de Tabbâôth, los hijos de Qêyrôs, los hijos de Tsîychâ, los hijos de Pâdôn, los hijos de Lebânâ, los hijos de Chăgâbâ,

30. los hijos de Aqqûb, los hijos de Ûthay, los hijos de Ketab, los hijos de Chăgâbâ, los hijos de Śalmay, los hijos de Chânân, los hijos de Cathua, los hijos de Giddêl,

31. los hijos de Reâyâh, los hijos de Retsîyn, los hijos de Neqôdâ, los hijos de Chaseba, los hijos de Gazzâm, los hijos de Ûzzâ, los hijos de Pâsêach, los hijos de Hazrah, los hijos de Besay, los hijos de Asna, los hijos de Meûnîy, los hijos de Nephûshsîym, los hijos de Baqbûq, los hijos de Chăqûphâ, los hijos de Charchûr, los hijos de Pharakim, los hijos de Batslûth,

32. los hijos de Mechîydâ, los hijos de Charshâ, los hijos de Sîyserâ, los hijos de Barqôs, los hijos de Serar, los hijos de Temach, los hijos de Netsîyach, los hijos de Chăṭîyphâ.

33. Los hijos de los siervos de Shelômôh: los hijos de Azaphiot, los hijos de Perîydâ, los hijos de Yaălâ, los hijos de Darqôn, los hijos de Yâshâral, los hijos de Sapheth,

34. los hijos de Agia, los hijos de Pôkereth Tsebâyîym, los hijos de Sarothie, los hijos de Masiah, los hijos de Gar, los hijos de Addus, los hijos de Suba, los hijos de Apherra, los hijos de Barodis, los hijos de Sabat, los hijos de Allom.

35. Todos los ministros del templo y los hijos de los siervos de Shelômôh eran trescientos setenta y dos.

36. Estos subieron de Têl melach y Têl charshâ, Kerûb guiándolos, y Addôn e Immêr;

37. pero no pudieron mostrar sus familias ni su linaje, cómo eran de Yâshâral: los hijos de Delâyâhû, hijo de Ṭôbîyâhû, los hijos de Neqôdâ, seiscientos cincuenta y dos.

38. Y de los Kôhên que usurparon el oficio de la Kehûnnâh y no fueron hallados: los hijos de Chăbâyâh, los hijos de Qôts, los hijos de Yaddus, el cual se casó con Agia, una de las hijas de Barzillay, y fue llamado por el nombre de ella.

39. Y cuando se buscó la descripción del linaje de estos hombres en el registro y no se halló, fueron apartados de ejercer el oficio de la Kehûnnâh;

40. porque Nechemyâh y Attharias les dijeron que no participaran de las cosas qâdôsh, hasta que se levantara un gran Kôhên vestido con doctrina y verdad.

41. Así, de Yâshâral, desde los de doce años arriba, eran todos en número cuarenta mil, sin contar siervos y siervas dos mil trescientos sesenta.

42. Sus siervos y criadas eran siete mil trescientos cuarenta y siete; los cantores y cantoras, doscientos cuarenta y cinco;

43. cuatrocientos treinta y cinco camellos, siete mil treinta y seis caballos, doscientos cuarenta y cinco mulos, cinco mil quinientos veinticinco bestias de yugo.

44. Y algunos de los principales de sus familias, cuando llegaron al templo de Êlôhîym que está en Yarûshâlaim, prometieron reedificar la casa en su mismo lugar conforme a sus posibilidades,

45. y dar al tesoro qâdôsh de la obra mil libras de oro, cinco mil de plata, y cien vestiduras de Kôhên.

46. Y así habitaron los Kôhên, los Lêwîy y el pueblo en Yarûshâlaim y en la comarca; también los cantores y los porteros; y todo Yâshâral en sus aldeas.

47. Pero cuando estaba cerca el séptimo mes, y los hijos de Yâshâral estaban cada uno en su lugar, se reunieron todos a una con un mismo consentimiento en la plaza de la primera puerta que mira al oriente.

48. Entonces se levantó Yahusha hijo de Yahôtsâdâq, y sus hermanos los Kôhên, y Zerûbbâbel hijo de Shealtîyêl, y sus hermanos, y prepararon el altar del Êlôhîym de Yâshâral,

49. para ofrecer sobre él holocaustos, conforme está mandado expresamente en el libro de Môsheh, varón de Êlôhîym.

50. Y se juntaron con ellos de las otras naciones de la tierra, y alzaron el altar en su mismo lugar, porque todas las naciones de la tierra eran enemigas de ellos y los oprimían; y ofrecieron sacrificios conforme al tiempo, y holocaustos a Yahuah mañana y tarde.

51. También celebraron la fiesta de los tabernáculos, como está mandado en la ley, y ofrecieron sacrificios cada día, como convenía;

52. y después, las ofrendas continuas, y el sacrificio del Shabbâth, y de las lunas nuevas, y de todas las fiestas qâdôsh.

53. Y todos los que habían hecho algún voto a Êlôhîym comenzaron a ofrecer sacrificios a Êlôhîym desde el primer día del séptimo mes, aunque el templo de Yahuah aún no estaba edificado.

54. Y dieron a los albañiles y carpinteros dinero, comida y bebida con alegría.

55. A los de Tsîydôn y de Tsôr (צֹר) les dieron cuidados, para que trajeran cedros del Lebânôn, que fueran llevados en balsas

hasta el puerto de Yâphô (יָפוֹ), conforme se les había mandado por Kôresh rey de Pâras.

56. Y en el segundo año y segundo mes después de su llegada al templo de Êlôhîym en Yarûshâlaim, comenzaron Zerûbbâbel hijo de Shealtîyêl, y Yahusha hijo de Yahôtsâdâq, y sus hermanos, y los Kôhên, y los Lêwîy, y todos los que habían venido a Yarûshâlaim desde el cautiverio;

57. y echaron los cimientos de la casa de Êlôhîym el primer día del segundo mes, en el segundo año después que llegaron a Yahûdâh y Yarûshâlaim.

58. Y pusieron a los Lêwîy desde veinte años arriba sobre la obra de Yahuah. Entonces Yahusha se levantó, y sus hijos y hermanos, y Qadmîyl su hermano, y los hijos de Chênâdâd, con los hijos de Yoda hijo de Iliadun, con sus hijos y hermanos, todos Lêwîy, a una como impulsores del trabajo, esforzándose por adelantar las obras en la casa de Êlôhîym. Así los obreros edificaron el templo de Yahuah.

59. Y los Kôhên estaban vestidos con sus vestiduras, con instrumentos de música y trompetas; y los Lêwîy, hijos de Âsâph, tenían címbalos,

60. cantando cánticos de acción de gracias y alabando a Yahuah, conforme lo había ordenado Dâwid, rey de Yâshâral.

61. Y cantaban a gran voz cánticos en alabanza de Yahuah, porque su misericordia y su gloria es para siempre en todo Yâshâral.

62. Y todo el pueblo tocaba trompetas y clamaba a gran voz, cantando cánticos de acción de gracias a Yahuah por la reedificación de la casa de Yahuah.

63. También de los Kôhên y Lêwîy, y de los principales de sus familias, los ancianos que habían visto la primera casa, vinieron a la edificación de esta llorando y dando grandes gritos.

64. Pero muchos, con trompetas y alegría, clamaban a gran voz,

65. de modo que las trompetas no podían oírse por el llanto del pueblo; sin embargo, la multitud sonaba maravillosamente, de manera que se oía de lejos.

66. Por lo cual, cuando los enemigos de la tribu de Yahûdâh y Binyâmîyn oyeron, llegaron a saber qué significaba aquel ruido de trompetas.

67. Y entendieron que los del cautiverio edificaban el templo a Yahuah Êlôhîym de Yâshâral.

68. Entonces fueron a Zerûbbâbel y a Yahusha, y a los principales de las familias, y les dijeron: Edificaremos con vosotros.

69. Porque nosotros también, como vosotros, obedecemos a vuestro Yahuah, y le sacrificamos desde los días de Êsar-chaddôn (אֵסַר־חַדּוֹן), rey de Ashshûr, que nos trajo acá.

70. Pero Zerûbbâbel y Yahusha y los principales de las familias de Yâshâral les dijeron: No nos corresponde a nosotros y a vosotros edificar juntos una casa a Yahuah nuestro Êlôhîym.

71. Nosotros solos edificaremos a Yahuah de Yâshâral, conforme Kôresh, rey de Pâras, nos lo ha mandado.

72. Pero los gentiles de la tierra oprimían a los habitantes de Yahûdâh, y teniéndolos estrechos, impedían su edificación;

73. y con sus planes secretos, persuasiones populares y alborotos, estorbaron la terminación de la obra todo el tiempo que vivió el rey Kôresh. Así fueron impedidos de edificar por espacio de dos años, hasta el reinado de Dâreyâwêsh.

Capítulo 6

1. Ahora, en el segundo año del reinado de Dâreyâwêsh, Chaggay y Zekaryâhû hijo de Iddô, los Nâbîy, profetizaron a los Yahûdîy en Yahûdâh y Yarûshâlaim, en el nombre de Yahuah Êlôhîym de Yâshâral, el cual estaba sobre ellos.

2. Entonces se levantó Zerûbbâbel hijo de Shealtîyêl, y Yahusha hijo de Yahôtsâdâq, y comenzaron a edificar la casa de Yahuah en Yarûshâlaim, estando con ellos los Nâbîy de Yahuah y ayudándoles.

3. Al mismo tiempo vino a ellos Tattenay (תַּתְּנַי), gobernador de Ărâm y Phoenicia, con Shethar bôzenay (שְׁתַר בּוֹזְנַי) y sus compañeros, y les dijo:

4. ¿Por mandato de quién edificáis esta casa y este techo, y hacéis todas las demás cosas? ¿Y quiénes son los obreros que hacen estas cosas?

5. Sin embargo, los ancianos de los Yahûdîy alcanzaron favor, porque Yahuah había visitado el cautiverio;

6. y no fueron impedidos de edificar hasta que se diera aviso a Dâreyâwêsh acerca de ellos y se recibiera respuesta.

7. Copia de las cartas que Tattenay, gobernador de Ărâm y Phoenicia, y Shethar bôzenay, con sus compañeros, gobernadores en Ărâm y Phoenicia, escribieron y enviaron a Dâreyâwêsh: Al rey Dâreyâwêsh, salud:

8. Sea notorio a nuestro Yahuah el rey que, habiendo venido a la tierra de Yahûdâh y entrado en la ciudad de Yarûshâlaim, hallamos en la ciudad de Yarûshâlaim a los ancianos de los Yahûdîy que eran del cautiverio,

9. edificando una casa a Yahuah, grande y nueva, de piedras labradas y costosas, y la madera ya puesta sobre los muros.

10. Y esas obras se hacen con gran prontitud, y la obra prospera en sus manos; y con toda gloria y diligencia se hace.

11. Entonces preguntamos a estos ancianos, diciendo: ¿Por mandato de quién edificáis esta casa y ponéis los cimientos de estas obras?

12. Por tanto, para que pudiéramos daros conocimiento por escrito, les demandamos quiénes eran los principales ejecutores, y les requerimos por escrito los nombres de sus hombres principales.

13. Y así nos respondieron: Nosotros somos siervos de Yahuah que hizo shâmayim y tierra.

14. Y en cuanto a esta casa, fue edificada hace muchos años por un rey de Yâshâral grande y fuerte, y fue acabada.

15. Pero cuando nuestros padres provocaron a Êlôhîym a ira y pecaron contra Yahuah de Yâshâral, que está en shâmayim, él los entregó al poder de Nebûkkadnetstsar, rey de Bâbel, de los Kaśdîy;

16. el cual derribó la casa, la quemó y llevó al pueblo cautivo a Bâbel.

17. Pero en el primer año que el rey Kôresh reinó sobre la tierra de Bâbel, Kôresh el rey escribió para reedificar esta casa.

18. Y los vasos qâdôsh de oro y de plata que Nebûkkadnetstsar había sacado de la casa en Yarûshâlaim y puesto en su propio templo, Kôresh el rey los sacó de nuevo del templo en Bâbel, y fueron entregados a Zerûbbâbel y a Shêshbatstsar el gobernante,

19. con mandamiento de que llevase esos mismos vasos y los pusiera en el templo en Yarûshâlaim, y que el templo de Yahuah fuese edificado en su lugar.

20. Entonces el mismo Shêshbatstsar, habiendo venido acá, echó los cimientos

de la casa de Yahuah en Yarûshâlaim; y desde entonces hasta ahora, estando aún en construcción, todavía no está plenamente acabada.

21. Ahora pues, si al rey le parece bien, búsquese en los registros del rey Kôresh;

22. y si se halla que la edificación de la casa de Yahuah en Yarûshâlaim se ha hecho con el consentimiento del rey Kôresh, y si nuestro señor el rey así lo quiere, háganoslo saber.

23. Entonces el rey Dâreyâwêsh mandó buscar entre los registros en Bâbel; y así, en Ecbatana (אַחְמְתָא), el palacio que está en la tierra de Mâday, se halló un rollo donde estaban escritas estas cosas.

24. En el primer año del reinado de Kôresh, el rey Kôresh mandó que la casa de Yahuah en Yarûshâlaim fuese reedificada, donde se ofrecen sacrificios con fuego continuo:

25. su altura será de sesenta codos y su anchura de sesenta codos, con tres hileras de piedras labradas y una hilera de madera nueva de aquella tierra; y los gastos se pagarán de la casa del rey Kôresh;

26. y que los vasos qâdôsh de la casa de Yahuah, tanto de oro como de plata, que Nebûkkadnetstsar sacó de la casa en Yarûshâlaim y llevó a Bâbel, sean restituidos a la casa en Yarûshâlaim y puestos en el lugar donde estaban antes.

27. Y también mandó que Tattenay, gobernador de Ărâm y Phoenicia, y Shethar bôzenay, y sus compañeros, y los que fueron puestos por gobernadores en Ărâm y Phoenicia, tengan cuidado de no entrometerse con el lugar, sino que dejen a Zerûbbâbel, siervo de Yahuah y gobernador de Yahûdâh, y a los ancianos de los Yahûdîy, edificar la casa de Yahuah en ese lugar.

28. He mandado también que sea edificada de nuevo por completo; y que miren con diligencia ayudar a los del cautiverio de los Yahûdîy, hasta que la casa de Yahuah sea acabada;

29. y del tributo de Ărâm y Phoenicia se dé cuidadosamente a estos hombres una porción para los sacrificios de Yahuah, esto es, a Zerûbbâbel el gobernador: para novillos, carneros y corderos;

30. y también trigo, sal, vino y aceite; y eso continuamente cada año, sin más discusión, conforme los Kôhên que están en Yarûshâlaim indiquen que se gaste cada día;

31. para que se hagan ofrendas a Êlôhîym Elyôn Êl por el rey y por sus hijos, y para que oren por sus vidas.

32. Y mandó que cualquiera que transgreda, o menosprecie algo de lo dicho o escrito, se le tome de su propia casa un árbol y sea colgado en él, y todos sus bienes sean confiscados para el rey.

33. Yahuah, pues, cuyo nombre allí es invocado, destruya por completo a todo rey y nación que extienda su mano para impedir o dañar esa casa de Yahuah en Yarûshâlaim.

34. Yo, Dâreyâwêsh el rey, he ordenado que conforme a estas cosas se haga con diligencia.

Capítulo 7

1. Entonces Tattenay, gobernador de Ărâm y Phoenicia, y Shethar bôzenay, con sus compañeros, obedeciendo los mandamientos del rey Dâreyâwêsh,

2. velaron con mucho cuidado las obras qâdôsh, ayudando a los ancianos de los Yahûdîy y a los gobernadores del templo.

3. Y así prosperaron las obras qâdôsh, cuando Chaggay y Zekaryâhû, los Nâbîy, profetizaban.

4. Y acabaron estas cosas por mandato de Yahuah Êlôhîym de Yâshâral, y con el consentimiento de Kôresh, Dâreyâwêsh y Artachshashtâ, reyes de Pâras.

5. Y así fue terminada la casa qâdôsh en el día veintitrés del mes Ădâr, en el sexto año de Dâreyâwêsh rey de Pâras.

6. Y los hijos de Yâshâral, los Kôhên, los Lêwîy y los demás que eran del cautiverio, añadidos a ellos, hicieron conforme a las cosas escritas en el libro de Môsheh.

7. Y para la dedicación del templo de Yahuah ofrecieron cien novillos, doscientos carneros, cuatrocientos corderos;

8. y doce machos cabríos por el pecado de todo Yâshâral, conforme al número de los jefes de las tribus de Yâshâral.

9. También los Kôhên y los Lêwîy estuvieron de pie vestidos con sus vestiduras, conforme a sus linajes, en el servicio de Yahuah Êlôhîym de Yâshâral, según el libro de Môsheh; y los porteros en cada puerta.

10. Y los hijos de Yâshâral que eran del cautiverio celebraron el Pesach el día catorce del primer mes, después que los Kôhên y los Lêwîy fueron santificados.

11. Los del cautiverio no fueron todos santificados juntos; pero los Lêwîy fueron todos santificados juntos.

12. Y así ofrecieron el Pesach por todos los del cautiverio, y por sus hermanos los Kôhên, y por sí mismos.

13. Y los hijos de Yâshâral que salieron del cautiverio comieron, todos los que se habían apartado de las abominaciones del pueblo de la tierra y buscaron a Yahuah.

14. Y guardaron la fiesta de Matstsâh (מַצָּה) siete días, alegrándose delante de Yahuah,

15. porque él había vuelto el consejo del rey de Ashshûr hacia ellos, para fortalecer sus manos en las obras de Yahuah Êlôhîym de Yâshâral.

Capítulo 8

1. Y después de estas cosas, cuando reinaba Artachshashtâ, rey de Pâras, vino Ezrâ (עֶזְרָא), hijo de Śerâyâhû, hijo de Ăzaryâhû (עֲזַרְיָהוּ), hijo de Chilqîyâhû (חִלְקִיָּהוּ), hijo de Shallûm,

2. hijo de Tsâdôq (צָדוֹק), hijo de Ăchîy.tûb (אֲחִיטוּב), hijo de Ămaryâhû, hijo de Ăzaryâhû (עֲזַרְיָהוּ), hijo de Merâyôth (מְרָיוֹת), hijo de Zerachyâh, hijo de Ûzzîy, hijo de Bûqqîy, hijo de Ăbîyshûa, hijo de Pîynechâs, hijo de Elâzâr, hijo de Ahărôn, el Kôhên principal.

3. Este Ezrâ subió de Bâbel como escriba, muy diestro en la ley de Môsheh que fue dada por el Êlôhîym de Yâshâral.

4. Y el rey le honró, porque halló gracia ante sus ojos en todas sus peticiones.

5. Subieron con él también algunos de los hijos de Yâshâral, de los Kôhên, de los Lêwîy, de los cantores qâdôsh, porteros y ministros del templo, a Yarûshâlaim,

6. en el séptimo año del reinado de Artachshashtâ, en el quinto mes; este era el séptimo año del rey; porque salieron de Bâbel el primer día del primer mes, y llegaron a Yarûshâlaim conforme al viaje próspero que Yahuah les concedió.

7. Porque Ezrâ tenía gran pericia, de modo que no omitió nada de la ley y de los mandamientos de Yahuah, sino que enseñó a todo Yâshâral las ordenanzas y los juicios.

8. Y esta es la copia del mandato que fue escrito por el rey Artachshashtâ y llegó a Ezrâ, el Kôhên y lector de la ley de Yahuah; es como sigue:

9. El rey Artachshashtâ envía saludo a Ezrâ, Kôhên y lector de la ley de Yahuah:

10. Habiendo determinado obrar con benevolencia, he ordenado que los de la nación de los Yahûdîy, y de los Kôhên y Lêwîy que están dentro de nuestro reino, cuantos estén dispuestos y lo deseen, vayan contigo a Yarûshâlaim.

11. Por tanto, cuantos tengan ánimo para ello, salgan contigo, como ha parecido bien tanto a mí como a mis siete amigos consejeros;

12. para que atiendan los asuntos de Yahûdâh y Yarûshâlaim, conforme a lo que está en la ley de Yahuah;

13. y lleven a Yarûshâlaim las ofrendas para Yahuah de Yâshâral que yo y mis amigos hemos prometido, y todo el oro y la plata que se halle en la tierra de Bâbel para Yahuah en Yarûshâlaim,

14. junto con lo que el pueblo da para el templo de Yahuah su Êlôhîym en Yarûshâlaim; y que se reúna plata y oro para novillos, carneros y corderos, y lo que a ello pertenece;

15. a fin de que ofrezcan sacrificios a Yahuah sobre el altar de Yahuah su Êlôhîym, que está en Yarûshâlaim.

16. Y cuanto tú y tus hermanos quieran hacer con la plata y el oro, hacedlo conforme a la voluntad de vuestro Êlôhîym.

17. Y los vasos qâdôsh de Yahuah que se te dan para el servicio del templo de tu Êlôhîym, que está en Yarûshâlaim, los pondrás delante de tu Êlôhîym en Yarûshâlaim.

18. Y cualquier otra cosa que recuerdes para el uso del templo de tu Êlôhîym, la darás del tesoro del rey.

19. Y yo, el rey Artachshashtâ, he mandado también a los guardianes de los tesoros en Ărâm y Phoenicia que todo lo que Ezrâ, Kôhên y lector de la ley de Êlôhîym Elyôn Êl, pida, se lo den con presteza,

20. hasta la suma de cien talentos de plata, y asimismo de trigo hasta cien coros, y cien medidas de vino, y otras cosas en abundancia.

21. Hágase todo diligentemente conforme a la ley de Êlôhîym para Êlôhîym Elyôn Êl, para que no venga ira sobre el reino del rey y de sus hijos.

22. También os mando que no exijáis tributo ni ninguna otra imposición de ningún Kôhên, ni Lêwîy, ni cantores qâdôsh, ni porteros, ni ministros del templo, ni de ninguno que tenga servicio en este templo; y que ningún hombre tenga autoridad para imponerles cosa alguna.

23. Y tú, Ezrâ, conforme a la sabiduría de Êlôhîym, establece jueces y magistrados para que juzguen en todo Ărâm y Phoenicia a todos los que conocen la ley de tu Êlôhîym; y a los que no la conocen, los enseñarás.

24. Y cualquiera que transgreda la ley de tu Êlôhîym y la del rey será castigado con diligencia, ya sea con muerte, o con otra pena, ya con multa de dinero, o con prisión.

25. Entonces Ezrâ el escriba dijo: Bendito sea el único Yahuah Êlôhîym de mis padres, que puso estas cosas en el corazón del rey para glorificar su casa que está en Yarûshâlaim,

26. y me honró ante los ojos del rey, y de sus consejeros, y de todos sus amigos y nobles.

27. Por tanto, fui animado por la ayuda de Yahuah mi Êlôhîym, y reuní hombres de Yâshâral para subir conmigo.

28. Y estos son los principales, conforme a sus familias y dignidades, que subieron conmigo desde Bâbel en el reinado del rey Artachshashtâ:

29. De los hijos de Pîynechâs, Gêreshôn; de los hijos de îythâmâr, Dânîyêl (דָנִיֵּאל); de los hijos de Dâwid, Chaṭṭûsh (חַטּוּשׁ), hijo de Shekanyâhû (שְׁכַנְיָהוּ):

30. De los hijos de Parôsh, Zekaryâhû; y con él fueron contados ciento cincuenta hombres;

31. De los hijos de Pachath Môâb, Elyehôêynay (אֶלְיְהוֹעֵינַי), hijo de Zerachyâh (זְרַחְיָה), y con él doscientos hombres;

32. De los hijos de Zattû, Shekanyâhû hijo de Yachăzîyêl (יַחֲזִיאֵל), y con él trescientos hombres; de los hijos de Âdîynn, Ebed hijo de Yahônâthân (יְהוֹנָתָן), y con él doscientos cincuenta hombres;

33. De los hijos de Êylâm, Yôshîyâhû hijo de Gotholias, y con él setenta hombres;

34. De los hijos de Shephaṭyâhû, Zebadyâhû hijo de Mîykâêl, y con él setenta hombres;

35. De los hijos de Yôâb, Ôbadyâhû hijo de Yachîyêl, y con él doscientos doce hombres;

36. De los hijos de Bânîy, Shelômîyth (שְׁלֹמִית) hijo de Yôsiphyâh, y con él ciento sesenta hombres;

37. De los hijos de Bêbay, Zekaryâhû hijo de Bêbay, y con él veintiocho hombres;

38. De los hijos de Azgâd, Yôchânân (יוֹחָנָן) hijo de Qâṭân, y con él ciento diez hombres;

39. De los hijos de Ădônîyqâm, los últimos, y estos son sus nombres: Êlîypheleṭ, Yaîyêl (יְעִיאֵל) y Shemayâhû; y con ellos setenta hombres;

40. De los hijos de Bigway, Ûthay hijo de Zabbûd (זַבּוּד), y con él setenta hombres.

41. Y a estos los reuní junto al río llamado Ahăwâ (אַהֲוָא), donde acampamos tres días; y entonces los revisé.

42. Pero cuando no hallé allí a ninguno de los Kôhên ni de los Lêwîy,

43. envié a Ělîyezer, y a Iduel, y a Maasman,

44. y a Elnâthân, y a Shemayâhû (שְׁמַעְיָהוּ), y a Yârîyb, y a Nâthân, Elnâthân, Zekaryâhû y Meshûllâm (מְשֻׁלָּם), principales y doctos.

45. Y les mandé que fuesen a Iddô el capitán, que estaba en el lugar del tesoro;

46. y les ordené que hablasen a Iddô, y a sus hermanos, y a los tesoreros de aquel lugar, para que nos enviasen hombres que pudieran ejercer el oficio de Kôhên en la casa de Yahuah.

47. Y por la poderosa mano de nuestro Yahuah nos trajeron hombres diestros de los hijos de Machlîy, hijo de Lêwîy, hijo de Yâshâral: Shêrêbyâh, y sus hijos, y sus hermanos, que eran dieciocho.

48. Y Chăshabyâhû, y Annus, y Yashayâhû (יְשַׁעְיָהוּ) su hermano, de los hijos de Chănanyâhû, y sus hijos, fueron veinte hombres.

49. Y de los siervos del templo que Dâwid había ordenado, y los principales para el servicio de los Lêwîy, a saber, siervos del templo, doscientos veinte, cuyo catálogo de nombres fue mostrado.

50. Y allí proclamé ayuno para los jóvenes delante de nuestro Yahuah, para pedirle un viaje próspero tanto para nosotros como para los que estaban con nosotros, para nuestros niños y para el ganado;

51. porque me avergonzaba pedir al rey infantes de a pie, y jinetes, y escolta para guarda contra nuestros adversarios.

52. Pues habíamos dicho al rey que el poder de Yahuah nuestro Êlôhîym estaría con los que le buscan, para sostenerlos en todos sus caminos.

53. Y de nuevo rogamos a nuestro Yahuah acerca de estas cosas, y lo hallamos favorable para con nosotros.

54. Entonces aparté a doce de los principales Kôhên, a Shêrêbyâh y a Chăshabyâhû, y a diez hombres de sus hermanos con ellos;

55. y les pesé el oro y la plata y los vasos qâdôsh de la casa de nuestro Yahuah, que el rey, su consejo, los príncipes y todo Yâshâral habían dado.

56. Y después de pesarlo, les entregué seiscientos cincuenta talentos de plata, y vasos de plata de cien talentos, y cien talentos de oro,

57. y veinte vasos de oro, y doce vasos de bronce, de bronce fino, resplandeciente como el oro.

58. Y les dije: Tanto vosotros sois qâdôsh para Yahuah, como los vasos son qâdôsh; y el oro y la plata son voto para Yahuah, Yahuah de nuestros padres.

59. Velad y guardadlos hasta que los entreguéis a los principales Kôhên y Lêwîy, y a los jefes de las familias de Yâshâral, en Yarûshâlaim, en las cámaras de la casa de nuestro Êlôhîym.

60. Así los Kôhên y los Lêwîy que recibieron la plata, el oro y los vasos, los llevaron a Yarûshâlaim, al templo de Yahuah.

61. Y del río Ahăwâ salimos el día doce del primer mes, y llegamos a Yarûshâlaim por la poderosa mano de nuestro Yahuah, que estaba con nosotros; y desde el principio de nuestro viaje Yahuah nos libró de todo enemigo, y así llegamos a Yarûshâlaim.

62. Y cuando estuvimos allí tres días, el oro y la plata que se había pesado fue entregado en la casa de nuestro Yahuah al cuarto día a Merêmôth el Kôhên, hijo de Ûrîyâhû (אוּרִיָּהוּ).

63. Y con él estaba Elâzâr hijo de Pîynechâs; y con ellos estaban Yôzâbâd hijo de Yashûa (יֵשׁוּעַ) y Nôadyâh hijo de Binnûy, Lêwîy; todo les fue entregado por número y peso.

64. Y todo su peso fue escrito en aquella misma hora.

65. Además, los que habían venido del cautiverio ofrecieron sacrificio a Yahuah Êlôhîym de Yâshâral: doce novillos por todo Yâshâral, ochenta y seis carneros,

66. setenta y dos corderos; y doce machos cabríos como ofrenda de paz; todos ellos como sacrificio a Yahuah.

67. Y entregaron los mandamientos del rey a los administradores del rey y a los gobernadores de Ărâm y Phoenicia; y honraron al pueblo y al templo de Êlôhîym.

68. Y cuando se hicieron estas cosas, se acercaron a mí los gobernantes y dijeron:

69. La nación de Yâshâral, los príncipes, los Kôhên y los Lêwîy no se han apartado de los pueblos extraños de la tierra, ni de las contaminaciones de los gentiles, a saber: de los Kenaanîy, Chittîy, Perizzîy (פְּרִזִּי), Yabûsîy (יְבוּסִי), y de los Môâbîy, Mitsrîy y Ĕdômîy.

70. Porque ellos y sus hijos se han casado con sus hijas, y la simiente qâdôsh se ha mezclado con los pueblos extraños de la tierra; y desde el principio de este asunto los gobernantes y los grandes han sido partícipes de esta iniquidad.

71. Y tan pronto como oí estas cosas, rasgué mis ropas y el manto qâdôsh, y arranqué el cabello de mi cabeza y de mi barba, y me senté triste y muy abatido.

72. Y todos los que entonces se conmovieron a la palabra de Yahuah Êlôhîym de Yâshâral se reunieron junto a mí mientras yo lamentaba la iniquidad; pero yo permanecí sentado lleno de pesadumbre hasta el sacrificio de la tarde.

73. Entonces, levantándome del ayuno, con mis ropas y el manto qâdôsh rasgados, doblando mis rodillas y extendiendo mis manos a Yahuah,

74. dije: Oh Yahuah, estoy confuso y avergonzado delante de tu rostro;

75. porque nuestros pecados se han multiplicado sobre nuestras cabezas, y nuestra ignorancia ha llegado hasta shâmayim.

76. Desde el tiempo de nuestros padres hemos estado y estamos en gran pecado hasta este día.

77. Y por nuestros pecados y los de nuestros padres, nosotros, nuestros hermanos, nuestros reyes y nuestros Kôhên fuimos entregados a los reyes de la tierra, a espada, cautiverio, despojo y vergüenza, hasta este día.

78. Y ahora, en alguna medida, se nos ha mostrado misericordia de tu parte, oh Yahuah, para que nos quedase una raíz y un nombre en el lugar de tu santuario;

79. y para mostrarnos una luz en la casa de Yahuah nuestro Êlôhîym, y para darnos sustento en el tiempo de nuestra servidumbre.

80. Sí, cuando estábamos en servidumbre, no fuimos abandonados por nuestro Yahuah; sino que nos hizo hallar gracia ante los reyes de Pâras, de modo que nos dieron sustento;

81. y honraron el templo de nuestro Yahuah, y levantaron la desolada Tsîyôn, de modo que nos han dado morada segura en Yahûdâh y en Yarûshâlaim.

82. Y ahora, oh Yahuah, ¿qué diremos teniendo estas cosas? Porque hemos transgredido tus mandamientos, que diste por mano de tus siervos los Nâbîy, diciendo:

83. Que la tierra en la cual entráis para poseerla como heredad es tierra contaminada con las contaminaciones de los extranjeros de la tierra, y la han llenado con su inmundicia.

84. Por tanto, ahora no daréis vuestras hijas a sus hijos, ni tomaréis sus hijas para vuestros hijos.

85. Además, nunca busquéis tener paz con ellos, para que seáis fuertes y comáis las cosas buenas de la tierra, y dejéis la heredad de la tierra a vuestros hijos para siempre.

86. Y todo lo que nos ha acontecido ha sido hecho por nuestras malas obras y grandes pecados; porque tú, oh Yahuah, hiciste ligeros nuestros pecados,

87. y nos diste tal raíz; pero nosotros hemos vuelto otra vez a transgredir tu ley y a mezclarnos con la inmundicia de las naciones de la tierra.

88. ¿No te enojarías contra nosotros hasta destruirnos, hasta no dejarnos ni raíz, ni simiente, ni nombre?

89. Oh Yahuah de Yâshâral, tú eres verdadero, porque hemos quedado como raíz en este día.

90. He aquí, ahora estamos delante de ti en nuestras iniquidades; porque ya no podemos permanecer por más tiempo delante de ti a causa de estas cosas.

91. Y mientras Ezrâ hacía su confesión en oración, llorando y postrado rostro en tierra delante del templo, se reunió junto a él desde Yarûshâlaim una muy grande multitud de hombres, mujeres y niños; porque había gran llanto entre la multitud.

92. Entonces Shekanyâhû, hijo de Yachîyêl, uno de los hijos de Yâshâral, clamó y dijo: Oh Ezrâ, hemos pecado contra Yahuah Êlôhîym; hemos tomado por mujeres a mujeres extrañas de las naciones de la tierra, y ahora todo Yâshâral está en lo alto.

93. Hagamos ahora un juramento a Yahuah de que despediremos a todas nuestras mujeres que hemos tomado de los gentiles, junto con sus hijos,

94. como tú has decretado, y tantos como obedecen la ley de Yahuah.

95. Levántate y ejecuta esto, porque a ti pertenece este asunto; y nosotros estaremos contigo: sé valiente.

96. Entonces Ezrâ se levantó, e hizo jurar a los principales Kôhên y Lêwîy y a todo Yâshâral que harían conforme a estas cosas; y así juraron.

Capítulo 9

1. Entonces Ezrâ, levantándose del atrio del templo, fue a la cámara de Yahôchânân (יְהוֹחָנָן), hijo de Elyâshîyb,

2. y permaneció allí, y no comió carne ni bebió agua, lamentándose por las grandes iniquidades de la multitud.

3. Y se hizo una proclamación en todo Yahûdâh y Yarûshâlaim para que todos los que eran del cautiverio se reunieran en Yarûshâlaim;

4. y que cualquiera que no se presentara allí dentro de dos o tres días, conforme a lo que los ancianos que gobernaban habían determinado, se le confiscaría el ganado para uso del templo, y él mismo sería expulsado de entre los que eran del cautiverio.

5. Y en tres días se reunieron en Yarûshâlaim todos los de la tribu de Yahûdâh y Binyâmîyn, el día veinte del mes noveno.

6. Y toda la multitud se sentó temblando en el amplio atrio del templo a causa del mal tiempo que hacía.

7. Entonces Ezrâ se levantó y les dijo: Habéis transgredido la ley al tomar mujeres extrañas, aumentando así los pecados de Yâshâral.

8. Ahora pues, confesando, dad gloria a Yahuah Êlôhîym de nuestros padres,

9. y haced su voluntad, y separaos de los gentiles de la tierra y de las mujeres extrañas.

10. Entonces toda la multitud clamó y dijo a gran voz: Como has dicho, así haremos.

11. Pero puesto que el pueblo es mucho, y hace mal tiempo, de modo que no podemos estar fuera; y esto no es obra de uno o dos días, pues nuestro pecado en estas cosas se ha extendido mucho;

12. Por tanto, quédense los gobernantes de la multitud, y vengan en el tiempo señalado todos los de nuestras moradas que tienen mujeres extrañas,

13. y con ellos los gobernantes y jueces de cada lugar, hasta que apartemos de nosotros por este asunto la ira de Yahuah.

14. Entonces Yahônâthân, hijo de Ăśâhêl, y Yachzeyâh, hijo de Tiqwâh (תִּקְוָה), tomaron este asunto sobre sí conforme a ello; y Meshûllâm, Lêwîy y Shabbethay les ayudaron.

15. Y los que eran del cautiverio hicieron conforme a todas estas cosas.

16. Y Ezrâ el Kôhên escogió para sí a los principales de sus familias, todos por nombre; y el primer día del mes décimo se sentaron juntos para examinar el asunto.

17. Así se concluyó la causa de los que tenían mujeres extrañas el primer día del primer mes.

18. Y de los Kôhên que se habían reunido y tenían mujeres extrañas, se hallaron:

19. De los hijos de Yahusha, hijo de Yahôtsâdâq, y de sus hermanos: Maăśêyâhû, y Ĕlîyezer, y Yârîyb, y Gedalyâhû (גְּדַלְיָהוּ).

20. Y dieron su mano para despedir a sus mujeres y ofrecer carneros para hacer reconciliación por sus errores.

21. Y de los hijos de Immêr: Chănânîy, y Zebadyâhû, y Chârim, y Shemayâhû, y Yachîyêl, y Ûzzîyâhû.

22. Y de los hijos de Pashchûr: Elyehôêynay, Maăśêyâhu, Yishmâêl, y Nethanêl, y Yôzâbâd, y Elâśâh.

23. Y de los Lêwîy: Yôzâbâd, y Shimîy, y Qêlâyâh, que se llamaba Kelitah, y Pethachyâh, y Yahûdâh, y Yônâh.

24. De los cantores qâdôsh: Elyâshîyb, Zakkûr.

25. De los porteros: Shallûm y Telem.

26. De los de Yâshâral, de los hijos de Parôsh: Ramyâh, y Yizzîyâh, y Malkiyâhû, y Mîyâmin, y Elâzâr, y Asibias, y Benâyâhû.

27. De los hijos de Êylâm: Mattanyâhû, Zekaryâhû, y Yachîyêl, y Yarîymôth, y Êlîyâhû.

28. Y de los hijos de Zattû: Elyehôêynay, Elyâshîyb, Mattanyâhû, Yarîymôth, y Zâbâd, y Ăzîyzâ.

29. De los hijos de Bêbay: Yôchânân, y Chănanyâhû, y Zabbay, y Athlay.

30. De los hijos de Bânîy: Meshûllâm, Mallûk, Ădâyâhû, Yâshûb, Sheâl y Yarîymôth.

31. Y de los hijos de Addi: Naathus, y Maăśêyâhû, Lacunus, y Naidus, y Mattanyâhû, y Betsalêl, Binnûy y Menashsheh.

32. Y de los hijos de Channâhs: Ělîyezer y Yishshîyâhû, y Malkiyâhû, y Sabbeus, y Shimôn Chosameus.

33. Y de los hijos de Châshûm: Mattenay, y Mattattâh, y Zâbâd, Ělîyphelet, y Menashsheh, y Shimîy.

34. Y de los hijos de Bânîy: Yirmeyâhû, Momdis, Omaerus, Ûêl, Maădây, y Benâyâhû, y Wanyâh, Merêmôth, y Elyâshîyb, y Mattanyâhû, Mattenay, Yaăśû, Bânîy, Binnûy, Shimîy, Shelemyâhû, Nâthân; y de los hijos de Ozora: Shashai, Azarel, Azael, Samatus, Zambris, Yôsêph.

35. Y de los hijos de Nebô: Mattithyâhû, Zâbâd, Zebîynâ, Yiddô, Yôêl, Benâyâhû.

36. Todos estos habían tomado mujeres extrañas, y las despidieron junto con sus hijos.

37. Y los Kôhên y Lêwîy, y los que eran de Yâshâral, habitaron en Yarûshâlaim y en el campo, el primer día del mes séptimo; así los hijos de Yâshâral estaban en sus moradas.

38. Y toda la multitud se reunió unánimemente en la plaza amplia del pórtico qâdôsh hacia el oriente;

39. y dijeron a Ezrâ el Kôhên y lector que trajera la ley de Môsheh, dada por Yahuah Êlôhîym de Yâshâral.

40. Entonces Ezrâ, el Kôhên principal, trajo la ley delante de toda la multitud, desde el hombre hasta la mujer, y también ante todos los Kôhên, para oír la ley, el primer día del mes séptimo.

41. Y leyó en el amplio atrio delante del pórtico qâdôsh desde la mañana hasta el mediodía, delante de hombres y mujeres; y la multitud prestó oído a la ley.

42. Y Ezrâ, Kôhên y lector de la ley, se puso en pie sobre un púlpito de madera que se había hecho para ello.

43. Y a su derecha estaban de pie Mattithyâhû, Shema, Ănâyâh, Ăzaryâhû, Ûrîyâhû, Chilqîyâhû y Maăśêyâhû;

44. y a su izquierda estaban Pedâyâhû, Mîyshâêl, Malkiyâhû, Châshûm, Chashbaddânâh, Zekaryâhû y Meshûllâm.

45. Entonces Ezrâ tomó el libro de la ley delante de la multitud; pues se sentaba honorablemente en el primer lugar a la vista de todos.

46. Y cuando abrió la ley, todos se pusieron en pie. Entonces Ezrâ bendijo a Yahuah Êlôhîym Elyôn Êl, Êlôhîym Tsâbâ (צָבָא), Shadday Êl.

47. Y todo el pueblo respondió: Âmên; y alzando las manos cayeron a tierra y adoraron a Yahuah.

48. También Yahusha, Bânîy, Shêrêbyâh, Yâmîyn, Aqqûb, Shabbethay, Hôdîyâh, Maăśêyâhû, y Qelîyṭâ, Ăzaryâhû, Yôzâbâd, Chănan, Pelâyâh—los Lêwîy—enseñaban la ley de Yahuah, haciendo además que la entendieran.

49. Entonces habló Tirshâthâ (תִּרְשָׁתָא) a Ezrâ, el Kôhên principal y lector, y a los Lêwîy que enseñaban a la multitud, a todos, diciendo:

50. Este día es qâdôsh para Yahuah (pues todos lloraban al oír la ley):

51. Id, pues, comed lo gordo y bebed lo dulce, y enviad porción a los que nada tienen;

52. porque este día es qâdôsh para Yahuah; no os entristezcáis, porque Yahuah os traerá honra.

53. Así que los Lêwîy proclamaron estas cosas al pueblo, diciendo: Este día es qâdôsh para Yahuah; no os entristezcáis.

54. Entonces se fueron, cada uno a comer y a beber, a alegrarse, y a dar porción a los que nada tenían, y a hacer gran banquete;

55. porque entendieron las palabras en que fueron instruidos, y por las cuales se habían reunido.

2 Ezrâh (Esdras) y los paralelos bíblicos tradicionales

(Guía de estudio de las Escrituras Dabar Yahuah)

Introducción

2 Esdras (a veces llamado 4 Ezra en la tradición católica) es un profundo texto apocalíptico y profético que aborda las luchas de Yasharal después de la destrucción del Primer y del Segundo Templo. Se compone de visiones, diálogos y revelaciones dadas a Ezra respecto a los tiempos del fin, el problema del mal, la justicia divina y la esperanza de redención. El libro sirve de puente entre la literatura sapiencial, la profecía y los temas apocalípticos, reflexionando sobre el sufrimiento humano, el juicio divino y la restauración final del pueblo de Êlôhîym.

Los temas clave incluyen:

1. Sufrimiento humano y justicia divina – Ezra lamenta la destrucción de Yarûshâlaim y pregunta por qué los justos sufren mientras los malvados prosperan.
2. Revelación apocalíptica – Visiones detalladas de los tiempos del fin, la venida del Mesías y la resurrección de los muertos.
3. El problema del mal – Explora por qué existe el mal en un mundo gobernado por un Êlôhîym justo.
4. Esperanza y restauración – A pesar del juicio, a los fieles se les promete restauración, vida eterna y vindicación divina.
5. Sabiduría e instrucción – Incluye instrucción moral, reflexiones sobre la providencia divina y ánimo para vivir con justicia.

El libro está estructurado en visiones y diálogos en los que Ezra interactúa con ángeles, cuestiona la justicia de Êlôhîym y recibe explicaciones divinas acerca del destino de Yasharal y del mundo. Muchos pasajes del Nuevo Testamento hacen eco o reflejan sus temas, especialmente en lo referente a la resurrección, el juicio y el Mesías.

Tabla comparativa: 2 Esdras y la Biblia tradicional
Pasaje de 2 Esdras | Paralelos bíblicos | Tema / conexión

Pasaje	Resumen	Escrituras relacionadas	Tema
2 Esdras 1:1–28	Ezra lamenta la destrucción de Yasharal y ora por entendimiento.	Lam 1–5; Sal 74	Lamento por Yarûshâlaim; búsqueda de la guía de Êlôhîym
2 Esdras 2:1–32	Ezra pregunta por qué sufren los justos.	Job 1–3; Sal 73	Problema del mal y sufrimiento de los fieles
2 Esdras 3:1–40	Êlôhîym instruye a Ezra mediante visión angelical acerca de la justicia divina.	Isa 40:1–11; Dan 7	Justicia de Êlôhîym, vindicación final y autoridad

Pasaje	Resumen	Escrituras relacionadas	Tema
2 Esdras 4:1–50	Visión de los tiempos del fin e imaginería simbólica (desierto, tormentas).	Ez 37; Dan 12	Simbolismo apocalíptico; resurrección y juicio
2 Esdras 5:1–49	Ezra recibe una visión del Mesías y de la salvación futura.	Isa 53; Mat 24; Ap 1	Profecía mesiánica y esperanza de redención
2 Esdras 6:1–46	Êlôhîym responde preguntas sobre las naciones, los justos y los malvados.	Sal 37; Prov 11:31	Providencia divina, justicia sobre las naciones, destino del mal
2 Esdras 7:1–54	Instrucción angelical sobre el plan de Êlôhîym, tiempos del fin y resurrección de los muertos.	Dan 12:2–3; Jn 5:28–29	Resurrección y vida eterna de los justos
2 Esdras 8:1–52	Ezra ve una serie de visiones que representan naciones, reinos y el fin de la era.	Dan 2; Ap 17	Visión profética de eventos históricos y escatológicos
2 Esdras 9:1–46	Exhortación moral a buscar justicia y temer a Êlôhîym.	Prov 1; Stg 4:8	Guía ética en medio de la calamidad
2 Esdras 11–15	Visiones extendidas del conflicto cósmico, el fin del mundo y el juicio final.	Mat 24–25; Ap 20	Escatología, juicio, resurrección y restauración final

Resumen de paralelos clave

1. Lamento y cuestionamiento – Ezra refleja los Salmos y Lamentaciones, expresando dolor por la destrucción de Yasharal y cuestionando la justicia de Êlôhîym.
2. Respuestas divinas – Êlôhîym responde mediante visiones y ángeles, enfatizando su justicia final, su sabiduría y su plan de redención.
3. Imaginería apocalíptica – Las visiones simbólicas hacen eco de Dânîyêl y Apocalipsis, ofreciendo perspectiva sobre los tiempos del fin, la resurrección y el juicio divino.
4. Expectativa mesiánica – Predicciones de un salvador o líder justo, prefigurando el cumplimiento del Nuevo Testamento en el Mesías de Yahuah.
5. Instrucción moral y ética – Orientación para vivir con justicia, temer a Elohiym y evitar el mal, en paralelo con Proverbios y la literatura sapiencial.
6. Resurrección y juicio – A los justos se les promete vida eterna, mientras los malvados enfrentan juicio, en consonancia con temas de Dânîyêl, Isaías y los Evangelios.
7. Visión histórica y escatológica – Se revelan en visión naciones y reinos, mostrando el control soberano de Êlôhîym sobre la historia y el establecimiento final de la justicia.

2 Ezrâ (עֶזְרָא) - Esdras

Capítulo 1

1. El segundo libro del Nâbîy Ezrâ, hijo de Śerâyâhû, hijo de Ăzaryâhû, hijo de Chilqîyâhû, hijo de Shallûm, hijo de Tsâdôq, hijo de Ăchîyṭûb,

2. hijo de Ăchîyâhû, hijo de Pîynechâs, hijo de Êlîy, hijo de Ămaryâhû, hijo de Ăzaryâhû, hijo de Merâyôth, hijo de Arna, hijo de Ûzzîy, hijo de Bûqqîy, hijo de Ăbîyshûa, hijo de Pîynechâs, hijo de Elâzâr,

3. hijo de Ahărôn, de la tribu de Lêwîy; el cual fue llevado cautivo a la tierra de los Mâday, en el reinado de Artachshashtâ, rey de Pâras.

4. Y vino a mí la palabra de Yahuah, diciendo:

5. Ve tu camino y muestra a mi pueblo sus obras pecaminosas, y a sus hijos la maldad que han hecho contra mí, para que lo cuenten a los hijos de sus hijos;

6. porque los pecados de sus padres se han aumentado en ellos, pues me han olvidado y han ofrecido a dioses extraños.

7. ¿No soy yo el mismo que los saqué de la tierra de Mitsrayim, de la casa de servidumbre? Pero me provocaron a ira y despreciaron mis consejos.

8. Arráncate, pues, los cabellos de tu cabeza y echa todo mal sobre ellos; porque no han obedecido mi ley, sino que son un pueblo rebelde.

9. ¿Hasta cuándo los sufriré, a quienes he hecho tanto bien?

10. Por amor de ellos destruí a muchos reyes; herí a Parôh con sus siervos y con todo su poder.

11. Destruí delante de ellos a todas las naciones; y en el oriente dispersé a la gente de dos provincias, aun de Tsôr y Tsîydôn, y maté a todos sus enemigos.

12. Por tanto, háblales diciendo: Así dice Yahuah:

13. Yo los guié por el mar y al principio les di un paso ancho y seguro; les di a Môsheh por caudillo y a Ahărôn por Kôhên.

14. Les di luz en una columna de fuego, e hice grandes maravillas entre ustedes; y aun así me han olvidado, dice Yahuah.

15. Así dice Yahuah Shadday Êl: Las codornices les fueron por señal; les di tiendas por salvaguarda; sin embargo, allí murmuraron,

16. y no triunfaron en mi nombre por la destrucción de sus enemigos, sino que hasta hoy todavía murmuran.

17. ¿Dónde están los beneficios que les he hecho? Cuando tuvieron hambre y sed en el desierto, ¿no clamaron a mí,

18. diciendo: "¿Por qué nos has traído a este desierto para matarnos? ¿Mejor nos hubiera sido servir a los Mitsrîy que morir en este desierto"?

19. Entonces tuve compasión de sus lamentos y les di mân para comer; así comieron pan de ángeles.

20. Cuando tuvieron sed, ¿no hendí la roca y brotaron aguas hasta saciarse? Y por el calor los cubrí con las hojas de los árboles.

21. Repartí entre ustedes una tierra fértil; eché fuera delante de ustedes al Kenaanîy, al Perizzîy y al Pelishtîy. ¿Qué más he de hacer por ustedes? —dice Yahuah.

22. Así dice Yahuah Shadday Êl: Cuando estaban en el desierto, en el río de los Ĕmôrîy, con sed y blasfemando mi nombre,

23. no les di fuego por sus blasfemias, sino que eché un árbol en el agua y endulcé el río.

24. ¿Qué haré contigo, oh Yaăqôb? Tú, Yahûdâh, no quisiste obedecerme. Me volveré a otras naciones, y a ellas les daré mi nombre, para que guarden mis estatutos.

25. Puesto que me han abandonado, yo también los abandonaré; cuando deseen que sea bondadoso con ustedes, no tendré misericordia de ustedes.

26. Cuando me invoquen, no los oiré; porque han manchado sus manos con sangre y sus pies se apresuran a cometer homicidio.

27. No me han abandonado a mí, sino a ustedes mismos, dice Yahuah.

28. Así dice Yahuah Shadday Êl: ¿No les rogué yo como un padre a sus hijos, como una madre a sus hijas y como una nodriza a sus pequeños,

29. para que fueran mi pueblo y yo fuera su Êlôhîym; para que fueran mis hijos y yo fuera su padre?

30. Los reuní como la gallina junta sus polluelos bajo sus alas; pero ahora, ¿qué haré con ustedes? Los arrojaré de mi presencia.

31. Cuando me ofrezcan, apartaré de ustedes mi rostro; pues sus días de fiesta solemne, sus nuevas lunas y sus circuncisiones, he desechado.

32. Les envié a mis siervos los Nâbîy, a quienes ustedes tomaron y mataron, y despedazaron sus cuerpos; su sangre demandaré de sus manos, dice Yahuah.

33. Así dice Yahuah Shadday Êl: Su casa está desolada; los arrojaré como el viento arrastra la paja.

34. Y sus hijos no serán fructíferos, porque despreciaron mi mandamiento e hicieron lo malo delante de mí.

35. Daré sus casas a un pueblo que vendrá, que, sin haber oído de mí, me creerá; a quienes no mostré señales, aun así, harán lo que les mandé.

36. No han visto Nâbîy, y sin embargo recordarán sus pecados y los reconocerán.

37. Tomo por testigo la gracia del pueblo venidero, cuyos pequeños se alegran con gozo; y aunque no me han visto con ojos corporales, en espíritu creen lo que digo.

38. Y ahora, hermano, mira la gloria, y contempla al pueblo que viene del oriente:

39. a quienes daré por líderes a Abrâhâm, Yitschâq y Yaăqôb; a Hôshêa, Âmôs y Mîykâh; a Yôêl, Ôbadyâhû y Yônâh;

40. a Nachûm, Chăbaqqûq, Tsephanyâhû, Chaggay, zekaryâhû y Malâkîy, el cual también es llamado un ángel de Yahuah.

Capítulo 2

1. Así dice Yahuah: Saqué a este pueblo de la servidumbre, y les di mis mandamientos por medio de siervos, los Nâbîy; a quienes no quisieron oír, sino que despreciaron mis consejos.

2. La madre que los dio a luz les dice: Vayan por su camino, hijos; porque soy viuda y abandonada.

3. Los crié con alegría, pero con tristeza y pesadumbre los he perdido; porque pecaron delante de Yahuah su Êlôhîym e hicieron lo malo delante de Él.

4. ¿Qué haré ahora con ustedes? Soy viuda y abandonada. Vayan por su camino, oh hijos míos, y pidan misericordia a Yahuah.

5. En cuanto a mí, oh Padre, te llamo por testigo contra la madre de estos hijos, que no quiso guardar mi pacto,

6. para que los lleves a confusión y a su madre al despojo, para que no tengan descendencia.

7. Sean esparcidos entre los gentiles; sea borrado su nombre de la tierra, porque despreciaron mi pacto.

8. ¡Ay de ti, Ashshûr, tú que escondes en ti a los injustos! Oh pueblo perverso, recuerda lo que hice a Sedôm y a Ămôrâh;

9. cuya tierra yace en terrones de pez y montones de ceniza. Así también haré a los que no me escuchan, dice Yahuah Shadday Êl.

10. Así dice Yahuah a Ezrâ: Di a mi pueblo que les daré el reino de Yarûshâlaim, el cual habría dado a Yâshâral.

11. Su gloria también la tomaré para mí y les daré los tabernáculos eternos que les había preparado.

12. Tendrán el árbol de vida por ungüento de dulce fragancia; no trabajarán ni se fatigarán.

13. Vayan y recibirán; oren por pocos días, para que sean acortados: el reino ya está preparado para ustedes. Velad.

14. Tomo por testigos al shâmayim y a la tierra, porque he quebrantado el mal en pedazos y he creado el bien; porque yo vivo, dice Yahuah.

15. Madre, abraza a tus hijos y críalos con alegría; haz sus pies firmes como una columna, porque te he escogido, dice Yahuah.

16. Y a los muertos levantaré de nuevo de sus lugares, y los sacaré de las sepulturas; porque he conocido mi nombre en Yâshâral.

17. No temas, madre de los hijos; porque te he escogido, dice Yahuah.

18. Para tu ayuda enviaré a mis siervos Yashayâhû y Yirmeyâhû, conforme a cuyo consejo he santificado y preparado para ti doce árboles cargados de diversos frutos,

19. y muchas fuentes que manan leche y miel, y siete montes poderosos donde crecen rosas y lirios, con los cuales llenaré a tus hijos de gozo.

20. Haz justicia a la viuda, juzga por el huérfano, da al pobre, defiende al huérfano, viste al desnudo;

21. sana al quebrantado y al débil, no te burles del cojo, defiende al lisiado, y deja que el ciego llegue a ver mi claridad.

22. Guarda a los viejos y a los jóvenes dentro de tus muros.

23. Dondequiera que halles muertos, tómales y entiérralos, y yo te daré el primer lugar en mi resurrección.

24. Permanece quieto, pueblo mío, y toma tu descanso, porque tu tranquilidad aún viene.

25. Alimenta a tus hijos, buena nodriza; afirma sus pasos.

26. En cuanto a los siervos que te he dado, no perecerá ninguno de ellos, porque los demandaré de entre tu número.

27. No te canses; porque cuando venga el día de angustia y pesadumbre, otros llorarán y se entristecerán, pero tú estarás alegre y tendrás abundancia.

28. Los gentiles te envidiarán, pero no podrán hacer nada contra ti, dice Yahuah.

29. Mis manos te cubrirán, para que tus hijos no vean sheôl.

30. Alégrate, oh madre, con tus hijos, porque yo te libraré, dice Yahuah.

31. Recuerda a tus hijos que duermen, porque yo los sacaré de los confines de la tierra

y tendré misericordia de ellos; porque soy misericordioso, dice Yahuah Shadday Êl.

32. Abraza a tus hijos hasta que yo venga y les muestre misericordia; porque mis manantiales rebosan y mi gracia no faltará.

33. Yo, Ezrâ, recibí un encargo de Yahuah en el monte Chôrêb, para que fuera a Yâshâral; pero cuando vine a ellos, no me tuvieron en nada y despreciaron el mandamiento de Yahuah.

34. Por tanto, les digo a ustedes, oh gentiles, que oyen y entienden: esperen a su Rââh; Él les dará descanso eterno, pues está cerca el que ha de venir al fin del mundo.

35. Estén preparados para la recompensa del reino, porque la luz eterna brillará sobre ustedes para siempre.

36. Huyan de la sombra de este mundo, reciban el gozo de su gloria; yo doy testimonio de mi Yâsha abiertamente.

37. Oh, reciban el don que se les da, y alégrense, dando gracias al que los ha llevado al reino del shâmayim.

38. Levántense y estén en pie; contemplen el número de los que están sellados en la Fiesta de Yahuah,

39. que se han apartado de la sombra del mundo y han recibido vestiduras gloriosas de Yahuah.

40. Toma tu número, oh Tsîyôn, y recoge a los tuyos que están vestidos de blanco, los cuales han cumplido la ley de Yahuah.

41. El número de tus hijos, por quienes anhelabas, se ha cumplido; ruega al poder de Yahuah, para que tu pueblo, que fue llamado desde el principio, sea santificado.

42. Yo, Ezrâ, vi sobre el monte Tsîyôn un gran pueblo, que no pude contar, y todos alababan a Yahuah con cánticos.

43. Y en medio de ellos había un joven de gran estatura, más alto que todos los demás; y sobre la cabeza de cada uno ponía coronas, y era más excelso; lo cual me maravilló grandemente.

44. Entonces pregunté al ángel y dije: Señor, ¿quiénes son éstos?

45. Él me respondió y dijo: Éstos son los que se despojaron del vestido mortal y se vistieron de inmortalidad, y han confesado el nombre de Êlôhîym; ahora son coronados y reciben palmas.

46. Entonces dije al ángel: ¿Qué joven es ese que los corona y les da palmas en sus manos?

47. Y él me respondió y dijo: Es el Bên Êlôhîym, a quien han confesado en el mundo. Entonces comencé a encomiar grandemente a los que se mantuvieron firmes por el nombre de Yahuah.

48. Entonces el ángel me dijo: Ve tu camino y cuenta a mi pueblo qué cosas, y cuán grandes maravillas de Yahuah tu Êlôhîym, has visto.

Capítulo 3

1. En el año treinta después de la ruina de la ciudad, yo estaba en Bâbel, y yacía turbado en mi lecho; y mis pensamientos subían sobre mi corazón.

2. Porque vi la desolación de Tsîyôn y la riqueza de los que habitaban en Bâbel.

3. Y mi espíritu fue grandemente conmovido, de modo que comencé a hablar palabras llenas de temor a Elyôn Êl, y dije:

4. Oh Yahuah, que gobiernas, tú hablaste al principio cuando plantaste la tierra, y eso tú solo, y mandaste al pueblo,

5. y diste cuerpo a Âdâm sin alma, obra de tus manos; y soplaste en él aliento de vida, y fue hecho viviente delante de ti.

6. Y lo llevaste al paraíso que tu diestra había plantado, antes que la tierra produjera.

7. Y le diste mandamiento de amar tu camino; él lo transgredió, y de inmediato estableciste muerte en él y en sus generaciones; de él procedieron naciones, tribus, pueblos y linajes sin número.

8. Y cada pueblo anduvo según su propia voluntad, e hizo cosas maravillosas delante de ti, y despreciaron tus mandamientos.

9. Y otra vez, con el paso del tiempo, trajiste el diluvio sobre los que habitaban en el mundo, y los destruiste.

10. Y aconteció en cada uno de ellos que, así como la muerte fue para Âdâm, así fue el diluvio para éstos.

11. Sin embargo, dejaste a uno de ellos, a saber, Nôach con su casa, de quien procedieron todos los hombres justos.

12. Y sucedió que, cuando los que habitaban sobre la tierra comenzaron a multiplicarse, y tuvieron muchos hijos y fueron un gran pueblo, empezaron otra vez a ser más impíos que los primeros.

13. Ahora bien, cuando vivían tan perversamente delante de ti, escogiste para ti un hombre de entre ellos, cuyo nombre era Abrâhâm.

14. A él lo amaste, y sólo a él le mostraste tu voluntad;

15. e hiciste con él un pacto perpetuo, prometiéndole que nunca abandonarías su simiente.

16. Y a él le diste Yitschâq; y a Yitschâq también le diste Yaăqôb y Êśâw. A Yaăqôb lo escogiste para ti y apartaste a Êśâw; y así Yaăqôb llegó a ser una gran multitud.

17. Y aconteció que, cuando sacaste su simiente de Mitsrayim, los llevaste al monte Sîynay.

18. Y, inclinando el shâmayim, afirmaste la tierra; conmoviste todo el mundo, hiciste temblar los abismos y turbaste a los hombres de aquella edad,

19. para que tu gloria pasara por cuatro puertas: de fuego, de terremoto, de viento y de frío; a fin de dar la ley a la simiente de Yaăqôb y diligencia a la generación de Yâshâral.

20. Y aun así no les quitaste el corazón perverso, para que tu ley diera fruto en ellos.

21. Porque el primer Âdâm, llevando un corazón perverso, transgredió y fue vencido; y así son todos los que nacen de él.

22. Así la debilidad se hizo permanente; y la ley también quedó en el corazón del pueblo junto con la maldad de la raíz; de modo que el bien se apartó y el mal permaneció.

23. Pasaron los tiempos y se cumplieron los años; entonces levantaste para ti un siervo llamado Dâwid,

24. a quien mandaste edificar una ciudad para tu nombre, y ofrecer incienso y ofrendas allí.

25. Hecho esto por muchos años, los que habitaban la ciudad te abandonaron,

26. e hicieron en todo como Âdâm y todas sus generaciones, porque también tenían un corazón perverso.

27. Y entregaste tu ciudad en manos de sus enemigos.

28. ¿Son, pues, mejores las obras de los que habitan en Bâbel, para que por eso tengan dominio sobre Tsîyôn?

29. Porque cuando llegué allí y vi impiedades sin número, entonces mi alma vio a muchos malhechores en este año treinta, de manera que desfalleció mi corazón.

30. Pues he visto cómo permitiste que pecaran y perdonaste a los malhechores; y destruiste a tu pueblo y preservaste a tus enemigos, y no lo has declarado.

31. No recuerdo cómo puede dejarse este camino: ¿son, pues, los de Bâbel mejores que los de Tsîyôn?

32. ¿O hay algún otro pueblo que te conozca aparte de Yâshâral? ¿O qué generación ha creído tanto en tus pactos como Yaăqôb?

33. Y sin embargo su recompensa no aparece y su labor no da fruto; porque he ido y venido por entre los gentiles, y veo que rebosan en riqueza y no piensan en tus mandamientos.

34. Pesa, pues, ahora nuestra maldad en la balanza, y también la de los que habitan el mundo; y así tu nombre no se hallará en ningún lugar sino en Yâshâral.

35. ¿O cuándo los que habitan sobre la tierra no han pecado delante de ti? ¿O qué pueblo ha guardado así tus mandamientos?

36. Hallarás que Yâshâral, por nombre, ha guardado tus preceptos; pero no los gentiles.

Capítulo 4

1. Y el ángel que me fue enviado, cuyo nombre era Ûrîyêl, me respondió,

2. y dijo: Tu corazón se ha ido demasiado lejos en este mundo, ¿y piensas comprender el camino de Elyôn Êl?

3. Entonces dije: Sí, mi señor. Y él me respondió y dijo: He sido enviado para mostrarte tres caminos y proponerte tres semejanzas.

4. Si me declaras una de ellas, yo también te mostraré el camino que deseas ver, y te mostraré de dónde viene el corazón perverso.

5. Y dije: Habla, mi señor. Entonces me dijo: Ve, pésame el peso del fuego, o mídeme el soplo del viento, o tráeme de vuelta el día que ya pasó.

6. Entonces respondí y dije: ¿Qué hombre es capaz de eso, para que me pidas tales cosas?

7. Y él me dijo: Si yo te preguntara cuán grandes son las moradas en medio del mar, o cuántos manantiales hay al principio del abismo, o cuántos manantiales hay sobre el firmamento, o cuáles son las salidas del paraíso,

8. quizá me dirías: "Nunca descendí al abismo, ni aún al sheôl, ni he subido jamás al shâmayim".

9. Sin embargo, ahora te he preguntado sólo del fuego y del viento, y del día por el cual has pasado, y de cosas de las que no puedes separarte, y aun así no puedes darme respuesta.

10. Dijo además: Tus propias cosas, y las que han crecido contigo, ¿no puedes conocerlas?

11. ¿Cómo, pues, podrá tu vasija comprender el camino de Elyôn Êl, y, estando el mundo ya exteriormente corrompido, entender la corrupción que es evidente a mis ojos?

12. Entonces le dije: Mejor fuera que no existiéramos, que vivir aún en maldad, padecer y no saber por qué.

13. Él me respondió y dijo: Entré en un bosque, en una llanura, y los árboles tomaron consejo,

14. y dijeron: "Venid, vayamos y hagamos guerra contra el mar, para que se retire de delante de nosotros y nos hagamos más bosques".

15. También las inundaciones del mar tomaron consejo y dijeron: "Venid, subamos y sojuzguemos los bosques de la llanura, para hacernos allí otra región".

16. El pensamiento del bosque fue vano, porque vino el fuego y lo consumió.

17. El pensamiento de las inundaciones del mar también se desvaneció, porque la arena se levantó y las detuvo.

18. Si ahora fueras juez entre estos dos, ¿a cuál comenzarías a justificar? ¿O a cuál condenarías?

19. Respondí y dije: En verdad, es un pensamiento necio el que ambos han ideado, pues a la tierra le es dado el bosque, y el mar también tiene su lugar para llevar sus inundaciones.

20. Entonces me respondió y dijo: Has juzgado rectamente; pero ¿por qué no te juzgas a ti mismo también?

21. Porque así como la tierra es dada al bosque, y el mar a sus inundaciones, así los que habitan sobre la tierra no pueden entender sino lo que está sobre la tierra; y el que habita por encima del shâmayim sólo puede entender las cosas que están por encima de la altura del shâmayim.

22. Entonces respondí y dije: Te ruego, oh Yahuah, que me des entendimiento.

23. Porque no fue mi intención ser curioso de las cosas altas, sino de las que nos suceden cada día: por qué Yâshâral es entregado como oprobio a los gentiles; por qué el pueblo que has amado es entregado a naciones impías; por qué la ley de nuestros padres es reducida a nada, y los pactos escritos quedan sin efecto;

24. y pasamos del mundo como langostas; y nuestra vida es asombro y temor, y no somos dignos de alcanzar misericordia.

25. ¿Qué hará entonces por su nombre, por el cual somos llamados? Estas cosas he preguntado.

26. Entonces me respondió y dijo: Cuanto más busques, más te maravillarás; porque el mundo se apresura rápidamente a pasar,

27. y no puede comprender las cosas que se prometen a los justos en el tiempo venidero; porque este mundo está lleno de injusticia y debilidades.

28. Pero en cuanto a lo que me preguntas, te lo diré: el mal está sembrado, pero su destrucción aún no ha venido.

29. Por tanto, si lo que está sembrado no se trastorna, y si el lugar donde se sembró el mal no pasa, entonces no puede venir lo sembrado con bien.

30. Porque el grano de la mala semilla fue sembrado en el corazón de Âdâm desde el principio; y cuánta impiedad ha producido hasta ahora, y cuánta producirá aún hasta que llegue el tiempo de la trilla.

31. Considera ahora por ti mismo cuán gran fruto de maldad ha producido el grano de la mala semilla.

32. Y cuando se corten las espigas, que son sin número, ¡qué gran era llenarán!

33. Entonces respondí y dije: ¿Cómo y cuándo acontecerán estas cosas? ¿Por qué nuestros años son pocos y malos?

34. Y él me respondió diciendo: No te apresures por encima de Elyôn Êl; porque tu prisa es vana para estar por encima de Él; pues te has excedido mucho.

35. ¿No preguntaron también las almas de los justos sobre estas cosas en sus cámaras, diciendo: "¿Hasta cuándo esperaré de este modo? ¿Cuándo viene el fruto de la era de nuestra recompensa?"

36. Y a estas cosas Ûrîyêl, el arcángel, les respondió y dijo: Cuando se complete en ustedes el número de las semillas; porque Él ha pesado el mundo en la balanza.

37. Con medida ha medido los tiempos; y con número ha contado los tiempos; y no los

mueve ni los altera hasta que se cumpla la medida señalada.

38. Entonces respondí y dije: Oh Yahuah que gobiernas, aun todos nosotros estamos llenos de impiedad.

39. Y quizá por causa nuestra las eras de los justos no se llenan, a causa de los pecados de los que habitan sobre la tierra.

40. Entonces me respondió y dijo: Ve a una mujer encinta y pregúntale, cuando haya cumplido sus nueve meses, si su vientre puede retener el parto por más tiempo.

41. Entonces dije: No, señor, no puede. Y él me dijo: En la sepultura, las cámaras de las almas son como el vientre de una mujer;

42. porque así como la mujer que está de parto se apresura a librarse de la necesidad del trabajo, así estos lugares se apresuran a entregar lo que se les ha encomendado.

43. Desde el principio, mira: lo que deseas ver te será mostrado.

44. Entonces respondí y dije: Si he hallado favor ante ti, y si es posible, y si soy digno de ello,

45. muéstrame entonces si hay más por venir que lo pasado, o más pasado que lo que ha de venir.

46. Lo pasado lo conozco, pero lo que ha de venir no lo conozco.

47. Y él me dijo: Ponte en pie a la derecha, y te declararé la semejanza.

48. Así que me puse en pie y vi; y he aquí, pasó delante de mí un horno ardiente y muy caliente. Y sucedió que, cuando la llama pasó, miré, y he aquí, el humo permanecía aún.

49. Después de esto pasó delante de mí una nube de agua, y derramó mucha lluvia con tormenta; y cuando la lluvia tormentosa pasó, las gotas quedaron aún.

50. Entonces me dijo: Considera en tu interior: así como la lluvia es más que las gotas, y el fuego es mayor que el humo; pero las gotas y el humo quedan atrás, así la cantidad de lo pasado excedió mucho más.

51. Entonces oré y dije: ¿Crees que viviré hasta ese tiempo? ¿O qué sucederá en aquellos días?

52. Él me respondió y dijo: En cuanto a las señales de las que me preguntas, puedo decirte algo en parte; pero en cuanto a tu vida, no he sido enviado para mostrártelo, porque no la conozco.

Capítulo 5

1. Pero en cuanto a las señales venideras, he aquí, vendrán días en que los que habitan sobre la tierra serán llevados en gran número, y el camino de la verdad será escondido, y la tierra estará estéril de fe.

2. Pero la iniquidad se aumentará por encima de lo que ahora ves, o de lo que oíste hace mucho tiempo.

3. Y la tierra que ahora ves con raíz, la verás de repente devastada.

4. Pero si Elyôn Êl te concede vivir, verás que después de la tercera trompeta el sol brillará de repente en la noche, y la luna tres veces en el día.

5. Y la sangre goteará de la madera, y la piedra dará su voz, y el pueblo será turbado.

6. Y aun él reinará, a quien no esperan los que habitan sobre la tierra; y las aves alzarán el vuelo y se irán juntas.

7. Y el Mar de Sedôm arrojará peces, y hará un ruido en la noche que muchos no han conocido; pero todos oirán su voz.

8. Habrá también confusión en muchos lugares, y el fuego será a menudo enviado otra vez; y las bestias salvajes cambiarán sus lugares, y mujeres menstruosas darán a luz monstruos.

9. Y se hallarán aguas saladas en las dulces, y todos los amigos se destruirán unos a otros; entonces el ingenio se esconderá, y el entendimiento se retirará a su cámara secreta,

10. y muchos lo buscarán, y no lo hallarán; entonces la injusticia y la intemperancia se multiplicarán sobre la tierra.

11. Una tierra también preguntará a otra, y dirá: "¿Ha pasado por ti la justicia que hace justo al hombre?" Y dirá: "No".

12. En ese tiempo los hombres esperarán, pero no obtendrán nada; trabajarán, pero sus caminos no prosperarán.

13. Para mostrarte tales señales tengo permiso; y si vuelves a orar, y llorar como ahora, y ayunar aun días, oirás cosas mayores.

14. Entonces desperté, y un temor extremo pasó por todo mi cuerpo, y mi mente quedó turbada, de modo que desfallecía.

15. Así que el ángel que había venido a hablar conmigo me sostuvo, me consoló y me puso en pie.

16. Y en la segunda noche aconteció que Shealtîyêl, el capitán del pueblo, vino a mí diciendo: "¿Dónde has estado? ¿Y por qué está tan abatido tu rostro?"

17. "¿No sabes que Yâshâral te ha sido encomendado en la tierra de su cautiverio?"

18. "Levántate, pues, y come pan, y no nos abandones, como el pastor que deja su rebaño en manos de lobos crueles."

19. Entonces le dije: "Vete de mí, y no te acerques a mí". Y oyó lo que dije y se apartó de mí.

20. Así ayuné siete días, llorando y lamentándome, como el ángel Ûrîyêl me lo mandó.

21. Y después de siete días sucedió que los pensamientos de mi corazón volvieron a ser muy pesados para mí,

22. y mi alma recobró el espíritu de entendimiento, y comencé otra vez a hablar con Elyôn Êl,

23. y dije: "Oh Yahuah que gobiernas: de toda la madera de la tierra y de todos sus árboles, tú escogiste una sola vid;

24. y de todas las tierras del mundo entero, escogiste un solo hoyo; y de todas sus flores, un lirio;

25. y de todos los abismos del mar, llenaste para ti un solo río; y de todas las ciudades edificadas, santificaste a Tsîyôn para ti;

26. y de todas las aves creadas, te nombraste una sola paloma; y de todo el ganado hecho, te proveíste una sola oveja;

27. y entre todas las multitudes de pueblos, te adquiriste un solo pueblo; y a este pueblo, al que amaste, le diste una ley aprobada por todos.

28. Y ahora, oh Yahuah, ¿por qué has entregado este único pueblo a muchos? ¿y sobre la única raíz has preparado a otros? ¿y por qué has esparcido tu único pueblo entre muchos?

29. Y los que contradijeron tus promesas y no creyeron tus pactos, las han pisoteado.

30. Si tanto aborrecías a tu pueblo, debiste castigarlo con tus propias manos."

31. Y cuando hube dicho estas palabras, el ángel que había venido a mí la noche anterior fue enviado a mí,

32. y me dijo: "Óyeme, y te instruiré; atiende a lo que te digo, y te diré más."

33. Y dije: "Habla, mi señor." Entonces me dijo: "Estás muy turbado por causa de Yâshâral; ¿amas a ese pueblo más que Aquel que los hizo?"

34. Y dije: "No, señor; pero he hablado por gran dolor. Porque mis entrañas me duelen a cada hora, mientras me esfuerzo por comprender el camino de Elyôn Êl y por inquirir parte de su juicio."

35. Y él me dijo: "No puedes." Y yo dije: "¿Por qué, señor? ¿Para qué nací entonces? ¿Por qué no fue el vientre de mi madre mi sepultura, para no haber visto el trabajo de Yaăqôb y la fatigosa labor del linaje de Yâshâral?"

36. Y él me dijo: "Cuéntame las cosas que aún no han venido; recógeme las gotas que están esparcidas; haz reverdecer otra vez las flores marchitas;

37. ábreme los lugares que están cerrados; tráeme los vientos que están encerrados en ellos; muéstrame la imagen de una voz; y entonces te declararé lo que te afanas por conocer."

38. Y dije: "Oh Yahuah que gobiernas, ¿quién puede conocer estas cosas sino aquel que no tiene su morada con los hombres?"

39. "En cuanto a mí, soy ignorante; ¿cómo, pues, podré hablar de estas cosas que me has pedido?"

40. Entonces me dijo: "Así como no puedes hacer ninguna de estas cosas que te he dicho, así tampoco puedes hallar mi juicio, ni al fin el amor que he prometido a mi pueblo."

41. Y dije: "He aquí, oh Yahuah, tú estás cerca de los que están reservados hasta el fin; ¿y qué harán los que han sido antes que yo, o nosotros que ahora somos, o los que vendrán después de nosotros?"

42. Y él me dijo: "Asemejaré mi juicio a un anillo: así como no hay tardanza del último, así tampoco hay rapidez del primero."

43. Entonces respondí y dije: "¿No podrías hacer a los que ya fueron hechos, y a los que ahora son, y a los que han de venir, todos a la vez, para mostrar más pronto tu juicio?"

44. Entonces me respondió y dijo: "La criatura no puede apresurarse más que el Creador; ni puede el mundo sostener a la vez a todos los que han de ser creados en él."

45. Y dije: "Como has dicho a tu siervo: tú, que das vida a todos, diste vida de una vez a la criatura que creaste, y la criatura la llevó; así también ahora podría llevar a la vez a los que están presentes."

46. Y él me dijo: "Pregunta al vientre de una mujer y dile: si das a luz hijos, ¿por qué no lo haces todos juntos, sino uno tras otro? Ruégale, pues, que dé a luz diez hijos de una vez."

47. Y dije: "No puede; sino que debe hacerlo con intervalo de tiempo."

48. Entonces me dijo: "Así también he dado el vientre de la tierra a los que en ella son sembrados, cada cual en su tiempo.

49. Porque como un niño pequeño no puede producir las cosas que pertenecen al anciano, así he dispuesto el mundo que creé."

50. Y pregunté y dije: "Ya que ahora me has dado el camino, seguiré hablando delante de ti; porque nuestra madre, de quien me has dicho que es joven, se acerca ya a la vejez."

51. Él me respondió y dijo: "Pregunta a una mujer que da a luz, y ella te lo dirá.

52. Dile: ¿por qué los que has dado a luz ahora se parecen a los de antes, pero son de menor estatura?

53. Y ella te responderá: los que nacen en la fuerza de la juventud son de una forma; pero los que nacen en el tiempo de la vejez, cuando el vientre falla, son de otra."

54. Considera, pues, también tú, que eres de menor estatura que los que fueron antes de ti.

55. Y también los que vienen después de ti serán menores que tú, como las criaturas que ya comienzan a envejecer y han pasado la fuerza de la juventud.

56. Entonces dije: "Yahuah, te ruego que, si he hallado favor ante ti, muestres a tu siervo por medio de quién visitas a tu criatura."

Capítulo 6

1. Y me dijo: "Al principio, cuando la tierra fue hecha, antes que los límites del mundo se afirmaran, o antes que soplaran los vientos,

2. antes que tronara y relampagueara, o antes que fueran puestos los fundamentos del paraíso,

3. antes que se vieran las hermosas flores, o antes que se establecieran los poderes movibles, antes que se reuniera la innumerable multitud de ángeles;

4. o antes que se elevaran las alturas del aire, antes que fueran nombradas las medidas del firmamento, o antes que se encendieran las chimeneas en Tsîyôn;

5. y antes que se investigaran los años presentes, y antes que fueran cambiadas las invenciones de los que ahora pecan, antes que fueran sellados los que han juntado fe como tesoro:

6. entonces consideré estas cosas, y todas fueron hechas por mí solo y por ningún otro; por mí también serán acabadas, y por ninguno otro."

7. Entonces respondí y dije: "¿Cuál será la separación de los tiempos? ¿O cuándo será el fin del primero y el comienzo del que sigue?"

8. Y me dijo: "De Abrâhâm hasta Yitschâq, cuando de él nacieron Yaăqôb y Êśâw, la mano de Yaăqôb fue la primera en asir el talón de Êśâw.

9. Porque Êśâw es el fin del mundo, y Yaăqôb es el comienzo del que sigue.

10. La mano del hombre está entre el talón y la mano. Otra pregunta no haces, Ezrâ."

11. Entonces respondí y dije: "Oh Yahuah que gobiernas, si he hallado favor ante ti,

12. te ruego que muestres a tu siervo el fin de las señales, de las cuales me mostraste parte la noche pasada."

13. Así que me respondió y dijo: "Ponte en pie, y oye una voz poderosa.

14. Y será como un gran movimiento; pero el lugar donde estás no se moverá.

15. Por tanto, cuando hable, no temas; porque la palabra es del fin, y se entiende el fundamento de la tierra.

16. ¿Y por qué? Porque el decir de estas cosas tiembla y se conmueve, pues sabe que el fin de estas cosas ha de ser cambiado."

17. Y aconteció que cuando lo oí, me puse en pie y escuché; y he aquí, una voz hablaba, y su sonido era como el sonido de muchas aguas.

18. Y dijo: "He aquí, vienen días en que comenzaré a acercarme y a visitar a los que habitan sobre la tierra;

19. y comenzaré a hacer investigación de los que han dañado injustamente con su

iniquidad, y cuándo se cumplirá la aflicción de Tsîyôn;

20. y cuando el mundo, que comenzará a desvanecerse, sea acabado, entonces mostraré estas señales: los libros serán abiertos delante del firmamento, y todos lo verán juntamente.

21. Y los niños de un año hablarán con sus voces; las mujeres encintas darán a luz niños prematuros de tres o cuatro meses, y vivirán y serán criados.

22. Y de repente los lugares sembrados aparecerán sin sembrar; los graneros llenos serán hallados de repente vacíos;

23. y la trompeta dará sonido, y cuando todos lo oigan, de repente tendrán miedo.

24. En ese tiempo los amigos pelearán unos contra otros como enemigos; y la tierra se estremecerá con los que habitan en ella; las fuentes de los manantiales se detendrán, y por tres horas no correrán.

25. Cualquiera que quede de todo esto que te he dicho escapará y verá mi salvación y el fin de tu mundo.

26. Y los hombres que sean recibidos lo verán, los que no han gustado la muerte desde su nacimiento; y el corazón de los habitantes será cambiado y convertido a otro entendimiento.

27. Porque el mal será quitado, y el engaño será apagado.

28. En cuanto a la fe, florecerá; la corrupción será vencida; y la verdad, que Por tanto, tiempo estuvo sin fruto, será declarada."

29. Y mientras él hablaba conmigo, he aquí, yo lo miraba poco a poco, a aquel delante de quien estaba.

30. Y estas palabras me dijo: "He venido para mostrarte el tiempo de la noche venidera.

31. Si aún quieres orar más y ayunar otra vez siete días, te diré cosas mayores de día de las que has oído."

32. "Porque tu voz ha sido oída delante de Elyôn Êl; pues Shadday Êl ha visto tu proceder justo, y ha visto también tu castidad, que has tenido desde tu juventud.

33. Por eso me ha enviado para mostrarte todas estas cosas y para decirte: ten buen ánimo y no temas.

34. Y no te apresures con los tiempos pasados a pensar cosas vanas, para que no te apresures en los tiempos postreros."

35. Y aconteció después de esto que volví a llorar y ayuné siete días de la misma manera, para cumplir las tres semanas que me dijo.

36. Y en la octava noche mi corazón se inquietó dentro de mí otra vez, y comencé a hablar delante de Elyôn Êl.

37. Porque mi espíritu estaba grandemente encendido, y mi alma estaba en angustia.

38. Y dije: "Oh Yahuah, tú hablaste desde el principio de la creación, en el primer día, y dijiste así: 'Sean hechos el shâmayim y la tierra'; y tu palabra fue una obra perfecta.

39. Y entonces estaba el espíritu, y tinieblas y silencio por todas partes; aún no se había formado el sonido de la voz del hombre.

40. Entonces mandaste que una hermosa luz saliera de tus tesoros para que tu obra apareciera.

41. En el segundo día hiciste el espíritu del firmamento, y le mandaste que se separara y que hiciera división entre las aguas, para que una parte subiera y la otra quedara debajo.

42. En el tercer día mandaste que las aguas se juntaran en la séptima parte de la tierra;

seis partes secaste y las guardaste, para que de ellas, algunas plantadas por Êlôhîym y labradas, te sirvieran.

43. Porque tan pronto como salió tu palabra, la obra fue hecha.

44. Pues inmediatamente hubo fruto grande e innumerable, y muchos y diversos placeres para el gusto, y flores de color inmutable, y olores de maravilloso olor; y esto fue hecho el tercer día.

45. En el cuarto día mandaste que el sol alumbrara, y la luna diera su luz, y las estrellas estuvieran en orden,

46. y les diste encargo de servir al hombre que había de ser hecho.

47. En el quinto día dijiste a la séptima parte, donde las aguas estaban reunidas, que produjera seres vivientes, aves y peces; y así aconteció.

48. Porque el agua muda y sin vida produjo seres vivos por el mandamiento de Êlôhîym, para que todos los pueblos alabaran tus obras maravillosas.

49. Entonces ordenaste dos seres vivientes: a uno llamaste behêmôth, y al otro Liwyâthân;

50. y separaste el uno del otro, porque la séptima parte, donde estaban reunidas las aguas, no podía contenerlos a ambos.

51. A behêmôth le diste una parte que fue secada el tercer día, para que habitara en esa parte donde hay mil colinas;

52. pero a Liwyâthân le diste la séptima parte, la húmeda, y la has guardado para que sea devorada por quien tú quieras y cuando tú quieras.

53. En el sexto día mandaste a la tierra que delante de ti produjera bestias, ganados y reptiles;

54. y después de éstos, también a Âdâm, a quien hiciste señor de todas tus criaturas; de él venimos todos, y también el pueblo que has escogido.

55. Todo esto he hablado delante de ti, oh Yahuah, porque hiciste el mundo por causa nuestra.

56. En cuanto a los otros pueblos, que también vienen de Âdâm, has dicho que no son nada, sino que son como saliva; y comparaste su multitud con una gota que cae de un vaso.

57. Y ahora, oh Yahuah, he aquí, estos gentiles, que siempre han sido tenidos por nada, han comenzado a ser señores sobre nosotros y a devorarnos.

58. Pero nosotros, tu pueblo, a quien llamaste tu primogénito, tu unigénito y tu ferviente amante, somos entregados en sus manos.

59. Si el mundo ahora fue hecho por causa nuestra, ¿por qué no poseemos heredad con el mundo? ¿Hasta cuándo durará esto?"

Capítulo 7

1. Y cuando terminé de hablar estas palabras, fue enviado a mí el ángel que me había sido enviado en las noches anteriores;

2. y me dijo: "Levántate, Ezrâ, y oye las palabras que he venido a decirte."

3. Y yo dije: "Habla, mi Êlôhîym." Entonces me dijo: "El mar está puesto en un lugar ancho, para que sea profundo y grande.

4. Pero supón que la entrada fuese angosta, y como un río:

5. ¿Quién entonces podría entrar en el mar para mirarlo y gobernarlo? Si no pasara por lo angosto, ¿cómo podría llegar a lo ancho?"

6. "Hay también otra cosa: una ciudad está edificada y puesta en un campo espacioso, y está llena de todos los bienes;

7. su entrada es angosta, y está puesta en un lugar peligroso para caer, como si hubiera fuego a la derecha y a la izquierda agua profunda;

8. y un solo camino entre ambos, entre el fuego y el agua, tan estrecho que solo un hombre podría pasar allí a la vez.

9. Si ahora esta ciudad fuera dada a un hombre por heredad, si nunca pasa el peligro puesto delante de ella, ¿cómo recibirá esta heredad?"

10. Y yo dije: "Así es, maestro." Entonces me dijo: "Así también es la porción de Yâshâral.

11. Porque por causa de ellos hice el mundo; y cuando Âdâm transgredió mis estatutos, entonces fue decretado lo que ahora sucede.

12. Entonces las entradas de este mundo se hicieron angostas, llenas de dolor y trabajo: son pocas y malas, llenas de peligros y muy penosas.

13. Porque las entradas del mundo antiguo eran anchas y seguras, y traían fruto inmortal.

14. Si, pues, los que viven no se esfuerzan por entrar por estas cosas estrechas y vanas, nunca podrán recibir las que están reservadas para ellos."

15. "Ahora, pues, ¿por qué te inquietas, siendo tú un hombre corruptible? ¿Y por qué te conmueves, siendo tú mortal?

16. ¿Por qué no has considerado en tu mente lo que ha de venir, más bien que lo que es presente?"

17. Entonces respondí y dije: "Oh Yahuah que gobiernas, tú has ordenado en tu ley que los justos hereden estas cosas, pero que los impíos perezcan.

18. Sin embargo, los justos sufrirán cosas estrechas y esperarán las anchas; porque los que han hecho lo malo han sufrido las cosas estrechas, y aun así no verán las anchas."

19. Y me dijo: "No hay juez por encima de Êlôhîym, ni hay entendimiento por encima de Elyôn Êl.

20. Porque muchos perecen en esta vida, porque desprecian la ley de Êlôhîym que está puesta delante de ellos.

21. Porque Êlôhîym dio mandamiento estricto a los que vinieron, qué debían hacer para vivir tal como vinieron, y qué debían guardar para evitar castigo.

22. Sin embargo, no le obedecieron; antes hablaron contra él, e imaginaron cosas vanas;

23. y se engañaron a sí mismos con sus obras malas; y dijeron de Elyôn Êl que no existe; y no conocieron sus caminos;

24. sino que despreciaron su ley y negaron sus pactos; no fueron fieles en sus estatutos, ni cumplieron sus obras."

25. "Y por eso, Ezrâ, para los vacíos son las cosas vacías, y para los llenos las cosas llenas.

26. He aquí, vendrá el tiempo en que estas señales que te he dicho acontecerán, y aparecerá la novia; y ella, saliendo, será vista, la que ahora está retirada de la tierra.

27. Y cualquiera que sea librado de los males dichos verá mis maravillas.

28. Porque mi hijo Yahusha será revelado con los que están con él, y los que queden se alegrarán por cuatrocientos años.

29. Después de estos años mi hijo el Mâshîyach morirá, y todos los hombres que tienen vida.

30. Y el mundo volverá al antiguo silencio siete días, como en los juicios anteriores, de modo que nadie quedará.

31. Y después de siete días el mundo, que aún no despierta, será levantado, y morirá lo corruptible.

32. Y la tierra devolverá a los que duermen en ella, y así el polvo a los que habitan en silencio, y los lugares secretos entregarán las almas que les fueron encomendadas.

33. Y Elyôn Êl aparecerá en el asiento del juicio, y la miseria pasará, y la longanimidad tendrá fin;

34. pero solo el juicio permanecerá: la verdad estará firme, y la fe se fortalecerá;

35. y la obra seguirá, y la recompensa será mostrada, y las buenas obras tendrán fuerza, y las malas obras no dominarán."

36. Entonces dije: "Abrâhâm oró primero por Sedôm, y Môsheh por los padres que pecaron en el desierto;

37. y Yahusha después de él por Yâshâral en el tiempo de Achan;

38. y Shemûêl y Dâwid por la destrucción; y Shelômôh por los que habían de venir al santuario;

39. y Êlîyâhû por los que recibieron lluvia; y por el muerto, para que viviera;

40. y Chizqîyâhû por el pueblo en el tiempo de Sanchêrîyb; y muchos por muchos.

41. Así ahora, viendo que la corrupción ha crecido, y la maldad se ha aumentado, y los justos han orado por los impíos, ¿por qué no ha de ser así ahora también?"

42. Él me respondió y dijo: "Esta vida presente no es el fin donde mora mucha gloria; por eso oraron por los débiles.

43. Pero el día de la condena será el fin de este tiempo y el comienzo de la inmortalidad venidera, donde la corrupción habrá pasado,

44. la intemperancia habrá terminado, la infidelidad será cortada, la justicia habrá crecido y la verdad habrá brotado.

45. Entonces nadie podrá salvar al que sea destruido, ni oprimir al que haya obtenido la victoria."

46. Entonces respondí y dije: "Esta es mi primera y última palabra: que habría sido mejor no haber dado la tierra a Âdâm; o, cuando se le dio, haberle impedido pecar.

47. Porque ¿qué provecho tiene para los hombres ahora, en este tiempo presente, vivir en pesadumbre, y después de la muerte esperar castigo?

48. ¡Oh Âdâm! ¿Qué has hecho? Porque, aunque tú pecaste, no caíste tú solo, sino todos los que venimos de ti.

49. Porque ¿qué provecho nos es, si se nos promete un tiempo inmortal, cuando hemos hecho obras que traen muerte?

50. y que se nos promete una esperanza eterna, cuando nosotros mismos, siendo los más malos, resultamos vanos;

51. y que nos estén reservadas moradas de salud y seguridad, cuando hemos vivido mal;

52. y que la gloria de Elyôn Êl se guarde para defender a los que han vivido con cautela, mientras nosotros hemos andado por los caminos más perversos de todos;

53. y que se muestre un paraíso cuyo fruto perdura para siempre, donde hay seguridad y remedio, si no entraremos en él

54. (porque hemos andado en lugares desagradables);

55. y que los rostros de los que practicaron abstinencia resplandezcan sobre las estrellas, mientras nuestros rostros serán más negros que las tinieblas;

56. porque mientras vivimos y cometimos iniquidad, no consideramos que comenzaríamos a padecer por ello después de la muerte.”

57. Entonces él me respondió y dijo: “Esta es la condición de la batalla que el hombre nacido sobre la tierra ha de pelear:

58. que, si es vencido, padecerá como has dicho; pero si obtiene la victoria, recibirá lo que yo digo.

59. Porque esta es la vida de la que Môsheh habló al pueblo mientras vivía, diciendo: ‘Escoge la vida, para que vivas.’

60. Sin embargo, no le creyeron, ni a los Nâbîy después de él, ni a mí que les he hablado,

61. para que no hubiera tal pesadumbre en su destrucción, como será gozo sobre los que son persuadidos para salvación.”

62. Entonces respondí y dije: “Yo sé, Yahuah, que Elyôn Êl es llamado misericordioso, porque tiene misericordia de los que aún no han venido al mundo,

63. y también de los que se vuelven a su ley;

64. y que es paciente y sufre por largo tiempo a los que han pecado, como criaturas suyas;

65. y que es dadivoso, porque está pronto para dar donde hace falta;

66. y que es de gran misericordia, porque multiplica cada vez más misericordias a los presentes, a los pasados y también a los que han de venir.

67. Porque si no multiplicara sus misericordias, el mundo no continuaría con los que heredan en él.

68. Y perdona; porque si no lo hiciera por su bondad, para que los que cometieron iniquidades pudieran ser aliviados de ellas, ni la diezmilésima parte de los hombres quedaría con vida.

69. Y siendo juez, si no perdonara a los que son sanados con su palabra y quitara la multitud de contiendas,

70. quedarían quizá muy pocos dentro de una multitud innumerable.”

Capítulo 7

71. Y cuando terminé de hablar estas palabras, fue enviado a mí el ángel que me había sido enviado en las noches anteriores;

72. y me dijo: “Levántate, Ezrâ, y oye las palabras que he venido a decirte.”

73. Y yo dije: “Habla, mi Êlôhîym.” Entonces me dijo: “El mar está puesto en un lugar ancho, para que sea profundo y grande.

74. Pero supón que la entrada fuese angosta, y como un río:

75. ¿Quién entonces podría entrar en el mar para mirarlo y gobernarlo? Si no pasara por lo angosto, ¿cómo podría llegar a lo ancho?”

76. “Hay también otra cosa: una ciudad está edificada y puesta en un campo espacioso, y está llena de todos los bienes;

77. su entrada es angosta, y está puesta en un lugar peligroso para caer, como si hubiera fuego a la derecha y a la izquierda agua profunda;

78. y un solo camino entre ambos, entre el fuego y el agua, tan estrecho que solo un hombre podría pasar allí a la vez.

79. Si ahora esta ciudad fuera dada a un hombre por heredad, si nunca pasa el peligro puesto delante de ella, ¿cómo recibirá esta heredad?”

80. Y yo dije: “Así es, maestro.” Entonces me dijo: “Así también es la porción de Yâshâral.

81. Porque por causa de ellos hice el mundo; y cuando Âdâm transgredió mis estatutos, entonces fue decretado lo que ahora sucede.

82. Entonces las entradas de este mundo se hicieron angostas, llenas de dolor y trabajo: son pocas y malas, llenas de peligros y muy penosas.

83. Porque las entradas del mundo antiguo eran anchas y seguras, y traían fruto inmortal.

84. Si, pues, los que viven no se esfuerzan por entrar por estas cosas estrechas y vanas, nunca podrán recibir las que están reservadas para ellos."

85. "Ahora, pues, ¿por qué te inquietas, siendo tú un hombre corruptible? ¿Y por qué te conmueves, siendo tú mortal?

86. ¿Por qué no has considerado en tu mente lo que ha de venir, más bien que lo que es presente?"

87. Entonces respondí y dije: "Oh Yahuah que gobiernas, tú has ordenado en tu ley que los justos hereden estas cosas, pero que los impíos perezcan.

88. Sin embargo, los justos sufrirán cosas estrechas y esperarán las anchas; porque los que han hecho lo malo han sufrido las cosas estrechas, y aun así no verán las anchas."

89. Y me dijo: "No hay juez por encima de Êlôhîym, ni hay entendimiento por encima de Elyôn Êl.

90. Porque muchos perecen en esta vida, porque desprecian la ley de Êlôhîym que está puesta delante de ellos.

91. Porque Êlôhîym dio mandamiento estricto a los que vinieron, qué debían hacer para vivir tal como vinieron, y qué debían guardar para evitar castigo.

92. Sin embargo, no le obedecieron; antes hablaron contra él, e imaginaron cosas vanas;

93. y se engañaron a sí mismos con sus obras malas; y dijeron de Elyôn Êl que no existe; y no conocieron sus caminos;

94. sino que despreciaron su ley y negaron sus pactos; no fueron fieles en sus estatutos, ni cumplieron sus obras."

95. "Y por eso, Ezrâ, para los vacíos son las cosas vacías, y para los llenos las cosas llenas.

96. He aquí, vendrá el tiempo en que estas señales que te he dicho acontecerán, y aparecerá la novia; y ella, saliendo, será vista, la que ahora está retirada de la tierra.

97. Y cualquiera que sea librado de los males dichos verá mis maravillas.

98. Porque mi hijo Yahusha será revelado con los que están con él, y los que queden se alegrarán por cuatrocientos años.

99. Después de estos años mi hijo el Mâshîyach morirá, y todos los hombres que tienen vida.

100. Y el mundo volverá al antiguo silencio siete días, como en los juicios anteriores, de modo que nadie quedará.

101. Y después de siete días el mundo, que aún no despierta, será levantado, y morirá lo corruptible.

102. Y la tierra devolverá a los que duermen en ella, y así el polvo a los que habitan en silencio, y los lugares secretos entregarán las almas que les fueron encomendadas.

103. Y Elyôn Êl aparecerá en el asiento del juicio, y la miseria pasará, y la longanimidad tendrá fin;

104. pero solo el juicio permanecerá: la verdad estará firme, y la fe se fortalecerá;

105. y la obra seguirá, y la recompensa será mostrada, y las buenas obras tendrán fuerza, y las malas obras no dominarán."

106. Entonces dije: "Abrâhâm oró primero por Sedôm, y Môsheh por los padres que pecaron en el desierto;

107. y Yahusha después de él por Yâshâral en el tiempo de Achan;

108. y Shemûêl y Dâwid por la destrucción; y Shelômôh por los que habían de venir al santuario;

109. y Êlîyâhû por los que recibieron lluvia; y por el muerto, para que viviera;

110. y Chizqîyâhû por el pueblo en el tiempo de Sanchêrîyb; y muchos por muchos.

111. Así ahora, viendo que la corrupción ha crecido, y la maldad se ha aumentado, y los justos han orado por los impíos, ¿por qué no ha de ser así ahora también?"

112. Él me respondió y dijo: "Esta vida presente no es el fin donde mora mucha gloria; por eso oraron por los débiles.

113. Pero el día de la condena será el fin de este tiempo y el comienzo de la inmortalidad venidera, donde la corrupción habrá pasado,

114. la intemperancia habrá terminado, la infidelidad será cortada, la justicia habrá crecido y la verdad habrá brotado.

115. Entonces nadie podrá salvar al que sea destruido, ni oprimir al que haya obtenido la victoria."

116. Entonces respondí y dije: "Esta es mi primera y última palabra: que habría sido mejor no haber dado la tierra a Âdâm; o, cuando se le dio, haberle impedido pecar.

117. Porque ¿qué provecho tiene para los hombres ahora, en este tiempo presente, vivir en pesadumbre, y después de la muerte esperar castigo?

118. ¡Oh Âdâm! ¿Qué has hecho? Porque, aunque tú pecaste, no caíste tú solo, sino todos los que venimos de ti.

119. Porque ¿qué provecho nos es, si se nos promete un tiempo inmortal, cuando hemos hecho obras que traen muerte?

120. y que se nos promete una esperanza eterna, cuando nosotros mismos, siendo los más malos, resultamos vanos;

121. y que nos estén reservadas moradas de salud y seguridad, cuando hemos vivido mal;

122. y que la gloria de Elyôn Êl se guarde para defender a los que han vivido con cautela, mientras nosotros hemos andado por los caminos más perversos de todos;

123. y que se muestre un paraíso cuyo fruto perdura para siempre, donde hay seguridad y remedio, si no entraremos en él

124. (porque hemos andado en lugares desagradables);

125. y que los rostros de los que practicaron abstinencia resplandezcan sobre las estrellas, mientras nuestros rostros serán más negros que las tinieblas;

126. porque mientras vivimos y cometimos iniquidad, no consideramos que comenzaríamos a padecer por ello después de la muerte."

127. Entonces él me respondió y dijo: "Esta es la condición de la batalla que el hombre nacido sobre la tierra ha de pelear:

128. que, si es vencido, padecerá como has dicho; pero si obtiene la victoria, recibirá lo que yo digo.

129. Porque esta es la vida de la que Môsheh habló al pueblo mientras vivía, diciendo: 'Escoge la vida, para que vivas.'

130. Sin embargo, no le creyeron, ni a los Nâbîy después de él, ni a mí que les he hablado,

131. para que no hubiera tal pesadumbre en su destrucción, como será gozo sobre los que son persuadidos para salvación."

132. Entonces respondí y dije: "Yo sé, Yahuah, que Elyôn Êl es llamado misericordioso, porque tiene misericordia de los que aún no han venido al mundo,

133. y también de los que se vuelven a su ley;

134. y que es paciente y sufre por largo tiempo a los que han pecado, como criaturas suyas;

135. y que es dadivoso, porque está pronto para dar donde hace falta;

136. y que es de gran misericordia, porque multiplica cada vez más misericordias a los presentes, a los pasados y también a los que han de venir.

137. Porque si no multiplicara sus misericordias, el mundo no continuaría con los que heredan en él.

138. Y perdona; porque si no lo hiciera por su bondad, para que los que cometieron iniquidades pudieran ser aliviados de ellas, ni la diezmilésima parte de los hombres quedaría con vida.

139. Y siendo juez, si no perdonara a los que son sanados con su palabra y quitara la multitud de contiendas,

140. quedarían quizá muy pocos dentro de una multitud innumerable."

Capítulo 8

1. Y él me respondió diciendo: "Elyôn Êl ha hecho este mundo para muchos, pero el mundo venidero para pocos.

2. Te diré una semejanza, Ezrâ: como cuando preguntas a la tierra, ella te dirá que da mucha arcilla de la cual se hacen vasijas de barro, pero poco polvo del cual sale el oro; así es el curso de este mundo presente.

3. Muchos son creados, pero pocos serán salvos."

4. Entonces respondí y dije: "Traga entonces, oh alma mía, el entendimiento, y devora la sabiduría.

5. Porque has consentido en oír, y estás dispuesto a profetizar; pues ya no tienes más tiempo que el de vivir."

6. Oh Yahuah, si no sufres a tu siervo para que oremos delante de ti, y tú nos des semilla para nuestro corazón, y cultivo para nuestro entendimiento, para que de ello venga fruto, ¿cómo vivirá cada hombre corrupto, que lleva el lugar de un hombre?

7. Porque tú eres solo, y nosotros todos una sola hechura de tus manos, como tú has dicho.

8. Porque cuando el cuerpo es formado ahora en el vientre de la madre, y tú le das miembros, tu criatura es guardada en fuego y agua, y por nueve meses tu obra soporta a tu criatura que es creada en ella.

9. Pero tanto lo que guarda como lo que es guardado serán preservados; y cuando llega el tiempo, el vientre que guardó entrega lo que creció en él.

10. Porque tú has mandado que de las partes del cuerpo, es decir, de los pechos, se dé leche, que es el fruto de los pechos,

11. para que lo que fue formado sea alimentado por un tiempo, hasta que lo dispongas para tu misericordia.

12. Tú lo criaste con tu justicia, lo nutriste en tu ley, y lo reformaste con tu juicio.

13. Y lo mortificarás como tu criatura, y lo vivificarás como tu obra.

14. Si, pues, destruyes al que con tan gran trabajo fue formado, cosa fácil es ordenar por tu mandamiento que lo que fue hecho sea preservado."

15. Ahora, pues, Yahuah, hablaré: acerca del hombre en general, tú lo sabes mejor; pero acerca de tu pueblo, por cuyo motivo estoy afligido,

16. y por tu heredad, por cuya causa lamento; y por Yâshâral, por quien estoy abatido; y por Yaăqôb, por cuya causa estoy turbado;

17. Por tanto, comenzaré a orar delante de ti por mí y por ellos; porque veo las caídas de nosotros los que moramos en la tierra.

18. Pero he oído de la prontitud del juez que ha de venir.

19. Por tanto, oye mi voz y entiende mis palabras, y hablaré delante de ti."

"Este es el comienzo de las palabras de Ezrâ, antes de que fuese arrebatado; y dije:

20. Oh Yahuah, tú que habitas en la eternidad, que miras desde lo alto las cosas en los shâmayim y en el aire;

21. cuyo trono es inestimable, cuya gloria no puede comprenderse, delante de quien los ejércitos de ángeles están con temblor;

22. cuyo servicio se ocupa en viento y fuego; cuya palabra es verdadera y dichos constantes; cuyo mandamiento es fuerte, y ordenanza temible;

23. cuya mirada seca los abismos, y cuya indignación hace que los montes se derritan; de lo cual da testimonio la verdad:

24. oye la oración de tu siervo, y presta oído a la petición de tu criatura.

25. Porque mientras yo viva hablaré, y mientras tenga entendimiento responderé.

26. Oh, no mires los pecados de tu pueblo, sino a los que te sirven en verdad.

27. No consideres las invenciones malvadas de los gentiles, sino el deseo de los que guardan tus testimonios en las aflicciones.

28. No pienses en los que han andado fingidamente delante de ti; sino acuérdate de los que, conforme a tu voluntad, han conocido tu temor.

29. No sea tu voluntad destruir a los que han vivido como bestias; sino mirar a los que han enseñado claramente tu ley.

30. No te indignas con los que son tenidos por peores que bestias; sino amas a los que siempre ponen su confianza en tu justicia y gloria.

31. Porque nosotros y nuestros padres languidecemos de tales enfermedades; pero por nosotros los pecadores tú serás llamado misericordioso.

32. Porque si deseas tener misericordia de nosotros, serás llamado misericordioso, a saber, para con nosotros, que no tenemos obras de justicia.

33. Pues los justos, que tienen muchas buenas obras guardadas contigo, recibirán recompensa de sus propias obras.

34. Porque ¿qué es el hombre para que te disguste? ¿O qué generación corruptible para que seas tan severo con ella?

35. Porque en verdad no hay hombre entre los nacidos que no haya obrado mal; y entre los fieles no hay ninguno que no haya errado.

36. Pues en esto, oh Yahuah, tu justicia y tu bondad serán declaradas: si tienes misericordia de los que no tienen confianza en buenas obras."

37. Entonces él me respondió y dijo: "Algunas cosas has hablado rectamente, y conforme a tus palabras será.

38. Porque en verdad no pensaré en la disposición de los que pecaron antes de la muerte, antes del juicio, antes de la destrucción;

39. sino que me regocijaré por la disposición de los justos, y recordaré también su peregrinación, y la salvación y la recompensa que tendrán.

40. Como he hablado ahora, así acontecerá.

41. Porque como el labrador siembra mucha semilla en la tierra, y planta muchos árboles, y sin embargo lo que se siembra bueno en su tiempo no nace, ni todo lo plantado echa raíz; así sucede con los que son sembrados en el mundo: no todos serán salvos."

42. Entonces respondí y dije: "Si he hallado gracia, permíteme hablar.

43. Como la semilla del labrador perece si no nace, y no recibe tu lluvia a su tiempo; o si viene demasiada lluvia y la corrompe;

44. así perece también el hombre, que es formado por tus manos y es llamado tu imagen, porque tú eres semejante a él; por cuya causa has hecho todas las cosas y lo has comparado con la semilla del labrador.

45. No te enojes con nosotros, sino perdona a tu pueblo y ten misericordia de tu heredad; porque eres misericordioso con tu criatura."

46. Entonces él me respondió y dijo: "Las cosas presentes son para el presente, y las venideras para los que han de venir.

47. Porque tú quedas muy corto para poder amar mi criatura más que yo; pero muchas veces me he acercado a ti y a ella, pero nunca a los injustos.

48. En esto también eres admirable delante de Elyôn Êl:

49. en que te has humillado como conviene, y no te has juzgado digno de ser muy glorificado entre los justos.

50. Porque muchas grandes miserias vendrán sobre los que en el tiempo postrero habiten en el mundo, porque han andado en gran soberbia.

51. Pero entiende por ti mismo, y busca la gloria para los que son como tú.

52. Porque a ti se te ha abierto el paraíso, el árbol de la vida está plantado, el tiempo venidero está preparado, la abundancia está lista, una ciudad está edificada y el reposo es concedido: sí, la perfecta bondad y la sabiduría.

53. La raíz del mal está sellada para ti; la debilidad y la polilla están escondidas de ti; y la corrupción ha huido a sheôl para ser olvidada.

54. Las tristezas han pasado, y al fin se muestra el tesoro de la inmortalidad.

55. Por tanto, no preguntes más acerca de la multitud de los que perecen.

56. Porque cuando tomaron libertad, despreciaron a Elyôn Êl, tuvieron en poco su ley y abandonaron sus caminos.

57. Además, han pisoteado a sus justos,

58. y dijeron en su corazón que no hay Êlôhîym; sí, aun sabiendo que deben morir.

59. Porque así como las cosas antes dichas te recibirán a ti, así la sed y el dolor están preparados para ellos; pues no fue su voluntad que los hombres vinieran a nada:

60. sino que los creados han mancillado el nombre del que los hizo, y fueron ingratos con el que les preparó la vida.

61. Y por eso mi juicio está ya cerca.

62. Estas cosas no las he mostrado a todos los hombres, sino a ti y a unos pocos como tú."

Entonces respondí y dije:

63. "He aquí, oh Yahuah, ahora me has mostrado la multitud de las maravillas que comenzarás a hacer en los postreros tiempos; pero en qué tiempo, no me lo has mostrado."

Capítulo 9

1. Él entonces me respondió y dijo: "Tú mides el tiempo con diligencia; y cuando veas que una parte de las señales ya ha pasado, de las que antes te dije,

2. entonces entenderás que es el mismo tiempo en que Elyôn Êl comenzará a visitar el mundo que hizo.

3. Por tanto, cuando se vean terremotos y alborotos de la gente en el mundo,

4. entonces entenderás bien que Elyôn Êl habló de esas cosas desde los días anteriores a ti, aun desde el principio.

5. Porque así como todo lo hecho en el mundo tiene principio y fin, y el fin es manifiesto,

6. así también los tiempos de Elyôn Êl tienen comienzos claros en maravilla y obras poderosas, y finales en efectos y señales.

7. Y todo el que sea salvo, y pueda escapar por sus obras y por la fe por la cual has creído,

8. será preservado de esos peligros, y verá mi salvación en mi tierra y dentro de mis fronteras; porque los he santificado para mí desde el principio.

9. Entonces estarán en lamentable condición los que ahora han abusado de mis caminos; y los que los han rechazado con desprecio morarán en tormentos.

10. Porque los que en su vida recibieron beneficios y no me conocieron;

11. y los que aborrecieron mi ley mientras aún tenían libertad, y cuando todavía había lugar de arrepentimiento abierto para ellos, no entendieron, sino que lo despreciaron;

12. esos mismos la conocerán después de la muerte por el dolor.

13. Por tanto, no seas curioso acerca de cómo y cuándo serán castigados los impíos; sino pregunta cómo serán salvados los justos, de quienes es el mundo y para quienes el mundo fue creado."

14. Entonces respondí y dije:

15. "He dicho antes, y ahora lo digo, y lo diré también después: que son muchos más los que perecen que los que serán salvos;

16. como una ola es mayor que una gota."

17. Y él me respondió diciendo: "Como es el campo, así es la semilla; como son las flores, así son también los colores; como es el artífice, así es también la obra; y como es el labrador en sí, así es también su labranza: porque era el tiempo del mundo.

18. Y cuando preparé el mundo, que aún no había sido hecho, para los que ahora viven y habitan en él, nadie habló contra mí.

19. Entonces todos obedecían; pero ahora las costumbres de los creados en este mundo hecho están corrompidas por una semilla perpetua y por una ley inescrutable, de la cual se apartan.

20. Así consideré el mundo, y he aquí, había peligro por los planes que habían entrado en él.

21. Y vi y lo perdoné en gran manera, y me guardé una uva del racimo y una planta de un gran pueblo.

22. Pereza pues la multitud que nació en vano; pero guárdese mi uva y mi planta, porque con gran trabajo la he hecho perfecta.

23. Con todo, si todavía cesas siete días más (pero no ayunarás en ellos,

24. sino que irás a un campo de flores donde no esté edificada casa alguna, y comerás solo las flores del campo; no gustes carne, no bebas vino, sino come flores solamente),

25. y ora a Elyôn Êl continuamente, entonces vendré y hablaré contigo."

26. Así me fui al campo llamado Ardath, como él me mandó; y allí me senté entre las flores, y comí de las hierbas del campo, y aquella comida me satisfizo.

27. Después de siete días me senté sobre la hierba, y mi corazón se turbó dentro de mí como antes;

28. y abrí mi boca y comencé a hablar delante de Elyôn Êl, y dije:

29. "Oh Yahuah, tú que te muestras a nosotros: te mostraste a nuestros padres en el desierto, en lugar donde nadie pisa, en lugar estéril, cuando salieron de Mitsrayim.

30. Y hablaste diciendo: 'Óyeme, oh Yâshâral, y atiende mis palabras, oh simiente de Yaăqôb.

31. Porque he aquí, yo siembro mi ley en ti, y te dará fruto, y serás honrado en ella para siempre.'

32. Pero nuestros padres, que recibieron la ley, no la guardaron ni observaron tus ordenanzas; y aunque el fruto de tu ley no pereció (ni podía perecer, porque era tuyo),

33. sin embargo, perecieron los que la recibieron, porque no guardaron lo que fue sembrado en ellos."

34. "Y mira, es costumbre que cuando la tierra recibe semilla, o el mar una nave, o cualquier vasija comida o bebida, si perece aquello en que fue sembrado o arrojado,

35. también lo sembrado o arrojado o recibido perece y no permanece con nosotros; pero con nosotros no ha sucedido así.

36. Porque nosotros, que hemos recibido la ley, perecemos por el pecado, y también nuestro corazón que la recibió;

37. con todo, la ley no perece, sino que permanece en su fuerza."

38. Y mientras decía estas cosas en mi corazón, miré hacia atrás con mis ojos, y a mi derecha vi a una mujer; y he aquí, se lamentaba y lloraba a gran voz, y estaba muy afligida de corazón; y sus vestidos estaban rasgados, y tenía ceniza sobre su cabeza.

39. Entonces dejé los pensamientos en que estaba, y me volví hacia ella,

40. y le dije: "¿Por qué lloras? ¿Por qué estás tan afligida en tu mente?"

41. Y ella me dijo: "Señor, déjame, para que pueda lamentarme, y añadir a mi dolor; porque estoy muy turbada en mi mente y abatida en gran manera."

42. Y yo le dije: "¿Qué tienes? Dímelo."

43. Ella me dijo: "Yo, tu sierva, he sido estéril y no tuve hijo, aunque tuve marido treinta años.

44. Y esos treinta años no hice otra cosa día y noche, y a toda hora, sino hacer mi oración a Elyôn Êl.

45. Después de treinta años Êlôhîym escuchó a tu sierva, miró mi miseria, consideró mi aflicción y me dio un hijo; y yo me alegré mucho por él; también mi marido y todos mis vecinos; y dimos gran honra a Shadday Êl.

46. Y lo crié con gran trabajo.

47. Así que cuando creció y llegó al tiempo en que debía tener mujer, hice una fiesta."

Capítulo 10

1. Y aconteció que, cuando mi hijo entró en su cámara nupcial, cayó y murió.

2. Entonces todos apagamos las luces, y todos mis vecinos se levantaron para consolarme; y así descansé hasta la segunda noche.

3. Y sucedió que, cuando todos dejaron de consolarme para que yo estuviese quieta, me levanté de noche y huí, y vine aquí a este campo, como ves.

4. Y ahora no me propongo volver a la ciudad, sino quedarme aquí; y no comer ni beber, sino llorar y ayunar continuamente hasta que muera."

5. Entonces dejé las meditaciones en que estaba, y le hablé con ira, diciendo:

6. "¡Mujer insensata sobre todas las demás! ¿No ves nuestro luto y lo que nos ha sucedido?

7. Que Tsîyôn nuestra madre está llena de toda pesadumbre, y muy humillada, llorando en gran manera.

8. Y ahora, puesto que todos lloramos y estamos tristes, porque todos estamos en aflicción, ¿te angustias por un solo hijo?

9. Pregunta a la tierra, y ella te dirá que a ella le corresponde lamentarse por la caída de tantos que crecen sobre ella.

10. Porque de ella salieron todos al principio, y de ella saldrán también los demás; y he aquí, casi todos caminan a destrucción, y una multitud de ellos es totalmente arrancada de raíz.

11. ¿Quién, pues, debería hacer más duelo que ella, que ha perdido tan gran multitud, y no tú, que te entristeces solo por uno?

12. Pero si me dices: 'Mi lamentación no es como la de la tierra, porque he perdido el fruto de mi vientre, al cual di a luz con dolores y crié con tristezas';

13. la tierra no es así, porque la multitud que hay en ella, según el curso de la tierra, se va como vino, tal como vino.

14. Entonces te digo: así como tú has dado a luz con trabajo, así también la tierra ha dado su fruto —a saber, el hombre— desde el principio, al que la hizo.

15. Ahora, pues, guarda tu dolor para ti, y soporta con buen ánimo lo que te ha sobrevenido.

16. Porque si reconoces que el decreto de Êlôhîym es justo, recibirás a tu hijo a su tiempo, y serás alabada entre las mujeres.

17. Ve, pues, a la ciudad con tu marido."

18. Y ella me dijo: "Eso no haré: no iré a la ciudad, sino que aquí moriré."

19. Entonces proseguí hablándole aún, y dije:

20. "No lo hagas así, sino déjate aconsejar por mí. Porque, ¿cuántas son las adversidades de Tsîyôn? Consuélate por el dolor de Yarûshâlaim.

21. Porque ves que nuestro santuario está desolado, nuestro altar derribado, nuestro templo destruido;

22. nuestro salterio está en el suelo, nuestro canto ha enmudecido, nuestro regocijo ha terminado; la luz de nuestro candelero se ha apagado, el arca de nuestro pacto ha sido despojada, nuestras cosas qâdôsh han sido profanadas, y el nombre que es invocado sobre nosotros casi ha sido desacralizado. Nuestros hijos han sido avergonzados, nuestros Kôhên han sido quemados, nuestros Lêwîy han ido al cautiverio, nuestras vírgenes han sido mancilladas, y nuestras

mujeres violadas; nuestros justos llevados, nuestros pequeñitos destruidos, nuestros jóvenes puestos en servidumbre, y nuestros valientes se han debilitado;

23. y, lo mayor de todo, el sello de Tsîyôn ha perdido ahora su honra, pues ha sido entregada en manos de los que nos aborrecen.

24. Por tanto, sacude tu gran pesadumbre y aparta la multitud de tus dolores, para que Elyôn Êl tenga misericordia de ti otra vez, y Elyôn Êl te dé descanso y alivio de tu trabajo."

25. Y aconteció que, mientras yo hablaba con ella, he aquí, su rostro de repente resplandeció en gran manera, y su semblante relució tanto que tuve miedo de ella, y me preguntaba qué podría ser.

26. Y he aquí, de pronto dio un gran grito, muy espantoso, de modo que la tierra tembló por el clamor de la mujer.

27. Y miré, y he aquí, la mujer ya no se me apareció; sino que había una ciudad edificada, y se mostró un lugar amplio desde los cimientos. Entonces tuve miedo, y clamé a gran voz, y dije:

28. "¿Dónde está Ûrîyêl el ángel, que vino a mí al principio? Porque él me ha hecho caer en muchos éxtasis, y mi fin se ha vuelto corrupción, y mi oración, reprensión."

29. Y mientras yo decía estas palabras, he aquí, él vino a mí y me miró.

30. Y he aquí, yo yacía como muerto, y mi entendimiento me fue quitado; y él me tomó de la mano derecha, me consoló, y me puso en pie, y me dijo:

31. "¿Qué te pasa? ¿Por qué estás tan inquieto? ¿Por qué está turbado tu entendimiento, y los pensamientos de tu corazón?"

32. Y yo dije: "Porque me has abandonado; y sin embargo hice conforme a tus palabras, y fui al campo, y he aquí, he visto —y aún veo— lo que no puedo expresar."

33. Y él me dijo: "Levántate con ánimo, y te aconsejaré."

34. Entonces dije: "Habla, mi maestro, en mí; solo no me abandones, para que no muera frustrado de mi esperanza.

35. Porque he visto lo que no conozco, y he oído lo que no entiendo.

36. ¿O está engañado mi sentido, o mi alma está en un sueño?

37. Te ruego, pues, que muestres a tu siervo el significado de esta visión."

38. Entonces él me respondió y dijo: "Escúchame, y te informaré, y te diré por qué tienes miedo: porque Elyôn Êl te revelará muchas cosas secretas.

39. Él ha visto que tu camino es recto: porque tú te entristeces continuamente por tu pueblo, y haces gran lamentación por Tsîyôn.

40. Este, pues, es el sentido de la visión que viste hace poco:

41. Viste una mujer que lloraba, y comenzaste a consolarla;

42. pero ahora ya no ves la figura de la mujer, sino que se te apareció una ciudad edificada.

43. Y en cuanto ella te habló de la muerte de su hijo, esta es la explicación:

44. Esta mujer que viste es Tsîyôn; y en cuanto te dijo —la misma que ves como ciudad edificada—

45. que había estado estéril treinta años: esos son los treinta años en los que no se ofreció ofrenda en ella.

46. Pero después de treinta años Shelômôh edificó la ciudad y ofreció ofrendas; y entonces la estéril dio a luz un hijo.

47. Y en cuanto te dijo que lo crió con trabajo: eso fue la morada en Yarûshâlaim.

48. Pero en cuanto dijo que mi hijo, al entrar en su cámara nupcial, cayó y murió: esto fue la destrucción que vino sobre Yarûshâlaim.

49. Y he aquí, viste su figura; y porque ella lloraba por su hijo, comenzaste a consolarla. Y estas cosas que han acontecido te son ahora reveladas.

50. Porque ahora Elyôn Êl ve que estás verdaderamente afligido, y que sufres por ella de todo corazón; por eso te ha mostrado el resplandor de su gloria y la hermosura de su belleza.

51. Y por eso te mandé quedarte en el campo donde no había casa edificada;

52. porque yo sabía que Elyôn Êl te mostraría esto.

53. Por tanto, te ordené ir al campo donde no había cimiento de edificio alguno.

54. Porque en el lugar donde Elyôn Êl empieza a mostrar su ciudad, ninguna construcción humana puede permanecer.

55. Por eso no temas ni se amedrente tu corazón; sino entra y mira la belleza y grandeza del edificio, tanto como tus ojos puedan ver;

56. y luego oirás tanto como tus oídos puedan comprender.

57. Porque eres bendito más que muchos otros, y eres llamado con Elyôn Êl; y son pocos.

58. Pero mañana por la noche permanecerás aquí;

59. y así Elyôn Êl te mostrará visiones de las cosas altas, que Elyôn Êl hará a los que moran sobre la tierra en los postreros días."

Así dormí aquella noche y otra, tal como él me lo mandó.

Capítulo 11

1. Entonces vi un sueño; y he aquí, subía del mar un águila, la cual tenía doce alas emplumadas y tres cabezas.

2. Y miré, y he aquí, extendía sus alas sobre toda la tierra, y todos los vientos del aire soplaban sobre ella y se juntaban.

3. Y contemplé, y de sus plumas crecieron otras plumas contrarias; y vinieron a ser plumas pequeñas y menudas.

4. Pero sus cabezas estaban en reposo; la cabeza de en medio era mayor que las otras, pero reposaba con las demás.

5. Además, miré, y he aquí, el águila volaba con sus plumas, y reinaba sobre la tierra y sobre los que habitaban en ella.

6. Y vi que todas las cosas debajo de shâmayim estaban sujetas a ella, y nadie hablaba contra ella, ni una sola criatura sobre la tierra.

7. Y miré, y he aquí, el águila se levantó sobre sus garras y habló a sus plumas, diciendo:

8. "No velen todas a la vez; duerma cada una en su lugar y velen por turnos;

9. pero que las cabezas se guarden para lo postrero."

10. Y miré, y he aquí, la voz no salía de sus cabezas, sino de en medio de su cuerpo.

11. Y conté sus plumas contrarias, y he aquí, eran ocho.

12. Y miré, y he aquí, del lado derecho se levantó una pluma y reinó sobre toda la tierra.

13. Y sucedió que, cuando reinó, llegó su fin, y su lugar no apareció más; entonces se levantó la siguiente, y reinó, y tuvo largo tiempo.

14. Y aconteció que, cuando reinó, su fin llegó también; como la primera, así desapareció, de modo que no apareció más.

15. Entonces vino a ella una voz y dijo:

16. “Oye tú que has gobernado la tierra, Por tanto, tiempo: esto te digo antes de que comiences a no aparecer más:

17. ninguno después de ti alcanzará tu tiempo, ni aun la mitad de él.”

18. Entonces se levantó la tercera y reinó como las otras antes, y también desapareció.

19. Así aconteció con todo el resto, uno tras otro: cada uno reinaba, y luego no aparecía más.

20. Después miré, y he aquí, con el tiempo las plumas que seguían se levantaron del lado derecho para gobernar también; y algunas gobernaron, pero poco después no aparecieron más.

21. Porque algunas fueron levantadas, pero no reinaron.

22. Después de esto miré, y he aquí, las doce plumas ya no aparecían, ni las dos plumas pequeñas.

23. Y no quedaba más en el cuerpo del águila sino tres cabezas que reposaban, y seis alas pequeñas.

24. Entonces vi también que dos plumas pequeñas se separaron de las seis y quedaron bajo la cabeza que estaba del lado derecho; porque las cuatro permanecieron en su lugar.

25. Y miré, y he aquí, las plumas que estaban bajo el ala pensaban levantarse y tener el dominio.

26. Y miré, y he aquí, una fue levantada, pero en breve no apareció más.

27. Y la segunda desapareció más pronto que la primera.

28. Y miré, y he aquí, las dos que quedaban pensaron también reinar.

29. Y cuando así pensaban, he aquí, despertó una de las cabezas que reposaban, a saber, la que estaba en medio; porque esa era mayor que las otras dos cabezas.

30. Y entonces vi que las otras dos cabezas se juntaron con ella.

31. Y he aquí, la cabeza se volvió con las que estaban con ella, y devoró las dos plumas bajo el ala que querían reinar.

32. Pero esta cabeza puso a toda la tierra en temor, y dominó sobre todos los que habitaban en la tierra con mucha opresión; y tuvo el gobierno del mundo más que todas las alas que habían existido.

33. Después de esto miré, y he aquí, la cabeza que estaba en medio, de repente ya no apareció, como las alas.

34. Pero quedaron las dos cabezas, las cuales asimismo reinaron sobre la tierra y sobre los que habitaban en ella.

35. Y miré, y he aquí, la cabeza del lado derecho devoró a la del lado izquierdo.

36. Entonces oí una voz que me dijo: “Mira delante de ti y considera lo que ves.”

37. Y miré, y he aquí, como un león rugiente salía del bosque persiguiendo; y vi que enviaba voz de hombre al águila, y dijo:

38. “Oye tú: yo hablaré contigo, y Elyôn Êl te dirá:

39. ¿No eres tú el que queda de las cuatro bestias, a las cuales hice reinar en mi mundo, para que el fin de sus tiempos viniera por medio de ellas?

40. Y la cuarta vino, y venció a todas las bestias anteriores, y tuvo poder sobre el mundo con gran espanto, y sobre toda la redondez de la tierra con mucha opresión malvada; y por largo tiempo moró sobre la tierra con engaño.

41. Porque no juzgaste la tierra con verdad.

42. Afligiste a los mansos, dañaste a los pacíficos, amaste a los mentirosos, destruiste las moradas de los que daban fruto, y derribaste los muros de los que no te hicieron daño.

43. Por tanto, tu proceder injusto ha subido hasta Elyôn Êl, y tu soberbia hasta Shadday Êl.

44. Elyôn Êl también ha mirado los tiempos soberbios, y he aquí, han terminado, y sus abominaciones se han cumplido.

45. Por tanto, no aparezcas más tú, águila, ni tus alas horribles, ni tus plumas malvadas, ni tus cabezas perversas, ni tus garras dañinas, ni todo tu cuerpo vano;

46. para que toda la tierra sea refrescada y vuelva, librada de tu violencia, y pueda esperar el juicio y la misericordia del que la hizo."

Capítulo 12

1. Y aconteció que, mientras el león decía estas palabras al águila, yo vi,

2. y he aquí, la cabeza que quedaba y las cuatro alas ya no aparecían; y las dos fueron hacia ella y se levantaron para reinar, y su reino fue pequeño y lleno de alboroto.

3. Y vi, y he aquí, tampoco aparecieron más, y todo el cuerpo del águila fue quemado, de modo que la tierra tuvo gran temor. Entonces desperté de la turbación y trance de mi mente, y de gran miedo, y dije a mi espíritu:

4. "He aquí, esto me has hecho, por cuanto escudriñas los caminos de Elyôn Êl.

5. He aquí, aún estoy cansado en mi mente y muy débil en mi espíritu; poca fuerza hay en mí, por el gran miedo con que fui afligido esta noche.

6. Por tanto, ahora rogaré a Elyôn Êl que me consuele hasta el fin."

7. Y dije: "Yahuah que gobierna, si he hallado gracia delante de tus ojos, y si soy justificado contigo ante muchos otros, y si mi oración en verdad ha subido delante de tu rostro;

8. consuélame, y muéstrame a tu siervo la interpretación y la clara diferencia de esta visión temible, para que consueles perfectamente mi alma.

9. Porque me has juzgado digno de mostrarme los tiempos postreros."

10. Y él me dijo: "Esta es la interpretación de la visión:

11. El águila que viste subir del mar es el reino que fue visto en la visión de tu hermano Dânîyêl.

12. Pero a él no le fue explicada; por eso ahora yo te la declaro a ti.

13. He aquí, vienen días en que se levantará un reino sobre la tierra, y será temido sobre todos los reinos que fueron antes.

14. En él reinarán doce reyes, uno tras otro.

15. De los cuales el segundo comenzará a reinar y tendrá más tiempo que cualquiera de los doce.

16. Y esto significan las doce alas que viste.

17. Y en cuanto a la voz que oíste hablar, y no viste salir de las cabezas sino del medio del cuerpo, esta es la interpretación:

18. que después del tiempo de ese reino se levantarán grandes contiendas, y estará en peligro de caer; sin embargo, entonces

no caerá, sino que será restaurado a su principio.

19. Y en cuanto viste las ocho plumas pequeñas bajo las alas, esta es la interpretación:

20. que en él se levantarán ocho reyes, cuyos tiempos serán cortos, y sus años rápidos.

21. Y dos de ellos perecerán, acercándose el tiempo medio; cuatro serán guardados hasta que su fin comience a acercarse; pero dos serán guardados hasta el fin.

22. Y en cuanto viste tres cabezas reposando, esta es la interpretación:

23. que en sus postreros días Elyôn Êl levantará tres reinos y renovará muchas cosas en ellos; y tendrán dominio sobre la tierra

24. y sobre los que habitan en ella, con mucha opresión, por encima de todos los que fueron antes: por eso son llamadas las cabezas del águila.

25. Porque estas son las que cumplirán su maldad y llevarán a término su último fin.

26. Y en cuanto viste que la gran cabeza ya no apareció, significa que uno de ellos morirá en su cama, y aun con dolor.

27. Y las dos que quedan serán muertas a espada.

28. Porque la espada del uno devorará al otro; pero al final él mismo caerá por la espada.

29. Y en cuanto viste dos plumas bajo las alas pasar sobre la cabeza que está del lado derecho,

30. significa que estos son los que Elyôn Êl ha reservado hasta su fin: este es el reino pequeño y lleno de turbación, como viste.

31. Y el león que viste salir del bosque, rugiendo, y hablando al águila, y reprendiéndola por su injusticia con todas las palabras que oíste,

32. este es el mâshîyach, a quien Elyôn Êl ha reservado para ellos y para su maldad hasta el fin: él los reprenderá y los acusará por su crueldad.

33. Porque los pondrá vivos delante de él en juicio, y los reprenderá y corregirá.

34. Pero al resto de mi pueblo librará con misericordia —a los que han sido oprimidos dentro de mis fronteras— y los alegrará hasta la venida del Día del Juicio, del cual te he hablado desde el principio.

35. Este es el sueño que viste, y estas son las interpretaciones.

36. Solo tú has sido considerado digno de conocer este secreto de Elyôn Êl.

37. Por tanto, escribe todas estas cosas que has visto en un libro, y escóndelas;

38. y enséñalas a los sabios del pueblo, cuyos corazones sabes que pueden comprender y guardar estos secretos.

39. Pero espera aquí tú mismo otros siete días más, para que se te muestre lo que le plazca a Elyôn Êl declararte." Y con eso se fue.

40. Y aconteció que, cuando todo el pueblo vio que habían pasado los siete días y yo no había vuelto a la ciudad, se reunieron todos, desde el menor hasta el mayor, y vinieron a mí y dijeron:

41. "¿En qué te hemos ofendido? ¿Y qué mal hemos hecho contra ti, para que nos abandones y te sientes aquí en este lugar?

42. Porque de todos los Nâbîy, solo tú nos has quedado, como racimo de la vendimia, como lámpara en lugar oscuro, como puerto o nave preservada de la tempestad.

43. ¿No son suficientes los males que han venido sobre nosotros?

44. Si nos abandonas, ¡cuánto mejor habría sido para nosotros si también hubiéramos sido quemados en medio de Tsîyôn!

45. Porque no somos mejores que los que allí murieron." Y lloraron a gran voz.

Entonces yo les respondí y dije:

46. "Tengan buen ánimo, oh Yâshâral; y no se entristezcan, casa de Yaăqôb;

47. porque Elyôn Êl los tiene en memoria, y Shadday Êl no los ha olvidado en la prueba.

48. En cuanto a mí, no los he abandonado ni me he apartado de ustedes; sino que he venido a este lugar para orar por la desolación de Tsîyôn y para buscar misericordia por la condición abatida de su santuario.

49. Y ahora, váyanse a casa, cada uno; y después de estos días vendré a ustedes."

50. Así el pueblo se fue a la ciudad, como les mandé;

51. pero yo permanecí aún en el campo siete días, como el ángel me lo mandó, y comí solo en esos días de las flores del campo, y mi alimento fue de las hierbas...

Capítulo 13

1. Y aconteció que después de siete días, soñé un sueño de noche:

2. Y he aquí, se levantó un viento del mar, que movió todas sus olas.

3. Y miré, y he aquí, aquel hombre se fortalecía con los millares de shâmayim; y cuando volvió su rostro para mirar, temblaban todas las cosas que se veían debajo de él.

4. Y siempre que la voz salía de su boca, todos los que oían su voz se quemaban, como la tierra desfallece cuando siente el fuego.

5. Y después de esto miré, y he aquí, se juntó una multitud de hombres innumerable, de los cuatro vientos de shâmayim, para sojuzgar al hombre que venía del mar.

6. Pero miré, y he aquí, él se había tallado un gran monte, y voló y se puso sobre él.

7. Pero yo quería ver la región o el lugar donde el monte había sido tallado, y no pude.

8. Y después de esto miré, y he aquí, todos los que se habían juntado para sojuzgarle estaban muy atemorizados, y aun así peleaban.

9. Y he aquí, cuando él vio la violencia de la multitud que venía, no alzó su mano, ni empuñó espada, ni instrumento alguno de guerra;

10. sino que solo vi que enviaba de su boca como un soplo de fuego, y de sus labios un aliento ardiente, y de su lengua arrojaba chispas y tempestades.

11. Y todo se mezcló juntamente: el soplo de fuego, el aliento encendido y la gran tempestad; y cayó con violencia sobre la multitud preparada para pelear, y los consumió a todos, de modo que de repente, de una multitud innumerable no se percibía nada, sino polvo y olor de humo. Al ver esto, tuve miedo.

12. Después vi al mismo hombre descender del monte, y llamar a sí otra multitud pacífica.

13. Y vino mucha gente a él: de los cuales unos se alegraban, otros se entristecían; y algunos estaban atados, y otros eran traídos de los que habían sido ofrecidos. Entonces enfermé de gran temor, y desperté, y dije:

14. "Has mostrado a tu siervo estas maravillas desde el principio, y me has contado digno de que recibas mi oración;

15. muéstrame ahora también la interpretación de este sueño.

16. Porque, según concibo en mi entendimiento, ¡ay de los que quedaren en aquellos días! y mucho más ¡ay de los que no quedaren!

17. Porque los que no quedaron estuvieron en tristeza.

18. Ahora entiendo las cosas que están guardadas para los postreros días, que acontecerán a ellos y a los que quedan.

19. Por eso han venido a grandes peligros y a muchas necesidades, como estos sueños lo declaran.

20. Con todo, es más fácil para el que está en peligro entrar en estas cosas, que pasar como nube fuera del mundo y no ver lo que acontece en los postreros días."

Y él me respondió, y dijo:

21. "La interpretación de la visión te mostraré, y te abriré lo que has requerido.

22. En cuanto a lo que has dicho de los que quedan, esta es la interpretación:

23. el que perseverare en el peligro de aquel tiempo se ha guardado; los que han caído en el peligro son los que tienen obras y fe hacia Shadday Êl.

24. Sabe, pues, que los que quedan son más bienaventurados que los muertos.

25. Este es el sentido de la visión: en cuanto viste a un hombre subir de en medio del mar,

26. ese es aquel a quien Êlôhîym Elyôn Êl ha reservado por mucho tiempo, el cual por sí mismo librará a su criatura; y ordenará a los que queden.

27. Y en cuanto viste que de su boca salía como soplo de viento, y fuego, y tormenta,

28. y que no tenía espada ni instrumento alguno de guerra, sino que su ímpetu destruyó toda la multitud que venía a sojuzgarle: esta es la interpretación.

29. He aquí, vienen días en que Elyôn Êl comenzará a librar a los que están sobre la tierra.

30. Y él vendrá para asombro de los que habitan en la tierra.

31. Y uno acometerá contra otro: ciudad contra ciudad, lugar contra lugar, pueblo contra pueblo, y reino contra reino.

32. Y será el tiempo cuando estas cosas acontezcan y se cumplan las señales que te mostré antes; entonces se declarará mi hijo, a quien viste como un hombre ascendiendo.

33. Y cuando todos los pueblos oigan su voz, cada uno en su tierra dejará la batalla que tenga contra otro.

34. Y una multitud innumerable se juntará, como los viste, queriendo venir y vencerle peleando.

35. Pero él estará sobre la cumbre del monte Tsîyôn.

36. Y Tsîyôn vendrá y será mostrada a todos los hombres, preparada y edificada, como viste el monte tallado sin manos.

37. Y este mi hijo reprenderá las malas invenciones de aquellas naciones, las cuales por su vida malvada han caído en la tempestad;

38. y pondrá delante de ellas sus malos pensamientos y los tormentos con que comenzarán a ser atormentadas, los cuales son como llama; y las destruirá sin trabajo, por la ley que es como fuego.

39. Y en cuanto viste que reunió junto a sí otra multitud pacífica,

40. esas son las diez tribus que fueron llevadas cautivas de su propia tierra en los días de Hôshêa el rey, a quienes Shalmaneser el rey

de Ashshûr llevó cautivos; y las hizo pasar por las aguas, y así vinieron a otra tierra.

41. Pero ellos tomaron este consejo entre sí: dejar la multitud de los gentiles y salir a una tierra más lejana, donde nunca habitó el género humano,

42. para guardar allí sus estatutos, los cuales nunca guardaron en su propia tierra.

43. Y entraron por Perâth por los pasos estrechos del río.

44. Porque entonces Elyôn Êl les mostró señales, y detuvo el caudal, hasta que hubieron pasado.

45. Porque por aquella región había un gran camino que andar, a saber, de año y medio; y esa región se llama Arsareth.

46. Allí habitaron hasta el tiempo postrero; y ahora, cuando comiencen a venir,

47. Elyôn Êl detendrá de nuevo las fuentes del arroyo, para que puedan pasar. Por eso viste la multitud con paz.

48. Pero los que quedan de tu pueblo son los que se hallan dentro de mis límites.

49. Y cuando él destruya la multitud de las naciones que se juntan, defenderá a su pueblo que quede.

50. Y entonces les mostrará grandes maravillas."

51. Entonces dije: "Oh Yahuah que gobierna, muéstrame esto: ¿por qué he visto al hombre subir de en medio del mar?"

52. Y él me dijo: "Así como tú no puedes escudriñar ni conocer las cosas que están en lo profundo del mar, así ningún hombre sobre la tierra puede ver a mi hijo, ni a los que están con él, sino de día."

53. "Esta es la interpretación del sueño que viste, y por la cual solo tú has sido iluminado.

54. Porque has dejado tu propio camino, y has aplicado tu diligencia a mi ley, y la has buscado.

55. Has ordenado tu vida con sabiduría, y has llamado a la inteligencia tu madre.

56. Por tanto, te he mostrado los tesoros de Elyôn Êl. Después de otros tres días te hablaré otras cosas, y te declararé cosas grandes y maravillosas."

57. Entonces salí al campo, dando alabanza y grandes gracias a Elyôn Êl por las maravillas que hizo a su tiempo;

58. y porque gobierna lo mismo, y tales cosas como suceden en sus estaciones. Y allí me senté tres días.

Capítulo 14

1. Y aconteció al tercer día, que yo estaba sentado debajo de una encina, y he aquí, vino una voz desde un arbusto frente a mí, y dijo: "Ezrâ, Ezrâ."

2. Y yo dije: "Aquí estoy, Yahuah", y me puse en pie.

3. Entonces me dijo: "En el arbusto me manifesté claramente a Môsheh, y hablé con él cuando mi pueblo servía en Mitsrayim;

4. y lo envié, y saqué a mi pueblo de Mitsrayim, y lo hice subir al monte, donde lo tuve conmigo por largo tiempo,

5. y le dije muchas cosas maravillosas, y le mostré los secretos de los tiempos y el fin; y le mandé, diciendo:

6. Estas palabras declararás, y estas ocultarás."

7. "Y ahora te digo a ti:

8. guarda en tu corazón las señales que te he mostrado, y los sueños que has visto, y las interpretaciones que has oído.

9. Porque serás apartado de todos, y desde ahora permanecerás con mi hijo, y con los que son como tú, hasta que los tiempos sean acabados.

10. Porque el mundo ha perdido su juventud, y los tiempos empiezan a envejecer.

11. Porque el mundo está dividido en doce partes, y diez partes ya han pasado, y la mitad de la décima parte;

12. y queda lo que sigue después de la mitad de la décima parte.

13. Ordena, pues, tu casa; reprende a tu pueblo; consuela a los que están en aflicción; y ahora renuncia a la corrupción.

14. Deja los pensamientos mortales; echa de ti las cargas del hombre; despoja ya la naturaleza débil,

15. aparta los pensamientos que te son más pesados, y apresúrate a huir de estos tiempos.

16. Porque aún mayores males que los que has visto sucederán después.

17. Pues así como el mundo se debilitará más por la vejez, así aumentarán más los males sobre los que habitan en él.

18. Porque el tiempo ha huido muy lejos, y la mentira está cercana; porque ahora se apresura a venir la visión que viste."

19. Entonces respondí delante de ti, y dije:

20. "He aquí, Yahuah, iré como me has mandado y reprenderé al pueblo que está presente; pero a los que nacerán después, ¿quién los amonestará? Así el mundo queda en tinieblas, y los que habitan en él están sin luz.

21. Porque tu ley fue quemada; por eso nadie conoce las obras que tú haces, ni la obra que ha de comenzar.

22. Pero si he hallado gracia delante de ti, envía el rûach qâdôsh en mí, y escribiré todo lo que ha sido hecho en el mundo desde el principio, lo que estaba escrito en tu ley, para que los hombres hallen tu senda, y para que los que quieran vivir en los postreros días vivan."

23. Y él me respondió, diciendo:

24. "Ve, reúne al pueblo y diles que no te busquen por cuarenta días.

25. Pero prepárate muchas tablas (de box), y lleva contigo a Sarea, Dabria, Selemia, Ethanus y Asiel, estos cinco que están listos para escribir con rapidez;

26. y ven aquí, y encenderé en tu corazón una lámpara de entendimiento que no se apagará hasta que se cumplan las cosas que empezarás a escribir.

27. Y cuando hayas terminado, unas cosas publicarás, y otras mostrarás en secreto a los sabios. Mañana a esta hora comenzarás a escribir."

28. Entonces salí, como él me mandó, y reuní a todo el pueblo, y dije:

29. "Oíd estas palabras, oh Yâshâral:

30. Nuestros padres al principio fueron extranjeros en Mitsrayim, de donde fueron librados,

31. y recibieron la ley de vida, la cual no guardaron; y vosotros también la habéis transgredido después de ellos.

32. Entonces la tierra, la tierra de Tsîyôn, os fue repartida por suerte; pero vuestros padres y vosotros mismos habéis obrado injustamente, y no habéis guardado los caminos que Elyôn Êl os mandó.

33. Y como él es juez justo, os quitó a su tiempo lo que os había dado.

34. Y ahora aquí estáis, y vuestros hermanos entre vosotros.

35. Por tanto, si sometéis vuestro propio entendimiento y reformáis vuestro corazón, seréis conservados con vida y, después de la muerte, obtendréis misericordia.

36. Porque después de la muerte vendrá el juicio, cuando vivamos otra vez; entonces serán manifestados los nombres de los justos, y las obras de los impíos serán declaradas.

37. Nadie, pues, venga ahora a mí, ni me busque durante estos cuarenta días."

38. Tomé, pues, a los cinco hombres, como me mandó, y nos fuimos al campo, y permanecimos allí.

39. Y al día siguiente, he aquí, una voz me llamó, diciendo: "Ezrâ, abre tu boca, y bebe lo que te doy a beber."

40. Entonces abrí mi boca, y he aquí, me acercó una copa llena, llena como de agua, pero su color era como fuego.

41. Y la tomé y bebí; y cuando bebí, mi corazón derramó entendimiento, y la sabiduría creció en mi pecho, porque mi espíritu fortaleció mi memoria.

42. Y mi boca se abrió, y ya no se cerró más.

43. Elyôn Êl dio entendimiento a los cinco hombres, y ellos escribieron las maravillosas visiones de la noche que fueron contadas, las cuales no conocían; y se sentaron cuarenta días: de día escribían, y de noche comían pan.

44. En cuanto a mí, hablaba de día, y de noche no callaba.

45. En cuarenta días escribieron doscientos cuatro libros.

46. Y aconteció que cuando se cumplieron los cuarenta días, Elyôn Êl habló, diciendo: "Los primeros que has escrito, publícalos abiertamente, para que el digno y el indigno los lean;

47. pero guarda los setenta últimos, para entregarlos solo a los sabios del pueblo;

48. porque en ellos está la fuente del entendimiento, el manantial de la sabiduría y el río del conocimiento."

49. Y así lo hice.

Capítulo 15

1. "He aquí, hablarás a oídos de mi pueblo palabras de profecía, que yo pondré en tu boca", dice Yahuah;

2. y harás que sean escritas en papel, porque son fieles y verdaderas.

3. No temas las imaginaciones contra ti; ni te turbe la incredulidad de los que hablan contra ti.

4. Porque todos los infieles morirán en su infidelidad.

5. He aquí, dice Yahuah, traeré plagas sobre el mundo: espada, hambre, muerte y destrucción.

6. Porque la maldad ha contaminado en gran manera toda la tierra, y sus obras dañinas se han cumplido.

7. Por tanto, dice Yahuah:

8. no callaré más respecto de su maldad que cometen profanamente, ni los soportaré en aquello en que se ejercitan perversamente. He aquí, la sangre inocente y justa clama a mí, y las almas de los justos se quejan continuamente.

9. Por tanto, dice Yahuah, ciertamente me vengaré de ellos, y recogeré para mí toda la sangre inocente de entre ellos.

10. He aquí, mi pueblo es llevado como rebaño al matadero; no permitiré ya que habiten en la tierra de Mitsrayim;

11. sino que los traeré con mano poderosa y brazo extendido, y heriré a Mitsrayim con plagas como antes, y destruiré toda su tierra.

12. Mitsrayim hará duelo, y sus cimientos serán heridos con la plaga y el castigo que Êlôhîym traerá sobre ella.

13. Los que labran la tierra llorarán, porque sus semillas faltarán por el tizón y el granizo, y por una constelación temible.

14. ¡Ay del mundo y de los que habitan en él!

15. Porque la espada y su destrucción se acercan, y un pueblo se levantará y peleará contra otro, con espadas en sus manos.

16. Habrá sedición entre los hombres, invadiéndose unos a otros; no respetarán a sus reyes ni a sus príncipes, y el curso de sus acciones estará en su propio poder.

17. El hombre deseará entrar en una ciudad, y no podrá.

18. Porque por su soberbia las ciudades serán turbadas, las casas destruidas, y los hombres estarán atemorizados.

19. El hombre no tendrá compasión de su prójimo, sino que destruirá sus casas con espada, saqueará sus bienes, por falta de pan y por gran tribulación.

20. He aquí, dice Êlôhîym: convocaré a todos los reyes de la tierra para que me reverencien, desde donde sale el sol, desde el sur, desde el oriente, y Lebânôn, para volverse unos contra otros y pagar las cosas que han hecho.

21. Como aún hoy lo hacen contra mis escogidos, así también haré yo, y lo recompensaré en su seno, dice Yahuah Êlôhîym.

22. Mi diestra no perdonará a los pecadores, y mi espada no cesará sobre los que derraman sangre inocente sobre la tierra.

23. El fuego ha salido de su ira y ha consumido los cimientos de la tierra, y a los pecadores como rastrojo encendido.

24. ¡Ay de los que pecan y no guardan mis mandamientos! dice Yahuah.

25. No los perdonaré. Idos, hijos, apartaos del poder; no contaminéis mi santuario.

26. Porque Yahuah conoce a todos los que pecan contra él, por eso los entrega a muerte y destrucción.

27. Porque ahora han venido las plagas sobre toda la tierra, y permaneceréis en ellas; porque Êlôhîym no os librará, ya que habéis pecado contra él.

28. He aquí una visión horrible, y su apariencia desde el oriente:

29. saldrán naciones de dragones de Ărâb con muchos carros; y su multitud será llevada como viento sobre la tierra, de modo que todos los que oigan temerán y temblarán.

30. También los Pâras, enfurecidos con ira, saldrán como jabalíes del bosque; y con gran poder vendrán, y trabarán batalla, y devastarán una porción de la tierra de Ashshûr.

31. Entonces los dragones prevalecerán, recordando su naturaleza; y si se vuelven conspirando juntos con gran poder para perseguirlos,

32. estos serán turbados, sangrarán, guardarán silencio ante su poder y huirán.

33. Y desde la tierra de Ashshûr el enemigo los cercará, consumirá a algunos, y en su ejército habrá temor, espanto y contienda entre sus reyes.

34. He aquí nubes desde el oriente y desde el norte hacia el sur, muy horribles de ver, llenas de ira y tormenta.

35. Se herirán unos a otros, y derribarán gran multitud de estrellas sobre la tierra, aun su propia estrella; y habrá sangre desde la espada hasta el vientre,

36. y excremento de hombres hasta la pezuña del camello.

37. Y habrá gran temor y temblor sobre la tierra; los que vean la ira se asustarán, y el temblor vendrá sobre ellos.

38. Entonces vendrán grandes tempestades del sur, del norte, y otra parte del occidente.

39. Y fuertes vientos se levantarán del oriente, y lo abrirán; y la nube que él levantó con ira, y la estrella agitada para causar temor hacia el viento de oriente y occidente, será destruida.

40. Las grandes y poderosas nubes se hincharán llenas de ira, y la estrella, para amedrentar a toda la tierra y a los que habitan en ella; y derramarán sobre todo lugar alto y eminente una estrella espantosa:

41. fuego, granizo, espadas voladoras y muchas aguas, para que todos los campos estén llenos, y todos los ríos, con la abundancia de grandes aguas.

42. Derribarán ciudades y muros, montes y colinas, árboles del bosque, hierba de las praderas y sus mieses.

43. Irán firmes hacia Bâbel y la llenarán de terror.

44. Vendrán contra ella y la sitiarán; y la estrella y toda la ira derramarán sobre ella. Entonces el polvo y el humo subirán al shâmayim, y todos los de alrededor se lamentarán por ella.

45. Y los que queden bajo ella servirán a los que la pusieron en temor.

46. Y tú, Asia, participante de la esperanza de Bâbel y gloria de su apariencia:

47. ¡Ay de ti, miserable!, porque te has hecho semejante a ella; y has adornado a tus hijas con fornicación, para agradar y gloriarte en tus amantes, que siempre desearon fornicar contigo.

48. Has seguido a la aborrecida en todas sus obras e invenciones; por eso dice Êlôhîym:

49. enviaré sobre ti plagas: viudez, pobreza, hambre, espada y pestilencia, para arruinar tus casas con destrucción y muerte.

50. Y la gloria de tu poder se secará como flor; el calor vendrá sobre ti.

51. Serás debilitada como mujer pobre golpeada, y como castigada con heridas, de modo que los poderosos y los amantes no podrán recibirte.

52. Con celos habría procedido contra ti, dice Yahuah,

53. si no hubieras siempre matado a mis escogidos, exaltando el golpe de tus manos y diciendo sobre sus muertos, cuando estabas ebria:

54. "¡Mostrad la belleza de vuestro rostro!"

55. El pago de tu fornicación estará en tu seno; Por tanto, recibirás retribución.

56. Como has hecho a mis escogidos, dice Yahuah, así hará Êlôhîym contigo y te entregará al mal:

57. tus hijos morirán de hambre, y caerás a espada; tus ciudades serán derribadas, y todos pereceréis a espada en el campo.

58. Los que estén en los montes morirán de hambre, y comerán su propia carne y beberán su propia sangre, por hambre de pan y sed de agua.

59. Tú, desdichada, pasarás por el mar y recibirás plagas otra vez.

60. Y en el paso arremeterán contra la ciudad ociosa, destruirán parte de tu tierra, consumirán parte de tu gloria, y volverán a Bâbel destruida.

61. Serás abatida por ellos como rastrojo, y para ti serán como fuego;

62. y te consumirán, y a tus ciudades, tu tierra y tus montes; todos tus bosques y árboles frutales quemarán con fuego.

63. A tus hijos llevarán cautivos; y he aquí, lo que tienes lo saquearán, y estropearán la hermosura de tu rostro.

Capítulo 16

1. ¡Ay de ti, Bâbel, y Asia! ¡Ay de ti, Mitsrayim y Ărâm!

2. Ceñíos con tela de saco y pelo, lamentad por vuestros hijos, y entristeceos; porque vuestra destrucción está cerca.

3. Una espada es enviada sobre vosotros, ¿y quién podrá hacerla volver?

4. Un fuego es enviado entre vosotros, ¿y quién podrá apagarlo?

5. Plagas son enviadas sobre vosotros, ¿y quién es el que podrá apartarlas?

6. ¿Puede algún hombre ahuyentar a un león hambriento en el bosque? ¿O puede alguno apagar el fuego en el rastrojo cuando ya ha comenzado a arder?

7. ¿Puede alguien hacer volver la flecha disparada por un arquero fuerte?

8. Yahuah Shadday Êl envía las plagas, ¿y quién es el que podrá apartarlas?

9. Un fuego saldrá de su ira, ¿y quién es el que podrá apagarlo?

10. Él lanzará relámpagos, ¿y quién no temerá? Él tronará, ¿y quién no tendrá miedo?

11. Yahuah amenazará, ¿y quién no será completamente desmenuzado ante su presencia?

12. La tierra tiembla, y sus cimientos; el mar se levanta con olas desde lo profundo, y sus olas se agitan, y también sus peces, delante de Yahuah y delante de la gloria de su poder.

13. Porque fuerte es su diestra que tensa el arco; sus flechas que dispara son agudas, y no errarán, cuando comiencen a ser lanzadas hasta los extremos del mundo.

14. He aquí, las plagas son enviadas, y no volverán atrás hasta que vengan sobre la tierra.

15. El fuego está encendido, y no será apagado hasta que consuma los cimientos de la tierra.

16. Como la flecha que dispara un arquero poderoso no vuelve atrás, así las plagas que serán enviadas sobre la tierra no volverán atrás.

17. ¡Ay de mí! ¡Ay de mí! ¿Quién me librará en aquellos días?

18. El comienzo de dolores y gran lamento; el comienzo de hambre y gran muerte; el comienzo de guerras, y los poderes estarán llenos de temor; el comienzo de males. ¿Qué haré cuando vengan estos males?

19. He aquí, hambre y plaga, tribulación y angustia, son enviadas como azotes para corrección.

20. Pero por todas estas cosas no se apartarán de sus maldades, ni se acordarán siempre de los azotes.

21. He aquí, los alimentos estarán tan baratos sobre la tierra, que pensarán que están en buen estado; y aun entonces crecerán sobre la tierra males, espada, hambre y gran confusión.

22. Porque muchos de los que habitan en la tierra perecerán de hambre; y a los otros,

que escapen del hambre, la espada los destruirá.

23. Y los muertos serán echados como estiércol, y no habrá hombre que los consuele; porque la tierra será devastada y las ciudades serán derribadas.

24. No quedará hombre para labrar la tierra y sembrarla,

25. los árboles darán fruto, ¿y quién los recogerá?

26. Las uvas madurarán, ¿y quién las pisará? Porque todos los lugares quedarán desolados de hombres.

27. De modo que un hombre deseará ver a otro, y oír su voz.

28. Porque de una ciudad quedarán diez, y dos del campo, que se esconderán en la espesa ăshêrâh y en las hendiduras de las rocas.

29. Como en un olivar quedan en cada árbol tres o cuatro aceitunas;

30. o como cuando se recoge una viña, quedan algunos racimos para los que buscan con diligencia por la viña;

31. así también en aquellos días quedarán tres o cuatro por los que registren sus casas con espada.

32. Y la tierra quedará devastada, y sus campos envejecerán, y sus caminos y todas sus sendas se llenarán de espinos, porque ningún hombre pasará por allí.

33. Las vírgenes harán duelo, por no tener novios; las mujeres harán duelo, por no tener maridos; sus hijas harán duelo, por no tener quien las ayude.

34. En las guerras sus novios serán destruidos, y sus maridos perecerán de hambre.

35. Oíd ahora estas cosas y entendedlas, siervos de Yahuah.

36. He aquí, la palabra de Yahuah, recibidla. No creáis a los dioses de quienes Yahuah habló.

37. He aquí, las plagas se acercan, y no se retrasan.

38. Como cuando una mujer encinta en el noveno mes da a luz a su hijo, y dos o tres horas antes del parto grandes dolores rodean su vientre, dolores que, cuando el niño sale, no se detienen ni un momento,

39. así tampoco se tardarán las plagas en venir sobre la tierra; y el mundo hará duelo, y dolores vendrán sobre él por todos lados.

40. Oh pueblo mío, oye mi palabra: preparaos para vuestra batalla, y en esos males sed como peregrinos sobre la tierra.

41. El que vende, sea como el que huye; y el que compra, como el que va a perder;

42. el que hace negocio, como el que no sacará provecho; y el que edifica, como el que no habitará en ello;

43. el que siembra, como si no fuera a cosechar; asimismo el que planta viña, como el que no recogerá las uvas;

44. los que se casan, como los que no tendrán hijos; y los que no se casan, como viudos.

45. Y por eso los que trabajan, trabajan en vano;

46. porque extranjeros recogerán sus frutos, saquearán sus bienes, derribarán sus casas y llevarán cautivos a sus hijos; porque en cautiverio y hambre tendrán hijos.

47. Y los que negocian con robo, cuanto más adornan sus ciudades, sus casas, sus posesiones y sus propias personas,

48. tanto más me enojaré con ellos por su pecado, dice Yahuah.

49. Como una ramera envidia a una mujer recta, honesta y virtuosa,

50. así la justicia odiará la iniquidad cuando ella se adorne, y la acusará en su cara, cuando venga el que defenderá a aquel que examina diligentemente todo pecado sobre la tierra.

51. Por tanto, no seáis semejantes a ella, ni a sus obras.

52. Porque todavía un poco más, y la iniquidad será quitada de la tierra, y la justicia reinará entre vosotros.

53. No diga el pecador que no ha pecado; porque Êlôhîym hará arder brasas de fuego sobre la cabeza del que dice delante de Yahuah Êlôhîym y de su gloria: "No he pecado."

54. He aquí, Yahuah conoce todas las obras de los hombres, sus imaginaciones, sus pensamientos y sus corazones;

55. él, que solo dijo la palabra: "Sea hecha la tierra", y fue hecha; "Sean hechos los shâmayim", y fueron creados.

56. Por su palabra fueron hechas las estrellas, y él conoce el número de ellas.

57. Él escudriña lo profundo y sus tesoros; ha medido el mar y lo que contiene.

58. Ha encerrado el mar en medio de las aguas, y con su palabra ha colgado la tierra sobre las aguas.

59. Extiende los shâmayim como una bóveda; sobre las aguas los fundó.

60. En el desierto hizo manantiales de aguas, y estanques sobre las cumbres de los montes, para que las corrientes desciendan de las rocas altas y rieguen la tierra.

61. Hizo al hombre, y puso su corazón en medio del cuerpo, y le dio aliento, vida y entendimiento.

62. Sí, y el rûach de Êlôhîym Shadday Êl, que hizo todas las cosas y escudriña todas las cosas escondidas en los secretos de la tierra,

63. ciertamente conoce vuestras invenciones y lo que pensáis en vuestros corazones, aun de los que pecan y quieren ocultar su pecado.

64. Por eso Yahuah ha examinado con exactitud todas vuestras obras, y os pondrá a todos en vergüenza.

65. Y cuando vuestros pecados sean sacados a la luz, os avergonzaréis delante de los hombres, y vuestros propios pecados serán vuestros acusadores en aquel día.

66. ¿Qué haréis? ¿O cómo esconderéis vuestros pecados delante de Êlôhîym y de sus ángeles?

67. He aquí, Êlôhîym mismo es el juez; temedle. Dejad vuestros pecados, y olvidad vuestras iniquidades, para no entrometeros más con ellas para siempre. Así Êlôhîym os sacará adelante y os librará de toda tribulación.

68. Porque, he aquí, el ardor de la ira de una gran multitud se ha encendido sobre vosotros, y tomarán a algunos de vosotros, y os alimentarán, estando ociosos, con cosas ofrecidas a los ídolos.

69. Y los que consientan con ellos serán puestos en burla, en reproche y hollados bajo los pies.

70. Porque habrá en todo lugar, y en las ciudades vecinas, una gran insurrección contra los que temen a Yahuah.

71. Serán como hombres enloquecidos, sin perdonar a nadie, sino saqueando y destruyendo todavía a los que temen a Yahuah.

72. Porque devastarán y arrebatarán sus bienes, y los echarán de sus casas.

73. Entonces se conocerá quiénes son mis escogidos; y serán probados como el oro en el fuego.

74. Oíd, amados míos, dice Yahuah: he aquí, los días de tribulación están cerca, pero yo os libraré de ellos.

75. No temáis ni dudéis, porque Êlôhîym es vuestro guía,

76. y el guía de los que guardan mis mandamientos y preceptos, dice Yahuah Êlôhîym. No dejéis que vuestros pecados os aplasten, ni que vuestras iniquidades se levanten sobre vosotros.

77. ¡Ay de aquellos que están atados con sus pecados y cubiertos con sus iniquidades, como un campo cubierto de maleza, y cuyo sendero está cubierto de espinos, de modo que nadie puede pasar por él!

78. Es dejado sin cultivar, y es echado al fuego para ser consumido por él.

Ṭôbîyâhû (Tobit) y los Paralelos con la Biblia Tradicional

(Guía de Estudio de las Escrituras – Dabar Yahuah)

Introducción

El libro de Ṭôbîyâhû (Tobit) es un libro deuterocanónico/apócrifo que combina elementos de literatura sapiencial, narrativa histórica y reflexión teológica. Se centra en Ṭôbîyâhû (Tobit), un justo Yasharaliy de la tribu de Naphtâlîy, quien experimenta sufrimiento, exilio e intervención divina.

El libro enfatiza la vida justa, la lealtad familiar, la oración, la limosna y la providencia divina. La historia de Ṭôbîyâhû (Tobit) refleja temas comunes en los libros sapienciales e históricos del Antiguo Testamento, pero también introduce elementos narrativos únicos, como la guía angelical y la sanidad milagrosa.

Temas principales

1. Justicia y obediencia
   Ṭôbîyâhû (Tobit) ejemplifica la observancia fiel de la Toráh, la oración y la caridad a pesar de la adversidad.
2. Providencia divina
   Êlôhîym dirige los acontecimientos mediante intervención angelical (Raphael) y decisiones humanas.
3. Familia y matrimonio
   La historia del hijo de Ṭôbîyâhû (Tobit), Tôbîyâh, y Sarah, enfatiza la fidelidad, la virtud y la protección de Êlôhîym.
4. Sanidad y liberación
   Tanto la sanidad espiritual como la física ocurren mediante la oración, la ayuda angelical y la obediencia a las instrucciones de Êlôhîym.
5. Sabiduría e instrucción moral
   El libro enseña ética práctica, piedad y las recompensas de la justicia.

Ṭôbîyâhû (Tobit) es a la vez una narrativa histórica y moral, que combina piedad personal con dirección divina, reflejando enseñanzas presentes en Job, Proverbios y los Salmos, mientras ofrece episodios únicos que no aparecen en los textos canónicos.

Tabla Comparativa: Ṭôbîyâhû (Tobit) y la Biblia Tradicional

Pasaje de Ṭôbîyâhû (Tobit)	Paralelos Bíblicos	Tema / Conexión
Ṭôbîyâhû (Tobit) 1:1–16 – Exilio de Ṭôbîyâhû (Tobit) y sus actos de justicia (entierro de los muertos, limosnas).	Deut 10:18–19; Ezek 18:5–9	Fidelidad a Êlôhîym, caridad y conducta ética.
Ṭôbîyâhû (Tobit) 2:1–14 – Ṭôbîyâhû (Tobit) ora por la muerte durante su sufrimiento.	Job 3; Ps 38:10	Lamento honesto y desesperación en las pruebas.
Ṭôbîyâhû (Tobit) 3:1–17 – Sarah ora por liberación de su opresión.	Gen 24; Ps 34:17	Fe en la ayuda y protección de Êlôhîym; la oración como dependencia de Elohiym.
Ṭôbîyâhû (Tobit) 4:1–21 – Instrucción de Ṭôbîyâhû (Tobit) a Tôbîyâh sobre justicia, limosna y temor de Yahuah.	Prov 3:9–10; Deut 6:5	Instrucción moral y ética; enseñanza generacional.
Ṭôbîyâhû (Tobit) 5:1–21 – El ángel Raphael guía a Tôbîyâh hacia Media; preparación para el matrimonio.	Gen 24; Ex 23:20	Guía divina, intervención angelical y confianza en Êlôhîym.
Ṭôbîyâhû (Tobit) 6:1–21 – Tôbîyâh expulsa al demonio Asmodeus y se casa con Sarah.	Ps 91:11; Matt 12:43–45	Protección de Êlôhîym, liberación espiritual y victoria sobre el mal.
Ṭôbîyâhû (Tobit) 8:1–21 – Tôbîyâh y Sarah oran antes del matrimonio; sanidad y bendición.	Prov 3:6; Ps 127	Oración antes de actuar; buscar la guía y bendición divina.
Ṭôbîyâhû (Tobit) 11:1–15 – La vista de Ṭôbîyâhû (Tobit) es restaurada; acción de gracias por la providencia de Êlôhîym.	Ps 34:8; Isa 35:5	Sanidad divina, gratitud y recompensa de la fidelidad.
Ṭôbîyâhû (Tobit) 12:1–22 – Raphael revela su identidad angelical; enseñanza sobre los caminos de Êlôhîym.	Dan 10:13; Ex 23:20	Los ángeles como instrumentos de Êlôhîym; sabiduría mediante revelación.
Ṭôbîyâhû (Tobit) 14:1–15 – Exhortación final y muerte de Ṭôbîyâhû (Tobit); bendiciones para la familia.	Deut 33; Job 42	Legado, fidelidad e instrucción para generaciones futuras.

Resumen de los Paralelos Principales

1. Vida fiel en el exilio
   La justicia de Ṭôbîyâhû (Tobit) en medio de la dificultad refleja a Job y los Salmos, mostrando integridad en medio del sufrimiento.

2. Oración y dependencia de Elohiym
   Tanto Ṭôbîyâhû (Tobit) como Sarah demuestran oración persistente buscando protección, guía y liberación.

3. Intervención divina
   La ayuda angelical de Raphael refleja la dirección de Êlôhîym sobre Yasharal en Éxodo y otros libros históricos.

4. Instrucción ética
   Los consejos de Ṭôbîyâhû (Tobit) a Tôbîyâh enfatizan caridad, obediencia y vida moral, similar a Proverbios y Deuteronomio.

5. Matrimonio y familia
   La historia de Tôbîyâh y Sarah muestra la bendición y providencia de Êlôhîym en la vida familiar.

6. Sanidad y restauración
   La restauración de la vista de Ṭôbîyâhû (Tobit) simboliza la recompensa divina por la fidelidad, paralela a las imágenes de sanidad en Isaías.

7. Revelación angelical y sabiduría
   La enseñanza de Raphael resalta las obras invisibles de Êlôhîym y el valor de la sabiduría divina.

Ṭôbîyâhû (טוֹבִיָּהוּ) – Tobit

Capítulo 1

1. El libro de las palabras de Ṭôbîyâhû, hijo de Ṭôbîyêl, hijo de Ananiyêl, hijo de Aduêl, hijo de Gabaêl, de la simiente de Ăśâhêl, de la tribu de Naphtâlîy;

2. Quien en el tiempo de Shalmaneser rey de Ashshûr fue llevado cautivo de este lugar, el cual está a la mano derecha de aquella ciudad, la cual es llamada propiamente Naphtâlîy en Gâlîyl sobre Âshêr.

3. Yo Ṭôbîyâhû he caminado todos los días de mi vida en los caminos de verdad y justicia, e hice muchas obras de limosna a mis hermanos y a mi nación, los cuales vinieron conmigo a Nîynewêh, a la tierra de Ashshûr.

4. Y cuando yo estaba en mi propia tierra, en la tierra de Yâshâral siendo aún joven, toda la tribu de Naphtâlîy mi padre cayó de la casa de Yarûshâlaim, la cual fue escogida de entre todas las tribus de Yâshâral, para que todas las tribus sacrificaran allí, donde el templo de la morada de Elyôn Êl fue consagrado y edificado para todas las edades.

5. Ahora todas las tribus que juntamente se rebelaron, y la casa de mi padre Naphtâlîy, sacrificaban al becerro Baal.

6. Pero yo solo iba muchas veces a Yarûsha-ˆlaim en las fiestas, como fue ordenado a todo el pueblo de Yâshâral por decreto perpetuo, teniendo las primicias y los diezmos del aumento, con aquello que fue primero esquilado; y ellos los daba sobre el altar a los Kôhên hijos de Ahărôn.

7. La primera décima parte de todo el aumento yo la daba a los hijos de Ahărôn, los cuales ministraban en Yarûshâlaim; otra décima parte yo la vendía, e iba y la gastaba cada año en Yarûshâlaim;

8. Y la tercera yo la daba a aquellos a quienes era apropiado, como Debôrâh la madre de mi padre me había mandado, porque yo fui dejado huérfano por mi padre.

9. Además, cuando yo llegué a la edad de hombre, tomé por mujer a Channâh de mi propio linaje, y de ella engendré a Tôbîyâh.

10. Y cuando fuimos llevados cautivos a Nîynewêh, todos mis hermanos y aquellos que eran de mi linaje comían del pan de los gentiles.

11. Pero yo me guardé de comer;

12. Porque yo recordé a Êlôhîym con todo mi corazón.

13. Y Elyôn Êl me dio gracia y favor delante de Shalmaneser, de manera que yo era su proveedor.

14. Y yo fui a Mâday, y dejé en depósito con Gabaêl, hermano de Gabrias, en Rages ciudad de Mâday diez talentos de plata.

15. Ahora cuando Shalmaneser murió, Sanchêrîyb su hijo reinó en su lugar; cuyo estado fue turbado, de modo que yo no podía ir a Mâday.

16. Y en el tiempo de Shalmaneser yo di muchas limosnas a mis hermanos, y di mi pan al hambriento,

17. Y mis vestidos al desnudo; y si veía a alguno de mi nación muerto, o arrojado alrededor de los muros de Nîynewêh, yo lo enterraba.

18. Y si el rey Sanchêrîyb había matado a alguno, cuando él vino y huyó de Yahûdâh, yo los enterraba en secreto; porque en su ira él mató a muchos; pero los cuerpos no fueron hallados cuando eran buscados por el rey.

19. Y cuando uno de Nîynewêh fue y me denunció al rey que yo los enterraba, y me escondí; entendiendo que yo era buscado para ser muerto, me retiré por temor.

20. Entonces todos mis bienes fueron quitados por fuerza, y no quedó nada para mí, excepto mi mujer Channâh y mi hijo Tôbîyâh.

21. Y no pasaron cincuenta y cinco días antes que dos de sus hijos lo mataron, y ellos huyeron a los montes de Ărâraṭh; y Êsar Chaddôn su hijo reinó en su lugar; quien puso sobre las cuentas de su padre, y sobre todos sus asuntos, a Achiacharus hijo de mi hermano Anael.

22. Y Achiacharus intercediendo por mí, yo regresé a Nîynewêh. Ahora Achiacharus era copero, y guardador del sello, y mayordomo, y supervisor de las cuentas; y Êsar Chaddôn lo nombró después de él; y él era hijo de mi hermano.

Capítulo 2

1. Ahora cuando yo volví a mi casa otra vez, y mi mujer Channâh me fue restaurada, con mi hijo Tôbîyâh, en la fiesta de Shâbûa (שָׁבוּעַ), la cual es la fiesta qâdôsh de las siete semanas, fue preparada para mí una buena cena, en la cual me senté para comer.

2. Y cuando vi abundancia de comida, dije a mi hijo, ve y trae a cualquier hombre pobre que encuentres de entre nuestros hermanos, quien sea recordador de Yahuah; y he aquí, yo espero por ti.

3. Pero él vino otra vez, y dijo, padre, uno de nuestra nación ha sido estrangulado, y ha sido arrojado en la plaza.

4. Entonces antes de haber probado alguna comida, me levanté, y lo tomé y lo puse en una habitación hasta la puesta del sol.

5. Entonces regresé, y me lavé, y comí mi comida con tristeza,

6. Recordando aquella profecía de Âmôs, como él dijo, vuestras fiestas serán convertidas en lamento, y toda vuestra alegría en lamentación.

7. Por tanto, yo lloré; y después de la puesta del sol fui e hice una sepultura, y lo enterré.

8. Pero mis vecinos se burlaban de mí, y decían, este hombre aún no teme ser muerto por este asunto; quien huyó antes; y aun ahora, he aquí, él vuelve a enterrar a los muertos.

9. Esa misma noche también regresé del entierro, y dormí junto al muro de mi patio, estando contaminado y mi rostro descubierto;

10. Y no sabía que había gorriones en el muro, y estando mis ojos abiertos, los gorriones dejaron caer estiércol caliente en mis ojos, y una blancura vino a mis ojos; y fui a los médicos, pero ellos no me ayudaron; además Achiacharus me sostuvo, hasta que fui a Elymais.

11. Y mi mujer Channâh hacía trabajos de mujeres.

12. Y cuando ella los había enviado de vuelta a los dueños, ellos le pagaron su salario, y le dieron además un cabrito.

13. Y cuando estaba en mi casa, y comenzó a llorar, yo le dije, ¿de dónde es este cabrito? ¿No es robado? Devuélvelo a los dueños; porque no es lícito comer cosa alguna que sea robada.

14. Pero ella respondió contra mí, fue dado como un regalo además del salario. Sin

embargo yo no le creí, sino que le mandé devolverlo a los dueños; y yo me avergoncé de ella. Pero ella respondió contra mí, ¿dónde están tus limosnas y tus obras de justicia? He aquí, tú y todas tus obras son conocidas.

Capítulo 3

1. Entonces yo estando entristecido lloré, y en mi tristeza oré, diciendo,

2. Oh Yahuah, tú eres justo, y todas tus obras y todos tus caminos son misericordia y verdad, y tú juzgas verdadera y justamente para siempre.

3. Acuérdate de mí, y mira sobre mí, no me castigues por mis pecados e ignorancia, y los pecados de mis padres, quienes pecaron delante de ti;

4. Porque ellos no obedecieron tus mandamientos; por lo cual nos has entregado por despojo, y a cautiverio, y a muerte, y por proverbio de reproche a todas las naciones entre las cuales estamos dispersos.

5. Y ahora tus juicios son muchos y verdaderos; trata conmigo conforme a mis pecados y los de mis padres; porque no hemos guardado tus mandamientos, ni hemos caminado en verdad delante de ti.

6. Ahora pues trata conmigo como parezca mejor a ti, y manda que mi rûach sea tomada de mí, para que yo sea deshecho, y llegue a ser tierra; porque me es provechoso morir antes que vivir, porque he oído falsos reproches, y tengo mucha tristeza; manda pues que yo sea ahora librado de esta angustia, y vaya al lugar eterno; no apartes tu rostro de mí.

7. Y aconteció el mismo día que en Ecbatana ciudad de Mâday Śârâh hija de Reûêl (רְעוּאֵל) también fue reprochada por las siervas de su padre;

8. Porque ella había sido dada en matrimonio a siete maridos, a quienes Asmodeus el espíritu maligno había matado antes que ellos se hubiesen unido con ella. ¿No sabes, dijeron ellas, que has estrangulado a tus maridos? Ya has tenido siete maridos, y no fuiste llamada por el nombre de ninguno de ellos.

9. ¿Por qué entonces nos golpeas por ellos? Si están muertos, ve tras ellos; que nunca veamos de ti hijo ni hija.

10. Cuando ella oyó estas cosas, se entristeció mucho, de modo que pensó en estrangularse; y dijo, yo soy la única hija de mi padre, y si hago esto, será para él un reproche, y llevaré su vejez con tristeza al sepulcro.

11. Entonces ella oró hacia la ventana, y dijo, bendito eres tú, oh Yahuah mi Êlôhîym, y tu nombre Qâdôsh y Tiphârâh (תִּפְאָרָה) es bendito y honorable para siempre; todas tus obras te alaben para siempre.

12. Y ahora, oh Yahuah, pongo mis ojos y mi rostro hacia ti,

13. Y digo, quítame de la tierra, para que no oiga más el reproche.

14. Tú sabes, Yahuah, que yo soy pura de todo pecado con hombre,

15. Y que nunca contaminé mi nombre, ni el nombre de mi padre, en la tierra de mi cautiverio; yo soy la única hija de mi padre, y él no tiene hijo que sea su heredero, ni pariente cercano, ni hijo suyo vivo, para quien yo deba guardarme como mujer; mis siete maridos ya han muerto; ¿y por qué debo vivir? Pero si no te place que yo muera, manda que algún cuidado sea tenido de mí, y sea tomada misericordia de mí, para que no oiga más reproche.

16. Entonces las oraciones de ambos fueron oídas delante de la majestad de Gâdôl Êlôhîym.

17 Y Râphâêl fue enviado para sanarlos a ambos, esto es, para quitar la blancura de los ojos de Ṭôbîyâhû, y para dar a Śârâh hija de Reûêl por mujer a Tôbîyâh hijo de Ṭôbîyâhû; y para atar a Asmodeus el espíritu maligno; porque ella pertenecía a Tôbîyâh por derecho de herencia. En el mismo tiempo Ṭôbîyâhû vino a casa, y entró en su casa, y Śârâh hija de Reûêl descendió de su aposento alto.

Capítulo 4

1. En aquel día Ṭôbîyâhû recordó el dinero que él había encomendado a Gabaêl en Rages de Mâday,

2. Y dijo consigo mismo, yo he deseado la muerte; ¿por qué pues no llamo a mi hijo Tôbîyâh para que yo le haga saber del dinero antes que yo muera?

3. Y cuando él lo hubo llamado, le dijo, hijo mío, cuando yo sea muerto, entiérrame; y no desprecies a tu madre, sino hónrala todos los días de tu vida, y haz lo que le agradará, y no la entristezcas.

4. Recuerda, hijo mío, que ella vio muchos peligros por ti, cuando tú estabas en su vientre; y cuando ella sea muerta, entiérrala junto a mí en una misma sepultura.

5. Hijo mío, sé recordador de Yahuah nuestro Êlôhîym todos tus días, y no dejes que tu voluntad sea puesta a pecar, o a transgredir sus mandamientos: Haz rectamente toda tu vida, y no sigas los caminos de injusticia.

6. Porque si tú obras en verdad, tus hechos prosperarán con buen suceso para ti, y para todos los que viven justamente.

7. Da limosnas de tu sustancia; y cuando tú des limosnas, no dejes que tu ojo sea envidioso, ni vuelvas tu rostro de ningún pobre, y el rostro de Êlôhîym no será vuelto de ti.

8. Si tú tienes abundancia da limosnas conforme: si tú tienes solo un poco, no temas dar conforme a ese poco:

9. Porque tú atesoras para ti un buen tesoro contra el día de necesidad.

10. Porque la limosna libra de la muerte, y no deja venir a las tinieblas.

11. Porque la limosna es un buen don para todos los que la dan en la presencia de Elyôn Êl.

12. Guárdate de toda fornicación, hijo mío, y principalmente toma una mujer de la simiente de tus padres, y no tomes mujer extraña por esposa, la cual no es de la tribu de tu padre: porque nosotros somos hijos de los Nâbîy, Nôach, Abrâhâm, Yitschâq, y Yaăqôb: recuerda, hijo mío, que nuestros padres desde el principio, aun que todos ellos tomaron mujeres de su propia parentela, y fueron benditos en sus hijos, y su simiente heredará la tierra.

13. Ahora pues, hijo mío, ama a tus hermanos, y no desprecies en tu corazón a tus hermanos, los hijos e hijas de tu pueblo, en no tomar mujer de ellos: porque en soberbia hay destrucción y mucha turbación, y en lascivia hay decadencia y gran necesidad: porque la lascivia es la madre del hambre.

14. No dejes que el jornal de ningún hombre, que ha trabajado para ti, se quede contigo, sino dáselo al instante: porque si tú sirves a Êlôhîym, él también te recompensará: sé circunspecto, hijo mío, en todas las cosas que tú haces, y sé sabio en toda tu conversación.

15. Haz a ningún hombre lo que tú aborreces: no bebas vino para hacerte borracho; ni dejes que la embriaguez vaya contigo en tu jornada.

16. Da de tu pan al hambriento, y de tus vestidos a los que están desnudos; y conforme

a tu abundancia da limosnas: y no dejes que tu ojo sea envidioso, cuando tú das limosnas.

17. Derrama tu pan sobre el entierro del justo, pero no des nada al malvado.

18. Pide consejo de todos los que son sabios, y no desprecies ningún consejo que sea provechoso.

19. Bendice a Yahuah tu Êlôhîym siempre, y desea de él que tus caminos sean dirigidos, y que todas tus sendas y consejos prosperen: porque toda nación no tiene consejo; pero Yahuah mismo da todas las cosas buenas, y él humilla a quien él quiere, como él quiere; ahora pues, hijo mío, recuerda mis mandamientos, ni dejes que ellos sean puestos fuera de tu mente.

20. Y ahora yo te hago saber esto, que yo encomendé diez talentos a Gabaêl hijo de Gabrias en Rages en Mâday.

21. Y no temas, hijo mío, que nosotros somos hechos pobres: porque tú tienes mucha riqueza, si tú temes a Êlôhîym, y te apartas de todo pecado, y haces lo que es agradable en su presencia.

Capítulo 5

1. Entonces Tôbîyâh respondió y dijo, padre, yo haré todas las cosas que tú me has mandado;

2. Pero ¿cómo puedo yo recibir el dinero, viendo que yo no lo conozco a él?

3. Entonces él le dio el escrito, y le dijo, búscate un hombre que pueda ir contigo, mientras yo aún vivo, y yo le daré jornal: y ve y recibe el dinero.

4. Por tanto, cuando él fue a buscar un hombre, halló a Râphâêl que era un ángel.

5. Pero él no lo conocía; y le dijo, ¿puedes tú ir conmigo a Rages? ¿y conoces tú bien aquellos lugares?

6. A quien el ángel dijo, yo iré contigo, y conozco bien el camino: porque yo he hospedado con nuestro hermano Gabaêl.

7. Entonces Tôbîyâh le dijo, espérame, hasta que yo diga a mi padre.

8. Entonces él le dijo, ve y no te detengas. Así que él entró y dijo a su padre, he aquí, yo he hallado uno que irá conmigo. Entonces él dijo, llámalo a mí para que yo sepa de qué tribu es, y si él es un hombre fiel para ir contigo.

9. Así que él lo llamó, y él entró, y ellos se saludaron el uno al otro.

10. Entonces Ṭôbîyâhû le dijo, hermano, muéstrame de qué tribu y familia tú eres.

11. A quien él dijo, ¿buscas tú tribu o familia, o un jornalero para ir con tu hijo? Entonces Ṭôbîyâhû le dijo, yo querría saber, hermano, tu parentela y tu nombre.

12. Entonces él dijo, yo soy Ăzaryâhû, hijo de Chănanyâhû el grande, y de tus hermanos.

13. Entonces Ṭôbîyâhû dijo, tú eres bienvenido, hermano; no estés ahora enojado conmigo, porque yo he preguntado para saber tu tribu y tu familia; porque tú eres mi hermano, de un linaje honesto y bueno: porque yo conozco a Chănanyâhû y Yahônâthân, hijos de aquel gran Shemayâhû, cuando fuimos juntos a Yarûshâlaim para adorar, y ofrecimos los primogénitos, y los diezmos de los frutos; y ellos no fueron seducidos con el error de nuestros hermanos: hermano mío, tú eres de buen linaje.

14. Pero dime, ¿qué jornal te daré? ¿quieres una dracma al día, y cosas necesarias, como a mi propio hijo?

15. Sí, además, si tú regresas salvo, yo añadiré algo a tu jornal.

16. Así que ellos se agradaron. Entonces él dijo a Tôbîyâh, prepárate para el camino, y

Êlôhîym te envíe un buen camino. Y cuando su hijo hubo preparado todas las cosas para el camino, su padre dijo, tú ve con este hombre, y Êlôhîym, que mora en shâmayim, prospere tu camino, y el ángel de Êlôhîym te haga compañía. Así que ellos salieron ambos, y el perro del joven con ellos.

17. Pero Channâh su madre lloró, y dijo a Ṭôbîyâhû, ¿por qué has enviado lejos a nuestro hijo? ¿no es él el báculo de nuestra mano, en entrar y salir delante de nosotros?

18. No seas codicioso para añadir dinero a dinero: sino que sea como basura respecto de nuestro hijo.

19. Porque aquello que Yahuah nos ha dado para vivir con ello nos basta.

20. Entonces Ṭôbîyâhû le dijo, no tengas cuidado, mi hermana; él regresará en seguridad, y tus ojos lo verán.

21. Porque el buen ángel le hará compañía, y su camino será próspero, y regresará salvo.

22. Entonces ella terminó de llorar.

Capítulo 6

1. Y mientras ellos iban en su camino, llegaron al anochecer al río Chiddeqel, y se alojaron allí.

2. Y cuando el joven bajó para lavarse, un pez saltó fuera del río, y habría querido devorarlo.

3. Entonces el ángel le dijo, toma el pez. Y el joven agarró el pez, y lo sacó a tierra.

4. A quien el ángel dijo, abre el pez, y toma el corazón y el hígado y la hiel, y guárdalos con seguridad.

5. Así que el joven hizo como el ángel le mandó; y cuando ellos asaron el pez, ellos lo comieron: entonces ambos siguieron su camino, hasta que se acercaron a Ecbatana.

6. Entonces el joven dijo al ángel, hermano Ăzaryâhû, ¿para qué uso es el corazón y el hígado y la hiel del pez?

7. Y él le dijo, tocante al corazón y al hígado, si un diablo o un espíritu malo atormenta a alguno, debemos hacer humo de ello delante del hombre o de la mujer, y la persona no será más vexada.

8. En cuanto a la hiel, es buena para ungir a un hombre que tiene blancura en sus ojos, y él será sanado.

9. Y cuando ellos se acercaron a Rages,

10. El ángel dijo al joven, hermano, hoy nos alojaremos con Reûêl, que es tu primo; él también tiene una sola hija, llamada Śârâh; yo hablaré por ella para que te sea dada por mujer.

11. Porque a ti pertenece el derecho de ella, viendo que tú solo eres de su parentela.

12. Y la doncella es hermosa y sabia: ahora pues óyeme, y yo hablaré a su padre; y cuando regresemos de Rages celebraremos el matrimonio: porque yo sé que Reûêl no puede casarla con otro conforme a la ley de Môsheh, sino que será culpable de muerte, porque el derecho de herencia pertenece más a ti que a cualquier otro.

13. Entonces el joven respondió al ángel, yo he oído, hermano Ăzaryâhû, que esta doncella ha sido dada a siete hombres, los cuales todos murieron en la cámara nupcial.

14. Y ahora yo soy el único hijo de mi padre, y tengo temor, no sea que si yo entro a ella, yo muera, como los otros antes: porque un espíritu malo la ama, el cual no hiere a nadie, sino a los que vienen a ella; Por tanto, yo también temo no sea que yo muera, y traiga la vida de mi padre y de mi madre por mí al sepulcro con tristeza: porque ellos no tienen otro hijo para enterrarlos.

15. Entonces el ángel le dijo, ¿no recuerdas tú los preceptos que tu padre te dio, que tú debías casar una mujer de tu propia parentela? Por tanto, óyeme, oh mi hermano; porque ella te será dada por mujer; y no hagas cuenta del espíritu malo; porque esta misma noche ella te será dada en matrimonio.

16. Y cuando tú entres en la cámara nupcial, tú tomarás las cenizas del perfume, y pondrás sobre ellas algo del corazón y del hígado del pez, y harás humo con ello:

17. Y el diablo lo olerá, y huirá, y nunca más volverá: pero cuando tú vengas a ella, levantaos ambos, y orad a Êlôhîym que es misericordioso, que tendrá piedad de vosotros, y os salvará: no temas, porque ella te es señalada desde el principio; y tú la guardarás, y ella irá contigo. Además, yo supongo que ella te dará hijos. Ahora cuando Tôbîyâh oyó estas cosas, la amó, y su corazón fue eficazmente unido a ella.

Capítulo 7

1. Y cuando ellos llegaron a Ecbatana, llegaron a la casa de Reûêl, y Śârâh los encontró: y después que se saludaron el uno al otro, ella los introdujo en la casa.

2. Entonces Reûêl dijo a Edna su mujer, ¡cuán semejante es este joven a Ṭôbîyâhû mi primo!

3. Y Reûêl les preguntó, ¿de dónde sois, hermanos? A lo cual ellos dijeron, somos de los hijos de Naphtâlîy, los cuales son cautivos en Nîynewêh.

4. Entonces él les dijo, ¿conocéis a Ṭôbîyâhû nuestro pariente? Y ellos dijeron, lo conocemos. Entonces él dijo, ¿está él en buena salud?

5. Y ellos dijeron, él está vivo, y en buena salud: y Tôbîyâh dijo, él es mi padre.

6. Entonces Reûêl se levantó de un salto, y lo besó, y lloró,

7. Y lo bendijo, y le dijo, tú eres el hijo de un hombre honesto y bueno. Pero cuando él oyó que Ṭôbîyâhû estaba ciego, se entristeció, y lloró.

8. Y asimismo Edna su mujer y Śârâh su hija lloraron. Además, los recibieron con alegría; y después que ellos mataron un carnero del rebaño, pusieron abundancia de carne sobre la mesa. Entonces Tôbîyâh dijo a Râphâêl, hermano Ăzaryâhû, habla de aquellas cosas de las cuales hablaste en el camino, y que este asunto sea despachado.

9. Así que él comunicó el asunto con Reûêl: y Reûêl dijo a Tôbîyâh, come y bebe, y alégrate:

10. Porque es apropiado que tú tomes por mujer a mi hija: sin embargo, te declararé la verdad.

11. He dado mi hija en matrimonio a siete hombres, los cuales murieron aquella noche que entraron a ella: sin embargo, por ahora alégrate. Pero Tôbîyâh dijo, yo no comeré nada aquí, hasta que nosotros acordemos y juremos el uno al otro.

12. Reûêl dijo, entonces tómala desde ahora conforme a la manera, porque tú eres su primo, y ella es tuya, y el misericordioso Êlôhîym te dé buen suceso en todas las cosas.

13. Entonces él llamó a su hija Śârâh, y ella vino a su padre, y él la tomó por la mano, y la dio para ser mujer a Tôbîyâh, diciendo, he aquí, tómala conforme a la ley de Môsheh, y llévala a tu padre. Y él los bendijo;

14. Y llamó a Edna su mujer, y tomó papel, y escribió un instrumento de pacto, y lo selló.

15. Entonces comenzaron a comer.

16. Después Reûêl llamó a su mujer Edna, y le dijo, hermana, prepara otra cámara, y llévala allí.

17. Lo cual cuando ella hizo como él le había mandado, la llevó allí: y ella lloró, y recibió las lágrimas de su hija, y le dijo,

18. Ten buen ánimo, hija mía; Yahuah de shamayim y tierra te dé gozo por esta tu tristeza: ten buen ánimo, hija mía.

Capítulo 8

1. Y cuando ellos hubieron cenado, llevaron a Tôbîyâh a ella.

2. Y mientras él iba, recordó las palabras de Râphâêl, y tomó las cenizas de los perfumes, y puso el corazón y el hígado del pez sobre ellas, y hizo humo con ello.

3. El cual olor cuando el espíritu malo lo olió, huyó a las partes más lejanas de Mitsrayim, y el ángel lo ató.

4. Y después que ambos fueron encerrados juntos, Tôbîyâh se levantó de la cama, y dijo, hermana, levántate, y oremos a Êlôhîym que tenga misericordia de nosotros.

5. Entonces Tôbîyâh comenzó a decir, bendito eres tú, oh Êlôhîym de nuestros padres, y bendito es tu nombre Qâdôsh y glorioso para siempre; que los shâmayim te bendigan, y todas tus criaturas.

6. Tú hiciste a Âdâm, y le diste a Chawwâh (חַוָּה) su mujer por ayuda y apoyo: de ellos vino la humanidad: tú has dicho, no es bueno que el hombre esté solo; hagámosle ayuda semejante a él.

7. Y ahora, oh Yahuah, yo no tomo a esta mi hermana por lujuria sino rectamente: Por tanto, ordena misericordiosamente que lleguemos a envejecer juntos.

8. Y ella dijo con él, Âmên.

9. Así que ambos durmieron aquella noche. Y Reûêl se levantó, y fue e hizo una sepultura,

10. Diciendo, temo que él también esté muerto.

11. Pero cuando Reûêl entró en su casa,

12. Él dijo a su mujer Edna, envía a una de las siervas, y que vea si él está vivo: si no lo está, que lo enterremos, y que ningún hombre lo sepa.

13. Así que la sierva abrió la puerta, y entró, y los halló a ambos dormidos,

14. Y salió, y les dijo que él estaba vivo.

15. Entonces Reûêl alabó a Êlôhîym, y dijo, oh Êlôhîym, tú eres digno de ser alabado con toda alabanza pura y qâdôsh; Por tanto, que tus qôdesh te alaben con todas tus criaturas; y que todos tus ángeles y tus escogidos te alaben para siempre.

16. Tú eres digno de ser alabado, porque me has hecho gozoso; y no ha venido sobre mí aquello que yo sospechaba; sino que has tratado con nosotros conforme a tu gran misericordia.

17. Tú eres digno de ser alabado porque has tenido misericordia de dos que eran los hijos unigénitos de sus padres: concédeles misericordia, oh Yahuah, y termina su vida en salud con gozo y misericordia.

18. Entonces Reûêl mandó a sus siervos que llenaran la sepultura.

19. Y él guardó la fiesta de bodas catorce días.

20. Porque antes que los días del matrimonio fueran terminados, Reûêl le había dicho con juramento, que él no debía partir hasta que los catorce días del matrimonio fueran cumplidos;

21. Y entonces él tomaría la mitad de sus bienes, y iría en seguridad a su padre; y tendría el resto cuando yo y mi mujer estemos muertos.

Capítulo 9

1. Entonces Tôbîyâh llamó a Râphâêl, y le dijo,

2. Hermano Ăzaryâhû, toma contigo un siervo, y dos camellos, y ve a Rages de Mâday a Gabaêl, y tráeme el dinero, y tráelo a la boda.

3. Porque Reûêl ha jurado que yo no debo partir.

4. Pero mi padre cuenta los días; y si yo tardo mucho, él estará muy triste.

5. Así que Râphâêl salió, y se hospedó con Gabaêl, y le dio el escrito: quien sacó bolsas que estaban selladas, y se las dio.

6. Y temprano en la mañana salieron ambos juntos, y llegaron a la boda: y Tôbîyâh bendijo a su mujer.

Capítulo 10

1. Ahora Ṭôbîyâhû su padre contaba cada día: y cuando los días del viaje fueron cumplidos, y ellos no venían,

2. Entonces Ṭôbîyâhû dijo, ¿están detenidos? ¿o está muerto Gabaêl, y no hay hombre que le dé el dinero?

3. Por tanto, él estaba muy triste.

4. Entonces su mujer le dijo, mi hijo está muerto, viendo que tarda mucho; y ella comenzó a lamentarlo, y dijo,

5. Ahora no me importa nada, hijo mío, desde que te he dejado ir, la luz de mis ojos.

6. A lo cual Ṭôbîyâhû dijo, guarda silencio, no tengas cuidado, porque él está seguro.

7. Pero ella dijo, guarda silencio, y no me engañes; mi hijo está muerto. Y ella salía cada día al camino por el cual ellos fueron, y no comía carne en el día, y no cesaba toda la noche de lamentar a su hijo Tôbîyâh, hasta que los catorce días de la boda fueron cumplidos, los cuales Reûêl había jurado que él debía pasar allí. Entonces Tôbîyâh dijo a Reûêl, déjame ir, porque mi padre y mi madre ya no esperan verme.

8. Pero su suegro le dijo, quédate conmigo, y yo enviaré a tu padre, y ellos le declararán cómo van las cosas contigo.

9. Pero Tôbîyâh dijo, no; sino déjame ir a mi padre.

10. Entonces Reûêl se levantó, y le dio a Śârâh su mujer, y la mitad de sus bienes, siervos, y ganado, y dinero:

11. Y los bendijo, y los envió, diciendo, el Êlôhîym de shâmayim os dé un viaje próspero, hijos míos.

12. Y dijo a su hija, honra a tu padre y a tu madre política, que ahora son tus padres, para que yo oiga buen informe de ti. Y la besó. Edna también dijo a Tôbîyâh, Yahuah de shâmayim te restaure, mi querido hermano, y conceda que yo vea a tus hijos de mi hija Śârâh antes que yo muera, para que yo me regocije delante de Yahuah: he aquí, encomiendo mi hija a ti con especial confianza; Por tanto, no la trates mal.

Capítulo 11

1. Después de estas cosas Tôbîyâh siguió su camino, alabando a Êlôhîym porque le había dado un viaje próspero, y bendijo a Reûêl y a Edna su mujer, y siguió su camino hasta que se acercaron a Nîynewêh.

2. Entonces Râphâêl dijo a Tôbîyâh, tú sabes, hermano, cómo dejaste a tu padre:

3. Apurémonos antes que tu mujer, y preparemos la casa.

4. Y toma en tu mano la hiel del pez. Así siguieron su camino, y el perro fue detrás de ellos.

5. Ahora Channâh estaba sentada mirando hacia el camino esperando a su hijo.

6. Y cuando lo vio venir, dijo a su padre, mira, tu hijo viene, y el hombre que fue con él.

7. Entonces Râphâêl dijo, yo sé, Tôbîyâh, que tu padre abrirá sus ojos.

8. Por lo tanto unge sus ojos con la hiel, y al sentir el ardor él los frotará, y la blancura desaparecerá, y él te verá.

9. Entonces Channâh corrió hacia él, y se echó al cuello de su hijo, y le dijo, ahora que te he visto, hijo mío, ya puedo morir en paz. Y ambos lloraron.

10. Ţôbîyâhû también salió hacia la puerta, y tropezó: pero su hijo corrió hacia él,

11. Y tomó a su padre; y puso la hiel sobre los ojos de su padre, diciendo, ten ánimo, padre mío.

12. Y cuando sus ojos comenzaron a arder, él los frotó;

13. Y la blancura se desprendió de las esquinas de sus ojos; y cuando vio a su hijo, se echó sobre su cuello.

14. Y lloró, y dijo, bendito eres tú, oh Êlôhîym, y bendito es tu nombre para siempre; y benditos son todos tus ángeles qâdôsh.

15. Porque tú me has castigado, y también has tenido misericordia de mí; porque ahora veo a mi hijo Tôbîyâh. Y su hijo entró lleno de alegría, y contó a su padre las grandes cosas que le habían sucedido en Mâday.

16. Entonces Ţôbîyâhû salió para recibir a su nuera en la puerta de Nîynewêh, con alegría y alabando a Êlôhîym; y los que lo vieron caminar se sorprendieron porque había recuperado la vista.

17. Pero Tôbîyâh dio gracias delante de ellos porque Êlôhîym tuvo misericordia de él. Y cuando se acercó a Śârâh su nuera, la bendijo, diciendo, bienvenida, hija; bendito sea Êlôhîym que te ha traído a nosotros, y benditos sean tu padre y tu madre. Y hubo alegría entre todos sus hermanos que estaban en Nîynewêh.

18. Y Achiacharus, y Nasbas hijo de su hermano, vinieron;

19. Y la boda de Tôbîyâh se celebró durante siete días con gran alegría.

Capítulo 12

1. Entonces Ţôbîyâhû llamó a su hijo Tôbîyâh, y le dijo, hijo mío, asegúrate de que el hombre reciba su pago, el que fue contigo, y debes darle más.

2. Y Tôbîyâh le dijo, oh padre, no es problema para mí darle la mitad de las cosas que he traído,

3. Porque él me trajo de regreso a ti con seguridad, sanó a mi mujer, me trajo el dinero, y también te sanó a ti.

4. Entonces el anciano dijo, eso le corresponde.

5. Así que llamó al ángel, y le dijo, toma la mitad de todo lo que han traído y vete en paz.

6. Entonces él los tomó aparte a los dos, y les dijo, bendigan a Êlôhîym, alábenlo, engrandézcanlo, y denle alabanza por lo que ha hecho por ustedes delante de todos los que viven. Es bueno alabar a Êlôhîym, exaltar su nombre, y dar a conocer con honor las obras de Êlôhîym; por lo tanto, no dejen de alabarlo.

7. Es bueno guardar el secreto de un rey, pero es honorable revelar las obras de Êlôhîym. Hagan lo bueno, y ningún mal los tocará.

8. La oración es buena cuando se acompaña con ayuno, limosna y justicia. Poco con

justicia es mejor que mucho con injusticia. Es mejor dar limosna que acumular oro,

9. Porque la limosna libra de la muerte y limpia todo pecado. Los que practican limosna y justicia tendrán vida en abundancia,

10. Pero los que pecan son enemigos de su propia vida.

11. Ciertamente no les ocultaré nada. Porque dije que es bueno guardar el secreto de un rey, pero que es honorable revelar las obras de Êlôhîym.

12. Cuando ustedes oraban, y también Śârâh tu nuera, yo presenté el recuerdo de sus oraciones delante del Qâdôsh; y cuando enterrabas a los muertos, yo también estaba contigo.

13. Y cuando no dudaste en levantarte y dejar tu comida para ir a cubrir al muerto, tu buena acción no me fue escondida; yo estaba contigo.

14. Y ahora Êlôhîym me envió para sanarte a ti y a Śârâh tu nuera.

15. Yo soy Râphâêl, uno de los siete ángeles qâdôsh que presentan las oraciones de los qôdesh y que entran y salen delante de la gloria del Qâdôsh.

16. Entonces ellos se asustaron y cayeron sobre sus rostros, porque tuvieron temor.

17. Pero él les dijo, no tengan miedo, todo estará bien con ustedes; así que alaben a Êlôhîym.

18. Porque yo no vine por mi propia voluntad, sino por la voluntad de nuestro Êlôhîym; por lo tanto alábenlo para siempre.

19. Durante todos estos días me vieron, pero yo no comí ni bebí; lo que ustedes veían era una visión.

20. Ahora den gracias a Êlôhîym, porque yo regreso al que me envió; pero escriban en un libro todas las cosas que han sucedido.

21. Y cuando se levantaron, ya no lo vieron más.

22. Entonces reconocieron las grandes y maravillosas obras de Êlôhîym, y cómo el ángel de Yahuah se les había aparecido.

Capítulo 13

1. Entonces Ṭôbîyâhû escribió una oración de alegría, y dijo, bendito sea Êlôhîym que vive para siempre, y bendito sea su reino.

2. Porque él castiga y tiene misericordia; hace descender a sheôl y vuelve a levantar; y no hay quien pueda escapar de su mano.

3. Reconózcanlo delante de las naciones, hijos de Yâshâral, porque él nos ha dispersado entre ellas.

4. Allí anuncien su grandeza y exáltenlo delante de todos los que viven; porque él es nuestro Yahuah y él es Êlôhîym, nuestro padre para siempre.

5. Él nos castigará por nuestras iniquidades, pero tendrá misericordia otra vez y nos reunirá de todas las naciones entre las cuales nos ha dispersado.

6. Si ustedes se vuelven a él con todo su corazón y con toda su mente, y actúan con rectitud delante de él, entonces él se volverá hacia ustedes y no esconderá su rostro de ustedes. Miren lo que él hará por ustedes; reconózcanlo con toda su boca, alaben a Yahuah Shadday Êl y exalten al Ôlâm Melek. En la tierra de mi cautiverio yo lo alabo y declaro su poder y su majestad a una nación pecadora. Oh pecadores, vuelvan y practiquen la justicia delante de él; ¿quién sabe si los aceptará y tendrá misericordia de ustedes?

7. Yo exaltaré a mi Êlôhîym, y mi alma alabará al Melek de shâmayim, y se alegrará en su grandeza.

8. Que todos hablen de él, y que todos lo alaben por su justicia.

9. Oh Yarûshâlaim, ciudad qâdôsh, él te castigará por las obras de tus hijos, pero volverá a tener misericordia de los hijos de los justos.

10. Den alabanza a Yahuah porque él es bueno, y alaben al Ôlâm Melek, para que su tabernáculo sea reconstruido en ti con alegría, y para que haga felices dentro de ti a los cautivos, y ame para siempre dentro de ti a los que sufren.

11. Muchas naciones vendrán de lejos al nombre de Yahuah Êlôhîym con ofrendas en sus manos, ofrendas para el Melek de shamayim; todas las generaciones te alabarán con gran alegría.

12. Malditos serán todos los que te odian, y benditos serán todos los que te aman para siempre.

13. Alégrate y regocíjate por los hijos de los justos, porque serán reunidos y bendecirán a Yahuah de los justos.

14. Benditos son los que te aman, porque se alegrarán en tu paz; benditos los que se entristecieron por todos tus castigos, porque se alegrarán por ti cuando vean toda tu gloria, y se alegrarán para siempre.

15. Que mi alma bendiga a Êlôhîym, el Gâdôl Melek.

16. Porque Yarûshâlaim será reconstruida con zafiros, esmeraldas y piedras preciosas; sus muros, torres y fortalezas con oro puro.

17. Y las calles de Yarûshâlaim estarán pavimentadas con berilo, carbunclo y piedras de Ôphîyr.

18. Y todas sus calles dirán, Hâlal (הַלֵּל) Yâh (יָהּ); y lo alabarán diciendo, Bârak sea Êlôhîym, el que la ha exaltado para siempre.

Capítulo 14

1. Así Ṭôbîyâhû terminó de alabar a Êlôhîym.

2. Y tenía cincuenta y ocho años cuando perdió la vista, la cual le fue restaurada después de ocho años; y dio limosnas, y creció en el temor de Yahuah Êlôhîym, y lo alabó.

3. Y cuando ya era muy anciano llamó a su hijo, y a los hijos de su hijo, y le dijo, hijo mío, toma a tus hijos; porque mira, yo ya soy viejo y estoy listo para partir de esta vida.

4. Ve a Mâday, hijo mío, porque yo ciertamente creo las cosas que Yônâh el Nâbîy habló acerca de Nîynewêh, que será destruida; y que por un tiempo habrá más bien paz en Mâday; y que nuestros hermanos estarán dispersos por la tierra fuera de aquella buena tierra; y Yarûshâlaim quedará desolada, y la casa de Êlôhîym en ella será quemada, y quedará desolada por un tiempo;

5. Y que después Êlôhîym volverá a tener misericordia de ellos, y los hará volver a la tierra, donde edificarán un templo, aunque no como el primero, hasta que se cumpla el tiempo de aquella edad; y después regresarán de todos los lugares de su cautiverio, y edificarán a Yarûshâlaim gloriosamente, y la casa de Êlôhîym será edificada en ella para siempre con una construcción gloriosa, como los Nâbîy han hablado acerca de esto.

6. Y todas las naciones se volverán y temerán verdaderamente a Yahuah Êlôhîym, y enterrarán sus ídolos.

7. Entonces todas las naciones alabarán a Yahuah, y su pueblo reconocerá a Êlôhîym, y Yahuah exaltará a su pueblo; y todos los que aman a Yahuah Êlôhîym en verdad y justicia se alegrarán, mostrando misericordia a nuestros hermanos.

8. Y ahora, hijo mío, sal de Nîynewêh, porque ciertamente sucederán las cosas que el Nâbîy Yônâh anunció.

9. Pero tú guarda la ley y los mandamientos, y muéstrate misericordioso y justo, para que te vaya bien.

10. Y entiérrame con honra, y a tu madre conmigo; pero no permanezcas más tiempo en Nîynewêh. Recuerda, hijo mío, cómo Hâmân trató a Achiacharus que lo había criado, cómo de la luz lo llevó a la oscuridad, y cómo luego fue recompensado: pero Achiacharus fue salvado, y el otro recibió su pago, porque descendió a la oscuridad. Menashsheh dio limosnas y escapó de las trampas de muerte que le habían preparado; pero Hâmân cayó en la trampa y murió.

11. Por tanto, ahora, hijo mío, considera lo que hace la limosna, y cómo la justicia libera. Cuando dijo estas cosas, entregó su espíritu en la cama, teniendo ciento cincuenta y ocho años; y lo enterraron con honra.

12. Y cuando Channâh su madre murió, él la enterró junto a su padre. Pero Tôbîyâh partió con su mujer y sus hijos a Ecbatana, a Reûêl su suegro,

13. Donde envejeció con honra, y enterró con honra a su suegro y a su suegra, y heredó sus bienes, y también los de su padre Ṭôbîyâhû.

14. Y murió en Ecbatana en Mâday, teniendo ciento veintisiete años.

15. Pero antes de morir oyó acerca de la destrucción de Nîynewêh, la cual fue tomada por Nebûkkadnetstsar y Ăchashwêrôsh; y antes de su muerte se alegró por la caída de Nîynewêh.

La Oración de Menashsheh y el Contexto Bíblico Tradicional

(Guía de Estudio de las Escrituras Dabar Yahuah)

Introducción

La Oración de Menashsheh es una oración penitencial atribuida al rey Menashsheh de Yahûdâh. Según la historia bíblica, Menashsheh fue uno de los reyes más malvados de Yahûdâh, llevando a la nación a la idolatría (2 Kings 21:1–18; 2 Chronicles 33:1–20). Esta oración es apócrifa/deuterocanónica y aparece en algunos manuscritos de la Septuaginta, pero no está incluida en el Texto Masorético hebreo.

La oración es una confesión profunda que expresa arrepentimiento, humildad y reconocimiento de la misericordia de Êlôhîym. Destaca temas de perdón, paciencia divina y la esperanza de redención incluso para aquellos que han pecado gravemente.

Dónde encaja en la Biblia:

- Históricamente: Después del cautiverio de Menashsheh por los Ashshûr (Assyria) (2 Chronicles 33:11–13).
- Cronológicamente: Entre 2 Chronicles 33:10 y 2 Chronicles 33:13–20, como reflejo de su arrepentimiento antes de que Êlôhîym lo restaurara.
- Teológicamente: Complementa pasajes sobre arrepentimiento y misericordia divina encontrados en toda la Escritura, especialmente en Psalms, Yônâh y Yachezqêl.

Temas principales incluyen:

1. Arrepentimiento – Confesión de pecados y reconocimiento del error.
2. Misericordia divina – Apelación a la paciencia y al perdón de Êlôhîym.
3. Humildad – Reconocimiento de la fragilidad y la indignidad humana.
4. Esperanza de restauración – La disposición de Êlôhîym para perdonar incluso los pecados más graves.
5. La oración como transformación – La comunicación personal con Êlôhîym conduce a la renovación espiritual.

Tabla de Comparación: Oración de Menashsheh y la Biblia tradicional

Pasaje de la Oración de Menashsheh	Paralelos Bíblicos	Tema / Conexión
1–5 – Confesión de pecados y reconocimiento de rebelión.	2 Chronicles 33:11–13; Ps 51:1–4	Arrepentimiento, reconocer el pecado y la culpa.
6–10 – Petición de misericordia y reconocimiento de la justicia de Êlôhîym.	Yônâh 2:1–9; Ps 103:8–14	Misericordia divina; la compasión de Êlôhîym supera el castigo.
11–15 – Admisión de maldad y apelación al amor constante de Êlôhîym.	Isa 55:6–7; Neh 1:5–6	Volverse a Êlôhîym con humildad y buscar perdón.
16–20 – Oración por liberación y restauración a la justicia.	Ps 34:17–19; Ezek 18:21–23	Êlôhîym escucha al humilde; liberación mediante arrepentimiento.
21–24 – Compromiso de obediencia y vida justa después del perdón.	2 Chronicles 33:13–20; Deut 30:1–10	Transformación mediante el arrepentimiento; vivir conforme a los mandamientos de Êlôhîym.

Resumen de Paralelos Clave

1. Ubicación histórica – La oración corresponde al tiempo del cautiverio de Menashsheh en Ashshûr (Assyria) y precede su restauración en 2 Chronicles 33:13–20.
2. Arrepentimiento y perdón – La Oración de Menashsheh enfatiza el mismo mensaje que Psalm 51: un corazón contrito conduce al perdón divino.
3. Misericordia divina – Paralela a la oración de Yônâh desde el vientre del pez y refleja la paciencia y compasión de Êlôhîym hacia Yasharal en toda la Escritura.
4. Transformación ética – Después del arrepentimiento, la vida restaurada de Menashsheh ilustra el principio bíblico de que el arrepentimiento produce vida justa (Deuteronomy 30:1–10).
5. Uso litúrgico – Esta oración ha sido utilizada históricamente en liturgias Yahûdîy y mesiánicas como modelo de penitencia, reflejando el tema permanente de que ningún pecador está fuera de la misericordia de Êlôhîym.

Tephillâh (תְּפִלָּה) Menashsheh (מְנַשֶּׁה) — Oración de Menashsheh

✦

Capítulo 1

1. O Yahuah, Êlôhîym Tsâbâ de nuestros padres, Abrâhâm, Yitschâq y Yaăqôb, y de su descendencia justa; que hiciste shâmayim y tierra, con todo su ornamento; que ataste el mar por la palabra de tu mandamiento; que cerraste el abismo, y lo sellaste con tu nombre terrible y glorioso;

2. A quien todos los hombres temen, y tiemblan delante de tu poder; porque la majestad de tu gloria no puede ser soportada, y tu amenaza de ira contra los pecadores es insoportable;

3. Pero tu promesa misericordiosa es inconmensurable e inescrutable; porque tú eres Yahuah Elyôn, de gran compasión, paciente, muy misericordioso, y te arrepientes de los males de los hombres.

4. Tú, O Yahuah, conforme a tu gran bondad has prometido arrepentimiento y perdón a los que han pecado contra ti;

5. Y por tus infinitas misericordias has establecido arrepentimiento para los pecadores, para que sean salvos.

6. Tú Por tanto, O Yahuah, que eres el Êlôhîym de los justos, no estableciste arrepentimiento para los justos, como para Abrâhâm, Yitschâq y Yaăqôb, que no pecaron contra ti; sino que estableciste arrepentimiento para mí que soy pecador;

7. Porque he pecado más que el número de las arenas del mar. Mis transgresiones, O Yahuah, se han multiplicado; mis transgresiones se han multiplicado, y no soy digno de mirar ni ver la altura de shâmayim por la multitud de mis iniquidades.

8. Estoy encorvado con muchas cadenas de hierro, de modo que no puedo levantar mi cabeza, ni tengo alivio;

9. Porque he provocado tu ira, e hice lo malo delante de ti; no hice tu voluntad, ni guardé tus mandamientos;

10. He levantado abominaciones, y he multiplicado ofensas.

11. Ahora Por tanto, doblo la rodilla de mi corazón, suplicando tu gracia. He pecado, O Yahuah, he pecado, y reconozco mis iniquidades;

12. Por lo tanto, humildemente te suplico, perdóname, O Yahuah, perdóname, y no me destruyas con mis iniquidades.

13. No te enojes conmigo para siempre, reservando mal contra mí; ni me condenes a las partes más bajas de la tierra.

14. Porque tú eres el Êlôhîym, el Êlôhîym de los que se arrepienten; y en mí mostrarás toda tu bondad: porque me salvarás, aunque soy indigno, conforme a tu gran misericordia.

15. Por tanto, te alabaré para siempre todos los días de mi vida; porque todos los poderes de los shâmayim te alaban, y tuya es la gloria por los siglos de los siglos. Âmên.

Libro de Bârûk (Baruch) y el Contexto Bíblico Tradicional

(Guía de Estudio de las Escrituras Dabar Yahuah)

Introducción

El Libro de Bârûk (Baruch) es un libro apócrifo/deuterocanónico tradicionalmente atribuido a Bârûk (Baruch), el escriba del profeta Yirmeyâhû. Probablemente fue compuesto durante o poco después del exilio de Bâbel (Babylonian). El libro trata sobre el exilio, el arrepentimiento, la sabiduría y la esperanza de restauración, ofreciendo exhortaciones morales y oraciones para el regreso de Yasharal a Yahuah.

El libro suele dividirse en tres secciones:

1. Confesión y arrepentimiento nacional – Reflexiona sobre los pecados de Yasharal y reconoce la justicia de Êlôhîym (Bârûk (Baruch) 1–2).
2. Sabiduría e instrucción – Exhortación a buscar la sabiduría y la guía de Yahuah (Bârûk (Baruch) 3).
3. Oración y esperanza de restauración – Oración por liberación, perdón y el regreso a Yarûshâlaim (Bârûk (Baruch) 4–6, según el manuscrito).

Dónde encaja en la Biblia:

- Históricamente: Durante o después del exilio de Bâbel (Babylonian), contemporáneo con los escritos de Yirmeyâhû.
- Teológicamente: Complementa los temas de lamento, arrepentimiento y esperanza en Lamentations, Yirmeyâhû y Psalms.
- Litúrgicamente: Utilizado en tradiciones Yahûdîy y mesiánicas como oraciones de confesión y súplica.

Temas principales incluyen:

- Arrepentimiento nacional – Reconocimiento del pecado colectivo y sus consecuencias.
- Sabiduría divina – Buscar conocimiento y entendimiento de los caminos de Êlôhîym.
- Esperanza y restauración – Oración por el regreso y la redención.
- Fidelidad – Confiar en Êlôhîym incluso en tiempos de sufrimiento y exilio.

Tabla de Comparación: Libro de Bârûk (Baruch) *y la Biblia Tradicional*

Pasaje de Bârûk (Baruch)	Paralelos Bíblicos	Tema / Conexión
Bârûk (Baruch) 1:1–14 – Confesión de los pecados de Yasharal y reconocimiento del exilio.	Jer 1–25; Lam 1:1–22	Arrepentimiento nacional; reconocimiento del juicio de Êlôhîym.
Bârûk (Baruch) 1:15–2:14 – Oración por misericordia y perdón.	Ps 79; Dan 9:4–19	Apelación a la misericordia de Êlôhîym; oración colectiva e intercesión.
Bârûk (Baruch) 3:1–8 – Alabanza a la sabiduría de Yahuah y exhortación a buscar instrucción.	Prov 2:1–6; Sirach 1:1–10	Valor de la sabiduría; guía para una vida justa.
Bârûk (Baruch) 3:9–39 – Instrucción sobre obediencia, evitar el pecado y esperanza en la protección de Êlôhîym.	Deut 30:15–20; Ps 119	Guía moral; bendiciones de seguir los mandamientos de Êlôhîym.
Bârûk (Baruch) 4:1–5 – Llamado a Yarûshâlaim y a los exiliados para volver a Êlôhîym.	Isa 40:1–11; Jer 31:1–14	Esperanza de restauración; regreso del exilio.
Bârûk (Baruch) 4:6–5:9 – Oración por liberación y perdón.	Ps 102; Dan 9:20–27	Intercesión; reconocimiento de la soberanía de Êlôhîym.
Bârûk (Baruch) 6:1–10 – Exhortación a la sabiduría y bendiciones para los fieles.	Prov 3:13–18; Sirach 4:11–16	Recompensas de la justicia; obediencia a la instrucción divina.

Resumen de Paralelos Clave

1. Confesión nacional – Bârûk (Baruch) enfatiza el reconocimiento colectivo del pecado, paralelo a las lamentaciones de Yirmeyâhû sobre la rebelión de Yasharal.
2. Oración e intercesión – El libro refleja la oración penitencial de Daniel 9 por la restauración de Yasharal.
3. Conexión con la literatura de sabiduría – Bârûk (Baruch) 3 destaca la búsqueda de la sabiduría divina, similar a Proverbs, Sirach y Wisdom of Shelômôh.
4. Esperanza en medio del exilio – Hace eco de los temas de Yashayâhû 40–55: consuelo, esperanza y futura restauración.
5. Instrucción ética – Refuerza la obediencia a la ley de Êlôhîym, la humildad y la fidelidad, en armonía con Deuteronomy y Psalms.

Bârûk (בָּרוּךְ) – Baruch

Capítulo 1

1. Y estas son las palabras del libro, las cuales Bârûk hijo de Nêrîyâhû, hijo de Maăśêyâhû, hijo de Tsidqîyâhû, hijo de Asadias, hijo de Chilqîyâhû, escribió en Bâbel,

2. En el quinto año, y en el séptimo día del mes, en el tiempo cuando los Kaśdîy tomaron Yarûshâlaim, y la quemaron con fuego.

3. Y Bârûk leyó las palabras de este libro en los oídos de Yakonyâhû hijo de Yahôyâqîym rey de Yahûdâh, y en los oídos de todo el pueblo que vino a oír el libro,

4. Y en los oídos de los nobles, y de los hijos del rey, y en los oídos de los ancianos, y de todo el pueblo, desde el más pequeño hasta el más grande, de todos los que habitaban en Bâbel junto al río Sûd.

5. Entonces lloraron, ayunaron, y oraron delante de Yahuah.

6. E hicieron también una colecta de dinero según el poder de cada hombre.

7. Y lo enviaron a Yarûshâlaim a Yahôyâqîym el gran Kôhên, hijo de Chilqîyâhû, hijo de Shâlôm (שָׁלוֹם), y a los Kôhên, y a todo el pueblo que se hallaba con él en Yarûshâlaim,

8. Al mismo tiempo cuando recibió los utensilios de la casa de Yahuah, que habían sido sacados del templo, para devolverlos a la tierra de Yahûdâh, el décimo día del mes Sîywân, es decir, utensilios de plata, los cuales Tsidqîyâhû hijo de Yôshîyâhû rey de Yâdâ había hecho,

9. Después que Nebûkkadnetstsar rey de Bâbel llevó cautivo a Yakonyâhû, y a los príncipes, y a los cautivos, y a los hombres poderosos, y al pueblo de la tierra, desde Yarûshâlaim, y los llevó a Bâbel.

10. Y dijeron: He aquí, les hemos enviado dinero para comprar ofrendas quemadas, y ofrendas por el pecado, y qetoret (incienso), y preparar mân, y ofrecer sobre el altar de Yahuah nuestro Êlôhîym.

11. Y orad por la vida de Nebûkkadnetstsar rey de Bâbel, y por la vida de Bêlshatstsar su hijo, para que sus días sean sobre la tierra como los días de shâmayim.

12. Y Yahuah nos dará fuerza, y alumbrará nuestros ojos, y viviremos bajo la sombra de Nebûkkadnetstsar rey de Bâbel, y bajo la sombra de Bêlshatstsar su hijo, y les serviremos muchos días, y hallaremos favor delante de ellos.

13. Orad también por nosotros a Yahuah nuestro Êlôhîym, porque hemos pecado contra Yahuah nuestro Êlôhîym; y hasta este día la furia de Yahuah y su ira no se ha apartado de nosotros.

14. Y leeréis este libro que os hemos enviado, para hacer confesión en la casa de Yahuah, en las fiestas y en los días solemnes.

15. Y dirán: A Yahuah nuestro Êlôhîym pertenece la justicia, pero a nosotros la confusión de rostro, como sucede en este día, a los de Yahûdâh, y a los habitantes de Yarûshâlaim,

16. Y a nuestros reyes, y a nuestros príncipes, y a nuestros Kôhên, y a nuestros Nâbîy, y a nuestros padres,

17. Porque hemos pecado delante de Yahuah,

18. Y le hemos desobedecido, y no hemos escuchado la voz de Yahuah nuestro Êlôhîym, para caminar en los mandamientos que Él nos dio abiertamente,

19. Desde el día en que Yahuah sacó a nuestros padres de la tierra de Mitsrayim hasta este día presente, hemos sido desobedientes a Yahuah nuestro Êlôhîym, y hemos sido negligentes en no escuchar su voz.

20. Por lo cual los males se han pegado a nosotros, y la maldición que Yahuah estableció por medio de Môsheh su siervo cuando sacó a nuestros padres de la tierra de Mitsrayim, para darnos una tierra que fluye leche y miel, como se ve en este día.

21. Sin embargo, no hemos escuchado la voz de Yahuah nuestro Êlôhîym, conforme a todas las palabras de los Nâbîy que Él envió a nosotros.

22. Sino que cada hombre siguió la imaginación de su propio corazón malvado, para servir a dioses extraños, y para hacer lo malo ante los ojos de Yahuah nuestro Êlôhîym.

Capítulo 2

1. Por tanto, Yahuah ha confirmado su palabra que pronunció contra nosotros, y contra nuestros jueces que juzgaron a Yâshâral, y contra nuestros reyes, y contra nuestros príncipes, y contra los hombres de Yâshâral y Yahûdâh,

2. Para traer sobre nosotros grandes plagas, tales como nunca sucedieron bajo todo shamayim, como aconteció en Yarûshâlaim, conforme a las cosas que están escritas en la Torah de Môsheh,

3. Que un hombre comiera la carne de su propio hijo, y la carne de su propia hija.

4. Además, Él los entregó para estar en sujeción a todos los reinos que están alrededor de nosotros, para ser reproche y desolación entre todos los pueblos alrededor, donde Yahuah los ha dispersado.

5. Así fuimos abatidos, y no exaltados, porque hemos pecado contra Yahuah nuestro Êlôhîym, y no hemos sido obedientes a su voz.

6. A Yahuah nuestro Êlôhîym pertenece la justicia; pero a nosotros y a nuestros padres la vergüenza abierta, como aparece en este día.

7. Porque todas estas plagas han venido sobre nosotros, las cuales Yahuah pronunció contra nosotros.

8. Sin embargo, no hemos orado delante de Yahuah, para que cada uno se apartara de las imaginaciones de su corazón malvado.

9. Por lo cual Yahuah vigiló sobre nosotros para el mal, y Yahuah lo ha traído sobre nosotros, porque Yahuah es justo en todas sus obras que Él nos ha mandado.

10. Pero no hemos escuchado su voz, para caminar en los mandamientos de Yahuah que Él puso delante de nosotros.

11. Y ahora, oh Yahuah Êlôhîym de Yâshâral, que sacaste a tu pueblo de la tierra de Mitsrayim con mano poderosa, y brazo elevado, y con señales, y con maravillas, y con gran poder, y te hiciste un nombre, como aparece en este día:

12. Oh Yahuah nuestro Êlôhîym, hemos pecado, hemos hecho impiedad, hemos obrado injustamente en todos tus decretos.

13. Aparta tu ira de nosotros, porque somos solo unos pocos que hemos quedado entre las naciones donde nos has dispersado.

14. Escucha nuestras oraciones, oh Yahuah, y nuestras súplicas, y líbranos por causa de tu nombre, y concédenos favor ante los ojos de aquellos que nos han llevado cautivos,

15. Para que toda la tierra sepa que tú eres Yahuah nuestro Êlôhîym, porque Yâshâral y su descendencia son llamados por tu nombre.

16. Oh Yahuah, mira desde tu casa qâdôsh, y considéranos; inclina tu oído, oh Yahuah, para oírnos.

17. Abre tus ojos y mira; porque los muertos que están en los sepulcros, cuyas almas han sido tomadas de sus cuerpos, no darán a Yahuah ni alabanza ni justicia.

18. Pero el alma que está muy afligida, que anda encorvada y débil, y los ojos que desfallecen, y el alma hambrienta, te dará alabanza y justicia, oh Yahuah.

19. Por lo tanto, no presentamos nuestra súplica humilde delante de ti, oh Yahuah nuestro Êlôhîym, por la justicia de nuestros padres ni de nuestros reyes.

20. Porque tú has enviado tu ira y tu indignación sobre nosotros, como hablaste por medio de tus siervos los Nâbîy, diciendo:

21. Así dice Yahuah: inclinad vuestros hombros para servir al rey de Bâbel, y permaneceréis en la tierra que di a vuestros padres.

22. Pero si no escucháis la voz de Yahuah, para servir al rey de Bâbel,

23. Haré cesar de las ciudades de Yahûdâh, y de fuera de Yarûshâlaim, la voz de alegría, y la voz de gozo, la voz del esposo y la voz de la esposa; y toda la tierra quedará desolada sin habitantes.

24. Pero no quisimos escuchar tu voz para servir al rey de Bâbel; por lo cual confirmaste las palabras que hablaste por medio de tus siervos los Nâbîy, que los huesos de nuestros reyes y los huesos de nuestros padres serían sacados de su lugar.

25. Y he aquí, son arrojados al calor del día y a la helada de la noche; y murieron en grandes miserias por hambre, por espada y por pestilencia.

26. Y la casa que es llamada por tu nombre la has dejado desolada, como se ve en este día, por la maldad de la casa de Yâshâral y la casa de Yahûdâh.

27. Oh Yahuah nuestro Êlôhîym, has tratado con nosotros conforme a toda tu bondad, y conforme a toda la grandeza de tu misericordia,

28. Como hablaste por medio de tu siervo Môsheh en el día cuando le mandaste escribir la Torah delante de los hijos de Yâshâral, diciendo:

29. Si no escucháis mi voz, ciertamente esta multitud muy grande será reducida a un pequeño número entre las naciones donde los dispersaré.

30. Porque yo sabía que no me escucharían, porque es un pueblo de dura cerviz; pero en la tierra de su cautiverio se acordarán de sí mismos.

31. Y sabrán que yo soy Yahuah su Êlôhîym, porque les daré un corazón y oídos para oír.

32. Y me alabarán en la tierra de su cautiverio, y pensarán en mi nombre,

33. Y se volverán de su dura cerviz y de sus malas obras, porque recordarán el camino de sus padres que pecaron delante de Yahuah.

34. Y los traeré otra vez a la tierra que prometí con juramento a sus padres Abrâhâm, Yitschâq, y Yaăqôb, y la poseerán; y los multiplicaré, y no serán disminuidos.

35. Y haré con ellos un berîyth eterno para ser su Êlôhîym, y ellos serán mi pueblo; y no expulsaré más a mi pueblo Yâshâral de la tierra que les he dado.

Capítulo 3

1. Oh Yahuah Shadday Êl, Êlôhîym de Yâshâral, el alma en angustia, el espíritu turbado, clama a ti.

2. Escucha, oh Yahuah, y ten misericordia; porque eres misericordioso; y ten compasión de nosotros, porque hemos pecado delante de ti.

3. Porque tú permaneces para siempre, y nosotros perecemos completamente.

4. Oh Yahuah Shadday Êl, tú Êlôhîym de Yâshâral, escucha ahora las oraciones de los muertos Yâshâraliy, y de sus hijos, los cuales pecaron delante de ti, y no escucharon la voz de ti, su Êlôhîym; por lo cual estas plagas se han pegado a nosotros.

5. No recuerdes las iniquidades de nuestros antepasados; sino piensa en tu poder y en tu nombre ahora en este tiempo.

6. Porque tú eres Yahuah nuestro Êlôhîym, y a ti, oh Yahuah, te alabaremos.

7. Y por esta causa has puesto tu temor en nuestros corazones, para que invoquemos tu nombre, y te alabemos en nuestro cautiverio; porque hemos recordado toda la iniquidad de nuestros antepasados que pecaron delante de ti.

8. He aquí, aún hoy estamos en nuestro cautiverio, donde nos has esparcido, para reproche y maldición, y para estar sujetos a tributo, conforme a todas las iniquidades de nuestros padres, los cuales se apartaron de Yahuah nuestro Êlôhîym.

9. Escucha, Yâshâral, los mandamientos de vida; presta oído para entender sabiduría.

10. ¿Cómo sucede, Yâshâral, que estás en la tierra de tus enemigos, que has envejecido en tierra extraña, que estás contaminado con los muertos,

11. que eres contado entre los que descienden al sepulcro?

12. Has abandonado la fuente de la sabiduría.

13. Porque si hubieras caminado en el camino de Êlôhîym, habrías habitado en paz para siempre.

14. Aprende dónde está la sabiduría, dónde está la fuerza, dónde está el entendimiento; para que sepas también dónde está la longitud de días y la vida, dónde está la luz de los ojos y la paz.

15. ¿Quién ha encontrado su lugar? ¿O quién ha entrado en sus tesoros?

16. ¿Dónde están los príncipes de las naciones, y los que dominaban las bestias sobre la tierra,

17. los que jugaban con las aves del cielo, y los que acumulaban plata y oro en lo cual los hombres confían, y no ponían fin a sus riquezas?

18. Porque los que trabajaban en plata con tanto cuidado, y cuyas obras son inescrutables,

19. desaparecieron y descendieron al sepulcro, y otros se levantaron en su lugar.

20. Jóvenes vieron la luz y habitaron sobre la tierra; pero el camino del conocimiento no conocieron,

21. ni entendieron sus sendas, ni lo tomaron; sus hijos estuvieron lejos de ese camino.

22. No se ha oído de ella en Kenaan, ni ha sido vista en Têymân.

23. Los Hagrîy (הַגְרִי) que buscan sabiduría sobre la tierra, los mercaderes de Meran y de Têymân, los autores de fábulas y los buscadores de entendimiento; ninguno de ellos conoció el camino de la sabiduría ni recordó sus sendas.

24. Oh Yâshâral, cuán grande es la casa de Êlôhîym, y cuán amplio es el lugar de su posesión.

25. Grande y sin fin; alto e inconmensurable.

26. Allí estuvieron los nephîyl, famosos desde el principio, de gran estatura y expertos en guerra.

27. Yahuah no los escogió, ni les dio el camino del conocimiento.

28. Pero fueron destruidos porque no tenían sabiduría, y perecieron por su propia necedad.

29. ¿Quién ha subido a shâmayim, y la tomó, y la trajo de las nubes?

30. ¿Quién cruzó el mar y la encontró, y la traerá por oro puro?

31. Ningún hombre conoce su camino ni comprende su senda.

32. Pero el que conoce todas las cosas la conoce, y la descubrió con su entendimiento; el que preparó la tierra para siempre la llenó de animales de cuatro patas.

33. Él envía la luz, y ella va; la llama de nuevo, y le obedece con temor.

34. Las estrellas brillaron en sus vigilias y se alegraron; cuando él las llama dicen: aquí estamos; y con alegría dieron luz al que las hizo.

35. Este es nuestro Êlôhîym, y ninguno otro puede compararse con él.

36. Él encontró todo el camino del conocimiento, y lo dio a Yaăqôb su siervo y a Yâshâral su amado.

37. Después se manifestó sobre la tierra y convivió con los hombres.

Capítulo 4

1. Este es el libro de los mandamientos de Êlôhîym, y la Torah que permanece para siempre; todos los que la guardan llegarán a la vida, pero los que la abandonan morirán.

2. Vuélvete, oh Yaăqôb, y aférrate a ella; camina en la presencia de su luz para que seas iluminado.

3. No des tu honor a otro, ni lo que es provechoso para ti a una nación extraña.

4. Oh Yâshâral, dichosos somos, porque las cosas que agradan a Êlôhîym nos han sido dadas a conocer.

5. Ten ánimo, pueblo mío, memoria de Yâshâral.

6. Fueron vendidos a las naciones, no para destrucción; sino porque provocaron a Êlôhîym a ira, fueron entregados a los enemigos.

7. Porque provocaron al que los hizo, sacrificando a demonios y no a Êlôhîym.

8. Han olvidado a Êlôhîym Ôlâm que los levantó, y entristecieron a Yarûshâlaim, que los crió.

9. Porque cuando ella vio la ira de Êlôhîym venir sobre ustedes, dijo: escuchen, ustedes que habitan alrededor de Tsîyôn; Êlôhîym ha traído sobre mí gran lamento,

10. porque vi el cautiverio de mis hijos y de mis hijas que Ôlâm Êl trajo sobre ellos.

11. Con alegría los crié, pero los envié con llanto y lamento.

12. Que nadie se alegre sobre mí, viuda y abandonada por muchos; por los pecados de mis hijos he quedado desolada, porque se apartaron de la Torah de Êlôhîym.

13. No conocieron sus estatutos, ni caminaron en los caminos de sus mandamientos, ni anduvieron en las sendas de disciplina de su justicia.

14. Que los que habitan alrededor de Tsîyôn vengan y recuerden el cautiverio de mis

hijos y de mis hijas que Ôlâm Êl trajo sobre ellos.

15. Porque él trajo contra ellos una nación desde lejos, una nación sin vergüenza y de lengua extraña, que no respetó al anciano ni tuvo compasión del niño.

16. Ellos se llevaron a los hijos amados de la viuda, y dejaron a la que estaba sola desolada sin hijas.

17. ¿Pero qué puedo hacer por ustedes?

18. Porque el que trajo estas plagas sobre ustedes los librará de las manos de sus enemigos.

19. Vayan, hijos míos, vayan; porque yo he quedado desolada.

20. Me quité la vestidura de paz y me vestí con el cilicio de mi oración; clamaré a Ôlâm Êl durante mis días.

21. Tengan ánimo, hijos míos; clamen a Yahuah, y él los librará del poder y de la mano de los enemigos.

22. Porque mi esperanza está en Ôlâm Êl, que los salvará; y gozo ha venido a mí del Qâdôsh, por la misericordia que pronto vendrá a ustedes de Ôlâm Êl nuestro Yâsha.

23. Porque los envié con llanto y lamento, pero Êlôhîym los devolverá a mí con gozo y alegría para siempre.

24. Así como ahora los vecinos de Tsîyôn han visto su cautiverio, pronto verán su salvación de nuestro Êlôhîym, que vendrá sobre ustedes con gran gloria y resplandor de Ôlâm Êl.

25. Hijos míos, soporten con paciencia la ira que ha venido sobre ustedes de Êlôhîym; su enemigo los persiguió, pero pronto verán su destrucción y pondrán el pie sobre su cuello.

26. Mis delicados caminaron por caminos ásperos y fueron llevados como un rebaño capturado por los enemigos.

27. Tengan ánimo, hijos míos, y clamen a Êlôhîym, porque serán recordados por aquel que trajo estas cosas sobre ustedes.

28. Así como su mente se apartó de Êlôhîym, así ahora, al volver, búsquenlo diez veces más.

29. Porque el que trajo estas plagas sobre ustedes les traerá gozo eterno con su salvación.

30. Ten ánimo, oh Yarûshâlaim, porque el que te dio ese nombre te consolará.

31. Miserables son los que te afligieron y se alegraron de tu caída.

32. Miserables son las ciudades donde sirvieron tus hijos; miserable es la que recibió a tus hijos.

33. Así como se alegró de tu ruina y de tu caída, así se entristecerá por su propia desolación.

34. Porque quitaré el gozo de su gran multitud, y su orgullo se convertirá en lamento.

35. Porque fuego vendrá sobre ella de Ôlâm Êl, por largo tiempo, y será habitada por demonios durante mucho tiempo.

36. Oh Yarûshâlaim, mira hacia el oriente y contempla el gozo que viene a ti de Êlôhîym.

37. Mira, tus hijos vienen, los que enviaste lejos; vienen reunidos desde el oriente hasta el occidente por la palabra del Qâdôsh, alegrándose en la gloria de Êlôhîym.

Capítulo 5

1. Quítate, oh Yarûshâlaim, la vestidura de lamento y aflicción, y ponte la hermosura de la gloria que viene de Êlôhîym para siempre.

2. Rodéate con la doble vestidura de la justicia que viene de Êlôhîym, y coloca sobre tu cabeza la diadema de la gloria de Ôlâm Êl.

3. Porque Êlôhîym mostrará tu resplandor a toda tierra bajo shâmayim.

4. Porque tu nombre será llamado por Êlôhîym para siempre: Paz de justicia y gloria de la adoración de Êlôhîym.

5. Levántate, oh Yarûshâlaim, ponte en lo alto, mira hacia el oriente, y contempla a tus hijos reunidos desde el occidente hasta el oriente por la palabra del Qâdôsh, alegrándose en el recuerdo de Êlôhîym.

6. Porque salieron de ti a pie y fueron llevados por sus enemigos; pero Êlôhîym los trae a ti exaltados con gloria, como hijos del reino.

7. Porque Êlôhîym ha ordenado que todo monte alto y colinas antiguas sean derribados, y que los valles sean llenados para nivelar la tierra, para que Yâshâral camine seguro en la gloria de Êlôhîym.

8. Incluso los bosques y todo árbol de aroma agradable darán sombra a Yâshâral por el mandamiento de Êlôhîym.

9. Porque Êlôhîym guiará a Yâshâral con gozo en la luz de su gloria, con la misericordia y la justicia que vienen de él.

Sêpher Yirmeyâhû (סֵפֶר יִרְמְיָהוּ) — Carta de Yirmeyâhû

(Guía de estudio — Dabar Yahuah - Escrituras de Yahuah)

Introducción

La Carta de Yirmeyâhû (a veces llamada Epístola de Yirmeyâhû) es un libro corto deuterocanónico/apócrifo, tradicionalmente atribuido al Nâbîy Yirmeyâhû. Se presenta como una carta enviada por Yirmeyâhû a la comunidad Yahûdîy exiliada en Bâbel, advirtiéndoles contra la idolatría.

La carta enfatiza:

- La inutilidad de la adoración de ídolos — los ídolos no tienen poder y no pueden salvar ni actuar.
- La adoración exclusiva a Yahuah — advertencia contra la asimilación a prácticas paganas.
- Exhortación moral y espiritual — exhorta a los exiliados a permanecer fieles a pesar de la influencia extranjera.

Ubicación dentro de la Escritura

Históricamente:

Fue escrita durante el exilio en Bâbel, después de la destrucción de Yarûshâlaim en 586 AEC, dirigida a los exiliados en Bâbel.

Teológicamente:

Complementa Yirmeyâhû 10:1–16, donde también se denuncia la idolatría, y otros llamados proféticos a la fidelidad durante el exilio.

Cronológicamente:

Ocurre después de la destrucción de Yarûshâlaim y del Templo, durante el período del exilio, abordando los desafíos espirituales enfrentados por la comunidad Yahûdîy.

Temas principales

1. Monoteísmo
   Adorar solamente a Yahuah; los ídolos no tienen poder.
2. Fidelidad en el exilio
   Mantener obediencia a Yahuah aun viviendo entre naciones extranjeras.
3. Juicio y justicia divina
   La idolatría conduce a la caída, mientras que Yahuah recompensa la fidelidad.
4. Claridad moral
   Instrucción ética clara para vivir en justicia en circunstancias difíciles.

Tabla comparativa: Carta de Yirmeyâhû y la Escritura tradicional

Pasaje de la Carta de Yirmeyâhû	Paralelos en la Escritura	Tema / Conexión
1:1–10 — Advertencia contra fabricar ídolos	Yirmeyâhû 10:1–16; Tehîllîym 115:4–8	Los ídolos no tienen poder; Yahuah es el único Êlôhîym verdadero
1:11–14 — Descripción de los ídolos y su impotencia	Chabaqqûq 2:18–19; Yashayâhû 44:9–20	Crítica de la idolatría; inutilidad de adorar cosas creadas
1:15–20 — Llamado a los exiliados a permanecer fieles	Yachezqêl 20:30–32; Devarîym 6:5–9	Fidelidad en el exilio; evitar la asimilación a prácticas paganas
1:21–25 — Consecuencias de la idolatría	Yirmeyâhû 2:5–8; Devarîym 28:15–68	La obediencia trae bendición; la idolatría trae castigo
1:26–28 — Confianza en el poder y justicia de Yahuah	Tehîllîym 146:3–10; Yashayâhû 45:5–7	Soberanía de Êlôhîym; no temer a ídolos sin poder

Resumen de los paralelos principales

1. Advertencia contra la idolatría
   Tiene un paralelo directo con Yirmeyâhû 10:1–16, donde se afirma que los ídolos son hechos por manos humanas y no tienen poder.

2. Contexto del exilio
   Ofrece guía espiritual práctica para los Yahûdîy que viven en Bâbel, en armonía con las exhortaciones del Nâbîy Yachezqêl a permanecer fieles.

3. Instrucción moral
   Refuerza el principio de Devarîym:
   la obediencia trae bendición y la desobediencia trae juicio.

4. Monoteísmo y justicia divina
   Afirma el poder único de Yahuah, en armonía con Yashayâhû, Tehîllîym y otros escritos proféticos sobre la soberanía de Êlôhîym.

5. Guía ética para la diáspora
   Anima a los Yahûdîy a mantener integridad espiritual incluso cuando están rodeados por influencias paganas, un tema central en la literatura profética del exilio.

Sêpher Yirmeyâhû (סֵפֶר יִרְמְיָהוּ) — Carta de Jeremías

✦

Capítulo 1

1. Copia de una epístola, la cual Yirmeyâhû envió a los que iban a ser llevados cautivos a Bâbel por el rey de Bâbel, para hacerles saber, como le fue mandado por Êlôhîym.

2. Por los pecados que han cometido delante de Êlôhîym, serán llevados cautivos a Bâbel por Nebûkkadnetstsar rey de Bâbel.

3. Y cuando hayan llegado a Bâbel, permanecerán allí muchos años, y por largo tiempo, a saber, siete generaciones; y después de eso los sacaré de allí en paz.

4. Ahora verán en Bâbel dioses de plata, y de oro, y de madera, llevados sobre hombros, que hacen temer a las naciones.

5. Guárdense, pues, de ningún modo ser como los extranjeros, ni ser de ellos, cuando vean la multitud delante de ellos y detrás de ellos, adorándolos.

6. Sino digan en sus corazones: Oh Yahuah, a ti es necesario adorar.

7. Porque mi mensajero está con ustedes, y yo mismo cuido de sus almas.

8. En cuanto a su lengua, es pulida por el artesano; y ellos mismos están dorados y cubiertos con plata; pero son falsos, y no pueden hablar.

9. Y tomando oro, como para una virgen que ama andar con ligereza, hacen coronas para las cabezas de sus dioses.

10. A veces también los Kôhên sacan de sus dioses oro y plata, y lo dan para ellos mismos.

11. Sí, aun de eso dan a las rameras comunes, y las adornan como a hombres con vestiduras, siendo dioses de plata, y dioses de oro, y de madera.

12. Pero estos dioses no pueden salvarse del óxido ni de la polilla, aunque estén cubiertos con ropa púrpura.

13. Limpian sus rostros por el polvo del templo, cuando hay mucho sobre ellos.

14. Y el que no puede dar muerte al que lo ofende sostiene un cetro, como si fuera juez de la tierra.

15. También tiene en su mano derecha un puñal y un hacha; pero no puede librarse de guerra ni de ladrones.

16. Por lo cual se conoce que no son dioses; Por tanto, no les teman.

17. Porque como una vasija que el hombre usa no vale nada cuando se quiebra, así es con sus dioses: cuando son puestos en el templo, sus ojos se llenan de polvo por los pies de los que entran.

18. Y como las puertas son aseguradas por todos lados contra el que ofende al rey, como quien está entregado a sufrir muerte, así los Kôhên aseguran sus templos con puertas, con cerraduras y con barras, para que sus dioses no sean saqueados por ladrones.

19. Les encienden lámparas, sí, más que para ellos mismos, de las cuales ellos no pueden ver ni una.

20. Son como una de las vigas del templo; y aun así dicen que sus corazones son roídos

por cosas que se arrastran desde la tierra; y cuando estas los comen a ellos y a sus ropas, no lo sienten.

21. Sus rostros se ennegrecen por el humo que sale del templo.

22. Sobre sus cuerpos y sus cabezas se sientan murciélagos, golondrinas y aves, y también los gatos.

23. Por esto pueden saber que no son dioses; Por tanto, no les teman.

24. Y aunque el oro que está alrededor de ellos sea para hacerlos hermosos, si no les limpian el óxido, no brillarán; porque ni aun cuando fueron fundidos lo sintieron.

25. Las cosas en las cuales no hay aliento se compran por precio muy alto.

26. Son llevados sobre hombros, sin pies, con lo cual declaran a los hombres que no valen nada.

27. También los que los sirven se avergüenzan; porque si caen al suelo alguna vez, no pueden levantarse por sí mismos; ni si alguien los pone derechos pueden moverse por sí mismos; ni si son inclinados pueden enderezarse por sí mismos; sino que ponen dádivas delante de ellos como a muertos.

28. Y las cosas que se les sacrifican, sus Kôhên las venden y las profanan; asimismo sus mujeres guardan parte de ello en sal; pero al pobre y al débil no le dan nada de ello.

29. Mujeres en menstruación y mujeres en parto comen sus sacrificios; por estas cosas pueden saber que no son dioses; no les teman.

30. Porque ¿cómo pueden ser llamados dioses? Pues mujeres ponen comida delante de los dioses de plata, de oro y de madera.

31. Y los Kôhên se sientan en sus templos, con sus ropas rasgadas, y sus cabezas y barbas rapadas, y nada sobre sus cabezas.

32. Rugen y gritan delante de sus dioses, como hacen los hombres en banquete cuando alguien está muerto.

33. Los Kôhên también quitan sus vestiduras, y visten a sus mujeres y a sus hijos.

34. Sea mal lo que alguien les haga, o sea bien, no pueden pagarlo; no pueden ni levantar un rey, ni derribarlo.

35. De la misma manera, no pueden ni dar riquezas ni dinero; aunque alguien les haga un voto y no lo cumpla, ellos no lo exigirán.

36. No pueden salvar a ningún hombre de la muerte, ni librar al débil del fuerte.

37. No pueden devolver la vista al ciego, ni ayudar a ningún hombre en su angustia.

38. No pueden mostrar misericordia a la viuda, ni hacer bien al huérfano.

39. Sus dioses de madera, cubiertos con oro y plata, son como piedras cortadas del monte; los que los adoran serán confundidos.

40. ¿Cómo, pues, puede el hombre pensar y decir que ellos son dioses, cuando aun los mismos Kaśdîy los deshonran?

41. Porque si ven a un mudo que no puede hablar, lo traen y ruegan a Baal que hable, como si pudiera entender.

42. Pero ellos mismos no pueden entender esto, y los dejan; porque no tienen conocimiento.

43. También las mujeres, con cuerdas alrededor de ellas, sentadas en los caminos, queman salvado para perfume; pero si alguna de ellas, atraída por alguien que pasa, se acuesta con él, reprocha a su compañera,

porque no fue tenida por tan digna como ella, ni su cuerda fue rota.

44. Todo lo que se hace entre ellos es falso; ¿cómo entonces puede pensarse o decirse que ellos son dioses?

45. Son hechos por carpinteros y orfebres; no pueden ser otra cosa sino lo que los artesanos quieren que sean.

46. Y los mismos que los hicieron nunca pueden durar mucho; ¿cómo entonces las cosas hechas por ellos pueden ser dioses?

47. Porque dejaron mentiras y reproches para los que vienen después.

48. Porque cuando viene alguna guerra o plaga sobre ellos, los Kôhên consultan entre ellos dónde pueden esconderse con ellos.

49. ¿Cómo entonces no pueden los hombres percibir que no son dioses, los cuales no pueden salvarse a sí mismos de guerra, ni de plaga?

50. Porque siendo solo de madera, y cubiertos con plata y oro, se sabrá después que son falsos;

51. y se mostrará claramente a todas las naciones y reyes que no son dioses, sino obras de manos de hombres, y que no hay obra de Êlôhîym en ellos.

52. ¿Quién, pues, no puede saber que no son dioses?

53. Porque ni pueden levantar un rey en la tierra, ni dar lluvia a los hombres.

54. Ni pueden juzgar su propia causa, ni enderezar agravio, por ser incapaces; porque son como cuervos entre shâmayim y tierra.

55. Y cuando cae fuego sobre la casa de los dioses de madera, o cubiertos con oro o plata, sus Kôhên huirán y escaparán; pero ellos mismos serán quemados en pedazos como vigas.

56. Además, no pueden resistir a ningún rey ni enemigos; ¿cómo entonces puede pensarse o decirse que son dioses?

57. Ni estos dioses de madera, cubiertos con plata u oro, pueden escapar de ladrones o asaltantes.

58. Su oro, y su plata, y las ropas con que están vestidos, los fuertes los toman y se van con ello; y ellos no pueden ayudarse a sí mismos.

59. Por tanto, mejor es un rey que muestra su poder, o una vasija útil en una casa, que el dueño usa, que tales dioses falsos; o una puerta en una casa, para guardar cosas dentro, que tales dioses falsos; o una columna de madera en un palacio, que tales dioses falsos.

60. Porque sol, luna y estrellas, siendo brillantes y enviadas a hacer sus oficios, obedecen.

61. De la misma manera el relámpago, cuando sale, es fácil de ver; y de la misma manera el viento sopla en toda tierra.

62. Y cuando Êlôhîym manda a las nubes pasar sobre todo el mundo, hacen como les es dicho.

63. Y el fuego enviado desde arriba para consumir montes y bosques hace como le es mandado; pero estos no son como ellos ni en apariencia ni en poder.

64. Por tanto, no se debe suponer ni decir que son dioses, siendo que no pueden ni juzgar causas, ni hacer bien a los hombres.

65. Sabiendo, pues, que no son dioses, no les teman.

66. Porque no pueden ni maldecir ni bendecir a reyes;

67. ni pueden mostrar señales en shâmayim entre las naciones, ni brillar como el sol, ni dar luz como la luna.

68. Las bestias son mejores que ellos; porque pueden meterse bajo cubierta y ayudarse a sí mismas.

69. Así de ningún modo es claro para nosotros que sean dioses; Por tanto, no les teman.

70. Porque como un espantapájaros en un huerto de pepinos no guarda nada, así son sus dioses de madera, cubiertos con plata y oro.

71. Y asimismo sus dioses de madera, cubiertos con plata y oro, son como espino blanco en un huerto donde toda ave se posa; y también como un cuerpo muerto arrojado en la oscuridad.

72. Y sabrán que no son dioses por la púrpura brillante que se pudre sobre ellos; y ellos mismos después serán comidos, y serán reproche en la tierra.

73. Mejor, pues, es el hombre justo que no tiene ídolos; porque estará lejos de reproche.

Shôshannâh (שׁוֹשַׁנָּה) — Susana

(Guía de estudio — Dabar Yahuah - Escrituras de Yahuah)

Introducción

El Libro de Shôshannâh es una obra corta deuterocanónica/apócrifa incluida como parte del Sêpher Dânîyêl en algunas tradiciones (especialmente en la Septuaginta griega). Narra la historia de Shôshannâh, una mujer justa acusada falsamente de adulterio, y cómo Êlôhîym la libra por medio de la sabiduría del joven Nâbîy Dânîyêl.

El relato destaca:

- Justicia e integridad — Shôshannâh permanece fiel a Yahuah aun bajo amenaza de muerte.
- Justicia divina — Êlôhîym expone a los malvados y vindica al inocente.
- Sabiduría y discernimiento — el discernimiento de Dânîyêl salva a Shôshannâh y desenmascara a los ancianos corruptos.
- Fe bajo persecución — mantener fidelidad a Êlôhîym incluso ante pruebas que amenazan la vida.

Ubicación dentro de la Escritura

Históricamente:

Se sitúa en el período posterior al exilio, probablemente en Bâbel, dentro del contexto del exilio Yahûdîy.

Teológicamente:

Complementa los temas del libro de Dânîyêl: fidelidad a Êlôhîym, justicia divina y protección de los justos (especialmente en Dânîyêl 1–6).

Litúrgicamente:

Ha sido usado en tradiciones Yahûdîy y mesiánicas como ejemplo de justicia, integridad y la intervención de Êlôhîym contra la corrupción.

Temas principales

1. Vindicación divina

Êlôhîym protege a los fieles y castiga a los malvados.

2. La sabiduría como instrumento de justicia

Dânîyêl actúa como instrumento del juicio de Êlôhîym.

3. Fe y moralidad

La negativa de Shôshannâh a pecar muestra valentía moral.

4. Justicia en la sociedad

La corrupción es expuesta, destacando la necesidad de liderazgo justo.

Tabla comparativa: Libro de Shôshannâh y la Escritura tradicional

Pasaje de Shôshannâh	Paralelos bíblicos	Tema / conexión
Shôshannâh 1–4 — Los ancianos intentan seducir a Shôshannâh; ella se niega	Bereshîyth 39:6–23 (Yôsêph y la esposa de Pôṭîyphar); Mishlêy 31:10–31	Fidelidad e integridad ante la tentación
Shôshannâh 5–8 — Falsa acusación de los ancianos; Shôshannâh es sentenciada a muerte	Shemoth 23:1–8; Devarîym 19:15–21	Falsos testigos; importancia del testimonio justo
Shôshannâh 9–14 — Dânîyêl interroga a los ancianos por separado	Devarîym 17:6; Mishlêy 18:17	Sabiduría y discernimiento; justicia revelada por Êlôhîym
Shôshannâh 15–16 — Shôshannâh es vindicada; los ancianos son castigados	Tehîllîym 7:9–17; Yirmeyâhû 17:10	Justicia divina; protección del justo
Shôshannâh 17–20 — Conclusión que alaba la sabiduría y justicia de Êlôhîym	Dânîyêl 6:26; Tehîllîym 37:28	Alabanza por la intervención de Êlôhîym

Resumen de los paralelos principales

1. Fidelidad bajo amenaza
   Shôshannâh es paralela a Yôsêph (Bereshîyth 39), resistiendo la tentación sexual y demostrando integridad absoluta.

2. Justicia divina mediante sabiduría
   Dânîyêl actúa como juez guiado por Êlôhîym, mostrando la providencia divina en la protección del inocente.

3. Condena de la corrupción
   La caída de los ancianos refleja advertencias bíblicas contra testigos falsos y autoridades injustas (Devarîym 19:15–21).

4. Justicia y vindicación
   El relato demuestra que vivir en justicia conduce a protección y honor, en armonía con los principios de Tehîllîym y Mishlêy.

5. Ejemplos éticos
   El valor de Shôshannâh y el discernimiento de Dânîyêl sirven como modelos morales para comunidades en exilio y para creyentes enfrentando pruebas.

Shôshannâh (שׁוֹשַׁנָּה) — Susana

✦

Capítulo 1

1. Había un hombre que habitaba en Bâbel, llamado Yahôyâqîym.

2. Y tomó por mujer a una llamada Shôshannâh, hija de Chilqîyâhû, una mujer muy hermosa y temerosa de Yahuah.

3. Sus padres también eran justos y enseñaron a su hija conforme a la Torah de Môsheh.

4. Yahôyâqîym era un hombre muy rico, y tenía un hermoso jardín junto a su casa; y a él acudían los Yahûdîy, porque era más honorable que todos los demás.

5. Ese mismo año fueron designados dos ancianos del pueblo para ser jueces, de los cuales Yahuah había hablado, diciendo que la maldad salió de Bâbel por medio de jueces antiguos que parecían gobernar al pueblo.

6. Estos frecuentaban mucho la casa de Yahôyâqîym, y todos los que tenían pleitos legales acudían a ellos.

7. Y cuando el pueblo se retiraba al mediodía, Shôshannâh entraba en el jardín de su esposo para caminar.

8. Y los dos ancianos la veían entrar cada día y pasear, y su deseo se encendió hacia ella.

9. Ellos pervirtieron su mente y apartaron sus ojos, para no mirar hacia shâmayim, ni recordar los juicios justos.

10. Y aunque ambos estaban heridos por su deseo hacia ella, no se atrevían a mostrar uno al otro su pasión.

11. Porque se avergonzaban de declarar su deseo, ya que querían acostarse con ella.

12. Sin embargo, vigilaban cada día para verla.

13. Y uno dijo al otro: vayamos ahora a casa, porque es hora de comer.

14. Y cuando salieron, se separaron uno del otro; pero regresaron al mismo lugar, y después de preguntarse la causa, confesaron su deseo; entonces acordaron un momento en que pudieran encontrarla sola.

15. Y sucedió que, mientras vigilaban el momento oportuno, ella entró como antes con solo dos sirvientas, y deseaba lavarse en el jardín, porque hacía calor.

16. Y no había nadie allí excepto los dos ancianos que se habían escondido y la observaban.

17. Entonces ella dijo a sus sirvientas: tráiganme aceite y ungüentos para lavar, y cierren las puertas del jardín para que yo pueda bañarme.

18. Ellas hicieron como ella les ordenó, cerraron las puertas del jardín y salieron por puertas laterales para traer lo que ella había pedido; pero no vieron a los ancianos, porque estaban escondidos.

19. Cuando las sirvientas salieron, los dos ancianos se levantaron y corrieron hacia ella, diciendo:

20. Mira, las puertas del jardín están cerradas, nadie puede vernos, y nosotros estamos enamorados de ti; Por tanto, consiente con nosotros y acuéstate con nosotros.

21. Si no lo haces, testificaremos contra ti diciendo que un joven estaba contigo y que por eso enviaste lejos a tus sirvientas.

22. Entonces Shôshannâh suspiró y dijo: estoy rodeada por todos lados; si hago esto, es muerte para mí; y si no lo hago, no escaparé de sus manos.

23. Pero es mejor para mí caer en sus manos sin hacerlo que pecar delante de Yahuah.

24. Entonces Shôshannâh gritó con fuerte voz; y los dos ancianos también gritaron contra ella.

25. Entonces uno de ellos corrió y abrió la puerta del jardín.

26. Cuando los siervos de la casa oyeron el grito en el jardín, entraron por la puerta lateral para ver qué había sucedido.

27. Pero cuando los ancianos declararon su acusación, los siervos se avergonzaron mucho, porque nunca se había oído tal cosa acerca de Shôshannâh.

28. Al día siguiente, cuando el pueblo se reunió en casa de su esposo Yahôyâqîym, los dos ancianos llegaron también, llenos de intención malvada contra Shôshannâh, para condenarla a muerte.

29. Y dijeron delante del pueblo: envíen a buscar a Shôshannâh, hija de Chilqîyâhû, mujer de Yahôyâqîym. Y fueron por ella.

30. Entonces ella vino con su padre y su madre, sus hijos y todos sus parientes.

31. Shôshannâh era una mujer muy delicada y hermosa de ver.

32. Y estos hombres malvados ordenaron descubrir su rostro, porque estaba cubierta, para llenarse con su belleza.

33. Entonces sus amigos y todos los que la veían lloraban.

34. Luego los dos ancianos se levantaron en medio del pueblo y pusieron sus manos sobre su cabeza.

35. Y ella, llorando, levantó sus ojos hacia shâmayim, porque su corazón confiaba en Yahuah.

36. Y los ancianos dijeron: mientras caminábamos solos en el jardín, esta mujer entró con dos sirvientas, cerró las puertas del jardín y despidió a las sirvientas.

37. Entonces un joven que estaba escondido vino a ella y se acostó con ella.

38. Y nosotros, que estábamos en un rincón del jardín, viendo esta maldad, corrimos hacia ellos.

39. Y cuando los vimos juntos, no pudimos detener al hombre, porque era más fuerte que nosotros; abrió la puerta y escapó.

40. Pero habiendo tomado a esta mujer, le preguntamos quién era el joven, y ella no quiso decirnos; estas cosas testificamos.

41. Entonces la asamblea les creyó, porque eran ancianos y jueces del pueblo; y la condenaron a muerte.

42. Entonces Shôshannâh clamó con gran voz y dijo: Oh Êlôhîym Ôlâm Êl, que conoces los secretos y sabes todas las cosas antes que sucedan,

43. tú sabes que han levantado falso testimonio contra mí; y ahora debo morir, aunque nunca hice las cosas que estos hombres han inventado maliciosamente contra mí.

44. Y Yahuah escuchó su voz.

45. Y cuando era llevada para ser ejecutada, Yahuah levantó el rûach qâdôsh de un joven llamado Dânîyêl.

46. Él gritó con fuerte voz: yo soy inocente de la sangre de esta mujer.

47. Entonces todo el pueblo se volvió hacia él y dijo: ¿qué significan estas palabras que has dicho?

48. Y él, de pie en medio de ellos, dijo: ¿son ustedes tan insensatos, hijos de Yâshâral, que sin examen ni conocimiento de la verdad han condenado a una hija de Yâshâral?

49. Vuelvan al lugar del juicio, porque ellos han dado falso testimonio contra ella.

50. Entonces todo el pueblo regresó rápidamente, y los ancianos le dijeron: ven, siéntate entre nosotros y muéstranos esto, ya que Êlôhîym te ha dado el honor de anciano.

51. Entonces Dânîyêl les dijo: separen a estos dos lejos uno del otro, y yo los examinaré.

52. Cuando fueron separados uno del otro, llamó a uno de ellos y le dijo: tú que has envejecido en maldad, ahora tus pecados que cometiste antes han salido a la luz.

53. Porque has pronunciado juicio falso, condenaste al inocente y dejaste libre al culpable, aunque Yahuah dice: al inocente y al justo no matarás.

54. Ahora bien, si la viste, dime bajo qué árbol los viste juntos. Él respondió: bajo un árbol de lentisco.

55. Entonces Dânîyêl dijo: bien; has mentido contra tu propia cabeza, porque ahora mismo el mensajero de Êlôhîym ha recibido la sentencia de Êlôhîym para partirte en dos.

56. Entonces lo apartó y mandó traer al otro, y le dijo: tú, descendencia de Kenaan y no de Yahûdâh, la belleza te engañó y el deseo pervirtió tu corazón.

57. Así has tratado con las hijas de Yâshâral, y ellas por temor se unieron contigo; pero la hija de Yahûdâh no aceptó tu maldad.

58. Ahora dime, ¿bajo qué árbol los sorprendiste juntos? Él respondió: bajo una encina.

59. Entonces Dânîyêl le dijo: bien; también tú has mentido contra tu propia cabeza, porque el mensajero de Êlôhîym espera con la espada para partirte en dos y destruirte.

60. Entonces toda la asamblea gritó con fuerte voz y alabó a Êlôhîym, que salva a los que confían en él.

61. Y se levantaron contra los dos ancianos, porque Dânîyêl los había convencido de falso testimonio por sus propias palabras.

62. Y conforme a la Torah de Môsheh hicieron con ellos lo mismo que maliciosamente habían intentado hacer contra su prójimo; y los mataron. Así fue salvada la sangre inocente ese mismo día.

63. Entonces Chilqîyâhû y su mujer alabaron a Êlôhîym por su hija Shôshannâh, junto con Yahôyâqîym su esposo y todos sus parientes, porque no se halló ninguna deshonra en ella.

64. Desde ese día en adelante Dânîyêl fue tenido en gran estima ante el pueblo.

Tephillâh (תְּפִלָּה) Ăzaryâhû (עֲזַרְיָהוּ) — Oración de Azarías

(Guía de estudio — Dabar Yahuah - Escrituras de Yahuah)

Introducción

La Oración de Ăzaryâhû es parte de las adiciones deuterocanónicas al libro de Dânîyêl, que aparece en la Septuaginta griega entre Dânîyêl 3:23 y 3:24. Está relacionada con el relato de Shadrak, Mêyshak y Ăbêd Negô (también conocidos como Chănanyâhû, Mîyshâêl y Ăzaryâhû) dentro del horno de fuego.

La oración destaca:

- Confesión y arrepentimiento — Ăzaryâhû confiesa los pecados de Yâshâral en representación de la nación.
- Fe y confianza en Yahuah — a pesar de la amenaza de muerte, la oración expresa confianza total en la liberación de Êlôhîym.
- Misericordia divina — se apela a la compasión y al perdón de Êlôhîym.
- Adoración en medio de la adversidad — Ăzaryâhû alaba a Êlôhîym aun enfrentando muerte segura.

Ubicación dentro de la Escritura

Históricamente:
Se sitúa durante el exilio en Bâbel, cuando el pueblo Yahûdîy enfrentaba persecución bajo Nebûkadnetstsar.

Teológicamente:
Encaja dentro de la narrativa del Sêpher Dânîyêl, mostrando la devoción personal y comunitaria a Êlôhîym en medio de pruebas.

Litúrgicamente:
Sirve como modelo de oración, arrepentimiento y alabanza para Yahûdîy y creyentes mesiánicos, especialmente en contextos de sufrimiento y persecución.

Temas principales

1. Arrepentimiento por Yâshâral
   Ăzaryâhû intercede por los pecados de la nación, reflejando el llamado profético al arrepentimiento.

2. Fe bajo persecución
   La oración muestra firmeza en la fe aun ante peligro de muerte.

3. Intervención divina
   Prepara el escenario para la liberación milagrosa de Êlôhîym en el horno (Dânîyêl 3:24–30).
4. Alabanza y adoración
   Incluso en medio de la adversidad, Êlôhîym es glorificado.

Tabla comparativa: Oración de Ăzaryâhû y la Escritura tradicional

Pasaje de Ăzaryâhû	Paralelos bíblicos	Tema / conexión
Ăzaryâhû 1–10 — Confesión de los pecados de Yâshâral; apelación a la misericordia de Êlôhîym	Dânîyêl 3:23; Dânîyêl 9:4–19; Vayiqrâ 26:40–42	Confesión e intercesión; arrepentimiento nacional
Ăzaryâhû 11–20 — Alabanza a Yahuah por su misericordia, poder y fidelidad	Tehîllîym 18:1–50; Tehîllîym 136:1–26	Adoración y reconocimiento de la soberanía de Êlôhîym
Ăzaryâhû 21–30 — Petición de liberación de los enemigos	Tehîllîym 46:1–11; Yashayâhû 43:2	Fe bajo amenaza; Êlôhîym como protector
Ăzaryâhû 31–43 — Reafirmación de la relación de pacto con Êlôhîym	Shemoth 15:11; Devarîym 7:6–9	Fidelidad del pacto; misericordia de Êlôhîym

Resumen de los paralelos principales

1. Oración de intercesión
   Similar a las oraciones de Dânîyêl (Dânîyêl 9) y al arrepentimiento nacional visto en Ezra y Nechemyâh.
2. Fe y liberación
   Refuerza el relato de Dânîyêl 3:24–30, mostrando la protección milagrosa de Êlôhîym sobre los fieles.
3. Alabanza en medio de la persecución
   La oración de Ăzaryâhû refleja los Tehîllîym que alaban a Êlôhîym en tiempos de prueba, enfatizando confianza y adoración bajo presión.
4. Arrepentimiento nacional
   Refleja los llamados proféticos al arrepentimiento encontrados en Yirmeyâhû, Yechezqêl y Vayiqrâ, donde Yâshâral es llamado a confesar sus pecados y volver a Yahuah.
5. Uso litúrgico
   Proporciona un modelo de oración, confesión y alabanza utilizado en contextos litúrgicos Yahûdîy y mesiánicos.

Tephillâh (תְּפִלָּה) Ăzaryâhû (עֲזַרְיָהוּ) — Oración de Azarías

✦

Capítulo 1

1. Y caminaban en medio del fuego, alabando a Êlôhîym y bendiciendo a Yahuah.

2. Entonces Ăzaryâhû se levantó y oró de esta manera; y abriendo su boca en medio del fuego dijo:

3. Bendito eres tú, oh Yahuah Êlôhîym de nuestros padres; tu nombre es digno de ser alabado y glorificado para siempre.

4. Porque tú eres justo en todas las cosas que has hecho con nosotros; sí, verdaderas son todas tus obras, rectos son tus caminos, y todos tus juicios son verdad.

5. En todas las cosas que trajiste sobre nosotros y sobre la ciudad qâdôsh de nuestros padres, Yarûshâlaim, ejecutaste juicio verdadero; porque conforme a verdad y juicio trajiste todas estas cosas sobre nosotros por causa de nuestros pecados.

6. Porque hemos pecado y cometido iniquidad apartándonos de ti.

7. En todas las cosas hemos transgredido, y no obedecimos tus mandamientos, ni los guardamos, ni hicimos como nos ordenaste para que nos fuera bien.

8. Por tanto, todo lo que trajiste sobre nosotros y todo lo que hiciste con nosotros lo hiciste con juicio verdadero.

9. Y nos entregaste en manos de enemigos sin Torah, enemigos que aborrecen a Êlôhîym, y a un rey injusto, el más malvado de toda la tierra.

10. Y ahora no podemos abrir nuestra boca; hemos llegado a ser vergüenza y reproche para tus siervos y para los que te adoran.

11. Sin embargo, no nos entregues completamente por causa de tu nombre, ni anules tu berîyth.

12. Y no apartes de nosotros tu misericordia por causa de tu amado Abrâhâm, por causa de tu siervo Yitschâq, y por causa de tu qâdôsh Yâshâral,

13. a quienes hablaste y prometiste que multiplicarías su descendencia como las estrellas de shâmayim, y como la arena que está a la orilla del mar.

14. Porque nosotros, oh Yahuah, hemos llegado a ser menos que cualquier nación, y hoy somos humillados en toda la tierra por causa de nuestros pecados.

15. Y ahora no hay príncipe, ni Nâbîy, ni líder, ni ofrenda quemada, ni sacrificio, ni ofrenda, ni incienso, ni lugar para ofrecer delante de ti y hallar misericordia.

16. Sin embargo, con corazón quebrantado y espíritu humilde seamos aceptados.

17. Como en las ofrendas quemadas de carneros y toros, y como en millares de corderos gordos, así sea hoy nuestro sacrificio delante de ti; y permite que te sigamos completamente, porque no serán avergonzados los que confían en ti.

18. Y ahora te seguimos con todo nuestro corazón, te tememos y buscamos tu rostro.

19. No nos avergüences, sino trata con nosotros conforme a tu misericordia y conforme a la multitud de tus compasiones.

20. Líbranos también conforme a tus obras maravillosas, y da gloria a tu nombre, oh Yahuah; y sean avergonzados todos los que hacen mal a tus siervos.

21. Sean confundidos en todo su poder y fuerza, y sea quebrantada su fortaleza.

22. Y sepan que tú eres Êlôhîym, el único Êlôhîym, glorioso sobre todo el mundo.

23. Y los siervos del rey que los habían puesto dentro no dejaban de calentar el horno con resina, brea, estopa y leña.

24. De modo que la llama salía del horno cuarenta y nueve codos hacia arriba.

25. Y se extendió y quemó a los Kaśdîy que encontró alrededor del horno.

26. Pero el mensajero de Yahuah descendió al horno junto con Ăzaryâhû y sus compañeros, y apartó la llama del fuego del horno,

27. e hizo que el interior del horno fuera como un viento húmedo que soplaba suavemente, de modo que el fuego no los tocó en absoluto, ni les hizo daño ni los molestó.

28. Entonces los tres, como con una sola voz, alababan, glorificaban y bendecían a Êlôhîym en el horno, diciendo:

29. Bendito eres tú, oh Yahuah Êlôhîym de nuestros padres; digno de alabanza y exaltado sobre todo para siempre.

30. Bendito es tu nombre glorioso y qâdôsh, digno de alabanza y exaltado sobre todo para siempre.

31. Bendito eres en el templo de tu gloria qâdôsh, digno de alabanza y glorificado sobre todo para siempre.

32. Bendito eres tú que miras los abismos y te sientas sobre los Kerûb, digno de alabanza y exaltado sobre todo para siempre.

33. Bendito eres en el trono glorioso de tu reino, digno de alabanza y glorificado sobre todo para siempre.

34. Bendito eres en el firmamento de shâmayim, digno de alabanza y glorificado sobre todo para siempre.

35. Todas las obras de Yahuah, Bârak Yahuah; alábenlo y exáltenlo sobre todo para siempre.

36. Shâmayim, Bârak Yahuah; alábenlo y exáltenlo sobre todo para siempre.

37. Mensajeros de Yahuah, Bârak Yahuah; alábenlo y exáltenlo sobre todo para siempre.

38. Todas las aguas que están sobre shâmayim, Bârak Yahuah; alábenlo y exáltenlo sobre todo para siempre.

39. Todos los poderes de Yahuah, Bârak Yahuah; alábenlo y exáltenlo sobre todo para siempre.

40. Sol y luna, Bârak Yahuah; alábenlo y exáltenlo sobre todo para siempre.

41. Estrellas de shâmayim, Bârak Yahuah; alábenlo y exáltenlo sobre todo para siempre.

42. Toda lluvia y rocío, Bârak Yahuah; alábenlo y exáltenlo sobre todo para siempre.

43. Todos los vientos, Bârak Yahuah; alábenlo y exáltenlo sobre todo para siempre.

44. Fuego y calor, Bârak Yahuah; alábenlo y exáltenlo sobre todo para siempre.

45. Frío y calor, Bârak Yahuah; alábenlo y exáltenlo sobre todo para siempre.

46. Rocíos y tormentas de nieve, Bârak Yahuah; alábenlo y exáltenlo sobre todo para siempre.

47. Noches y días, Bârak Yahuah; bendíganlo y exáltenlo sobre todo para siempre.

48. Luz y tinieblas, Bârak Yahuah; alábenlo y exáltenlo sobre todo para siempre.

49. Hielo y frío, Bârak Yahuah; alábenlo y exáltenlo sobre todo para siempre.

50. Escarcha y nieve, Bârak Yahuah; alábenlo y exáltenlo sobre todo para siempre.

51. Relámpagos y nubes, Bârak Yahuah; alábenlo y exáltenlo sobre todo para siempre.

52. Tierra, bendice a Yahuah; alábalo y exáltalo sobre todo para siempre.

53. Montes y colinas, Bârak Yahuah; alábenlo y exáltenlo sobre todo para siempre.

54. Todo lo que crece en la tierra, Bârak Yahuah; alábenlo y exáltenlo sobre todo para siempre.

55. Manantiales, Bârak Yahuah; alábenlo y exáltenlo sobre todo para siempre.

56. Mares y ríos, Bârak Yahuah; alábenlo y exáltenlo sobre todo para siempre.

57. Grandes criaturas del mar y todo lo que se mueve en las aguas, Bârak Yahuah; alábenlo y exáltenlo sobre todo para siempre.

58. Todas las aves del cielo, Bârak Yahuah; alábenlo y exáltenlo sobre todo para siempre.

59. Todas las bestias y ganado, Bârak Yahuah; alábenlo y exáltenlo sobre todo para siempre.

60. Hijos de los hombres, Bârak Yahuah; alábenlo y exáltenlo sobre todo para siempre.

61. Yâshâral, Bârak Yahuah; alábenlo y exáltenlo sobre todo para siempre.

62. Kôhên de Yahuah, Bârak Yahuah; alábenlo y exáltenlo sobre todo para siempre.

63. Siervos de Yahuah, Bârak Yahuah; alábenlo y exáltenlo sobre todo para siempre.

64. Espíritus y almas de los justos, Bârak Yahuah; alábenlo y exáltenlo sobre todo para siempre.

65. Hombres qâdôsh y humildes de corazón, Bârak Yahuah; alábenlo y exáltenlo sobre todo para siempre.

66. Chănanyâhû, Ăzaryâhû y Mîyshâêl, Bârak Yahuah; alábenlo y exáltenlo sobre todo para siempre; porque nos ha librado de sheôl, y nos ha salvado de la mano de la muerte, y nos ha librado del horno de fuego ardiente; sí, del fuego nos ha librado.

67. Den gracias a Yahuah, porque él es bueno, porque su misericordia permanece para siempre.

68. Todos los que adoran a Yahuah, bendigan al Êlôhîym de Êlôhîym, alábenlo y denle gracias; porque su misericordia permanece para siempre.

Bêl (בֵּל) y Tannîyn (תַּנִּין) — Bel y el Dragón

(Guía de estudio — Dabar Yahuah - Escrituras de Yahuah)

Introducción

Bêl y el Tannîyn es una adición deuterocanónica al Sêpher Dânîyêl, preservada en la Septuaginta griega. Contiene dos relatos que destacan la fe de Dânîyêl y el juicio de Êlôhîym contra la idolatría.

Los relatos muestran cómo Êlôhîym expone la falsedad de los ídolos y protege a su siervo fiel frente a la presión de los gobernantes de Bâbel.

El libro enfatiza:

- La supremacía de Êlôhîym sobre los ídolos — se demuestra la inutilidad de adorar dioses hechos por manos humanas.
- La justicia divina — los idólatras son castigados y los siervos de Yahuah son protegidos.
- Fe y valentía — Dânîyêl permanece firme en su fe frente a amenazas de gobernantes poderosos.
- Sabiduría y discernimiento — la inteligencia y discernimiento de Dânîyêl revelan la verdad de Êlôhîym.

Ubicación dentro de la Escritura

Históricamente:
Los eventos se sitúan durante el exilio en Bâbel, después de los acontecimientos principales narrados en el Sêpher Dânîyêl.

Teológicamente:
Complementa el mensaje del libro de Dânîyêl, mostrando la continua intervención de Êlôhîym para liberar a sus siervos fieles.

Litúrgicamente:
Sirve como exhortación a permanecer fieles a Yahuah aun cuando se vive rodeado de idolatría y corrupción.

Temas principales

1. Juicio contra dioses falsos
   Los ídolos hechos por manos humanas no tienen poder ni vida.
2. Fe bajo amenaza
   El valor de Dânîyêl inspira confianza en la protección de Êlôhîym.
3. Sabiduría e ingenio
   Êlôhîym usa la sabiduría de Dânîyêl para revelar la verdad y castigar la maldad.
4. Liberación divina
   Êlôhîym salva activamente a sus siervos fieles y juzga a los malvados.

Tabla comparativa: Bêl y el Tannîyn y la Escritura tradicional

Pasaje	Paralelos bíblicos	Tema / conexión
Bêl 1–14 — Dânîyêl expone el ídolo Bêl; demuestra que el ídolo no consume las ofrendas	Yashayâhû 44:9–20; Yirmeyâhû 10:3–5; 1 Corintios 8:4–6	Condena de la idolatría; supremacía de Êlôhîym
Tannîyn 1–12 — Dânîyêl destruye el dragón venerado en Bâbel	Tehîllîym 73:18–20; Yashayâhû 27:1; Chazon (Apocalipsis) 12:9	Êlôhîym vence a los falsos dioses
Tannîyn 13–24 — Dânîyêl vindica el honor de Êlôhîym y los idólatras son castigados	Devarîym 13:12–18; Tehîllîym 7:9	Justicia divina y castigo de la idolatría
Conclusión — Alabanza a Êlôhîym por liberar a Dânîyêl	Dânîyêl 6:26–27; Tehîllîym 33:8–9	Reconocimiento del poder y justicia de Êlôhîym

Resumen de los paralelos principales

1. Supremacía de Êlôhîym sobre los ídolos
   El relato refleja las advertencias proféticas de Yashayâhû y Yirmeyâhû contra la idolatría y extiende ese mensaje dentro del contexto de Dânîyêl.

2. Fe y valentía
   La valentía de Dânîyêl refleja la firmeza mostrada en Dânîyêl 3 y Dânîyêl 6, reforzando la confianza en Êlôhîym durante la persecución.

3. Justicia divina y vindicación
   El juicio sobre los idólatras se alinea con las leyes de Devarîym contra la idolatría y con el tema de justicia divina presente en Tehîllîym.

4. Sabiduría como instrumento de liberación
   La estrategia de Dânîyêl demuestra la sabiduría dada por Êlôhîym para proteger al justo y revelar la verdad.

5. Lecciones litúrgicas y morales
   El relato anima a confiar en Êlôhîym, rechazar la idolatría y permanecer fiel incluso bajo presión cultural o religiosa.

Bêl (בֵּל) y Tannîyn (תַּנִּין) — Bel y el Dragón

✦

Capítulo 1

1. Y el rey Astyages fue reunido con sus padres, y Kôresh de Pâras recibió su reino.

2. Y Dânîyêl conversaba con el rey, y era honrado más que todos sus amigos.

3. Ahora los de Bâbel tenían un ídolo llamado Baal, y cada día se gastaban para él doce grandes medidas de harina fina, cuarenta ovejas y seis vasijas de vino.

4. Y el rey lo adoraba y cada día iba a inclinarse ante él; pero Dânîyêl adoraba a su propio Êlôhîym. Y el rey le dijo: ¿Por qué no adoras a Baal?

5. Él respondió y dijo: Porque no debo adorar ídolos hechos por manos, sino al Êlôhîym viviente, que creó shâmayim y la tierra, y tiene dominio sobre toda carne.

6. Entonces el rey le dijo: ¿No piensas que Bêl es un dios viviente? ¿No ves cuánto come y bebe cada día?

7. Entonces Dânîyêl sonrió y dijo: Oh rey, no te dejes engañar; porque esto es barro por dentro y bronce por fuera, y nunca comió ni bebió nada.

8. Entonces el rey se enojó y llamó a sus Kôhên, y les dijo: Si no me dicen quién devora estas ofrendas, morirán.

9. Pero si me demuestran que Baal las devora, entonces Dânîyêl morirá, porque ha hablado blasfemia contra Baal. Y Dânîyêl dijo al rey: Sea conforme a tu palabra.

10. Ahora los Kôhên de Baal eran setenta, sin contar sus mujeres y sus hijos. Y el rey fue con Dânîyêl al templo de Baal.

11. Entonces los Kôhên de Baal dijeron: He aquí, nosotros salimos; pero tú, oh rey, coloca la comida, prepara el vino, cierra bien la puerta y séllala con tu propio sello.

12. Y mañana cuando vengas, si no encuentras que Baal lo ha comido todo, nosotros moriremos; de lo contrario Dânîyêl, que habla falsamente contra nosotros.

13. Pero ellos poco se preocuparon; porque debajo de la mesa habían hecho una entrada secreta, por donde entraban continuamente y consumían aquellas cosas.

14. Así que cuando salieron, el rey puso la comida delante de Baal. Pero Dânîyêl ordenó a sus siervos traer ceniza, y la esparcieron por todo el templo en presencia del rey solamente. Luego salieron, cerraron la puerta, la sellaron con el sello del rey y se fueron.

15. En la noche los Kôhên vinieron con sus mujeres y sus hijos, como acostumbraban, y comieron y bebieron todo.

16. Por la mañana temprano el rey se levantó, y Dânîyêl con él.

17. Y el rey dijo: Dânîyêl, ¿están intactos los sellos? Y él respondió: Sí, oh rey, están intactos.

18. Y tan pronto abrió la puerta, el rey miró la mesa y gritó con gran voz: ¡Grande eres, oh Baal, y en ti no hay engaño!

19. Entonces Dânîyêl se rió y detuvo al rey para que no entrara, y dijo: Mira ahora el suelo y observa bien de quién son estas huellas.

20. Y el rey dijo: Veo huellas de hombres, mujeres y niños. Entonces el rey se enojó,

21. Y tomó a los Kôhên con sus mujeres e hijos, quienes le mostraron las puertas secretas por donde entraban y consumían lo que estaba sobre la mesa.

22. Entonces el rey los mató, y entregó Baal al poder de Dânîyêl, quien destruyó el ídolo y su templo.

23. Y en ese mismo lugar había un gran Tannîyn, al cual los de Bâbel adoraban.

24. Y el rey dijo a Dânîyêl: ¿También dirás que este es de bronce? Mira, vive, come y bebe; no puedes decir que no es un dios viviente; Por tanto, adóralo.

25. Entonces Dânîyêl dijo al rey: Yo adoraré a Yahuah mi Êlôhîym, porque él es el Êlôhîym viviente.

26. Pero dame permiso, oh rey, y mataré a este Tannîyn sin espada ni bastón. El rey dijo: Te doy permiso.

27. Entonces Dânîyêl tomó brea, grasa y cabello, los hirvió juntos e hizo bolas; y las puso en la boca del Tannîyn, y el Tannîyn reventó. Y Dânîyêl dijo: Miren, estos son los dioses que ustedes adoran.

28. Cuando los de Bâbel oyeron esto, se indignaron mucho y conspiraron contra el rey, diciendo: El rey se ha hecho Yahûdîy, ha destruido a Baal, ha matado al Tannîyn y ha matado a los Kôhên.

29. Entonces vinieron al rey y dijeron: Entréganos a Dânîyêl, o destruiremos a ti y a tu casa.

30. Cuando el rey vio que lo presionaban mucho, obligado, entregó a Dânîyêl a ellos.

31. Y lo echaron en el foso de los leones, donde estuvo seis días.

32. En el foso había siete leones, a los cuales les daban cada día dos cadáveres y dos ovejas; pero entonces no se les dio nada para que devoraran a Dânîyêl.

33. Y había en Yahûdâh un Nâbîy llamado Chăbaqqûq, que había preparado un guiso y había puesto pan en un recipiente, e iba al campo para llevarlo a los segadores.

34. Pero el mensajero de Yahuah dijo a Chăbaqqûq: Ve, lleva la comida que tienes a Bâbel a Dânîyêl, que está en el foso de los leones.

35. Y Chăbaqqûq dijo: Yahuah, yo nunca he visto Bâbel, ni sé dónde está el foso.

36. Entonces el mensajero de Yahuah lo tomó por la coronilla y lo llevó por los cabellos de su cabeza, y por el poder de su rûach lo puso en Bâbel sobre el foso.

37. Y Chăbaqqûq gritó diciendo: Dânîyêl, Dânîyêl, toma la comida que Êlôhîym te ha enviado.

38. Y Dânîyêl dijo: Te acordaste de mí, oh Êlôhîym, y no abandonaste a los que te buscan y te aman.

39. Entonces Dânîyêl se levantó y comió; y el mensajero de Yahuah llevó inmediatamente a Chăbaqqûq de regreso a su lugar.

40. Al séptimo día el rey fue a lamentarse por Dânîyêl; y cuando llegó al foso miró dentro, y he aquí Dânîyêl estaba sentado.

41. Entonces el rey gritó con gran voz diciendo: ¡Grande eres tú, Yahuah Êlôhîym de Dânîyêl, y no hay otro fuera de ti!

42. Y lo sacó, y arrojó en el foso a los que habían causado su destrucción; y fueron devorados en un instante delante de él.

Glosario

Original Restored Names	Strong Hebrew Reference	Previous Names
Tsôr (צֹר)	H6865	Tirios
Âb (אָב)	H1	Padre
Ăchîyṭûb (אֲחִיטוּב)	H285	Acitob
Achmethâ(אַחְמְתָא)	H307	Ecbatana
Âdônây (אֲדֹנָי)	H136	Señor
Adversary	H7854	Satanás
Ahăwâ (אַהֲוָא)	H163	Teras
Allôn Bâkûth (אַלּוֹן בָּכוּת).	H439	El río de Débora
Ămôrâh (עֲמֹרָה)	H6017	Gomorra
Aqrâb (עַקְרָב)	H6137	Acrabim
Ârach (אָרַח)	H733	Ares
Ărâm (אֲרָם)	H758	Siria (Celesiria)
Ărâm (אֲרָם)	H758	Sirio
Ăram Nahărayim (אֲרַם נַהֲרַיִם)	H763	Mesopotamia
Ărammîy (אֲרַמִּי)	H761	Arameo
Artachshashtâ (אַרְתַּחְשַׁשְׁתָּא)	H783	Artajerjes
Âśâh (עָשָׂה)	H6213	Creador / Hacedor
Âshêr (אָשֵׁר)	H836	Asur
ăshêrâh (אֲשֵׁרָה)	H842	Arboledas
Ashshûr (אַשּׁוּר)	H804	Asiria
Ashshûr (אַשּׁוּר)	H804	Asur
Attîyq (עַתִּיק) Yôm (יוֹם)	H6268+H3118	Anciano de Días
Ăzaryâhû (עֲזַרְיָהוּ)	H5838	Ezías
Ăzaryâhû (עֲזַרְיָהוּ)	H5838	Azarías
Ăzaryâhû (עֲזַרְיָהוּ)	H5838	Ezerías
Azrîyêl (עַזְרִיאֵל)	H5837	Azriel
Baal Chânân (בַּעַל חָנָן)	H1177	Baelunán
Bâbel (בָּבֶל)	H894	Babilonia
Bâchîyr (בָּחִיר) Êl (אֵל)	H972+H140	El Elegido

Original Restored Names	Strong Hebrew Reference	Previous Names
Bârâ (בָּרָא)	H1254	Creador
Bedad (בְּדַד)	H911	Barad
Bela (בֶּלַע)	H1106	Balac
Belîyaal (בְּלִיַּעַל)	H1100	Belial
Bên (בֵּן)	H1121	Hijo
Benônîy (בֶּן־אוֹנִי)	H1126	Hijo de mi dolor
Bêyth Azmâweth (בֵּית עַזְמָוֶת)	H1041	Betsamos
Bêyth Chôrôn (בֵּית חוֹרוֹן)	H1032	Bet-horón
Binyâmîyn (בִּנְיָמִין)	H1144	Benjamín
Bishlâm (בִּשְׁלָם)	H1312	Bilemo
Botsrâh (בָּצְרָה)	H1224	Boser
Châm (חָם)	H2526	Cam
Chămâth (חֲמָת)	H2574	Hamat
Chănanyâhû (חֲנַנְיָהוּ)	H2608	Ananías
Chănôk (חֲנוֹךְ)	H2585	Enoc
Chăshabyâhû (חֲשַׁבְיָהוּ)	H2811	Asabías
Chăṭîyṭâ (חֲטִיטָא)	H2410	Teta
Chaṭṭûsh (חַטּוּשׁ)	H2407	Leto
Chawwâh (חַוָּה);	H2332	Eva
Chermôn (חֶרְמוֹן)	H2768	Hermón
Chêth (חֵת)	H2845	Het
Chiddeqel (חִדֶּקֶל)	H2313	Tigris
Chilqîyâhû (חִלְקִיָּהוּ)	H2518	Helcías
Chivvîy (חִוִּי)	H2340	Heveos
Chokmâh (חָכְמָה)	H2451	Sabiduría
Chôrîy (חֹרִי)	H2572	Horeos
Chûshâm (חוּשָׁם)	H2367	Asam
Dânîyêl (דָּנִיֵּאל)	H1840	Gamael
Dâreyâwêsh (דָּרְיָוֵשׁ)	H1868	Darío
Dinhâbâh (דִּנְהָבָה)	H1838	Danaba
Dîynâh (דִּינָה)	H1783	Dina
Êber (עֵבֶר)	H5677	Hebreo
Êl Ĕmûnâh (אֱמוּנָה)	H410+H530	Dios de verdad
ĔLÔHÎYM (אֱלֹהִים)	H430	Dios

Original Restored Names	Strong Hebrew Reference	Previous Names
Elyehôêynay (אֶלְיְהוֹעֵינַי)	H454	Eliaonías
Elyôn (עֶלְיוֹן) Êl (אֵל)	H5945+H410	El Altísimo
Ĕmôrîy (אֱמֹרִי)	H567	Amorreos
Ĕnôsh (אֱנוֹשׁ)	H583	Enós
Êsar-chaddôn (אֵסַר־חַדּוֹן)	H634	Azbazaret
Êśeq (עֵשֶׂק)	H6230	Perversidad
Êylâm (עֵילָם)	H5867	Elam
Ezrâ (עֶזְרָא)	H5830	Esdras
Gâbar (גָּבַר)	H1396	El Poderoso
Gabrîyêl (גַּבְרִיאֵל)	H1403	Gabriel
Galyêd (גַּלְעֵד)	H1567	El montón del testimonio
Gedalyâhû (גְּדַלְיָהוּ)	H1436	Joadano
Gibbôr (גִּבּוֹר) ÊL (אֵל)	H1368+H410	El Grande
Gibbôr (גִּבּוֹר) ÊL (אֵל)	H1368+H410	El Poderoso
Gibbôr (גִּבּוֹר) Kâbôd (כָּבוֹד)	H1368+H3519	La Gran Gloria
Girgâshîy (גִּרְגָּשִׁי)	H1622	Gergeseos
Gîychôn (גִּיחוֹן)	H1521	Gihón
Gîychôn (גִּיחוֹן)	H1521	Gehón
Hădad (הֲדַד)	H1908	Adat
Hădar (הֲדַר)	H1922	Honrado
Hădôrâm (הֲדוֹרָם)	H1913	Aduram
Hagrîy (הַגְרִי)	H1905	Agarenos
Hâlal (הָלַל) YÂH (יָהּ)	H1984+H3068	Aleluya
Hebel (הֶבֶל)	H1893	Abel
kâbêd (כָּבֵד)	H3515	Rico
Karkemîysh (כַּרְכְּמִישׁ)	H3751	Carquemis
Kaśdîy (כַּשְׂדִּי)	H3778	Caldeos
Kehûnnâh (כְּהֻנָּה)	H3550	Sacerdocio
Kenaan (כְּנַעַן)	H3667	Canaán
Kerûb (כְּרוּב)	H3742	Querubines
Kibrâh (כִּבְרָה)	H3530	Kabratan
Kôhên (כֹּהֵן)	H3548	Sacerdote (s)
Kôresh (כּוֹרֶשׁ)	H3566	Ciro
Kûsh (כּוּשׁ)	H3568	Cus

Original Restored Names	Strong Hebrew Reference	Previous Names
Kûsh (כּוּשׁ).	H3568	Etiopía
lebônâh (לְבוֹנָה)	H3828	Incienso
Lemek (לֶמֶךְ)	H3929	Lamec
Lêwîy (לֵוִי)	H3878	Leví
Liwyâthân (לִוְיָתָן)	H3882	Leviatán
Lôd (לֹד) Châdîyd (חָדִיד)	H3850+H2307	Calamolalus
Mâday (מָדַי)	H4074	Medos
Mâday (מָדַי)	H4074	Media
mân (מָן)	H4478	Maná
Mâshîyach (מָשִׁיחַ)	H4899	Ungido
Maśrêqâh (מַשְׂרֵקָה)	H4957	Amaseca
Maṭrêd (מַטְרֵד)	H4308	Matarat
Matstsâh (מַצָּה)	H4682	Pan sin levadura
Mehêyṭabêl (מְהֵיטַבְאֵל)	H4105	Maitabit
Merâyôth (מְרָיוֹת)	H4812	Meremot
Meshûllâm (מְשֻׁלָּם)	H4918	Mosolamón
Methûshelach (מְתוּשֶׁלַח)	H4968	Matusalén
Mêy zâhâb (מֵי זָהָב)	H4314	Metabedzaab
Milkâh (מִלְכָּה)	H4435	Melca
Mithredâth (מִתְרְדָת)	H4990	Mitrídates
Mitsrayim (מִצְרַיִם)	H4714	Egipto
Mitsrîy (מִצְרִי)	H4713	Egipcios
Mîykâêl (מִיכָאֵל)	H4317	Miguel
Môsheh (מֹשֶׁה)	H4872	Moisés
Nâbîy (נָבִיא)	H5030	Profetas
Nâchâsh (נָחָשׁ)	H5175	Serpiente
Nâchôr (נָחוֹר)	H5152	Nacor
Nebûkkadnetstsar (נְבוּכַדְנֶצַּר)	H5020	Nabucodonosor
Nephîyl (נְפִיל)	H5303	Gigantes
Nethanêl (נְתַנְאֵל)	H5417	Natanael
Nîynewêh (נִינְוֵה)	H5210	Nínive
Nôach (נֹחַ)	H5146	Noé
Ôlâm (עוֹלָם)	H5769	Eterno
Ôn (אוֹן)	H204	Heliópolis

Original Restored Names	Strong Hebrew Reference	Previous Names
Ôphân (אוֹפָן)	H212	Ofanines
Pâlal (פָּלַל)	H6419	Oración
Pâras (פָּרַס)	H6539	Persas
Parôh (פַּרְעֹה)	H6547	Faraón
Parôsh (פַּרְעֹשׁ)	H6551	Foros
Parthos (Πάρθος)	G3934	Partos
Pashchûr (פַּשְׁחוּר)	H6583	Fasarón
Pelesheth (פְּלֶשֶׁת)	H6429	Filistea
Pelishtîy (פְּלִשְׁתִּי)	H6430	Filisteos
Perâth (פְּרָת)	H6578	Éufrates
Perizzîy (פְּרִזִּי)	H6522	Ferezeos
Pesach (פֶּסַח)	H4653	Pascua
Pîynechâs (פִּינְחָס)	H6372	Finees
Pîyshôn (פִּישׁוֹן)	H6376	Pisón
Qadmîy'l (קַדְמִיאֵל)	H6934	Cadmiel
Qadmônîy (קַדְמֹנִי)	H6935	Cadmoneos
QÂDÔSH (קָדוֹשׁ)	H6918	Santo
Qayin (קַיִן)	H7014	Caín
Qedem (קֶדֶם) Melek (מֶלֶךְ)	H6924+H4418	El Rey Eterno
Qenizzîy (קְנִזִּי)	H7074	Cenezeos
Qêynân (קֵינָן)	H7018	Cainán
Qêynân (קֵינָן)	H7018	Kenán
Qêynân (קֵינָן)	H7018	Cainán
Qêynîy (קֵינִי)	H7017	Ceneos
Qiryath Yeârîym (קִרְיַת יְעָרִים)	H7157	Quiriat-Jearim
Qôrach (קֹרַח)	H7141	Coré
Rââh (רָעָה)	H7462	Pastor
Râphâ (רָפָא)	H7497	Rafa / Sanador
Râphâ (רָפָא)	H7497	Refaítas
Rechôbôth (רְחֹבוֹת)	H7344	Rehobot
Rechôbôth (רְחֹבוֹת)	H7344	Recobot
Rechûm (רְחוּם)	H7348	Ratumus
Reûêl (רְעוּאֵל)	H7467	Ragüel
Ribqâh (רִבְקָה)	H7259	Rebeca

Original Restored Names	Strong Hebrew Reference	Previous Names
Śamlâh (שַׂמְלָה)	H8072	Salman
Śârâph (שָׂרָף)	H8314	Serafines
Sedôm (סְדֹם)	H5467	Sodoma
Sêpher (סֵפֶר)	H5612	Carta
Śerâyâhû (שְׂרָיָהוּ)	H8304	Seraías
Shabbâth (שַׁבָּת)	H7676	Sábado
Shâbûa (שָׁבוּעַ)	H7620	Pentecostés
SHADDAY (שַׁדַּי) EL (אֵל)	H7706+H410	Todopoderoso
Shâlêm (שָׁלֵם)	H8004	Salem
Shâlôm(שָׁלוֹם)	H3073	Salom
Shâmayim (שָׁמַיִם)	H8064	Cielos
Shâûl (שָׁאוּל)	H4957	Saúl
Shealtîyêl (שְׁאַלְתִּיאֵל)	H7597	Salatiel
Shekanyâhû (שְׁכַנְיָהוּ)	H7935	Sequenías
Shelômîyth (שְׁלֹמִית)	H8019	Asalimot
Shemayâhû (שְׁמַעְיָהוּ)	H8098	Mamaias
Shemayâhû (שְׁמַעְיָהוּ)	H8098	Samaias
Shephaṭyâhû (שְׁפַטְיָהוּ)	H8203	Safat
Shêshbatstsar (שֵׁשְׁבַּצַּר)	H8339	Sanabasar
Shêth (שֵׁת)	H8352	Set
Shethar bôzenay (שְׁתַר בּוֹזְנַי)	H8370	Satrapuzanes
Shimôn (בִּלְהָה)	H1090	Simeón
Shimsay (שִׁמְשַׁי)	H8124	Semelio
Shîylôh (שִׁילֹה)	H7886	Silo
Shômerôn (שֹׁמְרוֹן)	H8111	Samaria
Shôshannâh (שׁוֹשַׁנָּה)	H7799	Susana
Shûshan (שׁוּשַׁן)	H7799	Susan
Śiṭnâh (שִׂטְנָה)	H7856	Enemistad
Sîynay (סִינַי)	H5514	Sinaí
Sûkkâh (סֻכָּה)	H5521	Tabernáculos
Tannîyn (תַּנִּין)	H8577	Dragón
Tâôm (תָּאוֹם)	H8380	Tomás
Tappûach (תַּפּוּחַ)	H8598	Tafú
Tartaróo (ταρταρόω)	G5020	Tártaro

Original Restored Names	Strong Hebrew Reference	Previous Names
Tattenay (תַּתְּנַי)	H8674	Sisines
Têbêl (תֵּבֵל)	H8398	Mundo
Têymân (תֵּימָן)	H8487	Temán
Tidâl (תִּדְעָל)	H8413	Tergal
Timnath cheres (תִּמְנַת חֶרֶס)	H8556	Tamnatares
Tiphârâh (תִּפְאָרָה)	H8597	Glorioso
Tiqwâh (תִּקְוָה)	H8616	Teocano
Tirshâthâ (תִּרְשָׁתָא)	H8660	Atarates
Ṭôbîyâhû (טוֹבִיָּהוּ)	H2900	Tobit
Tsâbâ (צָבָא)	H6635	Huestes
Tsaddîyq (צַדִּיק)	H6662	Justo
Tsâdôq (צָדוֹק)	H6659	Sadoc
Tsâphnath Panêach (צָפְנַתפַּעְנֵחַ)	H6847	Sefantifanes
Tsedâqâh (צְדָקָה) Êl (אֵל)	H6666+H140	El Justo
Tsephath (צְפַת)	H6857	Sefatita
Tsîyôn (צִיּוֹן)	H6726	Sion
Tsôr (צֹר)	H6865	Tiro
Ûrîyâhû (אוּרִיָּהוּ)	H223	Iri
Ûrîyêl (אוּרִיאֵל)	H222	Uriel
Woman - ishshâh (אִשָּׁה)	H802	Esposa
Yaăqôb (יַעֲקֹב)	H3290	Jacob
Yachăzîyêl (יַחֲזִיאֵל)	H3166	Jezelus
Yachîyêl (יְחִיאֵל)	H3171	Sielus
Yadayâh (יְדַעְיָה)	H3048	Jedú
Yadûthûn (יְדוּתוּן)	H3038	Jedutún
Yahôchânân (יְהוֹחָנָן)	H3076	Joanán
Yahônâthân (יְהוֹנָתָן)	H3083	Jonatán
Yahôtsâdâq (יְהוֹצָדָק)	H3087	Josedeq
Yahôyâqîym (יְהוֹיָקִים)	H3079	Joacim
Yahuah (יְהֹוָה)	H3068	Señor
Yahuah rûach (רוּחַ)	H3068+H7307	Señor de los Espíritus
Yahuah Tsedâqâh (צְדָקָה)	H3068+H6666	Señor de justicia
Yahûdâh (יהודה)	H3063	Judá
Yahûdâh (יְהוּדָה)	H3063	Judá

Original Restored Names	Strong Hebrew Reference	Previous Names
Yahûdâh (יְהוּדָה)	H3063	Judea
Yahûdîy (יְהוּדִי)	H3064	Judíos
Yaîyêl (יְעִיאֵל)	H3273	Joya
Yakonyâhû (יְכָנְיָהוּ)	H3204	Jeconías
Yapheth (יֶפֶת)	H3315	Jafet
Yâphô (יָפוֹ)	H3305	Jope
Yârad (יָרֶד)	H3381	Jared
Yardên (יַרְדֵּן)	H3383	Jordán
Yarîychô (יְרִיחוֹ)	H3405	Jerecús
Yarûshâlaim (יְרוּשָׁלַםִ)	H3389	Jerusalén
Yâsha (יָשַׁע)	H3467	Salvador
Yâshârêl (יִשְׂרָאֵל)	H3478	Israel
Yashayâhû (יְשַׁעְיָהוּ)	H3470	Osaías
Yashûa (יֵשׁוּעַ)	H3442	Jesús
Yâwân (יָוָן)	H3120	Javán
Yebûsîy (יְבוּסִי)	H2983	Jebuseos
Yirmeyâhû (יִרְמְיָהוּ)	H3414	Jeremías
Yishay (יִשַׁי)	H3446	Isaí
Yishmâêl (יִשְׁמָעֵאל)	H3458	Ismael
Yiśśâśkâr (יִשָּׂשכָר)	H3485	Isacar
Yitschâq (צְחָק)	H3327	Isaac
Yôb (יוֹב)	H3102	Jasub
Yôchânân (יוֹחָנָן)	H3110	Juan
Yôsêph (יוֹסֵף)	H3130	José
Zabbûd (זַבּוּד)	H2072	Istalcurus
Zekaryâhû (זְכַרְיָה)	H2148	Zacarías
Zerachyâh (זְרַחְיָה)	H2228	Zaraías
Qâdôsh Gibbôr (גִּבּוֹר) ÊL (אֵל)	H6918+H1368+H410	El Único Gran Santo
Êlôhîym Ôlâm (עוֹלָם)	H430+H5769	Dios eterno
Sîynay (סִינַי)	H5514	Sinaí

www.ingramcontent.com/pod-product-compliance
Lightning Source LLC
LaVergne TN
LVHW080330110826
845155LV00024B/136
* 9 7 8 1 9 4 6 2 4 9 6 4 7 *